GUIDE SAINT-CHRISTOPHE

GUIDE
SAINT-CHRISTOPHE

Association Saint-Christophe
277, rue Saint-Jacques
75256 Paris Cedex 05
(1) 48 00 76 99

Sommaire

Le mot du Président

La rénovation totale du Guide Saint Christophe engagée par le Conseil d'administration de l'Association Saint-Christophe a abouti très heureusement à l'édition 1993.

L'essor a été considérable : notre Guide, dans sa nouvelle présentation a reçu un accueil très chaleureux ; il a fait l'objet d'annonces multiples dans la presse écrite et d'émissions nombreuses tant à la télévision que sur différentes radios.

Les journalistes se sont particulièrement passionnés pour découvrir sur place les lieux d'accueil tant pour des vacances en famille que pour des reprises ou ressourcements spirituels, notamment dans des monastères ; les reportages ont été de qualité et fort appréciés.

Les lieux de repos-convalescence et l'accueil -même temporaire- de personnes âgées, à l'occasion des vacances de leurs enfants, font l'objet de deux autres parties du guide ; il y a là une mine d'adresses très souvent recherchées par les familles.

Vous constaterez que de nouvelles améliorations ont été réalisées dans ce guide 1994 : cartes et plans de situation, lieux de sessions et séminaires, index alphabétique...

En deux ans le tirage de ce guide a été doublé : une très large diffusion -notamment en librairie- a été couronnée de succès. De plus en plus nombreuses sont les les maisons qui nous demandent leur insertion. Nous sommes donc confiants dans la poursuite de l'essor de notre guide.

Quel que soit le type d'accueil recherché, nous faisons nôtres les mots de Paul VI sur l'accueil monastique : "L'excitation, le vacarme, la fébrilité, l'extériorité, la multitude menacent l'homme dans son intériorité. Il lui manque le silence avec son authentique parole intérieure, l'ordre, la prière, la paix, pour retrouver la possession de lui-même, il a besoin de frapper à la porte" de tels lieux d'accueil.

Le Père Maurice Trouslard

Rubriques :

Ce guide se subdivise pour la France en 4 rubriques
- des lieux d'accueil spirituel où effectuer retraites, recollections, sessions de réflexion, séminaires.
- des établissements de vacances et d'étapes pour personnes seules, familles et groupes, dans les lieux les plus variés.
- des maisons de repos, de convalescence ou de cure, ouvertes également aux personnes fatiguées ou dépressives et du troisième âge.
- des résidences pour personnes agées, médicalisées ou non, permettant des séjours temporaires ou de longue durée.

Pour l'étranger, les 4 rubriques sont confondues.

D'après le sommaire, vous déterminerez la rubrique à consulter. Cette consultation vous est facilitée par l'existence de bandeaux de couleur, visibles sur la tranche du guide ; à chaque rubrique correspond une taille de bandeau. A l'intérieur de chaque rubrique, les adresses sont groupées par département, puis classées par ordre alphabétique de localités.

Cartes :

En tête de chacune des 4 rubriques, une carte de France indique l'emplacement des maisons figurant dans la rubrique et vous permet donc de connaître les départements à consulter selon la région de France où vous désirez séjourner. Même chose pour l'étranger - toutes rubriques confondues.

Index alphabétique :

En fin d'ouvrage figure un index regroupant l'ensemble des maisons. Ces maisons sont repertoriées par département et, à l'intérieur de chaque département, par ordre alphabétique de localité. Un signe distinctif indique l'appartenance de chaque maison à telle ou telle rubrique. Nous rappelons ici qu'un même lieu d'accueil peut figurer dans 2, 3, voire 4 rubriques différentes.

Photos :

Les photos reproduites dans ce guide nous ont été confiées par les établissements.

Pictogrammes :

La présence des pictogrammes, que vous retrouverez sur le signet ci-inclus et dont nous vous donnons ci-dessous la traduction, facilite la lecture des services.

 1 : Accueil des personnes handicapées

 2 : Ascenceur

 3 : Parking

 4 : Bibliothèque

 5 : Télévision

 6 : Chapelle

 7 : Chapelle et oratoire

 8 : Possibilité de participation aux offices journaliers

 9 : Possiblité de dialogue avec un prêtre ou une religieuse

 10 : Séminaires - Congrès

 11 : Animation culturelle

Abréviations :

Pour alléger la lecture du texte, nous avons utilisé quelques abréviations. Il s'agit principalement de : alt. : altitude - pl. : places - pers. : personnes - ch. : chambres - héb. : hébergement - tél. : téléphone - conf. : conférence

Avant propos

Les établissements que nous représentons n'étant pas des hôtels, il convient de respecter l'esprit de la maison, de tenir compte des dates d'ouverture et de prévenir de son arrivée. Une confirmation écrite est souvent demandée. Les prix indiqués nous ont été communiqués au cours de l'année 1993 et sont donc susceptibles de modification. ils sont annoncés dans la monnaie nationale. Des arrhes sont parfois souhaitées lors de la réservation.Les hôtes peuvent être invités à entretenir leur chambre et à participer aux tâches communautaires. Les draps et le linge de toilette ne sont pas toujours fournis.

Conformément à l'objectif de l'Association Saint-Christophe défini dans ses statuts, à savoir "susciter parmi ses membres, dans un esprit d'entraide, toute action susceptible de favoriser leurs activités spécifiques…", le Guide présente des établissements en lien avec l'Eglise ou l'enseignement catholique.
Certains, bien que répondant à ce critère, ne sont pas connus de nos services. En tant qu'utilisateur du Guide vous pouvez, soit nous communiquer leurs coordonnées, soit leur distribuer des dépliants d'information ainsi qu'à vos amis ou vos collègues. Soyez-en remerciés.

Pourquoi le Guide

Loisir.
Mais quelle vie est cette vie-là si, lourds de nos soucis,
le temps ne nous est pas donné de nous arrêter et
regarder.

William Henry Davies

Loisir : le temps pris sur le travail ;
le temps libre, détourné quelquefois de son sens en
« moments perdus ».

Et si nous voulions les transformer en moments
« gagnés » ces moments précieux ?
Gagnés sur la vie, sur le temps lui-même ? Faire de ce
temps libre qui nous appartient librement, une victoire
sur la médiocrité et la morosité, un barrage contre le
vide et l'ennui d'expériences souvent décevantes ?

Et si nous voulions élargir ce temps ; transformer le
souffle et la fuite en une action si riche de sens que
notre vie « hors loisir » en serait changée ? Agrémenter
la pause ou le repos d'une activité spirituelle qui redon-
nerait le désir de replonger dans la vie ? Donner aux
plus âgés la certitude que si la vie physique diminue, la
vie spirituelle s'intensifie et, enfin, que c'est toujours
la vie qui nous porte ?

Si nous voulions êtres gais sans être futiles, être repo-
sés sans s'abandonner, retrouver la fraîcheur sous
l'écorce du doute et la vigueur sous la fatigue ? Si le
temps d'une pause nous pouvions retourner aux premières harmonies, aux premiers accords ; en un mot
redécouvrir la jeunesse du regard et l'espoir d'une
intensité retrouvée ?
Ce serait une forme de bonheur.

Oui, c'est possible.

Le monde a changé. La vie moderne a apporté l'agitation et le tracas, certes, mais aussi des plages de temps où nous pouvons reposer et ressourcer notre corps et notre esprit. Ce temps peut être celui des vacances ou de la convalescence, quelquefois celui de la retraite. Il peut être également une part de vie délibérément prise et consacrée à la recherche spirituelle, à l'exclusion de toute autre activité.

Pendant des siècles, pour trouver leur élan, pour se retrouver aussi, les hommes ont eu besoin de l'ombre et de la retraite, de la solitude souvent. L'église, le monastère, voire le désert étaient le refuge de ceux qui cherchaient à donner à leur vie l'équilibre premier, loin du tumulte et des urgences.

Aujourd'hui, le désert a été réduit au bruit des armes ou des moteurs ; le monastère reste le privilège de quelques-uns malgré son ouverture sur le monde. Quant à l'église, elle peut apparaître quelquefois difficile d'accès.

Mais alors ?

Où trouver ces lieux privilégiés modernes qui réunissent tout à la fois la qualité de l'environnement, la chaleur de l'accueil, le choix entre la solitude et le partage ? Où l'ambiance n'est pas nécessairement l'ennemie de la recherche spirituelle ?

Où concilier l'envie de détente, le besoin d'exercice ou de repos dans une nature vivifiante, avec le désir de faire partager à l'esprit la joie de pouvoir oublier son corps — exultant ou souffrant — pour enfin se donner, en toute sérénité, à des activités culturelles ou spirituelles ? Activités sans lesquelles un manque se ferait sentir : la frustration de ne vivre qu'un côté de la vie, laissant dans l'ombre la vraie lumière, celle qui apporte aux pensées, aux mouvements, aux relations, l'intensité et la durée.

Comment les découvrir ces lieux « rares » que l'on croyait ne plus exister, alors que le choix en est large et la diversité étonnante ?

Où sont-ils ces lieux de fraîcheur où chacun, selon ses priorités, peut donner un sens à son temps de loisir ?

Pourquoi le Guide

Le "nouveau Guide Saint-Christophe" répond à ces questions qui se font plus pressantes chaque année.

700 lieux exceptionnels en France, mais aussi à l'étranger, sont prêts à vous recevoir et à vous faire vivre des vacances ou des haltes différentes.
Car, ajouté aux impératifs que chacun apporte selon son âge, sa situation et sa conception de la vie, tout un éventail de paysages et d'activités vous est proposé dans lequel vous choisirez l'endroit qui vous semble le plus propice à l'épanouissement que vous recherchez.

Que ce soit en hiver ou en été, à la campagne, à la mer ou à la montagne (et pourquoi pas tout cela en Belgique, ou en Italie, ou en Suisse ; en ajoutant le sel d'apprendre à communiquer dans une langue étrangère) nos maisons de vacances offrent la possibilité aux familles de vivre ensemble des moments exceptionnels : les joies de la détente et de la découverte en commun dans un climat amical et joyeux.

Vous n'êtes pas en famille ?
Vous ne serez pas longtemps seul ! Toute une vie collective s'organise autour de pôles aussi différents que la promenade en groupes, les repas pris à la table d'hôtes, les activités artistiques avec des spécialistes et surtout la prière en commun qui délivre, par son seul élan, du poids de la solitude.

Vous préférez être seul ? Et pour un temps vous rafraîchir à la source du silence et de la méditation ?
Nos maisons d'accueil spirituel vous offrent cette source. Loin de l'agitation et des fausses questions, vous serez protégés. Vous serez votre propre guide mais avec la conscience qu'autour de vous la compréhension et l'aide de nos prêtres peuvent faciliter votre démarche.

Vous avez besoin de repos et de soins dans un cadre qui favorisera votre retour à la vie de tous les jours ? Qui vous redonnera la force physique et morale échappée pour un temps ?
Nos maisons de santé vous accueillent avec leur personnel qualifié et chaleureux, leur équipement moderne et la possibilité de profiter d'installations, dans l'établissement, ou proches de l'établissement, et qui participeront à votre guérison.

Pourquoi le Guide

Pour les personnes âgées qui, davantage encore, ont besoin d'un soutien physique et moral, ; d'un accompagnement ferme et doux sur ce dernier chemin de la vie, différentes solutions peuvent être envisagées. Elles ont toutes en commun les qualités de confort et de réconfort qu'une association comme la nôtre peut apporter.

Le "Guide Saint-Christophe" se veut universel, sans sectarisme d'âge ou de condition. A chaque temps de votre vie correspond un des lieux qu'il vous propose.

C'est à vous de choisir et d'en tirer toutes les joies qui vous y sont promises.

MAISONS
D'ACCUEIL SPIRITUEL

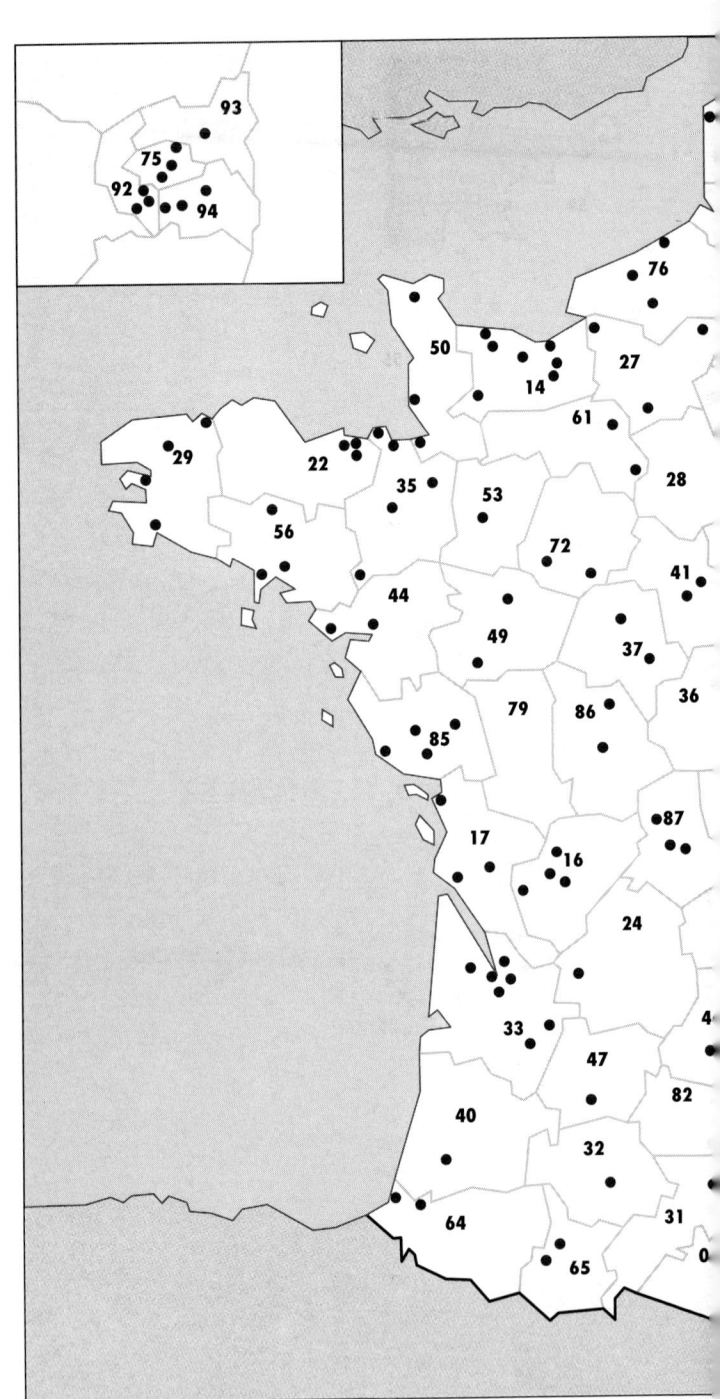

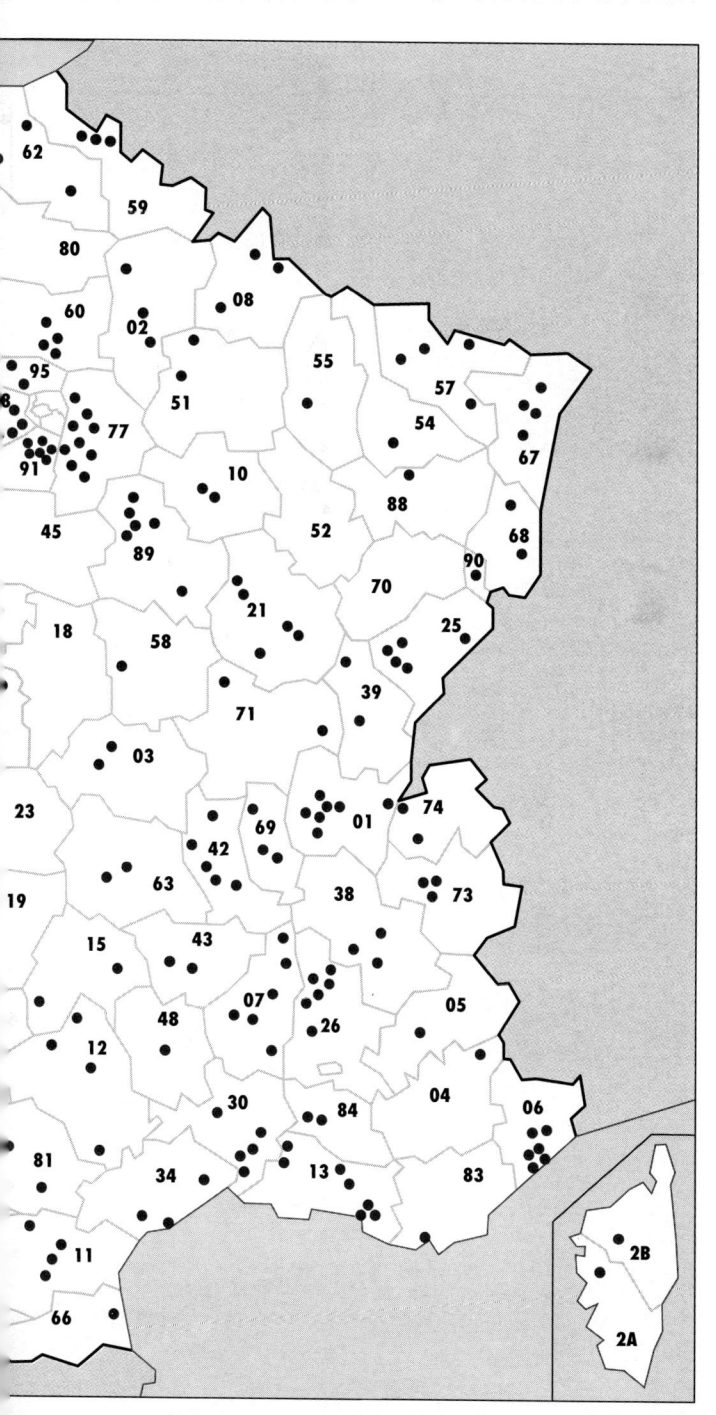

01 - AIN

ARS-SUR-FORMANS - 01480
« La Providence »

Tél. : 74 00 71 65
Fax : 74 08 10 79

La Communauté des Sœurs de Saint Joseph de Bourg y reçoit TCP, individuellement ou en groupe, pour retraites, sessions, séminaires, conférences, cercles d'étude..., séjours de silence et de prière. Maison fondée par le Saint Curé d'Ars en 1824.

21 ch. à 2, 2 ou 3 lits, équipées de douche et toilette ; 33 ch. à 1, 2 ou 3 lits avec lavabo (toilettes à l'étage, douches au rez-de-chaussée) ; 3 dortoirs totalisant 50 lits. Plusieurs salles à manger d'une capacité globale de plus de 500 places. La maison est ouverte toute l'année.. Pour les groupes, prévoir un délai d'inscription de plusieurs mois.

Gare : Villefranche-sur-Saône à 9 km ; bus ou taxi (M. Moyne, tél. : 74 00 78 78). Aéroport : Lyon-Satolas à 45 km ; taxi.

ARS-SUR-FORMANS - 01480
« Maison Saint-Jean »

Allée Abbé Nodet
Tél. : 74 00 73 13

La Communauté des Franciscaines de Seillon vous accueille toute l'année pour ressourcement, retraites, sessions, week-end de prière et partage. Située dans un village à 200 m d'altitude, cette maison est entourée d'un parc et d'un jardin. La région possède de nombreux sites touristiques.

37 lits : 22 ch. individuelles, 7 ch. doubles, dont 3 avec sanitaire complet ; sanitaires à l'étage. Salle de conférence (1), salle de réunion (1) ; salles à manger (2 de 32 et 58 places). Langues étrangères : italien et espagnol. Contacter la Maison un mois à l'avance.

Gare : Villefranche/Saône à 9 km ; Lyon-Perrache à 35 km ; Bourg-en-Bresse à 45 km ; cars ou taxis (M. Moyne : 74 00 78 78). Aéroport : Lyon-Satolas à 45 km ; navettes ou taxis. Axes routiers : A6 ; A40 ; A42 ; N83 ; N75.

BOURG-EN-BRESSE - 01000
« Maison de Jean-Marie Vianney »

27, rue du Docteur Nodet
Tél. : 74 32 86 70 - Fax : 74 32 86 71

La Maison Diocésaine vous reçoit seul ou en groupes pour un temps de retraite. Située en ville, la maison est entourée d'un parc et vous pourrez profiter d'un plan d'eau et de la forêt à proximité.

200 lits en 23 dortoirs et 15 ch. individuelles ou doubles, avec lavabo ; douches et WC à l'étage ; 15 salles de réunion de 15 à 250 pl. avec écran et sono ; salles de détente. Pension complète : de 100 à 150 F ; héb. : 35 à 40 F. Agrément Jeunesse et Sports.
Contacter le directeur.

Gare : Bourg-en-Bresse (TGV) à 1 km ; bus ou taxi.
Axe routier : A6 à 10 km.

CORBONOD - 01420
« Clos de Grex »
(administration Santé et Bien-Etre)

Tél. : 50 56 18 01. Fax : 50 56 16 78

La Congrégation des Filles-de-la-Charité reçoit, pour des retraites spirituelles, des religieuses dans une maison de village à 325 m d'altitude, non loin d'Annecy et d'Aix-les-Bains. Un parc et un jardin s'ajoutent au climat calme et serein du foyer. En dehors des retraites spirituelles, il est possible de recevoir des religieuses pour le repos.

44 ch. individuelles avec lavabo ; SdB et douches à l'étage. Salle de réunion (15 personnes) ; salle de conférence (5 personnes).
Contacter la Sœur Supérieure.

Gare : Seyssel-Corbonod à 3 km ; car ou taxi.
Aéroport : Genève à 50 km ; car ou taxi.

LE PLANTAY - 01330
« Abbaye Notre-Dame des Dombes »

Tél. : 74 98 14 40
Fax : 74 98 16 70

Dans un établissement isolé, entouré d'un jardin et situé à 283 m d'altitude, les moines de l'ordre des Cisterciens de la S.O. reçoivent toutes catégories de personnes (40 au maximum), à l'exception des familles et des enfants, qui désirent pendant quelques jours se recueillir dans le silence et participer à leur prière. Les moines mènent une vie contemplative (communauté, fraternité, prière, étude et fabrication de confitures, pâtes de fruits et du reconstituant baptisé Musculine G).

41 lits répartis en 9 chambres individuelles, 32 chambres doubles, 1 chambre familiale et 1 dortoir. Sanitaires communs. 1 salle de conférence, 2 salles de réunion, 2 salles de travail.

Gare : Villars-les-Dombes à 10 km (taxi), Marlieux à 4 km (taxi). Aéroport : Satolas à 45 km. Axe routier : Lyon-Bourg-en-Bresse ; bifurcation : La Mitaine à 2 km du monastère.

MIRIBEL - 01702 Cedex
« Centre Alain de Boismenu »

Rue de La Chanal - B.P. 236
Tél. : 78 55 31 47
Fax : 78 55 00 59

La communauté des Missionnaires-du-Sacré-Cœur-d'Issoudun, des religieuses Filles-de-Notre-Dame-du-Sacré-Cœur et des laïcs accueillent des adultes et des groupes désirant trouver un lieu de réflexion, de partage et de prière pour des retraites ou des récollections. Bien que située à proximité de la ville, la maison, avec jardin privé, vous offrira un cadre calme et agréable, favorisant la spiritualité : « Du cœur transpercé du Christ, je vois sortir un monde nouveau » (J. Chevalier, fondateur).

105 lits répartis en ch. individuelles, doubles et dortoirs. 7 salles de réunion et 2 de travail ; équipement audiovisuel. Plusieurs formules d'héb. Prévenir au moins 8 jours à l'avance.

Gare : Miribel à 1 km ; cars Philibert. Aéroport : Lyon-Satolas à 20 km ; taxi. Axes routiers : A42 ; A46N.

SAINT-RAMBERT-EN-BUGEY - 01230
« L'Abbaye »

Tél. : 74 36 31 99

L'Association l'Abbaye vous reçoit, seul ou en groupes, pour des retraites, haltes spirituelles, sessions et séminaires, ainsi que des séjours de repos. La maison, ancienne abbaye bénédictine située à 350 mètres d'altitude, possède un parc et peut être le point de départ de nombreuses promenades ou excursions au cœur du Bugey : château des Allymes (20 km), Abbaye d'Ambronnay (20 km), église et monastère de Brou (40 km),. pour lesquelles nous vous conseillons d'avoir votre véhicule personnel.

50 lits en ch. ou dortoirs de 5 pl. ; douches et SdB à l'étage. 2 salles de réunion et 3 salles de travail. Plusieurs formules d'héb. ; pension complète : 140 F ; réductions pour groupes, enfants et longs séjours. Langues étrangères: anglais, vietnamien. Inscription 1 mois à l'avance.

Gares : Saint-Rambert-en-Bugey ou Ambérieu à 11 km ; taxi. Aéroport : Lyon-Satolas à 40 km ; taxi. Axes routiers : A42 ; N504.

02 - AISNE

BELLEU - 02200
« Maison Sainte-Croix »

60, rue du Val
Tél. : 23 73 22 25

Les Sœurs de l'Unité reçoivent toute l'année, des laïcs et des religieux seuls ou en groupes, dans un cadre calme et boisé de 11 ha. Vous profiterez de votre séjour pour visiter les cathédrales de Soissons et Laon ainsi que le château de Septmonts.

12 ch. individuelles et 37 ch. doubles, avec lavabo ; douches, SdB et WC à l'étage. Salles de conf. (3) et de réunion (6). Pension complète : 140 F. Contacter Sœur Marie-Lucie Meurice 6 mois à l'avance pour les vacances d'été et 3 mois avant pour l'année scolaire.

Gare : Soissons à 2 km ; taxi. Aéroport : Roissy à 70 km ; car ou taxi.

BRUMETZ - 02810
« Maison de la Trinité »

Cerfroid
Tél. : 23 71 41 85
Fax : 23 71 23 04

Les Sœurs et Pères Trinitaires reçoivent, toute l'année un maximum de 30 personnes, pour des rencontres familiales entre laïcs et religieux, pour approfondir le charisme trinitaire et libérateur de Jean de Matha. Ce dernier fut le fondateur, en 1193, avec un groupe d'ermites, de la première communauté destinée à devenir l'Ordre de la Sainte-Trinité et des captifs, et vouée au rachat des prisonniers et aux œuvres de miséricorde. La maison, entourée d'un parc, est un lieu de prière, de rencontre et d'accueil pour des initiatives apostoliques diverses.

31 lits répartis en 30 chambres individuelles et 1 chambre double. 11 ch. équipées de sanitaires completsSanitaires à l'étage. 2 salles de réunion ; 2 salles de travail. Langues étrangères : italien et espagnol.

Gare : Crouy-sur-Ourcq à 5 km (voiture de l'établissement).
Aéroport : Roissy-Charles-de-Gaulle à 50 km. Axes routiers : autoroute A4 : sortie Montreuil-aux-Lions - D9 de l'Aisne.

VERMAND - 02490
« Maison Des Clarisses »

25, rue de Bihécourt
Tél. : 23 66 48 90

Les Sœurs Clarisses vous reçoivent toute l'année, sauf les messieurs seuls, pour une retraite de spiritualité franciscaine, séjour de 8 jours maximum dans un cadre calme situé à 100 m d'altitude.
Possibilité de participer aux travaux du jardin.

1 ch. individuelle, 1 ch. double .

Gare : Saint-Quentin à 10 km ; car.

03 - ALLIER

CHANTELLE - 03140
« Abbaye Bénédictine Saint-Vincent »

Rue Anne de Beaujeu
Tél. : 70 56 62 55. Fax : 70 56 62 69

Les Religieuses Bénédictines vous reçoivent pendant une durée de 8 jours maximum, pour des retraites (y compris enfants encadrés). Vous devrez respecter le silence. L'abbaye est située dans un village à 300 m d'altitude. Vous effectuerez de belles promenades dans la région et visiterez les nombreuses églises romanes voisines.

27 ch. ; douches à l'étage. 5 salles de réunion. Participation aux frais. Langues étrangères : anglais, italien, allemand. S'inscrire auprès de la Sœur hôtelière par lettre environ 10 jours à l'avance.

Gares : Saint-Germain-des-Fossés à 25 km, Bellenaves à 7 km ; taxi. **Axes routiers :** A71 sortie Montmarrault ou Gannat ; N7 ; N9 ; N145.

MOULINS - 03000
« Maison Saint-Paul »

20, rue Colombeau,
La Madeleine
Tél. : 70 44 08 37
Fax de l'évêché : 70 44 04 19

La maison, gérée par une association (loi de 1901) et dirigée par un prêtre, accueille des groupes avec leur prédicateur et des personnes seules pour des séjours spirituels d'un mois maximum. L'établissement est environné d'un parc boisé et d'un jardin. Aux alentours, vous pourrez visiter le Bourbonnais et ses sites, ainsi que la ville de Moulins en passant par le pont Règemortes bâti sous Louis XV.

127 lits en dortoirs ou ch. à 1, 2, 3 lits ; douches et WC à l'étage. Salles de conf. (3), de réunion (1) et de travail (6). Pension complète : 180 F ; demi-pension : 130 F ; héb. seul : 60 F. Agrément Jeunesse et Sports. Contacter l'Abbé Michel Mathat ou Sœur Anna 8 jours à l'avance.

Gare : Moulins à 2 km ; bus ou taxi. **Axes routiers :** N7 ; N9.

04 - ALPES-DE-HAUTE-PROVENCE

FAUCON DE BARCELONNETTE - 04400
« Couvent Saint-Jean-de-Matha »

Tél. : 92 81 09 17

Les Pères Trinitaires vous accueillent seul ou en groupes, sauf enfants, pendant 21 jours maximum. Au cœur de la Vallée de l'Ubaye, vous profiterez du climat de calme et de paix dans un site féérique situé à 1 100 m d'altitude.

14 ch. individuelles, 9 ch. doubles, avec lavabo ; douches, SdB et WC à l'étage. Pension complète : 150 F. Salles de conf. (2). Langue étrangère : anglais.

Gare : Barcelonnette à 2,5 km ; taxi.

05 - ALPES (HAUTES)

TALLARD - 05130
« Hôtellerie Notre-Dame-du-Laus »

Tél. : 92 50 30 73
Fax : 92 50 90 77

L'Association Diocésaine de Gap accueille des particuliers et des groupes. Installée à 930 m d'altitude, la maison domine un panorama montagneux. En 1664, La Vierge Marie est apparue à Benoîte Rencurel, humble bergère, et cela jusqu'à sa mort. Depuis 3 siècles, le pèlerinage est solidement établi et chacun peut venir se réconcilier avec Dieu.

408 lits en dortoirs, ch. individuelles, doubles et familiales ; douches et SdB à l'étage. Salles de réunion et de travail (7). Pension complète : de 133 à 196 F (demi-pension et héb. possibles. Carte bleue acceptée). Contacter l'accueil 4 mois à l'avance pour l'été.

Gare : Gap à 20 km ; taxi de la maison. Aéroports : Marseille-Marignane à 200 km ou Saint-Groins à 100 km ; car ou taxi. Axe routier : D942.

06 - ALPES MARITIMES

CANNES - 06400
« Communauté des Sœurs Dominicaines »

**Villa Saint-Benoît,
16 avenue Isola Bella
Tél. : 93 38 06 09. Fax : 93 39 71 40**

Les Sœurs Dominicaines-Contemplatives-de-Sainte-Catherine-de-Ricci vous accueillent seul ou en petits groupes pour un temps de réflexion et de retraite. Située en plein cœur de la ville, entourée d'un jardin et d'un parc rafraîchissant, la villa vous offre un cadre de paix et de rencontres fraternelles.

13 ch. individuelles et doubles avec lavabo, douche et WC . Salles de conf., réunion ou travail. Pension complète : 210 à 250 F, demi-pension : 180 à 220 F. Langue étrangère : anglais.
Contacter la Sœur Prieure ou la Sœur hôtelière 4 à 5 semaines à l'avance.

Gare : Cannes à 1 km ; car ou taxi. Aéroport : Nice à 25 km ; car ou taxi.

CARROS-VILLAGE - 06510
« Monastère du Carmel »

Tél. : 93 29 10 71

Les religieuses vous reçoivent toute l'année pour partager leur prière. Vous avez la possibilité d'effectuer des retraites spirituelles de 10 jours maximum. Notre maison avec jardin est isolée et se trouve à 450 m d'altitude. Vous y mènerez une vie communautaire où chacun entretient sa chambre et peut participer aux tâches collectives.

8 lits ; douches et SdB à l'étage. Pension complète ou simple restauration. 2 salles de réunion. Langues étrangères : anglais, coréen, espagnol. S'inscrire 15 jours à l'avance.

Gare et aéroport : Nice à 25 km ; car ou taxi. Voiture personnelle conseillée. Axes routiers : A8 ; N202 ; D1.

GRASSE - 06130
« Le Mas du Calme »

Tél. : 93 70 63 27 - Fax : 93 70 23 58

Le centre vous reçoit seul ou en groupes pour vous ressourcer physiquement et spirituellement. Vous y vivrez un partage fraternel dans un lieu agrémenté d'un jardin et d'un parc situé à 180 m d'altitude.

Ch. avec lavabo, douche et WC. Salles de conf. (2) et de réunions (5).

LA TRINITE - 06340
« Sanctuaire de Notre-Dame-de-Laghet »

Tél. : 93 41 09 60
Fax : 93 41 21 78

Des prêtres et une Communauté de Bénédictines-du-Sacré-Cœur-de-Montmartre vous accueillent, seul ou en groupes, pour des pèlerinages, retraites et sessions à caractère religieux. Le sanctuaire est au cœur de coteaux verdoyant ; il est le plus célèbre pèlerinage marial du Comté de Nice.

100 lits répartis en 60 ch. avec lavabo ; douches et WC à l'étage. Salles de conf. et de réunion (6). Pension complète : 160 F. Carte bleue acceptée. Langues étrangères : italien, allemand. Contacter la Sœur Hôtelière 2 semaines à l'avance.

Gare : Nice à 14 km ; car ou taxi. Aéroport : Nice à 20 km ; taxi. Axe routier : A8, sortie La Turbie.

NICE - 06300
« Maison du Séminaire »

29 boulevard Frank-Pilatte
Tél. : 93 89 39 57
Fax : 93 26 79 99

L'Association Diocésaine de Nice reçoit toute l'année des prêtres, religieux, religieuses pour des vacances, retraites, sessions. La Maison accueille également des groupes pour des séjours à caractère religieux, éducatif, social. La Maison du Séminaire, entièrement refaite et modernisée en 1987, bénéficie d'un très beau site au bord de mer. C'est un lieu calme et verdoyant situé à 2 km du centre ville. Le séjour est fixé à un mois maximum.

36 ch. en été, soit 70 à 85 lits. Salles de réunion (14 de 10 à 200 personnes). Pension ou demi-pension, régimes assurés.
Réservation au moins un mois avant.

Gare : Nice à 3 km ; bus ou taxi.

ROQUEFORT LES PINS - 06330
« Foyer de Charité Maria-Mater »

B.P. 17
Tél. : 93 77 00 04

Notre foyer vous accueille pour des retraites spirituelles, soit à dates fixes -5 jours de silence- dans un esprit de fraternité chrétienne, de piété mariale et d'évangélisation, soit aux dates restant libres, pour les groupes ayant leur prédicateur. Retraitants dès 18 ans et garderie d'enfants. La maison est située dans un grand parc et bénéficie du climat lumineux et tonifiant des pinèdes méditerranéennes.

30 ch. avec ou sans sanitaires. Envoi du dépliant sur demande, pour inscription par écrit.

Gare : Cagnes-sur-Mer ; car (arrêt « Le Colombier »). Aéroport : Nice.

UTELLE - 06450

Refuge du Sanctuaire « Notre-Dame des Miracles »

Tél. : 93 03 19 44

Les amis de la Madone vous accueillent seul ou en groupes pour une durée de 8 jours maximum. Dans un partage fraternel vous séjournerez à 1200 m d'altitude au calme, dans un confort rustique. La maison est isolée dans un vaste parc. Aux environs : nombreuses randonnées, piscine à 5 km, excursions vers les cascades du Boréon, le Parc du Mercantour, le Vallon de la Madone de Fenestre. Nous vous conseillons d'avoir votre propre véhicule.

15 lits en dortoirs et chambres. Pension complète : de 125 à 175 F (modulable). La maison recherche des bénévoles toute l'année. Contacter le Père Gil plus d'un mois à l'avance.

Gare et aéroport : Nice à 50 km ; cars : Nice/Saint-Martin-Vésubie.

---

07 - ARDECHE

AUBENAS - 07200

« Maison diocésaine »

10 rue Georges Couderc
Tél. : 75 35 16 43

La maison diocésaine de l'Association des Rencontres Chrétiennes reçoit toute personne (sauf jeunes enfants et handicapés) pour étapes de groupes, sessions culturelles ou sociales, retraites ou recollections. Séjour d'un jour à un mois. Situé à 350 m d'altitude, disposant en ville d'un jardin, l'établissement peut accueillir 100 personnes en salle, chapelle et lieu de restauration et 40 personnes pour la nuit.

10 chambres individuelles, 4 chambres doubles, 2 chambres familiales et 24 boxes. Sanitaires complets à l'étage. 1 salle de conférence de 100 places, 3 salles de réunion de 40 places, 1 salle de travail de 20 places, toutes avec sonorisation. Langues étrangères : anglais, espagnol, portugais. Fermé du 14 juillet au 15 août. Espèces ou chèques acceptés. Délais d'inscription : 8 jours. Contacter le Père Clément Lombard.

Gare : Valence à 75 km (cars), Montélimar à 40 km (cars).
Aéroport : Lanas à 15 km (taxis). Axes routiers : RN 102, RN 104.

JAUJAC - 07380
« Petites Sœurs de Nazareth »

Tél. : 75 93 20 08

La communauté, contemplative et missionnaire vous reçoit, seul ou en groupes constitués pendant 8 jours maximum pour séjourner en communauté ou vivre l'expérience du Désert. Les retraites ou sessions peuvent être organisées par les Sœurs ou les groupes. La participation aux offices est souhaitée. Notre maison avec jardin est située dans un village, à 410 m d'altitude ; vous y vivrez un partage fraternel véritable.

10 lits en ch. et 1 dortoir de 10 pl. ; douche et SdB à l'étage. 2 salles de réunion. Plusieurs formules d'hébergement ; libre participation. Fermeture de décembre à février. Langue étrangère : allemand. Contacter Sœur Norbert Marie, 1 mois à l'avance pour les groupes.

Gare : Montélimar à 56 km ; car. Axe routier : N102.

LALOUVESC - 07520
« Maison Thérèse Couderc »

B.P. 13
Tél. : 75 67 83 01

La communauté reçoit toute l'année, toutes personnes pour des retraites spirituelles, récollections, initiation à la prière, séjour de détente et de réflexion chrétienne. Le centre est ouvert à toutes les spiritualités, mais surtout aux propositions ignatiennes. Vous pourrez assister au pèlerinage de Sainte-Thérèse Couderc, fondatrice de la Congrégation de Notre-Dame-du-Cénacle (1805-1885) dans un cadre bordé par un parc et situé à 1080 m d'altitude.

111 lits dont 85 ch. individuelles ; douches, SdB et WC à l'étage. Pension complète. Prévenir longtemps à l'avance.

Gare : Saint-Rambert-d'Albon ou Valence à 45 km et 60 km ; car.

SAINT-PÉRAY - 07130
« Maison Diocésaine de Beauregard »

Tél. : 75 40 32 58

La maison vous reçoit, en groupes constitués, pour des réunions ou des récollections (organisées par les groupes hébergés). La maison est fermée les lundis et au mois d'août Située à 250 m d'altitude, proche de la ville, la maison possède un parc et un jardin. Elle peut constituer le point de départ à de nombreuses visites touristiques : musée archéologique, ruines, grottes, etc.

10 ch. individuelles, 9 ch. doubles, 4 ch. familiales avec douche ; SdB à l'étage. 3 salles de conf. et 5 salles de réunion ; équipement audiovisuel. S'inscrire 1 mois à l'avance auprès de la direction.

Gare : Valence à 5 km ; bus n°20

VANOSC - 07690
« Maison Saint-Joseph »

Tél. : 75 34 62 95

Les Sœurs de Saint-Joseph-de-Viviers vous accueillent (sauf du 14 juillet au 20 août, période pendant laquelle la maison est réservée pour des retraites de spiritualité ignatienne), pour des séjours d'un mois maximum, dans une maison de village située à 634 m d'altitude. Les particuliers et les groupes constitués sont les bienvenus pour des retraites, récollections ou sessions organisées par les groupes.

40 ch. individuelles dont 6 doubles, avec lavabo ; SdB, douches à l'étage. Salles de conf., de réunion et de travail.(5). Pension complète : 135 F ; demi-pension : 80 F ; héb. seul : 30 F.
Contacter Sœur Arlette Priez 1 mois à l'avance minimum.

Gares : Lyon à 80 km ou Valence à 60 km ou Saint-Etienne à 45 km ; car ou taxi. Aéroport : Lyon-Satolas à 100 km ; car ou taxi.
Axes routiers : N7 ; N86 ; D121.

VIVIERS - 07220
« Grand Séminaire »

Place Riquet
Tél. : 75 52 62 23

L'ancien Grand Séminaire de Viviers vous reçoit, toute l'année sauf pendant les vacances de Noël, seul ou en groupes pendant 15 jours maximum. Vous profiterez de votre séjour pour visiter de nombreux sites archéologiques, architecturaux et naturels comme les gorges de l'Ardèche.

42 ch. individuelles, 133 ch. doubles, 25 ch. familiales, avec lavabo ; douches, SdB et WC à l'étage. Salles de conf. (2), de réunion (4), de travail (8). Pension complète : de 150 à 180 F ; demi-pension : 85 F ; héb. : 60 F.
Contacter la directrice de 6 mois à 1 an à l'avance.

Gare : Montélimar à 12 km ; car ou taxi. Axes routiers : A7 ; N86.

08 - ARDENNES

AUBIGNY LES POTHEES - 08150
« Carmel de la Fontaine Olive »

La Fontaine Olive
Tél. : 24 35 81 82

Une petite Communauté de Carmélites vous reçoit seul ou en groupes, pour une durée variable, dans une maison isolée en pleine nature à 200 m d'altitude.

5 ch. individuelles, 1 ch. double, avec lavabo ; douches.

2 salles de conférence.
Contacter la Sœur Hôtelière.

Gares : Charleville ou Rethel à 30 km ; car ou taxi.

MARGUT - 08370
« Ermitage de Saint-Walfroy »

Tél. : 24 22 67 31

Les Frères Auxiliaires du Clergé vous reçoivent, seul ou en groupes, pendant 15 jours maximum, pour des retraites, des pèlerinages, des sessions ou des séminaires. Les jeunes doivent être encadrés afin de faciliter le respect de la vie communautaire. Aider chacun à réaliser dans le monde son cheminement vers Dieu, tel est le but de notre accueil. Notre maison est isolée à 350 m d'altitude, vous y bénéficierez de son parc et pourrez effectuer, dans les environs, de belles randonnées.

63 lits (de 1 personne) + 5 (de 2 personnes) ; douches à l'étage. 3 salles de réunion (30 à 120 pers.). Plusieurs formules d'héb. ; pension complète : de 80 à 140 F (dégressif selon l'âge) ; camping possible. Abri du pèlerin (150 pers.).
Contacter le Frère Directeur, au moins 15 jours à l'avance.

Gare : Carignan à 13 km ; car et taxi.
Axes routiers : Sedan-Montmedy ou Stenay-Orval.

MONTCY-SAINT-PIERRE - 08000
« Monastère Notre-Dame »

2, rue Madame-Curie
Tél. : 24 59 01 11

Les Frères Bénédictins vous accueillent toute l'année, pour des retraites individuelles de 1 à 5 jours dans le respect du silence. Situé à proximité du village, le monastère est entouré d'un parc de 1 ha. Vous pourrez vous promener au bord de la Meuse et de la Semois.

4 ch. avec sanitaires. Formules d'héb. diverses ; Pension complète : 150 F. Chacun entretient sa chambre. 2 salles de réunion (14 et 20 pl.). Contacter le Frère Hôtelier.

Gares : Charleville à 2 km ; bus ou taxi.

10 - AUBE

SAINTE-MAURE - 10150
« Ecole d'agriculture »

Tél. : 25 76 90 01
Fax : 25 80 32 44

L'établissement, sous la tutelle de la congrégation Marianiste, reçoit pour une durée à convenir, des groupes encadrés de 30 à 300 personnes, pour séminaires, congrès. L'établissement situé à 7 km de Troyes, dans un grand parc ombragé et aménagé. La ville de Troyes est riche en possibilités culturelles et artistiques (vitraux, art champenois, musée d'Art moderne et de Bonnetterie).

120 chambres individuelles et 3 dortoirs. Douches et WC en sanitaires communs. 4 salles de conférence ; 25 salles de réunion, 25 salles de travail. Langues étrangères : anglais, allemand, espagnol, russe. Agrément : établissement sous contrat avec le ministère de l'agriculture. Délais d'inscription : 2 mois. S'inscrire auprès de l'économe, M. Gérard. Prix en pension complète : 120 à 180 F, en demi-pension : 45 F, en hébergement seul : 34 à 55 F. Réduction pour enfants. Chèques bancaires acceptés.

Gare : Troyes à 7 km . Aéroport : Troyes à 5 km (cars et taxis).
Axes routiers : Paris-Bâle - Lille, Reims, Dijon, Lyon.

TROYES - 10000
Maison « Notre-Dame-en-l'Isle »

8-10, rue de l'Isle
Tél. : 25 80 54 96

La maison, dirigée par un prêtre, accueille des sessions organisées par des particuliers ou des groupes. Située en ville, la maison est entourée d'un parc et d'un jardin. Vous trouverez à proximité la cathédrale et les 3 musées de la ville.

120 lits en ch. à 1, 2 ou 3 lits avec lavabo ; douches à l'étage. Salles de conf. (1), de réunion (4), de travail manuel (1) ou de jeux. Pension complète : 170 F ; demi-pension : 125 F ; héb. seul : 50 F. Langues étrangères : anglais, arabe.
Contacter Sœur Aline ou Madame Leseure.

Gare : Troyes à quelques minutes ; car ou taxi. Axes routiers : N19 ; N77 ; N71 ; N60 ; A26 ; A5.

11 - AUDE

CARCASSONNE - 11000
Centre Diocésain « Notre-Dame-de-L'Abbaye »

103, rue Trivalle
Tél. : 68 25 16 65

Des Religieuses Ursulines accueillent groupes pour réflexion spirituelle et formation avec leurs animateurs pour 8 jours maximum. Au pied de la cité médiévale, la maison offre salles de réunion et chapelle du XIIIème siècle. Promenades et visites enrichissantes.

30 lits en dortoir, 13 ch. individuelles et 21 ch. doubles, avec lavabo ; douches à l'étage. Salles de conf. (3) et de travail (6). Terrain de basket. Pension complète : 175 F ; demi-pension : 128 F ; héb. seul : 85 F. Langues étrangères : anglais, espagnol et allemand.

Gare : Carcassonne à 2 km ; bus ou taxi. Aéroports : Carcassonne à 10 mn ou Toulouse à 55 mn ; car ou taxi. Axes routiers : autoroute « Entre deux mers » A61 et A62.

CASTELNAUDARY - 11400
« Monastère des Clarisses »

10, rue Pasteur
Tél. : 68 23 12 92

Les sœurs accueillent individuellement, du 1er avril au 30 octobre, les prêtres, religieuses, personnes du genre féminin, les couples et les familles, pour des temps de ressourcement spirituel d'une durée maximum d'1 mois dans un site à 300 m d'altitude. Les retraites personnelles se font librement avec possibilité de temps de regroupement.

10 ch. individuelles et 5 ch. doubles, avec douche et WC. Les régimes alimentaires sont assurés. Salles de détente.

Gare : Castelnaudary ; voiture de l'établissement.
Axe routier : autoroute à 1 km.

CUXAC-D'AUDE - 11590
« Foyer des Amis de Notre-Dame de Magri »

23, rue Notre-Dame

**Fermeture pour travaux
de rénovation.**

Réouverture prévue en 1995.

FANJEAUX -11270

"Belvédère Saint Dominique"
Rue de la Porte en Rivière
Tél. : 68 24 72 36

Les Dominicaines du Verbe Incarné accueillent toute personne, religieuse et laïque, sauf de novembre à mars, dans ce centre culturel international où des colloques sont consacrés tous les ans, en juillet, à l'histoire religieuse du Midi. Situé dans un village, à 360m d'altitude, entre la Montagne Noire et les Pyrénnées, l'établissement offre de sa terrasse une vue panoramique sur la plaine du Lauragais. On peut visiter et se recueillir dans la maison de Saint Dominique (13e siècle), le couvent Saint Dominique des frères prêcheurs (14e et 15e siècles), Notre Dame de Prouille, Monastères des Dominicaines.

40 lits répartis en 10 chambres familiales, douches. Sanitaires à l'étage.1 salle de réunion ; 1 salle de travail. 1 grande salle de conférence à proximité louée par le village. Langues étrangères : anglais, espagnol. Accueil des personnes handicapées la journée seulement. Durée de séjour selon les demandes. Participation aux frais d'hébergement : 170 F / jour. Délais d'inscription d'au moins 10 jours selon disponibilité.
Contacter M. er Mme J. Cl. Guerre

Gare : Carcassone à 20 km, Castelnaudary à 28 km. Aéroport : Carcassone à 28 km (transport organisé par le Belvédère). Axe routier : A61 Toulouse Montpellier, sortie à BRAM à 10 km.

12 - AVEYRON

CAMARES - 12360
« Abbaye de Sylvanès »

Tél. : 65 99 51 83
Fax : 66 99 54 52

L'Association des Amis de Sylvanès vous reçoit de mars à mi-novembre, seul ou en groupes pour des stages d'animation liturgique organisés à dates fixes, pour des retraites individuelles ou collectives préparées par les hôtes eux-mêmes, pour des rencontres et des séminaires ainsi que divers autres stages. Située à 430 m d'altitude, l'abbaye est en pleine campagne. Aux environs : château de Montaigut, Roquefort...

20 ch. individuelles ou doubles, avec sanitaire selon les ch., 20 lits en dortoir. 3 salles de conférence. Prix : de 170 à 300 F en ch. individuelle, et en pension complète plus cotisation de 50 F pour les stagiaires. Paiement : espèces, cartes bancaires, chèques, Eurochèque. Langues étrangères : anglais, italien.
Contacter Michel Wolkowitsky.

Gare : Tournemire-Roquefort à 25 km ; taxi.

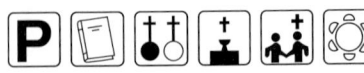

CONQUES - 12320
« Abbaye Sainte-Foy »

Tél. : 65 69 85 12
Fax : 65 72 81 01

La Communauté des Prémontrés vous accueille pour un séjour variable, seul ou en groupes, dans une abbaye située à 250 m d'altitude. Vous profiterez de votre séjour pour visiter le Trésor de Sainte-Foy (VIIIème/XVème) et son église romane, étape du pèlerinage de Saint-Jacques de Compostelle.

15 ch. doubles, 2 dortoirs, avec lavabo ; douches, SdB et WC à l'étage. Salles de conf. (3). Pension complète 150 F ; demi-pension 90 F ; héb. de 50 à 60 F. Langue étrangère : anglais.
Contacter le Frère Hôtelier une semaine à l'avance.

Gare : Saint-Christophe à 25 km. Aéroport : Rodez-Marcillac à 35 km.

GRAMOND - 12160
« Centre Saint-Dominique »

Tél. : 65 69 02 82.
Fax : 65 69 11 98

Le Centre accueille toute l'année personnes et groupes autonomes en quête de ressourcement. Il propose sessions et retraites aux intervenants qualifiés. Possibilité de participer à la prière des Sœurs Dominicaines et d'avoir des échanges fraternels. Cadre de silence et de verdure. Climat tonique (630 m d'altitude). Nombreux chemins de randonnée. Proximité de hauts lieux culturels (Conques, Rodez, Albi).

70 lits en ch. doubles et individuelles ; WC et douches à l'étage. Grande salle de conf. avec équipement audiovisuel. Plusieurs salles de travail et de détente. Pension complète : 145 F par jour. Contacter la Sœur responsable de l'accueil.

Gare : Baraqueville à 6 km, Rodez à 25 km. Aéroport : Rodez-Marcillac à 30 km. Axe routier important à 6 km : N88.

MUR DE BARREZ - 12600
Monastère Sainte-Claire

2, rue de la Berque
Tél. : 65 66 00 46

Les Sœurs Clarisses accueillent pour des séjours d'un mois maximum individuellement ou en groupe (prêtres, religieuses, dames, jeunes filles et familles) afin de développer le rayonnement de Sainte-Claire et de Saint-François. Aide morale, spirituelle et facilité des échanges et des rencontres. Situé dans un village à 800 m d'altitude, le monastère est accroché sur une dent de roc et domine le pays environnant.

13 ch. individuelles, 17 doubles et 3 triples avec lavabo ; douches et SdB à l'étage. Salles de conf. (2). Pension complète : 165 F ou suivant les ressources.
Contacter la Sœur Hôtelière (plusieurs mois à l'avance pour l'été)

Gare : Aurillac à 37 km ; car ou taxi. Axes routiers : A75 ; N9.

13 - BOUCHES DU RHONE

AIX-EN-PROVENCE - 13090
« La Baume »

**Chemin de la Blaque
Tél. : 42 26 19 63.
Fax : 42 26 88 67**

L'Association Cultures et Société et les Jésuites vous reçoivent pour des retraites individuelles, des sessions pour groupes, pour des colloques et pour des séminaires à thèmes. Nous vous conseillons de vous renseigner selon le but de votre venue. Le centre est situé dans un parc de 12 ha, avec un coin jardin. Détente, promenades et sports y sont possibles. En été, une piscine est à la disposition des stagiaires.

125 lits ; douches à l'étage. Cafétéria. 12 salles de conf. et de réunion (20 à 150 pl.). Langues étrangères : anglais, allemand. Pension complète : 178 F. Fermeture du 25.12 au 1.01.
Renseignements : demander au service de réservation.

Gare : Aix-en-Provence à 3 km. **Aéroport :** Marignane à 30 km ; taxi, bus.
Axe routier : de Marseille (A51), sortie les Mille puis direction Aix, à 1 km à droite prendre Chemins de la Blaque. Voiture particulière conseillée.

ARLES - 13200
« Prieuré Notre-Dame-Des-Champs »

Bouchaud. Tél. : 90 97 00 55

Le prieuré reçoit pour une durée de 15 jours maximum des adultes individuellement ou en groupes encadrés dans le cadre d'une spiritualité bénédictine. Vous vivrez dans un très ancien mas de Camargue, caché dans un cadre de verdure propre au silence et au recueillement (parc de 2 ha permettant le camping).

8 ch. individuelles et 2 doubles avec lavabo, 1 dortoir de 7 lits ; douches à l'étage. Pension complète : 150 F, demi-pension : 95 F, hébergement seul : 55 F, Pavillon de 6 lits en 2 ch. tout confort. Prix : 150 F pour l'ensemble. Salles de conf. (2).
Contacter le Frère Hôtelier 1 mois à l'avance et plus pour l'été.

Gare : Arles à 10 km ; taxi ou voiture de la maison.
Aéroport : Nîmes-Garons à 25 km ; taxi. **Axe routier :** A55.

GRANS - 13450

Union Culture et Promotion « Domaine de Petite »

Route de Saint-Chamas
Tél. : 90 55 93 60
Fax : 90 55 87 74

Cette maison diocésaine accueille toutes catégories de personnes, religieux ou laïcs, seuls ou en groupes (120 au maximum) pour des retraites spirituelles, sauf de la deuxième semaine d'août à la deuxième semaine de septembre. L'établissement est isolé et riche d'un parc boisé de 3 ha.

108 lits répartis en 20 ch. individuelles, 14 ch. doubles et 4 dortoirs de 4 fois 15 lits ; douches et WC en sanitaires communs. Pension complète : 175 F + 25 F (draps), demi-pension : 140 F, héb. seul : 90 F + 25 F (drap). Chèques et espèces acceptés.
Contacter : Maguy ou Jean-Pierre Fontaine.

Gares : Salon de Provence à 7 km et Miramas à 7 km (taxi).
Aéroport : Marignane à 40 km (taxi). Axe routier : N113.

LAMBESC - 13410

« Foyer de charité de Provence »

Sufferchoix (lieu-dit)
Tél. : 42 57 14 86

Le foyer est une communauté de laïcs ayant mis en commun leurs biens spirituels et temporels sous la conduite d'un prêtre, le Père Lucien Cotte. L'établissement est construit sur un piton rocheux dominant le Lubéron. C'est un service d'accueil pour tous ceux qui désirent se mettre à l'écoute de la parole de Dieu. Dans un esprit familial, une retraite de six jours, en silence, est proposée à des personnes de tout âge et de toute condition (à partir de 18 ans), ainsi que des conférences ou la possibilité de prières personnelles ou communautaires. Le foyer organise aussi des sessions dites « d'accueil », d'une ou deux semaines.

40 lits répartis en 20 chambres individuelles, 7 chambres doubles et 3 chambres familiale. 1 salle de conférence. S'inscrire auprès du secrétariat.

Gares : Avignon à 60 km, Aix à 25 km, Salon-de-Provence (cars).
Aéroport : Marignane (cars avec changement à Aix).
Axes routiers : N 517, D 15.

MARSEILLE - 13011
« Monastère de la Visitation de Marie »

Les Acates, 55, route des Camoins
Tél. : 91 43 02 07

Les religieuses, dont le monastère se situe à l'écart de la ville, reçoivent des laïcs, des prêtres, des religieuses, individuellement ou en groupes avec leur animateur (scouts, paroisse) pour des séjours de ressourcement spirituel, retraite, ou recollection.

2 salles pour accueil.

Gare : Marseille-Saint-Charles à 10 km ; car ou taxi.
Aéroport : Marseille-Marignane à 35 km ; car ou taxi.

SIMIANE-COLLONGUE - 13109
« Communautés Bénédictines de Sainte-Lioba »

Quartier Saint-Germain
Tél. : 42 22 60 60

Les Sœurs et les Frères vous accueillent, seul ou en groupes, pendant 10 jours maximum, pour partager leur prière, leur silence et leur joie. Accueil monastique, retraites. La maison avec parc et jardin est située à 350 m d'altitude et vous y bénéficierez du calme et de son isolement.

16 ch. ; douches à l'étage. Local voisin avec dortoir de 10 pl. pour groupes de jeunes avec animateur. Salles de conf. ou de travail (3). Langues étrangères : allemand, anglais, néerlandais. Ecrire plus de 15 jours à l'avance.

Gare : Simiane-Collongue à 3 km. Aéroport : Marseille-Provence à 20 km. Axes routiers : autoroute Marseille-Aix, sortie Gardanne.

TARASCON - 13150
Abbaye « Saint-Michel-de-Frigolet »

Tél. : 90 95 70 07.
Fax : 90 95 75 22

Ce centre de vie monastique et apostolique est animé par les Chanoines Réguliers de Prémontré. L'Abbaye reçoit (sauf du 24 janvier au 4 mars) des groupes ou des particuliers. Le centre est en lui-même un site remarquable : églises du XIIème siècle et du XIXème siècle et cloître du XIIème siècle. Tous les jours : office de prière communautaire et Eucharistie concélébrée à 11 h. Vous pourrez vous rendre aux Baux de Provence (20 km), à Arles (22 km) et à Nîmes (30 km).

38 ch. (15 avec douche, les autres avec lavabo), 150 lits en dortoirs ; douches, SdB à l'étage. Salles de conf. (1) et de réunion (7). Pension complète : 230 F, demi-pension : 170 F.
Contacter le responsable de l'hôtellerie.

Gares : Tarascon à 12 km ; taxi. Avignon à 18 km ; taxi.

14 - CALVADOS

BAYEUX - 14402 CEDEX
« Monastère des Bénédictines »

48, rue St Loup - BP 93
Tél. : 31 92 02 99

Les Bénédictines-du-Saint-Sacrement reçoivent dans un monastère situé en ville, toute l'année, prêtres, religieuses, dames, seuls ou en groupe, éventuellement groupes d'enfants accompagnés, pour une durée maximum de 2 semaines.

35 lits répartis en ch. individuelles ou doubles ; douches, SdB et WC à l'étage. Salles de conf. (2). Langue étrangère : anglais. Participation financière selon les possibilités de chacun.
Contacter la Sœur Hôtelière un mois à l'avance.

Gare : Bayeux, ligne Paris-Cherbourg ; taxi.

BRUCOURT - 14160
« Monastère de L'Annonciade »

Tél. : 31 24 89 94

Les sœurs reçoivent toute l'année les personnes désirant trouver un climat de prière et de paix pour un ressourcement personnel, des groupes de prêtres, religieuses et laïcs pour réunions ou sessions. Séjour de 8 jours maximum afin de pratiquer la spiritualité évangélique et mariale.

17 ch : 8 au monastère et 9 dans un pavillon indépendant à l'entrée du parc (600m du monastère).

Gares : Dives, Cabourg ou Caen ; car. Axes routiers : A13 ; N13.

CAEN - 14000
« Monastère de la Visitation »

**3, rue de l'Abbatiale
Tél. : 31 86 19 40**

Les Sœurs Contemplatives de la Visitation accueillent, religieuses, dames et jeunes-femmes pour des retraites individuelles de 1 à 6 jours. Vous pourrez vous recueillir sur le tombeau de Léonie Martin, sœur de Sainte-Thérèse, inhumée dans la crypte.

4 ch. individuelles, 2 ch. doubles avec lavabo. Prix : 130 F en pension complète. Langue étrangère : italien. Contacter la Sœur Hôtelière.

Gare : Caen à 3 km . Axe routier : autoroute à 2 km.

JUAYE-MONDAYE - 14250
« Abbaye de Mondaye »

Tél. : 31 92 58 11
Fax : 31 92 08 05

Les Prémontrés, qui occupent l'Abbaye depuis le XIIIème siècle, ont une double vocation communautaire : contemplative et apostolique. Ils chantent les offices chaque jour et souhaitent y associer les laïcs présents. Ils vous reçoivent (sauf les enfants non accompagnés) seul ou en groupes, 8 jours maximum (sauf dernière semaine de juin), pour partager leur liturgie. Dans ce lieu calme et isolé, avec parc et jardin, vous profiterez des joies de la musique ou de la lecture. Aux alentours, le bocage normand et les plages du débarquement vous fourniront de nombreux buts d'excursions.

60 lits ; douches à l'étage. Salles de réunion (3) et de travail (2). Diverses formules d'héb. ; pension complète : 150 F. Langues étrangères : anglais, allemand, italien, espagnol.
Réserver 3 mois à l'avance au frère Hôtelier.

Gare : Bayeux à 8 km ; voiture de l'abbaye. Aéroport : Caen à 25 km ; car ou taxi. Axes routiers : N13 ; E26 ; N175.

LISIEUX - 14100
« Accueil Providence »

17, chemin de Rocques - Tél. : 31 31 34 13 - Fax : 31 31 17 46

Les sœurs de la Providence accueillent des groupes et des particuliers pour des retraites, récollections ou sessions organisées par l'établissement de spiritualité dite "école française" ou par les groupes eux-mêmes. Située en ville, la maison est entourée d'un parc et agrémentée d'un jardin.

102 lits répartis en 78 ch. avec lavabo ; douches et SdB à l'étage. Salles de travail et polyvalentes. Pension complète : 156 F et 121 F en demi-pension.
Contacter Sœur Monique Durant.

Gare : Lisieux à 3 km ; taxi.

LISIEUX - 14100
« Ermitage Sainte-Thérèse »

23, rue du Carmel
Tél. : 31 62 00 95

Le Centre spirituel du pèlerinage propose, sauf du 15 décembre au 15 janvier, un calendrier de retraites spirituelles, de recollections, de sessions thérésiennes permettant d'approfondir le message évangélique à la lumière de la vie et des écrits de Saint Thérèse de l'Enfant Jésus. Le Centre spirituel accueille selon ses possibilités les pèlerins en groupe, en famille, individuellement, les groupes ainsi que toute personne désirant un lieu de prière et de partage.,

Ch. avec lavabo ; douches et WC à l'étage. Salles de conf. (2).
Contacter la Sœur Directrice.

Gare : Lisieux à 700 m ; taxi.

VIRE VAUDRY - 14503
« Communauté de Blon »

1, rue de Blon - BP 160
Tél. : 31 68 02 04

La Communauté des Sœurs-de-Blon vous reçoit pour des séjours de prière et de ressourcement dans un site agréable et reposant : vallon boisé, ruisseau, prairies et allées de gazon (6 ha). Offices chantés, eucharistie quotidienne 11h15. Accueil de groupes avec encadrement pour sessions et retraites.

25 ch, dont 6 avec sanitaires complets ; 10 avec lavabo, WC. 3 dortoirs avec boxes (60 lits au total), WC et douches à l'étage. Pavillon (3 ch., cuisine, salle à manger). Salles de conf. (1), de réunion (4), salle de lecture. Equipement audiovisuel. Prix : 120 à 160 F par jour, conditions spéciales pour les jeunes et les groupes. Langues étrangères : anglais, allemand, espagnol. S'inscrire au moins 8 jours à l'avance par tél. ou par courrier adressé à : Secrétariat accueil.

Gare : Vire à 1 km, ligne Paris-Granville ; taxi. Axe routier : A13.

---

15 - CANTAL

MURAT - 15300
« Prieuré Sainte-Thérèse »

8, avenue de l'Ermitage
Tél. : 71 20 18 44 - Fax : 71 20 19 25

Les Frères offrent à toute personne ou groupe, pour une ou plusieurs journées, la possibilité d'un ressourcement spirituel auprès de la communauté en participant aux offices monastiques, à la messe. Régulièrement des retraites sont prêchées (5 jours, week-end, etc. ; le programme est envoyé sur demande). Elles comportent une introduction à l'adoration, prière et chapelet, et habituellement 3 conférences par jour. Un climat de silence favorise le recueillement à 950 m d'altitude ; un jardin et la campagne environnante permettent la détente.

32 ch. avec lavabo ; douches et WC à l'étage. 2 salles (15 à 150 personnes).
Contactez le Père Hôtelier.

Gare : Murat ; Cars de Saint-Flour (20 km).

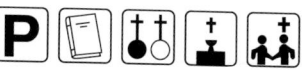

QUEZAC - 15600
« Maison Béthanie »

Tél. : 71 46 78 31 ou 71 46 70 41
La Communauté des Oblats et Oblates Bénédictines d'Albi accueillent pour une durée de 3 jours à 1 mois des groupes et des particuliers pour un pèlerinage, une récollection ou une retraite. Leur organisation est assurée soit par les groupes eux-mêmes, soit par le centre. La maison située à une altitude de 450 m est entourée d'un parc et d'un jardin. Des excursions sont possibles vers Conques, Rocamadour et Le Lioran.

36 ch. individuelles et 3 doubles avec lavabo ; douches à l'étage. Salles de conf, (4) ; équipement audiovisuel. Pension complète : 145 F.
Contacter la maison.

Gare : Maurs à 5 km ; taxi. Aéroports : Aurillac à 45 km ; taxi - Rodez à 47 km ; taxi. Axe routier : N122.

16 - CHARENTE

BASSAC - 16120
« Abbaye de Bassac »

Tél. : 45 81 94 22

Les Missionnaires de Sainte-Thérèse-de-l'Enfant-Jésus accueillent toute l'année des groupes pour des récollections, des retraites thérésiennes ou non, organisées par l'établissement ou par les groupes eux-mêmes, et des sessions culturelles. Ils accueillent également toute personne voulant vivre un temps de silence ou de prière. La durée maximum du séjour est habituellement, pour les individuels, de 8 jours. Un parc de 2,5 ha permet de se promener sur les bords de la Charente.

40 ch. simples ou doubles avec lavabo ; sanitaires complets à l'étage. 1 salle de conférence et plusieurs petites salles.

Gares : Châteauneuf-sur-Charente ou Jarnac à 7 km ; taxi ou voiture de l'établissement.

FOUSSIGNAC - 16200
Communauté des Diaconesses de Reuilly

**Le Logis du Brillac
Tél. : 45 81 07 79**

Les religieuses protestantes accueillent toute l'année, pour une durée de un jour à un mois, toute personne désirant un lieu de repos, de silence, de prière, d'étude ou de partage, à proximité d'une communauté. On peut y venir seul ou en groupe. Le lieu est particulièrement propice à la méditation car, même habité, il est très calme. Chacun peut y assister aux offices ou simplement prier dans la chapelle. La messe est également dite à Jarnac (4 km) et de nombreuses églises romanes proches sont à visiter. Mais la retraite peut ne pas exclure la détente, et on peut aussi camper dans le parc (camping familial ou camping jeunes à la belle saison) et pratiquer canoë et piscine en Charente à des prix modestes.

55 lits dont 2 dortoirs ; chambres individuelles ou pour 2 personnes ; 2 grandes salles de réunions ; petites salles pour carrefours.
S'inscrire 15 jours à l'avance au logis du Brillac / Foussignac 16200 Jarnac.

**Gare : Jarnac à 4 km ; ligne Paris/Angoulème/Royan ; taxi.
Aéroport de Cognac à 70 km.**

JUIGNAC - 16190
«Abbaye Sainte-Marie-de-Maumont »

Tél. : 45 60 34 38

Dans un cadre de silence, au rythme d'une prière liturgique avec une communauté bénédictine, l'abbaye reçoit toute l'année, des personnes ou groupes pendant 8 jours maximum. Elle organise des week-end d'approfondissement de vie chrétienne pour les jeunes à partir de 18 ans et des séances d'introduction à la liturgie tous les samedis à 18 heures et les veilles de grandes fêtes.

23 ch. avec lavabo ; douches et WC à l'étage. Libre contribution aux frais.
Contacter la Sœur Hôtelière 15 jours à l'avance.

Gare : Montmoreau-Saint-Cybard à 5 km ; taxi. Axe routier : N10.

MONTMOREAU-SAINT-CYBARD - 16190
« Maison Sainte Famille »

Abbaye de Puypéroux
Tél. : 45 60 20 46

Les Sœurs de La Sainte-Famille-de-Bordeaux vous reçoivent pour des retraites spirituelles préparées par la maison ou par les groupes. Vous pourrez effectuer des séjours individuels et profiter de quelques jours de repos, de silence et de paix dans le cadre magnifique de la campagne charentaise. Maison isolée, avec jardin et parc. Abbatiale romane du XIème siècle.

48 lits ; douches à l'étage. Salles de conf. (2) et de réunion (4). Pension complète : 150 F. S'inscrire deux semaines à l'avance.

Gares : Montmoreau à 9 km ou Angoulême à 27 km. Voiture de l'établissement. Car "Citram". Axe routier : D674.

17 - CHARENTE MARITIME

SAINTES - 17100
« Petit Séminaire »

80, cours Genêts
Tél. : 46 93 03 29

Géré par l'Association Diocésaine, le Petit Séminaire peut recevoir toute l'année (sauf en août), pendant une durée variable, des groupes de passage à vocation chrétienne (jeunes ou adultes), pour récollections, sessions, etc., organisées par les groupes eux-mêmes.

Ch. individuelles ou doubles. Diverses formules d'héb.

Prendre contact assez longtemps à l'avance.

Gare : Saintes. Axe routier : A10.

SAINT-PALAIS-SUR-MER - 17420
Monastère des Dominicains « Bethanie »

64, avenue de Courlay
Tél. : 46 23 12 19

Les Moniales Dominicaines, les Frères Prêcheurs reçoivent toute l'année sauf au mois d'octobre des particuliers et des groupes de 30 personnes maximum, laïcs ou religieux, pour des haltes spirituelles de 25 jours maximum.

Cet établissement est situé dans un village. Un parc l'agrémente. Vous y trouverez détente et repos. Les sites touristiques sont très nombreux dans la région (belles églises romanes).

12 ch. individuelles, 9 ch. doubles, 1 ch. familiale ; sanitaires à l'étage.
1 salle de conf., 1 salle de réunion.
Contacter Sœur Myriam (pour l'été, prévoir un délai de 3 mois).

Gare : Royan à 6 km ; taxi. Aéroport : Médis à 10 km ; taxi.

SAINT-XANDRE - 17138
« Centre de l'Etoile »

17, rue de Marans
Tél. : 46 37 35 31

La Maison reçoit toute l'année, groupes et individuels, pour vivre des temps forts de silence, de réflexion, de partage et de prière. Possibilité durant la journée de bénéficier des offices religieux du monastère des Sœurs Clarisses à Nieul-sur-Mer (proche de St-Xandre). Des récollections et sessions peuvent être organisées par les groupes eux-mêmes. L'eucharistie est célébrée chaque jour dans la Chapelle de la Maison.

Ch. individuelles ou doubles, disposant chacune d'un bloc sanitaire (lavabo, douche, WC). Tarif normal de pension journalière en ch. individuelle : 200 F, en ch. double : 170 F. Tarif spécial pour les groupes et cas particuliers. Toutes les solutions sont étudiées.

Gare : La Rochelle à 6 km. Aéroport : La Rochelle à 8 km.
Axe routier : D9 (route de Luçon).

---

19 - CORREZE

AUBAZINE - 19190
« Congrégation des Moniales de la Résurrection »

Le Ladeix
Tél. : 55 25 75 67

Les moniales de rite byzantin-catholique reçoivent toute l'année des personnes pour des retraites individuelles dans un cadre agréable. Le monastère est situé à 320 m d'altitutde, proche d'une abbaye romane cistercienne du XIIème siècle. Possibilité de visiter l'atelier de peinture d'icones.

10 ch. individuelles avec lavabo ; douches et WC à l'étage. 1 salle de séminaires. Langue étrangère : anglais. Pension complète : 140 F. Prévenir Sœur Christophora un mois à l'avance si possible.

Gare : Aubazine/Saint-Hilaire à 4 km ; voiture de l'établissement.
Aéroport : Brive à 18 km ; taxi. Axe routier : RN29.

BRIVE - 19100
Maison d'accueil Saint-Antoine

41 avenue Edmond Michelet
Tél. : 55 74 03 00

Gérée par l'association Saint-Antoine de Padoue, cette demeure accueille tout groupe accompagné de leur prédicateur ou leurs animateur pour des recollections, des pèlerinages, des sessions ou des retraites organisées par eux mêmes ou la maison. Elle reçoit également les pèlerins ou retraitants solitaires désireux de se ressourcer dans une atmosphère de fraternité et de dialogue avec des pères franciscains. En pleine ville de Brive, à 170m d'altitude, la maison se dresse au milieu d'un grand parc. Brive offre par aillleurs l'occasion d'un pèlerinage aux grottes où vécut Saint Antoine de Padoue (célébration de ce saint le 13 juin). On peut aussi le 27 juin y honorer Notre-Dame-du-Bon-Secours.

45 lits répartis en 17 chambres individuelles et 15 chambres doubles. Douches dans les sanitaires communs. 1salle de conférence ; 1 salle de travail. Fermeture du 1er au 15 septembre.
S'inscrire au moins 2 mois à l'avance auprès du Père Bonaventure.

Gare de Brive à 10 minutes à pied (1 km). Car depuis la gare.
Axe routier : Paris Toulouse.

20 - CORSE

CALACUCCIA - 20224
"Couvent de Saint François"

Tél. : 95 48 00 11

L'Association Diocésaine reçoit toute personne, religieuse ou laïque, seule ou en groupe, pour ressourcement spirituel.

L'établissment est situé à 1,5 km du village, à 850 m d'altitude, et dispose d'un jardin. Il permet aussi diverses activités sportives

34 lits répartis en 2 dortoirs et en chambres individuelles, doubles et familiales. Sanitaires dans les chambres. 1 salle de conférence ; 1 salle de travail ; 1 salle de réunion.

Gares : Francardo à 20 km (taxis le mardi et jeudi à 17h à partir de la gare et l'aéroport). Axe routier : Calacuccia Bastia 80 km.

VICO - 20160
« Couvent Saint-François »

Tél. : 95 26 60 55 - Fax : 95 26 64 09

Les Pères Oblats de Marie-Immaculée reçoivent toute l'année, toutes personnes (sauf celles des Ordres) individuellement ou en groupe de 55 personnes maximum, dans le cadre de retraites, sessions, week-end bibliques organisés par la communauté, et des retraites individuelles en mai, juin et septembre. Le couvent est situé à 400 m d'altitude.

37 lits répartis en dortoirs ; douches et WC à l'étage. Prix en pension complète : 170 F, demi-pension et héb. seul possibles. 1 salle de conf., 1 salle de réunion et 1 salle de travail.

Contacter Marcelle Paoli plusieurs mois à l'avance.

Gare : Ajaccio à 50 km ; car, taxi. Aéroport : Ajaccio à 50 km ; car, taxi.

21 - COTE D'OR

FAIN-LES-MOUTIERS - 21500
« Accueil Sainte-Catherine »

Tél. : 80 96 70 65.
Fax : 80 96 76 36

Dans la maison natale de Sainte-Catherine Labouré, les Filles-de-la-Charité accueillent les prêtres et religieuses pour une halte de repos, ainsi que les groupes organisés pour une durée de 8 jours maximum. Vous y seront offertes des possibilités de retraites, sessions à thèmes religieux ou philosophiques, récollections, accueil de jeunes. Vous participerez à une vraie vie de communauté : chacun entretient sa chambre et participe aux tâches collectives. La maison est située dans un village à 300 m d'altitude d'où vous pourrez effectuer des excursions vers les Abbayes de Fontenay (18 km), Pierre Qui Vire, Basilique de Vézelay, etc.

44 lits répartis en 17 ch. individuelles, 2 ch. doubles et 23 box en dortoir ; douches et SdB à l'étage. 2 salles de conf. (70 pl.) avec vidéo ; 4 salles de travail (20 à 40 pl.). Prix en pension complète : 155 F ; réduction groupes de jeunes. Langue étrangère : anglais. Inscription 3 mois à l'avance, par téléphone après 20 h 30.
Contacter : Sœur Monique Javouhey.

Gare : Montbard à 15 km. Possibilité de car pour le transfert des groupes. Axe routier : A6, sortie Bierre-les-Semur ou Nitry.

FLAVIGNY-SUR-OZERAIN - 21150
« Abbaye Saint-Joseph-de-Clairval »

Tél. : 80 96 22 31.
Fax : 80 96 25 29

Les Pères reçoivent des prêtres, hommes ou jeunes-hommes, pour une durée d'une semaine maximum, dans une abbaye située à 450 m d'altitude, blottie dans un écrin de verdure. Vous pourrez découvrir le site historique d'Alésia, le village de Flavigny et l'ancienne Abbaye de Fontenay. Les moines s'adonnent aux travaux d'imprimerie, de reliure, de sculpture sur pierre et produisent des icônes.

18 ch. individuelles avec sanitaires. Salle de conf. (1). Prix en pension complète : 130 F. Langues étrangères : anglais, allemand.
Contacter le Père Hôtelier.

Gares : Vernarey-Les-Laumes à 9 km ; Montbard (TGV) à 23 km ; taxi.
Aéroport : Lyon à 210 km. Axe routier : A6 (sortie Bierre-Les-Semur).

FONTAINE-LES-DIJON - 21121
« Béthanie »

20, rue Saint-Bernard
Tél. : 80 56 56 20

Une communauté de Sœurs de la Charité et de l'Instruction Chrétienne de Nevers peut recevoir particuliers ou groupes organisant eux-mêmes leur session ou récollection. Les particuliers sont reçus dans le cadre de la Maison de Repos. Les groupes (maximum 25) ont à leur disposition une salle de conférence et 2 salles de carrefour si besoin. La Maison, située à la périphérie de Dijon (bus fréquents) est entourée d'un parc.

Contacter la Directrice. Les tarifs sont en fonction des services demandés.

Gare : Dijon à 3 km ; bus ou taxi.
Axes routiers : N6 ; N5 ; N71 ; N74 ; A6 ; A31 ; A38.

LA BUSSIERE SUR OUCHE - 21360
« Abbaye de la Bussière »

Tél. : 80 49 02 29
Fax : 80 49 05 23

Dans les bâtiments d'une ancienne abbaye cistercienne, une communauté religieuse reçoit toute l'année des groupes pour récollection, sessions ou découverte de la Bourgogne. Vous trouverez calme et repos dans le grand parc de l'abbaye. L'association « Les Amis de la Bussière » organise à dates fixes des sessions de réflexion chrétienne, des retraites spirituelles et des conférences.

70 lits : 26 chambres individuelles, 22 chambres doubles avec lavabos, douches et WC à l'étage ; salles de conférence et de réunion (5). Pension complète pour les religieux et divers : 140 et 220 F; pour les séminaires : 295 F.
Contacter le secrétariat de l'abbaye.

Gare : Dijon à 30 km ; cars et taxis. Aéroport : Dijon-Longvic

SAINT NICOLAS LES CITEAUX - 21700
« Abbaye de Citeaux »

Tél. : 80 61 11 53 - Fax : 80 62 36 79

Fondée en 1098 par Saint Robert, l'Abbaye de Notre Dame de Citeaux, reste à ce jour la Maison Mère de l'ordre des Cisterciens, où mènent une vie simple et austère cinquantes moines qui se veulent être un signe, une promesse de la "grande fête que Dieu prépare pour ceux qu'il aime". A douze kilomètres du clos de Vougeot, isolée et calme, l'Abbaye se dresse au coeur d'un parc situé à 240m d'altitude. A l'exception des familles, les Pères accueillent civils, religieux et religieuses, seuls, en groupes ou en séminaires de travail, ainsi que les jeunes gens de plus de 17 ans, pour au moins 1 jour et 5 jours maximum.

55 lits dans 25 ch. individuelles, 12 ch. doubles, et 5 ch. familiales. Sanitaires communs (douches, baignoires et WC). 2 salles de conférence, 2 salles de réunion. 5 salles de travail. Langues étrangères parlées : Anglais, allemand, espagnol

Gare : Dijon à 25 km. Gare routière : Dijon-ville. Car Amco et taxis sauf samedi, dimanches et fêtes. Aéroport de longvic à 20 km.
Axe routier : A6 - sortie Bierre les Semur.

22 - COTE D'ARMOR

D I N A N - 2 2 1 0 4 C e d e x
"Foyer de Charité"

La grand'cour en Tressaint,
BP 145
Tél. : 96 85 86 00
Fax : 96 85 03 56

La communauté du Foyer, prêtres et laïcs, organise des retraites spirituelles de six jours en silence, à dates fixes, dans le cadre d'un vieux manoir breton entouré de sept hectares de parc et bois. Comme dans l'évangile, un même enseignement est donné à tous dans l'inflence de l'Esprit de Dieu et de Marie. Retraites et récollections pour jeunes, pour familles, accueil de groupes de jeunes animés par la communauté du Foyer.

120 chambres avec douches. Sanitaires communs. 2 salles de conférence. Libres dons pour le séjour

Gare : Dinan à 6 km (navette du foyer à l'arrivée ou taxi). Aéroport : Rennes à 50 km. Axe routier : autoroute et voie express jusqu'à Rennes puis voie express N 137, sortie Lanvallay, puis D2 direction Becherel.

SAINT HELEN - 22100
"LEPPR"

La Guerche
Tél. : 96 39 78 54 - Fax : 96 39 98 99

L'étabissement vous accueille toute l'année sauf de 1er au 24 août. Le château et son jardin sont isolés de la ville par une vallée, ce qui leur confère calme et tranquilité. Dinan se trouve à 6 km et la belle ville de Saint-Malo à 25 km.

1 dortoir de 7 lits ; 1 ch. individuelle, 3 ch. doubles et 1 ch. familiale avec lavabos ; sanitaires à l'étage ; 2 salles de conférence, magnétoscope. Prix : 95 F en pension complète, 70 F en 1/2 pension et 35 F en hébergement seul.
Contacter le Directeur M. Mailly ou Mme Couvert 3 mois à l'avance.

Gare : Dinan 7 km ; taxi. Axes routiers : Paris, Rennes, Saint-Brieux.

SAINT-JACUT-DE-LA-MER - 22750
« L'Abbaye »

B.P. 1
Tél. : 96 27 71 19
Fax : 96 27 79 45

Gérée par l'Association « La Providence », la maison reçoit de septembre à fin juin, individuellement ou en groupe, des prêtres, religieuses et laïcs, ainsi que des familles ou groupes d'enfants accompagnés. Le programme d'activités peut être envoyé sur demande : retraites, week-ends, sessions culturelles et doctrinales. Cadre favorable au silence et à la réflexion.

45 ch. individuelles, 40 doubles et 7 familiales (dont 80 avec douche et WC). Salles de conférences (2), de réunion (2) et de travail (6). Courts de tennis et tables de ping-pong. Pension complète : 170 F, demi-pension : 130 F.
Contacter le secrétariat 1 à 3 mois à l'avance.

Gares : St Malo à 20 km, Plancoët à 11 km ; taxi ou voiture de l'abbaye. Aéroport : Pleurtuit-Dinars à 12 km. Axe routier : Rennes-Dinard.

24 - DORDOGNE

ECHOURGNAC - 24410
« Abbaye Notre-Dame-de-Bonne-Espérance »

Tél. : 53 80 36 43 - Fax : 53 80 08 36

Les Moniales Cisterciennes (Trappistines) vous reçoivent toute l'année (sauf quelques semaines en hiver) pour un accueil monastique de 10 jours maximum, en individuel ou en groupes constitués. L'abbaye se trouve à 125 m d'altitude en pleine nature périgourdine.

25 ch. individuelles ou doubles avec lavabo, à l'abbaye ; 2 dortoirs et 5 ch. à Bellevue (à 500 m), avec lavabo ; douches, WC à l'étage. 2 salles de réunion.
Réserver un mois à l'avance auprès de la Sœur Hôtelière.

Gares : Montpon à 15 km ; Mussidan à 18 km ; St Aigulin à 22 km. Aéroport : Mérignac à 100 km ; car, train ou taxi. Axes routiers : Bordeaux-Lyon, RN85 puis Montpon-Ribérac (RN708).

25 - DOUBS

CONSOLATION-MAISONNETTES - 25390
« Fondation-du-Val-de-Consolation »
« Centre spirituel Notre-Dame-de-Consolation »

Tél. : 81 43 54 71
Fax : 81 43 56 39

La Fondation-du-Val-de-Consolation accueille du 15 février au
15 novembre des groupes d'adultes
et de jeunes pour des sessions
culturelles ou sociales ou des
retraites spirituelles. Niché au milieu
des sapins, dominant la rivière, le
centre est à l'altitude de 550 m. Depuis septembre 1993, des travailleurs missionnaires (laïcs et consacrés) assurent l'accueil et les
temps de prière.

*100 lits répartis en 15 boxes collectifs et 18 ch doubles ; douches à
l'étage. Salles de conf. (9). Pension complète : 150 F. Agrément
Jeunesse et Sports.*
Contacter le Directeur spirituel, Abbé Jean-Paul Guyot, 3 mois à l'avance.

**Gares : Avoudrey ou Morteau à 15 km ; taxi ou voiture de l'établis-
sement. Axe routier : D461.**

LES FONTENELLES - 25210
"Maison d'Accueil des sœurs de la Retraite Chrétienne"

Tél. : 81 43 71 79

Les sœurs de la Retraite Chrétienne accueillent, tout au long de
l'année, jeunes et adultes, individuellement ou en groupe, accompagnés de leur animateur. Des activités spirituelles sont programmées
auxquelles il est possible de s'inscrire. Situé à 900 m d'altitude en
milieu rural, l'établissement offre un environnement de verdure, de
calme et de paix.

*Durant les vacances scolaires : 125 lits répartis en chambres indivi-
duelles, boxes et dortoirs. Période scolaire : 25 chambres. 2 salles de
conférences (300 places). Accueil possible d'un groupe qui ferait sa
cuisine.*

**Gare : Morteau via Besançon à 20 km (voiture de l'établissement).
Axes routiers : D41 ; D 437**

MONTFERRAND-LE-CHATEAU - 25320
« Foyer Sainte-Anne » Centre Spirituel et Culturel

16, rue d'Avanne
Tél. : 81 56 51 38

Les Sœurs du-Saint-Nom-de-Jésus-et-Marie reçoivent des groupes pour des retraites, sessions, stages, séminaires, etc. La maison située à 230 m d'altitude, aux abords d'un village, possède salons de détente et terrain de sport. La campagne et les bois environnants favorisent le calme et le recueillement.

45 ch. à 2 lits possibilité de 3ᵉ lit avec cabinet de toilette et balcon ; douches à l'étage. Salles de conf. (1 de 200 pl.), de réunion (1 de 50 pl.), de travail (3 de 30 pl.). Diverses formules d'héb.

Gares : Montferrand-Thoraise à 2 km (voiture de l'établissement) ou Besançon à 10 km ; taxi et bus. Axes routiers : A36 sortie Besançon-Ouest ; N73.

MONTFERRAND-LE-CHATEAU - 25320
« Villa Sainte-Magdeleine »

Tél. : 81 56 53 35

Les Dominicaines de Béthanie reçoivent, sauf en octobre, des prêtres, religieux, religieuses, couples, dames et jeunes filles, seuls ou en groupes, pour des séjours de 3 semaines maximum. La communauté vous accueillera dans un climat de contemplation et de discrétion propres à sa spiritualité. Un petit bois dans la propriété, qui comprend aussi un parc, permet calme et détente.

18 lits ; douches et SdB à l'étage. Salles de conf. (1) et de réunion (3). Pension complète
S'inscrire 15 jours à l'avance par écrit.

Gares : Montferrand-Thoraise à 1 km, Besançon à 10 km ; taxi. Axes routiers : A36 sortie Besançon ouest, N173 et D105 ; N73 Besançon-Dijon.

NANS SOUS SAINTE ANNE - 25330
« Prieuré Saint Benoît »

Tél. : 81 86 61 79

Dans un village, les Sœurs de Jésus-Crucifié, de l'ordre des Bénédictines, accueillent pour un ressourcement spirituel un maximum de 13 personnes, religieuses et laïques, à l'exception des messieurs, jeunes gens et enfants (même accompagnés) pour la prière, la réflexion et la méditation.

13 lits répartis en 3 chambres individuelles et 5 chambres doubles. Douches et WC dans les sanitaires communs. 1 salle de travail.

Gare : Mouchard à 20 km (car puis taxi).

26 - DROME

BONLIEU-SUR-ROUBION - 26160
« Monastère Sainte-Anne-de-Bonlieu »

Tél. : 75 53 92 23

Des religieuses Chanoinesses, de l'ordre de Prémonté, reçoivent toute l'année pour des retraites individuelles ou collectives organisées par les hôtes hébergés, toutes personnes (sauf jeunes gens) ou groupes (100 personnes maximum) pendant un mois au plus. Le monastère est situé au centre du village à 6 km de Fresnaud.

10 ch. individuelles ; dortoirs. En pension complète : 130 F ; en hiver 150 F; possibilité d'héb. seul avec petit déjeuner. 4 salles de conf. Langue étrangère : flamand.
Contacter Sœur Bénédicte.

Gare : Montélimar à 10 km ; car ou taxi.

CHABEUIL - 26120
« Maison Nazareth »

Tél. : 75 59 00 05

Les Coopérateurs Paroissiaux du Christ-Roi reçoivent toute l'année, exclusivement pour des retraites spirituelles selon la méthode ignatienne (sur 5, 8 ou 30 jours, 1 fois par an), prêtres, religieuses, hommes, jeunes gens (à partir de 17 ans) dans un cadre calme. Pour des retraites individuelles dirigées, se renseigner. Cet institut religieux a été fondé pour l'évangélisation et la formation spirituelle de l'homme afin de le constituer en membre actif de la paroisse et dans la société.

Ch. individuelles avec lavabo ; douches et WC à l'étage. 4 salles de conférence. Libre contribution aux frais.

Gare : Valence à 9 km ; car. Axe routier : Paris-Marseille.

CREST - 26400
« Monastère de Sainte-Claire »

53, rue des Auberts
Tél. : 75 25 49 13

Les Moniales Clarisses reçoivent toute l'année (sauf du 1er au 15 septembre) toute personne, famille ou groupe, animation par eux mêmes, pour une retraite spirituelle franciscaine pendant 8 jours maximum, dans un cadre bordé d'un jardin d'un demi hectare.

25 ch. avec lavabo ; douches et WC à l'étage. Salles de conf. (3). Réservation individuelle : 15 jours avant et pour les groupes 3 mois avant.
Contacter la Mère Abbesse.

Gares : Valence et Crest à 30 km ; car.

DIEULEFIT - 26220
« Association de la Lance »

Le Pradier,Teyssières
Tél. : 75 46 37 49

La communauté catholique laïque propose toute l'année (sauf du 15 novembre au 15 mars), à toute personne (plus de 15 ans) ou groupe (30 personnes maximum) des retraites individuelles en liberté avec temps de regroupement ou des retraites collectives avec thème déterminé.

9 ch. individuelles, 5 ch. doubles et dortoirs ; douches et WC à l'étage. Prix en pension complète : 180 à 230 F. Salles de conf. (2). Langue étrangère : anglais.
Contactez Bruno Calvet, prévoir un délai d'un mois.

Gare : Montélimar à 35 km ; car ou taxi.

PIEGROS LE CLASTRE - 26400
"L'aube"

Tél. : 75 40 03 24

Géré par l' association "Accueil et échanges", l'établissement peut accueillir toute l'année un maximum de 36 personnes (à l'exception des enfants), particuliers et groupes, pour toute retraite spirituelle ou réflexion, que favorisent l'isolement du lieu et l'environnement d'un vaste bois propice à la méditation. Mais peinture et dessins ne sont pas exclus, non plus que les randonnées touristiques à travers le patrimoine régional.

30 lits répartis en 7 chambres individuelles, 5 chambres doubles et 6 dortoirs. Quelques chambres équipées de sanitaires. Sanitaires à l'étage. 1 salle de conférence , 2 salles de réunion et 1salle de travail. Langues étrangères : italien et anglais. Pension complète : 200 à 250 F selon confort. Chèques, chèques vacances et espèces acceptés.

Gare : Valence (à 35 km) ; taxi et car. Crest (à 8 km) ; car et taxi.

SAINT-JEAN-EN-ROYANS - 26190
« Atelier Saint-Jean Damascene »

La Prade
Tél. : 75 48 66 75
Fax : 75 47 70 77

Le centre d'enseignement icône/fresque/mosaïque propose à toute personne, religieuse ou laïque, sauf au mois d'octobre, une démarche spirituelle fondée sur l'apprentissage de ces trois disciplines à la fois artistiques et religieuses. Isolé, mais proche d'un village, l'établissement, situé à 380 m d'altitude, dispose d'un parc et d'une piscine à 1 km de l'atelier. Le parc du Vercors offre sa beauté grandiose et l'on peut visiter les grottes de Chorange, de Thaïs, l'Abbaye de St Antoine, monastères et églises romanes.

15 lits (1 ch. individuelle et 5 ch. doubles). Sanitaires à l'étage. Salles de travail (3). Langues étrangères : italien, anglais, russe. Durée du séjour : de 2 jours à 1 semaine. Hébergement seul : 55 F la nuit. S'inscrire auprès du Père Nicolas Garrigou.

Gare : St Hilaire / St Nazaire à 10 km (cars et taxis). Aéroport : Lyon-Satolas à 100 km. Axes routiers : autoroute de Chambéry ou Grenoble puis sortie Saint-Jean-en-Royans et D 131.

27 - EURE

ETREPAGNY - 27150.
« Accueil Dominique »

1, rue Maison de Vatimesnil
Tél. : 32 55 81 32

Les Sœurs Dominicaines reçoivent des particuliers ou des groupes avec leurs prédicateurs ou leurs animateurs. Retraites, sessions. En ville, l'établissement est situé dans un parc où l'on peut camper et est agrémenté d'un jardin. Aux alentours, vous pourrez visiter Gisors et son château, Château-Gaillard...

65 lits en ch. à 1 ou 2 lits avec lavabo ; SdB, douches à l'étage. Salles de conf. avec audio-visuel (1) et de réunions ou de travail (6 à 8). Langue étrangère : anglais. Prix variables selon les ressources de chacun. Contacter la Sœur Hôtelière à l'avance.

Gare : Gisors à 14 km ; taxi ou voiture de l'établissement. Aéroport : Beauvais à 40 km ; taxi. Axe routier : N14

PONT AUDEMER - 27500
"Lycée agricole privé"

Tourville sur Pont Audemer
Tél. : 32 41 11 15 - Fax : 32 41 48 27

Situé dans un village, à 30 km de la mer, et entouré d'un parc de 12 hectares propice à la méditation, cet établissement scolaire est aussi un centre spirituel où vous pourrez, seul, en famille ou en groupe, faire une retraite dans la chapelle, pendant les vacances scolaires. Mais l'environnement est aussi favorable à la réflexion car ce lycée est proche du Parc Naturel Régional de Brotonne, de Lisieux, où vous pourrez retrouver l'empreinte de Sainte Thérèse.

180 lits répartis en dortoirs et 5 ch. individuelles avec lavabo; douches et WC à l'étage. Salle de conf. (1), de réunion (5), de travail (12) ; équipement audiovisuel ; terrain de sport. Langues étrangères : anglais, allemand, espagnol.
Prix variables en fonction du séjour et du type d'accueil.

Gare : Bernay ou Lisieux à 35km ; car. Aéroports : Deauville-Saint-Gatien, Rouen-Boos et Le Havre, de 25 à 60 km ; car.
Axe routier : A13 (Paris Deauville).

VERNEUIL SUR AVRE - 27132 Cedex
« Abbaye Saint-Nicolas »

124, rue de la place Notre-Dame
B.P. 236
Tél. : 32 32 02 94

Les Bénédictines vous reçoivent toute l'année sauf en octobre, seul ou en groupes, pour une durée d'une semaine maximum dans un site pittoresque situé à 175 m d'altitude.

25 ch. individuelles, 7ch. doubles (30 personnes maximum), avec lavabo ; douches, SdB et WC à l'étage. Salles de conf. (1) et de réunion (2). Pension complète : de 135 à 140 F. Langue étrangère : anglais. Contacter la Sœur Hôtelière.

Gare : Verneuil-sur-Avre (1/4 d'heure à pied) ; taxi.
Axes routiers : N12 ; N24 bis ; N839 ; N840.

28 - EURE ET LOIRE

EPERNON - 28230
« Prieuré Saint-Thomas »

29, rue du Prieuré
Tél. : 37 83 60 01

Les Sœurs-du-Christ reçoivent les prêtres, religieuses, laïcs, jeunes, seuls ou en groupes constitués, pour des retraites, récollections ou sessions organisées par les hôtes hébergés. Fermé du 1er au 15 septembre, la durée des séjours se limite à 2 mois. Installé dans un parc de 2 ha agrémenté d'un jardin, le prieuré offre les conditions nécessaires à un séjour de recueillement. Aux alentours, vous pourrez effectuer des randonnées pédestres dans les forêts voisines. Vous serez également à proximité de Chartres, Maintenon et Rambouillet.

34 ch. individuelles, 11 ch. à 2 et 3 lits (9 avec sanitaires) ; SdB, douches à l'étage. Salles de réunion (2) et de travail (4). Prix en pension complète : 160 F.
Contacter la Sœur Hôtelière en janvier pour les vacances.

Gare : Epernon à 1,5 km ; taxi. Axe routier : D906.

29 - FINISTERE

LANDEVENNEC - 29560
"Abbaye Saint-Guénolé"

Tél. : 98 27 73 34

Les Bénédictins (Congrégation de Subiaco) accueillent les prêtres mais aussi les religieuses en activité dans le diocèse, venant seuls pour une retraite spirituelle dans un cadre isolé, pour une semaine maximum, excepté du 1er au 15 octobre et 15 jours en janvier.

2 dortoirs, 30 ch. individuelles, avec lavabo ; douches, salle d'eau et WC à l'étage. Pension compâlète : 130 F. Langue étrangère : anglais. Contacter le Père Hôtelier un mois à l'avance.

Gare : Brest à 54 km ; car et taxi. Aéroport : Brest-Guipavas ; taxi.

LANDIVISIAU - 29403 Cedex
« Centre Missionnaire Saint-Jacques »

BP 70
Tél. : 98 68 72 76

Les prêtres accueillent, toute l'année sauf du 20 août au 20 septembre, les groupes de jeunes ou d'adultes pour une recherche spirituelle au sein d'un parc de 18 ha. Participation aux offices liturgiques souhaitée.

33 ch. individuelles avec lavabo ; douches et WC à l'étage. Salles de conf. (5). Pension complète : 150 F.
Contacter le Père Callec 6 mois avant.

Gare : Landivisiau à 8 km ; taxi ou voiture de l'établissement.

LOCQUIREC - 29241
« Maison d'Accueil de l'Ile Blanche »

1, impasse de l'Ile Blanche
BP 1313
Tél. : 98 67 43 72

La maison d'accueil reçoit toute l'année seul ou en groupes, des prêtres, des religieuses, des laïcs. Située dans un village, la maison est proche de la mer, plantée au milieu d'un parc et agrémentée d'un jardin. Aux alentours, c'est toute la Côte de granit rose qui s'offre à vous ; le port de Roscoff et les enclos paroissiaux.

62 ch. individuelles et 14 ch. doubles avec lavabo ; douches à l'étage. Salles de conf. équipée pour la traduction simultanée en 3 langues (1) et de travail (7). Prix en pension complète : 155 F, en demi-pension : 54 F, en héb. seul : 52 F.
Contacter Sœur Marie-Thérèse Jouffe.

Gares : Morlaix ou Plouaret à 25 km ; car ou taxi.
Aéroport : Guipavas à 50 km ; taxi. Axe routier : N12.

QUIMPER - 29103
« Centre de Kerivoal »

10, allée de Kerdaniel. BP 1336
Tél. : 98 95 40 20 - Fax : 98 64 26 86

Les Frères des Ecoles Chrétiennes accueillent toute l'année des particuliers ou des groupes pour des récollections animées par les hôtes hébergés (mouvements d'action catholique ou de spiritualité, groupes de réflexion, prêtres, religieux et religieuses...). Le Centre est également équipé pour l'organisation de stages de formation permanente. Il est situé dans un parc, à la périphérie de Quimper, à 2 km du centre ville. Vous serez proches des sites touristiques du Finistère pour des visites possibles pendant les temps libres.

40 ch. individuelles et 30 doubles dont 18 avec douche et toilettes. Sanitaires à l'étage. Salles de conf. (2), de réunion (4) et de travail (15). Sonorisation et matériel audiovisuel. 1 salle de détente. 4 salles à manger. Equipements sportifs extérieurs : terrain de football. Langues étrangères : anglais. Pension complète : 120 à 200 F ; hébergement seul : 55 à 120 F.
Contacter le Directeur, si possible six mois à l'avance.

Gare : Quimper à 3 km ; car ou taxi. Aéroport : Quimper-Pluguffan à 10 km ; taxi. Axe routier : Lorient-Quimper-Brest ; Nantes-Brest.

---

30 - GARD

ANDUZE - 30140
« Monastère de la Paix-Dieu »

1064, chemin de Cabanoule
Tél. : 66 61 73 44 - Fax : 66 61 87 94

Les moniales Cisterciennes accueillent pour des retraites en silence. Séjour de 8 jours maximum. Le monastère, isolé au milieu de la garrigue, à 250 m d'altitude, est entouré d'un parc ombragé. Le centre propose, en accueil monastique, des retraites individuelles et des échanges personnels avec une religieuse ou l'aumônier.

8 ch. individuelles et 1 ch. double avec lavabo ; douches et WC à l'étage. Pension complète. Contacter la Sœur Hôtelière.

Gares : Alès à 25 km, Nîmes à 45 km ; car et taxi. Aéroport : Nîmes à 50 km ; car et taxi.

FONTANES - 30250
« Notre-Dame de Prime-Combe »

Tél. : 66 80 12 22

Des prêtres de la Congrégation de la Mission (Lazaristes) vous accueillent pour des retraites individuelles ou en groupes de 20 personnes maximum. Située dans un site isolé, à une altitude de 300 m, la maison est entourée d'un parc (où il est possible de camper) et d'un jardin. Les hôtes préparent eux-mêmes leurs repas et peuvent participer aux tâches collectives.

20 ch. individuelles avec lavabo ; douches à l'étage. Salle de conf. (1). Prix : 50 F en héb. seul.
Contacter Monsieur P. Pecoul, responsable.

Gare : Nîmes à 30 km ; car ou taxi. Axe routier : Arles-Montpellier.

LE VIGAN - 30120
« Orantes de l'Assomption »

13, avenue Emmanuel d'Alzon B.P.16
Tél. : 67 81 01 31

Les sœurs accueillent toute l'année tout adulte pour un temps de ressourcement spirituel individuel avec possibilité de partager la prière de la communauté. Les groupes, limités à 20 personnes, sont reçus pour des sessions ou des retraites. Seuls les groupes d'adolescents bien encadrés sont hébergés. La maison est située à 230 m d'altitude.

25 ch. à 1 ou 2 lits ; cuisine à l'étage ou pension complète.
Contacter la Sœur Hôtelière 15 jours à l'avance.

Gares : Nîmes à 80 km, Montpellier à 62 km ; car.
Axe routier: D999.

NIMES - 30000
« Association Oikoumène »

740, montée des Alpins
Tél. : 66 26 67 77 - Fax : 66 26 01 88

Géré par une association œcuménique, le centre accueille toute personne valide, désireuse de retraites et de ressourcement spirituel dans un cadre de paix, de tranquillité et de soleil, pour des séjours individuels, en familles ou en groupes, où l'on participe aux tâches collectives. L'établissement s'élève au milieu d'un jardin d'oliviers et d'une garrigue et dispose d'une terrasse dominant la ville. La région est idéale pour la découverte de nouveaux horizons géographiques historiques et humains.

50 lits répartis en 5 chambres individuelles, 6 chambres doubles et 8 chambres familiales. 1 salle de réunion, 1 salle de travail. Langues étrangères : notions de néerlandais et allemand. Réservation pour séjours au-delà du 14 août 1994. Prix en pension complète : 140 F par jour, en demi- pension : 100 F, en hébergement seul : 50 F. Chèques acceptés, versement d'arrhes.
Contacter Jean-François Schuermans.

Gare : Nîmes à 3 km (car et taxi). Aéroports : Nîmes-Garons à 10 km (navette, car et taxi). Axes routiers : autoroute A9 - E15, sortie Nîmes-Est.

SAINT-HIPPOLYTE-DU-FORT - 30170
« Missionnaires Monfortains »

Notre-Dame-de-la-Gardiolle
Tél. : 66 77 20 95

La communauté accueille les prêtres et les religieuses pour des séjours d'1 semaine à 1 mois. Situé à 200 m d'altitude, au sein d'un vaste parc ombragé, elle vit de son travail et exerce un activité apostolique et paroissiale.

14 ch. individuelles avec lavabo, 12 ch. doubles, 4 ch. familiales ; sanitaires complets et téléphone à l'étage. Prix en pension complète : 160 F, en demi-pension : 125 F. Salles de conf. (2), de réunion (4).

Gares : Montpellier à 50 km ; cars SNCF.
Aéroport : Nîmes-Garons à 60 km.

31 - GARONNE (HAUTE)

TOULOUSE - 31078
« Couvent Saint-Thomas-d'Aquin »

1, impasse Lacordaire
Tél. : 62 17 31 31 - Fax : 62 17 31 17

Les dominicains reçoivent toute l'année (sauf du 1er juillet au 31 août), des prêtres, des religieuses et des laïcs pour partager leur spiritualité en retraites individuelles ou collectives. Se renseigner sur les dates et les thèmes des retraites collectives. Un accueil des jeunes est prévu pendant la Semaine Sainte. Vous profiterez de votre séjour pour visiter le vieux Toulouse, les trésors de la basilique Saint-Sernin et le musée archéologique de l'Institut Catholique.

15 ch. individuelles avec lavabo ; douches et WC à l'étage. Prix en pension complète : 150 F (réductions pour étudiants et enfants). Héb. avec ou sans repas. Langues étrangères : anglais, espagnol.
Contacter le Frère Bruno Gregeois.

Gare : Toulouse-Matabiau à 5 km ; car. Aéroport : Toulouse-Blagnac à 10 km. Axe routier : A61 à 6 km.

VIEILLE TOULOUSE - 31320
« Association les Amis des Coteaux »

Tél. : 61 73 11 03

Au sud-est de Toulouse, au cœur d'un parc de 6 ha, le Centre Spirituel Notre-Dame des Coteaux, animé par une communauté de Pères Jésuites en collaboration avec des laïcs, des religieuses et des religieux, propose chaque année un programme de retraites, récollections, sessions, week-ends de réflexion et de formation dans la ligne de la spiritualité de Saint-Ignace-de-Loyola à toutes personnes, individuellement ou en groupe, pour une démarche spirituelle ou des temps de formation.

38 ch. individuelles, 12 ch. doubles. Participation financière selon grille de revenus ou accord préalable. 4 salles de conf.

Gare : Toulouse-Matabiau à 12 km ; taxi. Aéroport : Toulouse-Blagnac à 20 km.

Accueil spirituel

32 - GERS

AUCH - 32000
« Sœurs Dominicaines d'Auch »

10 rue de la Somme
Tél. : 62 05 07 37
Fax : 62 63 67 25

Les Sœurs Dominicaines d'Auch proposent toute l'année à des jeunes filles des temps de prière et de réflexion avec possibilité d'échange et de partage, dans une atmosphère communautaire et fraternelle, dans un établissement disposant d'un jardin, à proximité de la cathédrale d'Auch. La communauté a son propre rythme de prière auquel les jeunes peuvent se joindre. Mais les hôtes peuvent aussi mettre leurs dons au service de tous (musique, animation de groupes ou prière au cours d'une veillée). Pendant les vacances scolaires et en juillet-août, les Sœurs proposent à St Lary (65170) veillées de prière, accueil de vacanciers et animation en paroisse.
10 chambres individuelles avec WC. 1 salle de réunion.

Gare à 300 m. Aéroport à 75 km (taxis).
Axes routiers : Auch/Toulouse-Auch/Tarbes-Auch/Mont-de-Marsan.

33 - GIRONDE

AUROS - 33124
« Abbaye Sainte-Marie-du-Rivet »

Tél. : 56 65 40 10
Dans ce très ancien monastère, des religieuses cisterciennes accueillent des particuliers ou des groupes avec animateur désirant se ressourcer ou passer quelques jours au calme. Vous profiterez du parc et du jardin pour retrouver la paix intérieure. Les offices sont chantés en français et en grégorien.

17 ch. individuelles, 7 doubles et 2 familiales ; douches à l'étage. Salles de réunion (2). Prix selon les possibilités de chacun et en proportion avec le coût de la vie. Contacter la Sœur Hôtelière 8 jours à l'avance minimum.

Gare : Langon à 9 km ; taxi. Aéroport : Mérignac à 60 km ; taxi ou train. Axe routier : autoroute Bordeaux-Toulouse.

73

BORDEAUX - 33082
« Centre Louis-Beaulieu »

145, rue de Saint-Genés
Tél. : 56 96 57 37

Le centre, géré par l'Association Diocésaine, accueille des adultes venant individuellement ou en groupe.
Sur la route de Lourdes et de Compostelle, le centre est un lieu d'étape pour les pèlerins. Il permet aussi à ses hôtes de se rencontrer pour des sessions ou séminaires à thème libre. Situé en ville, l'établissement est entouré d'un parc et est équipé d'un terrain de sport.

50 ch. individuelles l'été et 30 ch. individuelles l'hiver, 3 ch. doubles avec lavabo ; sanitaires et douches à l'étage. 1 salle de conf. (150 pl.), 8 salles de réunion avec tableaux et écran (15 à 70 pl.). Pension complète : 165 F. Héb. : 70 F et demi-pension : 120 F.

Gare : Bordeaux à 2 km ; car ou taxi. Aéroport : Bordeaux à 12 km ; car ou taxi.

LIBOURNE - 33500
« Notre-Dame-du-Cénacle »

Monrepos
58, rue des Réaux
Tél. : 57 51 05 53

Les religieuses du Cénacle reçoivent les personnes cherchant une possibilité de prière, seules ou en groupes, pour retraites individuelles ou organisées par elles-mêmes en collaboration avec des prêtres ou divers animateurs. Située en ville, la demeure est entourée d'un parc ombragé. Ouverte à toutes les spiritualités chrétiennes, mais avec des propositions ignatiennes, la congrégation de « Notre-Dame-de-la-Retraite-au-Cénacle » vous proposera des récollections et initiation à la prière. Elle vit du mystère de la première assemblée de l'Eglise Naissante avec Marie, dont découle sa mission : « aider tous ceux qui désirent discerner l'action de Dieu dans leur vie ».

37 ch. individuelles et 15 ch. doubles avec lavabo ; douches, SdB et WC à l'étage. 2 salles de conf., 2 salles de réunion ; 2 lieux de prière et de célébration. Contacter le secrétariat des retraites.

Gare : Libourne à 3 km. Aéroport : Mérignac à 50 km ; car, train plus taxi. Axe routier : RN89.

MARTILLAC - 33650
« La Solitude »

Tél. : 56 72 71 10

Créé en 1831 par Pierre Noailles, fondateur de la Sainte-Famille de Bordeaux, « la Solitude » reçoit toute l'année sauf en septembre. Pour un accueil individuel et recueilli, s'adresser aux Contemplatives (tél : 56 72 72 55). L'établissement propose également un accueil communautaire aux retraitants, groupes, mouvements, sessions, pèlerins, groupes internationaux.

50 ch. individuelles. Prix : 150 F en pension complète. Langues étrangères : anglais, espagnol. Contacter les Sœurs de la Sainte Famille plusieurs semaines à l'avance pour les groupes.

Gares : Saint-Médard-d'Eyrans ou Bordeaux avec accueil.

RIONS - 33410
« Monastère du Broussey »

Tél. : 56 62 60 90 - Fax : 56 62 60 79

La Communauté des Frères Carmes reçoit toute l'année (sauf en novembre), des personnes pour des retraites individuelles ou collectives organisées par les groupes hébergés ou par l'établissement. Sur la rive droite de la Garonne, Cadillac présente une enceinte du XIVème siècle, une église du XVème siècle et un château imposant datant du XVIIème siècle.

20 ch. avec lavabo ; douches et WC à l'étage. Libre participation aux frais. Salles de conf. (1).

Gare : Cérons à 7 km ; car (Rions). Axe routier : Paris-Agen.

SAINT-BRICE - 33540
« Congrégation Sainte-marthe »

Tél. : 56 71 54 07 - Fax : 56 71 55 18.

Les Sœurs de Sainte-Marthe-de-Périgueux reçoivent toute l'année, sauf en juillet et août, toutes personnes sauf les enfants seuls, pour un durée de 15 jours maximum, individuellement ou en groupes constitués. Temps de récollections ou sessions organisés par les groupes eux-mêmes. Le centre dispose d'un jardin de 12 ha. Les sœurs recherchent des dons pour permettre l'installation d'un ascenseur.

42 lits répartis en 8 ch. simples ou doubles avec lavabo, et douches à l'étage, 14 ch. de plein-pied avec baignoire et WC, 7 ch. pour handicapés en fauteuil roulant. Pension complète : 180 à 190 F ; héb. seul possible le week-end. Paiement en fin de séjour accepté. Salles de conf. (4) Contacter Sœur Marie-Vincent au moins 15 jours avant.

Gare : La Réole à 15 km, Libourne à 30 km ; car, taxi ou voiture de l'établissement. Aéroport : Bordeaux-Mérignac à 50 km.

SAINT-MORILLON - 33650
« Dominicaines de Béthanie »

**163, Fournié-Ouest
Tél. : 56 20 25 59**

Les sœurs reçoivent des particuliers, et des groupes organisant eux-mêmes leur retraite dans le cadre d'une spiritualité dominicaine. La maison à l'écart du monde, est dotée d'un parc et d'un jardin. Fermeture du 15 octobre au 15 novembre.

9 ch. individuelles et 3 doubles avec lavabo ; SdB, douches à l'étage. Salle de travail (1). Prix sur demande en contactant la sœur de l'accueil 1 à 3 mois à l'avance.

Gare : Beautiran à 8 km ; taxi. Aéroport : Bordeaux-Mérignac à 30 km ; taxi. Axes routiers : N113 ou autoroute Bordeaux-Toulouse.

Accueil spirituel

AGDE - 34300
« Relais Cap France Batipaume »

Route de Rochelongue
Tél. : 67 94 11 47
Fax : 67 94 86 36

L'association catholique ALOJ reçoit toute l'année sauf d'octobre à avril toute personne, seule ou en groupe (150 pers. maximum), pour des sessions et des retraites spirituelles de 5 à 21 jours. Le centre est équipé d'un parc, de terrains de pétanque et de sports et d'une piscine.

200 lits répartis en 20 ch. individuelles, 40 ch. doubles, et 40 ch. familiales, avec sanitaires complets en ch. ou à l'étage. Pension complète : 160 à 200 F, selon le type d'héb. Salles de conf. (1), de réunion (8), de travail (8). Contacter M. Prieur Jean, si possible 1 mois à l'avance.

Gare : Agde à 2 km ; car, taxi. **Aéroport :** Vias-Béziers à 15 km ; taxi. **Axes routiers :** carte Michelin n° 83 pli 5. A9 sortie Agde Pezenas. Prendre direction Pessan (D13). Arrivé à Agde, prendre la route de Rochelongue.

PUIMISSON - 34480
« Maison d'Accueil Saint-Joseph de Mont-Rouge »

Tél. : 67 36 07 85
Fax : 67 36 01 46

Une communauté de prêtres et de laïcs consacrés vous accueillent pour des pèlerinages, des sessions, des récollections et des retraites sprituelles organisées soit par l'établissement soit par les hôtes hébergés. Séjour de 1 à 15 jours.

Séjours individuels de repos possibles avec motivation spirituelle. A l'écart d'un village, dans un lieu isolé, vous retrouverez la paix dans une nature sauvage et authentique. La maison est dotée d'un parc et d'un jardin. Saint-Joseph est un sanctuaire, un lieu de pèlerinage, un centre spirituel.

50 à 60 lits, 50 ch. individuelles et 8 doubles, avec lavabo ; douches à l'étage. 2 salles de conf., 3 de réunions et 3 de travail. 3 ermitages indépendants sont à la disposition des retraitants. Contacter le secrétariat.

Gare : Béziers à 11 km ; car ou taxi. **Aéroport :** Béziers à 15 km ; taxi.
Axe routier : autoroute Béziers-Paris-Toulouse.

SAINT-GUILHEM-LE-DESERT - 34150
« Carmélites de Saint-Joseph »

2, Grand Chemin du Val de Gellone
Tél. : 67 57 75 80

Les Carmélites de Saint-Joseph accueillent des personnes individuellement ou en groupes (sauf groupes d'enfants), pour des retraites spirituelles personnelles, haltes de prières, récollections, et sessions. Au pied des Causses, la maison d'accueil se situe au cœur d'un village des Gorges de l'Hérault.

1 dortoir ; 8 ch. individuelles, 4 ch. doubles avec lavabo ; douches et WC à l'étage. 1 salle de réunion. Héb. seul : 40 F.

Contacter la sœur responsable de l'accueil environ 2 mois à l'avance.

Gare : Montpellier à 40 km ; car ou taxi. **Aéroport :** Fréjorgues à 50 km.
Axe routier : Montpellier-Millau-Clermont-Ferrand (sortir à Gignac).

35 - ILE-ET-VILAINE

DINARD - 35802 Cedex
« Maison Saint-François »

La Vicomté, BP 100
1, avenue des Acacias
Tél. : 99 88 25 25 - Fax : 99 88 24 15

Dans un climat de paix et d'harmonie religieuse, le Foyer de Charité de Tressaint accueille toute personne, religieux(ses) et laïques, à l'exception des enfants même accompagnés, tout au long de l'année, sauf du 4 octobre au 18 octobre et en été, pour 15 jours maximum du samedi au samedi. Situé sur la Côte d'Émeraude, face à la ville de Saint-Malo, doté d'un jardin paysagé bien abrité, l'établissement propose partages, prières et contacts avec la communauté chrétienne qui vous reçoit. Ce n'est pas un hôtel : il est demandé un minimum de participation. Les régimes alimentaires peuvent être pris en compte.

140 lits répartis en 4 chambres individuelles, dont 5 avec douches et 15 avec sanitaire complet, 26 chambres doubles et 12 chambres familiales. Sanitaires à chaque étage. Soins médicaux pour prêtres et religieuses. 1 salle de conférence, 3 salles de réunion. Langue étrangère : anglais. Pension complète hiver : 165 F ; été : 185 F. Chèques, CCP, espèces et bons ANCV acceptés. S'inscrire auprès de Madame la Directrice.

Gare : Saint-Malo à 3 km (car et taxi). **Aéroport :** Dinard Pleurtuit à 7 km (taxi).
Axes routiers : Paris - Rennes - St Malo (autoroute + voie express).

PARIGNE-FOUGERES - 35133
«Communauté des Augustines-de-Notre-Dame-d'Espérance»

12, rue de la Forêt
Tél. : 99 97 32 69

Les Religieuses Augustines-de-la-Miséricorde-de-Jésus reçoivent prêtres, religieuses, laïcs individuellement ou en groupes (sauf enfants seuls) en accueil monastique pour des retraites et des récollections pour des périodes d'une semaine à 4 mois. Les jeunes filles en recherche spirituelle sont les bienvenues. Située dans un village, milieu d'un parc, la maison est agrémentée d'un jardin propice au recueillement. Aux alentours, vous profiterez des promenades en forêt domaniale de Fougères, de la proximité des plages de la Manche et du Mont Saint-Michel.

18 ch. individuelles et 6 doubles, avec lavabo ; 4 ch. avec douches, téléphone et télévision dans toutes les ch. ; douches et SdB à l'étage. Salles de réunion (3). Prix en pension complète : 140 F.

Contacter la Sœur Hôtelière 4 mois à l'avance.

Gare : Fougères à 9 km ; taxi. Axe routier : Laval-Fougères.

PLERGUER - 35540
« Monastère des Dominicaines »

Notre-Dame-de-Beaufort
Tél. : 99 48 07 57

Situé dans un site pittoresque et silencieux, au milieu des bois et au bord d'un étang, le monastère reçoit pour des retraites, des sessions, des récollections, les personnes seules, les groupes ou les couples, pour une durée maximale de 10 jours. Possibilité de participation aux offices liturgiques de la communauté (offices chantés tous les jours en français et messe quotidienne célébrée sur place).

20 chambres, 2 salles de réunion, pension complète uniquement. Réservation : écrire à la Sœur Hôtelière 8 jours à l'avance.

Gare : Dol de Bretagne à 8 km ; taxi.

REDON - 35603 Cedex
« Maison Saint-Gabriel »

**La Roche-du-Theil - BP 113
Bains-sur-Oust
Tél. : 99 71 11 46 - Fax : 99 72 10 62**

Une communauté de Pères Eudistes et de religieuses reçoit les groupes d'adultes organisant eux-mêmes les récollections, retraites ou sessions de 10 jours maximum. La maison organise également des récollections pour des groupes d'adultes ou de jeunes, selon la spiritualité propre à Saint-Jean-Eudes. Vous vivrez un partage fraternel dans une maison isolée, à 150 m d'altitude. Les bois et landes environnants sont favorables au calme et au recueillement.

85 lits ; douches et SdB à l'étage. Salles de conf. (3), de réunion (1) et de travail (7) ; équipement audiovisuel. Plusieurs formules d'héb. ; pension complète : 150 F + 22 F (draps) et demi-pension : 60 F. Langues étrangères : anglais, espagnol. S'inscrire 2 mois à l'avance.

Gare : Redon à 5 km ; taxi. Axes routiers : Rennes-Vannes-Nantes.

36 - INDRE

ISSOUDUN - 36100
« Centre d'Accueil des Pélerinages à Notre-Dame du Sacré-Cœur »

**1, place du Sacré-Cœur
Tél. : 54 21 04 00 - Fax : 54 21 28 34**

Les Sœurs, Filles de Notre-Dame Du Sacré-Cœur, reçoivent des personnes en groupe, en famille ou seules. Les séjours sont de 4 à 5 jours maximum. Le centre est fermé du 15 octobre au 2 novembre. Situé en ville, l'établissement est entouré d'un parc. De Pâques à fin septembre, des rencontres sont proposées par les Pères Missionnaires du Sacré-Cœur pour l'animation du pèlerinage à Notre-Dame du Sacré-Cœur (25 pèlerinages et récollections de 2 ou 3 jours pleins sont programmés annuellement). D'octobre à Pâques, le centre propose aux groupes des journées de travail ou de réflexion.

80 ch. individuelles et 56 ch. doubles avec lavabo ; douches et WC à l'étage. 9 salles de réunion.

**Gare : Issoudun à 10 mn ; taxi. Aéroport : Chateauroux à 30 km.
Axe routier : N151.**

PELLEVOISIN - 36180
« Fraternité Marie-Estelle »

2, rue des Combattants en A.F.N.
Tél. : 54 39 03 02

La Fraternité accueille, dans ce lieu de recueillement, des personnes venant individuellement ou en groupe (40 personnes maximum). Au cœur d'un village de l'Indre, la maison vous apportera un calme propice à la prière et à la réflexion. Une messe quotidienne est célébrée à la chapelle des Apparitions (150 m). Vous vous promenerez dans le Parc naturel de la Brenne à 20 km de l'établissement.

Ch. de 2 à 4 lits avec cabinet de toilette ou SdB, WC. Séjour avec ou sans repas, en gestion libre ou pension complète. Simple restauration possible sur réservation (40 couverts maximum). Tarifs préférentiels pour enfants et séjours longues durées.
Contacter M. Ponnelle 1 mois à l'avance.

Gare : Châteauroux à 36 km ; car, taxi ou véhicule de l'établissement.

PELLEVOISIN - 36180
"Sanctuaire Notre-Dame de Pellevoisin -
Mère de Miséricorde"

3 rue Notre Dame
BP 7
Tél. : 54 39 06 49 - Fax : 54 39 04 66

Géré pour le diocèse de Bourges par la Communauté des dominicaines contemplatives, ce sanctuaire accueille un maximum de 50 personnes, pour un pèlerinage personnel, familial ou en groupe, pour une session ou une retraite, ou pour un séjour dans un climat de prière, d'écoute de la parole de Dieu et de vie fraternelle. Pellevoisin est un lieu de pèlerinage depuis que la Vierge Marie, en 1815, apparut à 15 reprises à Estelle Faguette, jeune fille gravement malade, qu'elle guérit, en se présentant à elle comme Mère de Miséricorde et en l'appelant à faire connaître l'amour du cœur de Jésus. (Scapulaire du Sacré Cœur). Situé dans un village, doté d'un grand parc et entouré d'une campagne verdoyante, l'établissement permet de se recueillir devant la chapelle des Apparitions, de parcourir le chemin de Croix du parc des Pèlerinages, de découvrir la grotte de Montbel où la jeune fille malade déposa une lettre à la Vierge pour demander sa guérison, et de prier dans l'église Paroissiale Saint Pierre et St Paul.

50 lits répartis en chambres individuelles et/ou doubles. Sanitaires communs. 1 salle de conférence ; 1 salle de réunion.

Gare : Chateauroux à 30 km ; cars SNCF et taxi. Tours à 70 km ; cars SNCF et taxis.

Accueil spirituel

LOCHES - 37600
« Collège et Lycée Saint-Denis »

Avenue du Général de Gaulle
Tél. : 47 59 04 26 - Fax : 47 94 04 50

Le groupes scolaire St-Denis reçoit des particuliers (prêtres ou laïcs) et des groupes organisés de manière autonome pour des séjours d'une durée maximale de 3 semaines (sauf du 20 décembre au 4 janvier). Situé en ville, le collège et le lycée sont agrémentés d'un jardin. Vous pourrez facilement visiter les curiosités de la ville et dans les environs le site de Chenonceaux.

10 ch. individuelles et 65 ch. à 4 lits ; lavabos, douches à l'étage. Salles de conf. (2), de réunion (25) et de travail (4) ; salle de sport et court de tennis à l'intérieur de l'établissement. Langue étrangère : anglais. Prix : 180 F en pension complète ; 110 F en demi-pension ; 50 F en héb. seul.
Contacter M. Bachelier 1 mois à l'avance.

Gare : Loches à 1,5 km ; car ou taxi. Aéroport : Tours à 40 km ; car ou taxi. Axe routier : N143.

TOURS - 37053
Institution « Notre-Dame-la-Riche »

BP 5813
30, rue Delperier
Tél. : 47 37 71 58 - Fax : 47 38 79 74

La maison reçoit pendant les congés scolaires des personnes en groupes, désirant pratiquer le tourisme social et religieux. Pour des sessions de congrès, notre établissement, situé en ville, peut recevoir jusqu'à 400 personnes sans hébergement et entre 60 et 100 avec hébergement.

60 ch. avec douche. Salles de conf. (1 de 150 pl.), de réunion (5) et de travail (25) ; équipement audiovisuel. Diverses formules d'héb. Pension complète : 200 F. Réductions pour groupes importants.
Contacter M. Etave ou M. Chaussée, 1 mois à l'avance.

Gare : Tours à 1 km. Aéroport : Tours-Saint-Symphorien à 5 km ; bus ou taxi.

38 - ISERE

BIVIERS - 38330
« Centre Saint-Hugues »

Tél. : 76 90 35 97 - Fax : 76 90 35 78

Le centre vous reçoit, seul ou en groupes, dans un lieu de silence, de réflexion et de prière. Les retraites, week-ends et sessions spirituelles sont à dates fixes ; entre deux sessions, les installations sont à la disposition de groupes organisés. La maison est isolée dans un parc, à 500 m d'altitude, face au Massif de Belledonne.

68 à 96 lits répartis en ch. individuelles ou doubles ; douches à l'étage. Salles de conf. (1 de 110 pl.), de réunion (6), de travail (1) ; équipement audiovisuel. Prix en pension complète : 180 et 200 F (régimes assurés). Inscription plusieurs semaines à l'avance pour les groupes.

Gare : Grenoble à 10 km. Aéroport : Saint-Etienne-de-Saint-Geoirs à 40 km ; car et taxi.

GRENOBLE - 38000
« Foyer Sainte-Marie »

9, place des Tilleuls
Tél. : 76 42 15 78

Accueil de prêtres, religieuses ou laïcs engagés dans l'Eglise, de passage ou pendant un moix maximum dans un cadre agréable situé à 240 m d'altitude.

10 ch. individuelles avec lavabo ; douches et WC à l'étage. Prix en pension complète : 215 F, en demi-pension : 155 F.
Contacter le responsable du foyer au moins 1 mois à l'avance.

Gare : Grenoble ; tram ligne B (arrêt Notre-Dame ou Sainte-Claire).

LA SALETTE - FALLAVAUX - 38970
« Sanctuaire Notre-Dame-de-la-Salette »

Tél. : 76 30 00 11 - Fax : 76 30 03 65

Le sanctuaire accueille toute l'année (sauf en novembre) des personnes seules ou en groupes. Etabli à 1 800 m d'altitude ; c'est un haut lieu de pèlerinage marial, où la Vierge est apparue le 19 septembre 1846 pour nous transmettre un message de réconciliation. Magasin, objets de piété, livres religieux.

450 lits en ch. et 150 en dortoirs et refuges. Tarifs spéciaux pour retraitants, groupes et jeunes.
Contacter le service réception.

Gares : Gap, Grenoble à 55 et 75 km ; car direct en juillet en août.

LES 2 ALPES - 38860
« Foyer Saint-Benoît »

BP 127
Tél. 76 80 51 13 - Fax : 76 79 24 94

Le foyer vous reçoit toute l'année, sauf du 15 mai au 15 juin, en individuel ou en groupe. C'est au centre d'un splendide paysage montagnard en deux sites : chalet Venosc (900 m d'altitude) et station des 2 Alpes (1650 m d'altitude), que vous vous recueillerez. Vous pourrez participer à des messes et des rencontres spirituelles assurées par un prêtre.

Dortoirs et chambres ; sanitaires à l'étage. Plusieurs salles de jeux et salons de lecture. Salle de ping-pong et de billard. Langue étrangère : anglais. Salles de conférence 25 et 30 personnes. Au chalet : 15 ch. équipées de sanitaires.
Contacter M. P. Legeleux.

Gare : Grenoble à 75 km ; car et taxi.
Aéroport : Saint-Etienne-de-Saint-Geoire à 80 km ; car et taxi.

ROYBON - 38940
« Trappe de Chambarand »

Tél. : 76 36 22 68 - Fax : 76 36 28 65

Les sœurs Trappistines (OCSO) reçoivent toute l'année toutes personnes (adultes) pour des retraites individuelles ou collectives (pas de retraite à thème prévue par le monastère), pendant une durée d'une semaine. Spiritualité cistercienne.

20 ch. individuelles, 7 ch. doubles ; douches et WC à l'étage. Pension complète uniquement. Pour juillet et août et toutes vacances scolaires, s'inscrire trois mois avant.

Gare : Saint-Marcellin à 16 km ; car.

SAINT BERNARD DU TOUVET - 38720
"Monastère Notre Dame des Petites Roches"

**Tél. : 76 08 31 13
Fax : 76 08 36 35**

Les sœurs Cisterciennes dites Bernardines d'Esquermes accueillent pour 15 jours maximum toutes personnes souhaitant se ressourcer spirituellement avec le soutien de la prière d'une communauté, ainsi que les groupes soucieux d'un temps de réflexion de prières, en journée, en week end ou en session. La paix et le calme y sont notables et il est demandé à chacun de respecter cette paix et d'y contribuer par son propre silence afin d'atteindre la conversion du cœur, l'écoute de la parole et l'unique recherche de Dieu. Situé à 1 000 m d'altitude et doté d'un jardin, le monastère, érigé en 1987, dans un village, est adossé au massif de la Chartreuse et fait face à la vallée de l'Isère et à la chaîne de Belledonne ; il constitue un cadre idéal pour une retraite.

60 lits répartis en 6 chambres individuelles, 9 chambres doubles, 3 chambres familiales et 3 dortoirs de 10 lits chacun. Douches et WC en sanitaires communs. 1 salle de conférence ; 2 salles de réunion. Langue étrangère parlée : anglais. Contacter la sœur hôtelière. Prix suggéré : 140 F pension complète, 120 F étudiants. Mais personne ne devrait être privé de venir pour une question d'argent.

Gare : Grenoble à 30 km (cars Eyraud et taxi). Aéroport : Satolas - Lyon à 100 km (car). Axes routiers : N90 et A41.

SAINT-MAURICE-EN-TRIEVES - 38930
« Ermitage Jean Reboul »

Tél. : 76 34 70 08

« Les amis de Vaulserre et du Trièves » accueillent - sauf du 15 octobre au 15 décembre -, et dans un contexte d'inspiration chrétienne, des groupes et associations de handicapés moteurs en priorité, handicapés sensoriels et inadaptés, mais aussi des groupes de toute nationalité, à caractère associatif, pour ressourcement spirituel. Situé à 870 m d'altitude, l'Ermitage proche d'un village et construit en bordure d'un torrent, est entouré d'une prairie aux confins de laquelle s'étale une forêt de pins. L'église du village est à 300 mètres.

60 lits répartis en chambres doubles, individuelles et familiales avec lavabos. 1 salle de conférence ; 1 salle de réunion ; 1 salle de travail (télévision doté d'un magnétoscope). Langue étrangère : anglais. Agrément : Jeunesse et Sports. Pension complète : 170 F ; demi-pension : 135 F ; hébergement seul : 60 + 20 F petit déjeuner. Tarifs dégressifs selon l'importance du groupe, à partir de 26 personnes. Chèques, CCP et espèces acceptés. Délais d'inscription (pour l'été) : dès février, mars. S'inscrire auprès du Père Edmond Gauthier.

Gare : St Maurice en Trièves à 3 km (transport par véhicule de l'Ermitage). Aéroports : Grenoble-St Geoirs à 105 km (car et taxi) - Lyon-Satolas à 155 km (car puis taxi). Axes routiers : N75 de Tournus à Sisteron. De Paris, autoroute jusqu'à Grenoble (Grenoble - St Maurice : 60 km). De Marseille, autoroute jusqu'à Sisteron. De Lyon, autoroute jusqu'à Grenoble, puis N75.

VIF - 38450
« Monastère de la visitation »

Tél. : 76 72 51 18

Le monastère est situé à l'entrée du bourg (venant de Grenoble, avant le pont). La Visitation reçoit toute l'année : prêtres, religieuses, dames et couples, individuellement ou en groupe (35 personnes maximum), pour repos, séjour calme, ressourcement spirituel. Jardin, parc, vue sur Belledonne, belles excursions et stations d'hiver.

24 chambres avec lavabo, douches à l'étage, salle de conférences. Pension complète : 165 F, réduction selon groupe et durée.

Gare : Grenoble à 16 km. Car : Grenoble à la gare routière, prendre car Glindler : Vif-les-Saillants.

VILLARD-de-LANS - 38250
« Notre-Dame-des-Neiges »

12, rue du Lycée Polonais
Tél. : 76 95 15 75

Les Sœurs de la Retraite reçoivent des particuliers et des petits groupes pour des retraites spirituelles. La maison est située à 1050 m d'altitude. Possibilité d'accompagnement personnel et de partage de prière communautaire.

Cadre de vie simple et familial.

Ch. à 1 ou 2 lits (certaines avec douches et WC).

VOREPPE - 38340
« Monastère des Clarisses »

94 chemin Sainte-Claire
Tél. : 76 50 26 03
Fax : 76 50 17 17

La communauté des Sœurs vous propose un accueil monastique individuel ou en groupe pour récollection ou retraite de 8 à 10 jours.

Contacter la Sœur de l'Accueil.

Gare : Grenoble à 15 km. Voiron à 8 km ; car.

VOREPPE - 38340
« Monastère des Dominicaines »

Chalais - BP 128
Tél. : 76 50 02 16 - Fax : 76 50 22 23

Les sœurs reçoivent toute l'année sauf en janvier, juin, et octobre toutes personnes (adultes) en accueil monastique pendant 7 jours maximum. Dans un cadre situé à 940 m d'altitude, le monastère est situé au flanc du massif de la Chartreuse, cadre grandiose, où Saint-Bruno trouva le silence et la solitude nécessaire à son recueillement.

Séjour en pension complète.

Gare : Grenoble à 23 km, Voiron à 15 km.

39 - JURA

CHEVREAUX - 39190
« Châtel Accueil Maison Sainte-Anne »

Tél. : 84 48 97 02

La maison « Sainte-Anne » accueille des groupes organisant eux-mêmes des retraites, sessions, récollections et journées de réflexion. Au cœur d'un site pittoresque en Revermont, à 450 m d'altitude, la résidence est entourée d'un parc ombragé. Vous partirez en excursion dans les environs : lacs, cascades, grottes, et vous profiterez des chemins de randonnée à proximité.

17 ch. individuelles, 14 ch. doubles et 4 ch. familiales avec lavabo ; douches et WC à l'étage. 1 salle de conf., salles de réunion. 2 salles à manger. Pension complète : prix modulables.
Contacter la Responsable de la Maison.

Gares : Consance, Saint-Amour, Lons-le-Saunier à 6, 12 et 22 km ; taxi. Axe routier : N83.

DOLE - 39103
« Sanctuaire de Notre Dame de Mont-Roland »

B.P. 246
Tél. : 84 72 03 59

Une équipe de prêtres, diacres, religieuses, et laïcs reçoit toute l'année toutes personnes. Notre Dame de Mont-Roland a sa fête le 2 août. Lieu de rencontre et de fraternité, le sanctuaire est également un centre de formation chrétienne et un foyer spirituel qui organise des journées de réflexion, sessions, récollections et retraites. Il accueille à certaines époques des personnes qui désirent y trouver un temps de repos et de prière individuelle.

80 lits répartis en 45 ch. individuelles, 12 ch. doubles et 4 ch. familiales, quelques unes sont équipées de sanitaires. 35 lits : 3 dortoirs, avec sanitaire à l'étage. Pension complète : 162 à 250 F, demi-pension : 108 à 170 F, hébergement seul 63 à 120 F. Modes de paiement : tous. Contacter le secrétariat à l'avance.

Gare : Dôle-Ville à 4 km. Aéroport : Dole-Tavaux à 7 km. Axe routier : A36 (sortie Dole).

LONS-LE-SAUNIER - 39000
« Monastère des Carmélites »

260, rue du Docteur Jean Michel
Tél. : 84 47 26 25

Des Religieuses Carmélites Contemplatives, reçoivent des prêtres, religieuses, dames ou jeunes filles, pour 8 jours maximum. Situé en ville, à 240 m d'altitude, l'établissement propose un accueil monastique ou des retraites individuelles. La messe quotidienne est célébrée à 8 h en semaine et 9 h le dimanche. Aux environs, vous visiterez l'Abbaye de Baume-Les-Messieurs (18 km), le lac de Chalain (30 km), le lac de Vonglans (30 km), etc.

4 ch. individuelles avec lavabo ; WC à l'étage. Pension complète selon possibilité. Langue étrangère : anglais. Contacter la Prieure un mois à l'avance. Accueil de groupes d'enfants pour la journée.

Gare : Lons. Axes routiers : N83 ; N78.

40 - LANDES

DAX - 40100
« Monastère des Dominicaines »

62, rue Gambetta
Tél. : 58 74 27 73

Les Moniales Dominicaines accueillent les religieuses et les personnes consacrées pour des retraites personnelles ou des récollections organisées par les groupes. La maison est située en ville, patrie de Saint-Vincent-de-Paul.

10 ch. individuelles avec lavabo ; douches, SdB et WC à l'étage. Salle de réunion (1). Pension complète : 130 F ; héb. : 70 F. Possibilité de préparer soi-même ses repas.
S'inscrire auprès de la Mère Prieure au minimum 3 mois à l'avance.

Gare : Dax ; taxi.

41 - LOIR-ET-CHER

BLOIS - 41008 Cedex
« Foyer Notre-Dame de la Trinité »

15, rue Vauquois, B.P. 827
Tél. : 54 74 03 05
Fax : 54 56 07 00

Animé par des Pères Capucins et des Sœurs Bénédictines du Sacré-Cœur de Montmartre, le Foyer accueille toutes personnes seules ou en groupes pour un séjour maximum de 3 jours (8 jours pour une retraite ou session). Fermeture annuelle du 1er au 15 octobre et du 15 décembre au 10 janvier. Situé en ville, le Foyer est entouré d'un parc attenant à la Basilique Notre-Dame de la Trinité, élément d'un centre marial où l'on trouve calme, silence et reccueillement.

43 lits en dortoirs, 38 ch. avec lavabo ; douches et WC à l'étage. Salles de conf. (1 ; de 100 places) et de réunion (3 ; de 20 places accessibles aux handicapés). Prix boisson non comprise en ch. double, en pension complète : 171 F, en demi-pension : 121 F par personne. Retenir le plus tôt possible.

Gare : Blois à 2 km ; taxi. Axes routiers : A10 ou RN152.

MER - 41500
« Foyer Béthania »

4, rue Barreau
Tél. : 54 81 22 06

Le foyer accueille des personnes (enfants exceptionnellement) pour des séjours de 15 jours maximum. L'ambiance est amicale, dans un cadre de vie simple favorable à la détente, à la paix, à la prière. Situé en ville, le foyer est entouré de deux jardins fleuris et ombragés. Aux alentours, les châteaux de la Loire (dans un périmètre de 10 à 30 km) constituent des buts de promenades et de visites.

7 ch. individuelles et 1 double avec lavabo ; douches à l'étage. Prix en pension complète : 170 F.
Contacter Paulette Martin (plusieurs mois à l'avance pour l'été).

Gare : Mer à 600 m ; taxi. Axe routier : N152.

MOLINEUF - 41190
« Carmel de Blois »

La Chambaudière
Tél. : 54 70 04 29
Fax : 54 70 05 76

Les Sœurs Carmélites accueillent toute l'année - sauf en janvier - toute personne soucieuse de silence et de prière pour retraite personnelle et ressourcement spirituel. Paix et calme sont favorisés par la proximité de la forêt domaniale de Blois. Le Monastère est situé dans un village à 10 km de Blois et construit à flanc de côteau dans une ancienne ferme/closerie autrefois entourée de vignes. Il domine la vallée de la Lisse à 180 m d'altitude et dispose d'un jardin.

8 lits répartis en 5 chambres individuelles et 3 chambres doubles. Sanitaires communs. 1 salle de conférence, 1 salle de réunion. Langue étrangère : anglais.

Gare : Blois à 10 km (cars et taxis). Axe routier : RN 766.

NOUAN-LE-FUZELIER - 41600
Communauté des « Béatitudes »

Monastère Marthe et Marie de Béthanie
Domaine de Burtin
Tél. : 54 88 77 33
Fax : 54 88 97 73

La Communauté des Béatitudes accueille toute l'année des adultes pour des retraites spirituelles collectives. Prévoir un week-end pour les récollections et 5 jours pour les retraites organisées par l'établissement. Messes, Adoration du Saint-Sacrement et offices liturgiques sur place en semaine.

64 lits dont 30 ch. individuelles et 17 en ch. à 2 lits, lavabos. Des ch. en RdC avec SdB permettent d'accueillir des handicapés et des pers. âgées. Sanitaires à chaque niveau. Libre participation aux frais.
Ecrire au secrétariat pour s'inscrire.

Gare : Nouan-le-Fuzelier à 5 km. Taxi ou voiture de l'établissement.

42 - LOIRE

FEURS - 42110
"Lycée technique privé le Puits de l'Aune"

BP 96
5 rue du palais
Tél. : 77 26 11 65 - Fax : 77 26 08 10

Les sœurs du monde rural accueillent pour toute retraite spirituelle toutes personnes seules ou en groupes, laïcs ou religieuses.

50 lits répartis en 9 chambres individuelles, 1 chambre double et 5 dortoirs. Sanitaires à l'étage. 2 salles de conférence ; 2 salles de réunion ; 12 salles de travail. Langue étrangère : anglais. Prix non précisé.

Gare : Feurs à 200m. Aéroport : Bouthéon à 30 km (cars et taxis). Axes routiers : autoroute A 72 ; RN 82.

MONTBRISON - 42600
« Maison d'Accueil Diocésaine »

41 rue du Faubourg de la Croix
Tél. : 77 58 09 11

La maison Saint-Joseph accueille clercs et laïcs de tout âge ainsi que des familles, seuls ou en groupes avec encadrement (60 personnes maximum) pour des séminaires humanitaires, culturels, rencontres sportives. Située dans la ville à 500 m d'altitude, un parc d'un hectare entoure la maison. Piscine et établissement thermal sont à proximité, les stations de ski à 40 km.

60 lits en ch. de 2 à 6 lits (modulables). Salles polyvalente (100 places) (1), de réunion (6 de 10 à 20 places ; sonorisation, projection, diapos), de jeux, à manger (1 de 90 places). Prix en pension complète : 140 à 145 F ; gestion libre possible.
Réservation un mois à l'avance auprès de Sœur Alice Gérin.

Gare : Montbrison à 1 km (ligne Lyon/Montbrison/Clermont-Ferrand) ; car ou taxi. Aéroport : Bonthéon à 25 km ; car ou taxi.

NANDAX - 42720
« Lycée agricole privé E. Gauthier »

St Gildas
Tél. : 77 65 30 22 - Fax : 77 65 37 88

Cet établissement vous accueille pendant les vacances scolaires dans un séminaire réaménagé. Les groupes d'handicapés, les séminaires et les ensembles musicaux d'été y sont les bienvenus.

A 300 m d'altitude, le lycée est situé en ville (Charlieu) au milieu d'un parc arboré, avec un cloître du XVIIème siècle. Vous goûterez le calme et le confort de cette résidence tout en vous échappant vers le circuit des églises romanes.

200 lits répartis en 80 ch. individuelles et 7 dortoirs ; lavabo, douches et WC à l'étage. 5 salles de conf. ; 5 salles de travail ; salle de détente. Pension complète : 160 F en ch. individuelle, 130 F en chambre double. Contacter Monsieur Chassagne 2 mois à l'avance.

Gare : Roanne à 15 km ; taxi ou avertir l'accueil. Axe routier : N7.

NOIRETABLE - 42440
« Notre-Dame-de-l'Hermitage »

Tél. : 77 96 20 30. Fax : 77 96 20 34

Les Missionnaires de Notre-Dame-de-la-Salette reçoivent toute l'année des particuliers et des groupes pour des séjours de vacances. Construit au XVIIIème siècle, brûlé en 1951, le Monastère a été reconstruit sur ses murs d'époque et agrandi pour recevoir des hôtes. Isolé, à une altitude de 1110 m, vous dominerez un panorama sauvage et boisé, les collines et vallées de la Durolle et du Forez et au loin, les Alpes. Vous pourrez visiter le bourg fortifié de Cervières à 12 km et pratiquer les sentiers de grande randonnée qui passent à proximité.

1 dortoirs de 11 lits, 27 ch. individuelles, 17 doubles avec lavabo et 6 ch. familiales ; douches à l'étage. Salle de conf. (1) et de réunion (3). Prix en pension complète : 168 à 205 F et 155 à 190 F pour double place ; tarif pour groupes. Langue étrangère : anglais. Réserver 3 mois à l'avance pour juin à septembre. Contacter le service accueil.

Gare : Noirétable à 7 km ; taxi.
Axes routiers : N89 ; A72 Clermont-St Etienne-Lyon (sortie « Les Salles Noirétable » à 12 km ou « Thiers Est » à 22 km).

PRADINES - 42630
« La Vigne »

Abbaye de Pradines
Tél. : 77 64 80 06

Les moniales Bénédictines vous accueillent (y compris les jeunes à partir du 2ᵉ cycle), 7 jours maximum, pour retraites. A proximité d'un village (440 m d'altitude) le monastère est situé dans un parc. Vous partagerez la vie liturgique de la Communauté en participant aux Offices quotidiens et vivrez une expérience spirituelle à l'écoute de la Parole de Dieu, avec possibilité de rencontre avec une sœur.

45 lits ; douches à l'étage. Libre contribution aux frais de la pension. Salles de conf. (1) et de réunion (3).

Gare : Régny (4,5 km) ; taxi. **Axes routiers :** N7 ; D9.

43 - LOIRE (HAUTE)

LANGEAC - 43300
« Monastère Sainte-Catherine-de-Sienne »

2, rue du Pont
Tél. : 71 77 01 50 - Fax : 71 77 27 61

Les moniales dominicaines reçoivent toute l'année, sauf septembre, en accueil monastique, toutes personnes (sauf familles et enfants) pour retraites individuelles et en groupes. Durée de séjour : maximum 2 semaines.

13 ch. individuelles et 5 ch. doubles avec eau chaude, lavabo. Douche et WC aux étages. Chauffage central.
Prévenir la sœur hôtellière 1 semaine à l'avance, (1 ou 2 mois à l'avance pour juillet et août).

Gare : Langeac (ligne Paris-Lyon-Nîmes et Lyon-Le Puy-Clermont) à 0,7 km ; taxi. Axe routier : carte Michelin 76 pli 5 ; altitude 500 m.

LE PUY- 43000
"Maison de la Providence"

4, boulevard du docteur Chantemesse
Tél. : 71 09 04 73

La maison diocésaine reçoit toute l'année des groupes de pèlerins ou toutes personnes désireuses de sessions, de retraites ou recollections. Disposant d'un jardin, l'établissement est situé en ville à 630 m d'altitude, non loin d'un parc et à proximité des sanctuaires de Notre-Dame-du-Puy, Saint-Joseph d'Espaly et Saint-Michel d'Alguilhe.

55 lits répartis en ch. individuelles. Ch. à 2 lits et familiales (3 à 4 lits).
Salles de conférence (2), de réunion (3).
Ecrire au responsable.

Gares : SNCF et routière à 1,5 km ; taxi. Axes routiers : RN 88 et 102.

LE PUY-EN-VELAY - 43000
« Domaine de Chadenac »

Ceyssac-La-Roche
Tél. : 71 09 27 62 - Fax : 71 02 55 90

La maison accueille des groupes de jeunes ou de personnes âgées et des camps de vacances spirituels. A 820 m d'altitude, le domaine est isolé dans un parc. Sur le plan sportif, vous bénéficierez de terrains de sports, de courts de tennis et d'une piscine extérieure chauffée. Les sanctuaires du Puy-en-Velay vous fourniront de très beaux buts d'excursions.

115 lits, 2 ch. individuelles, 29 ch. doubles, 45 dortoirs et 6 ch. familiales, avec lavabo ; douches et WC. Salles de conf. (2) et de réunion (4). Pension complète : de 130 à 210 F ; demi-pension : de 100 à 160 F. Héb. : de 60 à 115 F.
Contacter M. Radiguet 3 mois à l'avance.

Gare : Le Puy-en-Velay à 10 km. Aéroport : Le Puy-Loudes à 8 km ; taxi.

44 - LOIRE ATLANTIQUE

REZE-LES-NANTES - 44400
Centre Spirituel Diocésain « Les Naudières »

31, rue des Naudières
Tél. : 40 75 51 74

Le centre est animé par deux prêtres du diocèse et une communauté de religieuses. Entouré d'un parc de 5 ha, le Centre, ouvert toute l'année, accueille les personnes qui désirent se recueillir ou participer aux retraites ainsi que les groupes d'Eglise qui viennent y organiser des rencontres ou des sessions.

100 ch. individuelles, 150 lits. SdB et WC à tous les étages. Salles de conf. de 30 à 200 personnes. Pension complète.
Ecrire pour demander programme et renseignements.

Gare : Nantes ; tramway et bus. Aéroport : Nantes-Atlantique.

SAINT-MOLF - 44350
« Maison d'Accueil Kerguenec »

Tél. : 40 24 91 55 - Fax : 40 42 97 78

La maison, dont la permanence est assurée par des laïcs, reçoit toute l'année, sauf en juillet-août, toutes personnes, seules ou en groupes, pour des retraites, des récollections ou des temps de reflexion personnelle. Cette maison calme se situe dans un espace de verdure de 5 ha, à proximité de la mer (8 à 10 km), des marais salants et du Parc naturel de la Grande Brière.

17 ch. individuelles, 6 ch. doubles, 33 ch. en boxes ; 8 douches, 1 baignoire à l'étage. Prix : de 100 à 150 F en pension complète ; héb. seul possible ; réductions pour les groupes et les enfants.
Contacter Mme Raffaillac.

Gare : La Baule-Escoublac à 10 km ; taxi.

45 - LOIRET

ORLEANS - 45043 Cedex 01
« Etablissement Catholique d'Enseignement
Sainte-Croix-Sainte-Euverte »

28, rue de l'Etélon
Tél. : 38 53 97 92 - Fax : 38 68 08 26

L'Etablissement reçoit toute catégorie de personnes (adultes) ou groupes, toute l'année sauf du 18 juillet au 25 août pour un séjour d'une durée variable. Situé au cœur de la Sologne, vous pourrez en profiter pour visiter les châteaux de la Loire.

8 ch. individuelles, 40 ch. doubles, 2 dortoirs avec lavabo ; douches et WC à l'étage. Prix : 138 F en pension complète, 74 F en demi-pension, 29 F l'héb. seul. Salles de conf. (6). Langue étrangère : anglais.
Contacter M. François Lynsley 15 jours auparavant.

Gare : Orléans à 1 km ; car ou taxi. Axes routiers : N20 ; A6 ; A7.

SAINT-BENOIT-SUR-LOIRE - 45730
« Foyer Sainte-Marie »

13, avenue de l'Abbaye
Tél. : 38 35 72 63

Le Foyer Sainte-Marie, en liaison avec le monastère, développe, toute l'année sauf une semaine en janvier, le rayonnement de la culture et de la spiritualité bénédictine. Récollections, séminaires pour toute personne seule ou en groupe, mais aussi les groupes de jeunes bien encadrés, pour une durée maximale d'un mois dans un cadre, à proximité de la forêt d'Orléans et de la Sologne, d'une richesse culturelle importante.

34 ch. individuelles, doubles ou familiales, avec lavabo et WC pour certaines ; douches et WC à l'étage. Salle de réunion (1). Pension complète : 160 F. Délai d'inscription : 2 à 6 mois pour les groupes, 15 jours à 1 mois pour les individuels.
Contacter le responsable du foyer.

Gare : Orléans-Les-Aubrais à 40 km, Gien à 20 km ; car « Trec » ou taxi.
Axes routiers : N20 jusqu'à Orléans.

SAINT-JEAN-DE-BRAYE - 45801
« Bénédictines de Notre-Dame-du-Calvaire »

BP 4
65, avenue de Verdun
Tél. : 38 61 43 05

Les Bénédictines reçoivent toute l'année les prêtres, religieuses, couples sans enfants, dames et jeunes filles, pour une halte monastique spirituelle, mais aussi les groupes d'enfants accompagnés pour récollections, dans un cadre disposant d'un parc.

8 ch. individuelles, 6 ch. pour couples, 2 ch. familiales, avec lavabo ; baignoires et WC à l'étage. Salle de conf. (1) et de travail (2). Participation selon les possibilités de chacun et le type de pension. Langue étrangère : anglais.
Contacter la Sœur Hôtelière.

Gare : Les Aubrais ou Orléans à 8 km ; bus J à la gare d'Orléans, taxi aux 2 gares. Axe routier : N152.

SAINT-PRYVE-SAINT-MESMIN - 45750
« Carmel de Micy-Orléans »

18, rue Claude Joliot
Tél. : 38 66 62 40

Les Carmélites accueillent des prêtres, dames et jeunes filles, individuellement ou en groupe, pour des séjours d'une durée de 8 jours maximum. Au bord de la Loire, à 110 m d'altitude, la maison est entourée d'un jardin. Lors de votre séjour, vous pourrez participer aux offices monastiques, à l'eucharistie et à la prière de la communauté ou dialoguer avec une religieuse ; le cadre de la campagne favorisant le silence et le recueillement.

4 ch. individuelles, 3 ch. doubles, avec lavabo ; douches et WC à l'étage. 2 salles de réunions. Pension complète. Langue étrangère : anglais. Contacter la Sœur Hôtelière.

Gare : Orléans à 7 km ; bus (ligne E, arrêt : Pont-Saint-Nicolas) ou taxi. Axe routier : A10.

46 - LOT

ROCAMADOUR - 46500
« Centre d'Accueil Notre-Dame »

Le Château
Tél. : 65 33 23 23 - Fax : 65 33 23 24

Géré par l'Association Diocésaine de Cahors, le centre vous accueille pour des retraites individuelles ou en groupes. Situé à 280 m d'altitude, le centre est installé dans un ensemble somptueux construit autour d'une cour ou trône un arbre gigantesque. Rocamadour possède le sanctuaire le plus spectaculaire du Moyen-Age. La région est d'une beauté mystérieuse et regorge de lieux uniques (gouffre de Padirac).

46 ch. à 1 ou 2 lits avec lavabo, SdB, douches et WC à l'étage ; Salles de conf. et de réunion. Prix en pension complète : 238 F, en demi-pension :170 F.

47 - LOT ET GARONNE

AGEN - 47000
« Foyer Valpré Le Lido »

500 avenue Léon Blum
Route de Cahors
Tél. : 53 47 47 73 - Fax : 53 66 59 72

Situé en ville et entouré d'un parc, le foyer propose en compagnie de franciscains, aux prêtres, religieux(ses), laïcs, seuls ou en groupe, une halte pour prier, réfléchir ou une retraite organisée par les hôtes hébergés. Lourdes est à 170 km et Toulouse à 100 km.

55 lits répartis en 20 chambres doubles et 4 chambres familiales. Sanitaires dans le chambres.Soins paramédicaux. Animaux acceptés. 2 salles de conférence (1 de 120 et 1 de 40 places), 5 salles de réunion, 5 salles de travail.

Gare : Agen à 2 km ; car et taxi. Aéroport : Agen à 8 km ; taxi.
Axe routier : autoroute Bordeaux-Toulouse ; route de Limoges.

COLAYRAC-SAINT-CIRQ - 47450
Foyer de Charité « Notre-Dame-de-Lacépède »

Tél. : 53 66 86 05

Une communauté de laïcs autour d'un prêtre, le Père, reçoit les individuels et les groupes pour développer leur spiritualité mariale et redécouvrir "Dieu-Amour". Récollections et retraites, sur une durée maximale d'une semaine, dans un site à 200 m d'altitude doté d'un parc de 22 ha. Prêtre sur place.

Contacter Mlle Paschal ou le Père Imbert, 8 jours à l'avance.

Gare : Agen à 6 km ; taxi ou voiture de l'établissement.

48 - LOZERE

MENDE - 48000
« Centre d'Accueil de l'Ermitage de Saint-Privas »

Route de l'Aérodrome
Tél. : 66 65 02 27

L'Association Lozérienne des œuvres de jeunesse reçoit des particuliers et des groupes organisés pour des sessions, stages, récollections, retraites spirituelles et pèlerinage. La durée minimum du séjour est de 5 jours. Accroché à flanc de montagne à 750 m d'altitude, dans un lieu isolé, le centre est situé en pleine nature, à proximité d'un grand plateau boisé, lieu idéal pour se promener et se détendre.

6 ch. individuelles et 27 doubles, avec lavabo ; douches à l'étage. Salles de conf. (1), de réunion (1), de travail (2). Prix en pension complète : 170 F, en demi-pension : 145 F et en héb. seul : 70 F . Contacter Mr ou Mme Rubio.

Gare : Mende à 6 km ; taxi. Axes routiers : N9 et N88 ou N106.

49 - MAINE ET LOIRE

BREGROLLES-EN-MAUGES - 49122
« Abbaye de Bellefontaine »

Tél. : 41 63 81 60 - Fax : 41 63 17 09

Les moines trappistes (OSCO) accueillent toute l'année, sauf début décembre, toute personne seule ou en groupe, pour des retraites spirituelles exclusivement.

50 ch. individuelles 5 ch. doubles avec lavabo ; douches et WC à l'étage. Salles de conf. (4).
Contacter le Père Hôtelier plusieurs mois d'avance pour les groupes.

Gare : Cholet à 13 km ; taxi.
Axes routiers : Paris-Nantes ; Cholet-Beaupréau.

MARTIGNE-BRIAND - 49540
« Monastère des Bénédictines »

La Barre
Tél. : 41 59 42 85
Fax : 41 59 66 92

Les Sœurs Bénédictines reçoivent pour un temps de partage de prières personnes seules ou en petits groupes, sauf du 15 septembre au 15 octobre. La durée du séjour est de 8 jours maximum.

Sur les coteaux du Layon, le monastère est situé au cœur du village de Villeneuve, en pleine campagne. Participation aux offices de la communauté.

1 dortoir, 5 ch. individuelles et 9 ch. doubles ; sanitaires à l'étage. 3 salles de réunion.
Contacter la sœur hôtelière.

Gares : Angers ou Saumur à 30 km; car ou taxi.

50 - MANCHE

BRICQUEBEC - 50260
« Abbaye Notre-Dame-de-Grâce »

Tél. : 33 52 20 01 - Fax : 33 52 56 51

Les Moines Cisterciens reçoivent en accueil monastique, prêtres, hommes et jeunes gens, seuls ou en groupes, pour une durée d'une semaine maximum. L'abbaye est entourée de champs et de bois de 100 ha, vous pourrez y accomplir des retraites individuelles ou organisées par les groupes hébergés.

5 ch. individuelles avec lavabo. Pension complète.
Prévenir le Père Hôtelier dès que possible.

Gare : Valognes à 14 km ; taxi. Axe routier : Paris-Cherbourg.

GRANVILLE - 50400
Chateau de la "Crête"

Rue de la Crête
Tél. : 33 50 00 88

Le chateau (M.F.V.) vous accueillent de Pâques à Septembre. Il reçoit individuellement religieux, familles, groupes scolaires et groupes de retraités. Situé dans un parc de 3 hectares, il domine la mer avec accès direct à la plage. Aire de jeux (balançoires, volley-bal, ping-pong, pétanque, etc …). Animations, monitrice pour les enfants. Liturgie et prière communes.

10 chambres individuelles, 40 ch. familiales, 40 lits en dortoirs, douches, SdB WC. Salles de conf. (2) et de travail (2). Pension complète : 163 F. Réduction enfants et groupes. Bons vacances acceptés. S'inscrire longtemps à l'avance à Paris : Père Deglaire (tél. : 45 54 30 54).

Gare : Granville à 1,5 km et aéroport ; car ou taxi.
Axes routiers : autoroute de Normandie puis D9-D13.

MONTEBOURG - 50310
« Association d'Education Populaire »

L'Abbaye
Tél. : 33 41 10 05
Fax : 33 21 25 26

L'abbaye accueille des particuliers pour des retraites organisées par l'A. E. P. ou des groupes (sauf entre Noël et le Jour de l'An). Située en ville, l'abbaye est entourée d'un parc. 6 km la séparent de la mer où vous visiterez les plages du débarquement et bien d'autres curiosités.

2 dortoirs, 19 ch. individuelles, 75 ch. doubles et 9 ch. familiales (quelques ch. avec sanitaire) ; sanitaires à l'étage. Salles de conf. (2), de réunion (3) et de classe (15). Salle de sport, terrain, piste d'athlétisme, salles de jeux. Prix : 150 F en pension complète, 120 F en demi-pension et 70 F avec petit déjeuner. Langue étrangère : anglais. Paiement : tous, y compris les chèques vacances.
Contacter M. Houivet de 1 à 12 mois à l'avance selon la période désirée.

Gare : Valognes à 8 km ; car ou taxi. Axe routier : N13.

SAINT JAMES - 50240
Prieuré Saint Jacques

Tél. 33 48 31 39

Gérée par les religieuses de la "Communauté monastique de Jésus crucifié, ordre de Saint-Benoît" (dont la maison mère française est sise à Brou-sur-Chantereine), l'hôtellerie est ouverte à de petits groupes ou personnes (prêtres, religieuses, dames, jeunes filles, couples) pour réflexion et retraite privée, avec partage de la prière de la communauté. Les offices sont chantés en français. La prière liturgique rythme ainsi la journée et l'horaire aide à vivre la double dimension de solitude avec Dieu et de vie fraternelle. La situation de l'établissement dans le bourg et l'existence d'un parc favorisent l'accomplissement de cette retraite.

6 chambres individuelles et 4 chambres doubles. Sanitaires communs. Langue étrangère : anglais.

Gare : Pontorson à 15 km ; taxi.
Axe routier : N 178 à 18 km au Sud d'Avranches.

SAINT-SAUVEUR-LE-VICOMTE - 50390
« La Grange » - Abbaye

Tél. : 33 41 60 37

Dans le cadre d'une ancienne abbaye, restaurée au siècle dernier par Sainte-Marie-Madeleine Postel, « La Grange » a été spécialement aménagée pour accueillir des groupes de jeunes ayant une démarche spirituelle, avec leurs propres animateurs (50 personnes maximum).

Au rez-de-chaussée : salle à manger, bureau, cuisine, sanitaires avec douches. A l'étage : 2 grandes chambres, un dortoir avec 2 WC, une chambre individuelle tout confort. Possibilité de préparer les repas ou de faire appel à la société de restauration sur place.

Gare : Valognes à 15 km ; taxi.
Axe routier : Cherbourg-Mont St-Michel.

VALOGNES - 50700
« Abbaye Bénédictine Notre-Dame de Protection »

8, rue des Capucins
Tél. : 33 95 01 41

Les moniales Bénédictines vous reçoivent toute l'année (sauf après les vacances de Noël, jusqu'au début des vacances de février) pour des haltes de silence, retraites, récollections indivi-duelles ou en groupes accompa-gnés. Partage de la vie de prière de la Communauté. Possibilité de rencontrer une Sœur ou le Père Aumônier.

20 ch. à 1 ou 2 lits, avec lavabo. 3 salles de réunion.
Ecrire à l'avance à la Sœur Hôtelière.

Gare : Valognes. Axe routier : A13.

---

51 - MARNE

BAYE - 51270
« Amis du Foyer de Charité »

Tél. : 26 52 80 80

Le foyer reçoit toute l'année des adultes sur 6 jours maximum pour un temps spirituel, au sein d'un parc situé à 240 m d'altitude à la sortie du village. Les retraites sont organisées par l'établissement à dates fixes.

80 ch. individuelles ; douches, WC à l'étage. Prix libres ; séjours en pension complète ; les régimes alimentaires sont respectés.

Gare : Epernay à 25 km ; taxi ou voiture de l'établissement.

SAINT-THIERRY - 51220
« Monastère des Bénédictines »

2, place de l'Abbaye
Tél. : 26 03 10 72
Fax : 26 03 15 49

Les sœurs vous reçoivent, seul ou en groupes, pour des séjours de 8 jours maximum. L'établissement est situé dans un village à 140 m d'altitude, elle possède un jardin.

22 ch. ; douches à l'étage. 3 salles de réunion. Libre participation aux frais. Fermeture 15 jours en juillet. S'inscrire 15 jours à l'avance.

Gare : Reims à 10 km ; car et taxi.
Axes routiers : A4 ; N44 ; A26, sortie La Neuvillette.

TINQUEUX - 51430
« Monastère Sainte-Claire »

11 bis, avenue Roger Salengro
Tél. : 26 08 23 15

Les Clarisses vous reçoivent pour retraites individuelles ou en groupes, sauf du 15 au 30 juillet, pour une durée maximale de 8 jours. Vous partagerez la prière de la Communauté en ce lieu de silence et de réflexion. Située, à 100 m d'altitude, en ville, la maison est entourée d'un jardin. Aux environs, vous visiterez la cathédrale de Reims (10 mn en bus).

15 ch. individuelles et 9 ch. pour couples avec lavabo ; douches et WC à l'étage. 1 salle de conf., 4 salles de réunion. Pension complète : cotisation selon les possibilités de chacun. Langues étrangères : anglais, allemand, espagnol.
Contacter la Sœur Hôtelière 8 jours à l'avance.

Gare : Reims à 1/2 h à pied ; car ou taxi.
Aéroport : Reims à 1/2 h en voiture ; car ou taxi.

53 - MAYENNE

BAZOUGERS - 53170
« Prieuré de La Cotellerie »

Tél. : 43 02 33 44 - Fax : 43 02 31 35

Congrégation de droit diocésain, la Communauté (Chanoines Réguliers de Marie Mère du Rédempteur) accueille des personnes seules ou en groupe, pour retraites ou récollections, spiritualité eucharistique et mariale de 1 journée à 8/10 jours maximum. L'hôtellerie est entourée d'un parc de 2 ha. Vous pourrez visiter Laval (12 km), Saulges (20 km) et Jublains (45 km).

2 dortoirs de 19 et 30 lits, 10 ch. individuelles, 11 ch. doubles, 4 ch. familiales avec sanitaires et douche à l'étage. 2 salles de conf., 2 salles de réunion, 6 salles de travail. Pension complète : de 130 à 150 F. Demi-pension : de 100 à 130 F. Héb. : 60 F. Langues étrangères : anglais, italien, allemand.
Contacter le Père Hôtelier 8 jours à l'avance.

Gare : Laval à 15 km ; taxi. Axes routiers : Laval-Tours.

CRAON - 53400
« Hôtellerie Saint-Antoine »

15, rue de la Libération
Tél. : 43 06 13 38

Des Religieuses Bénédictines accueillent dans leur hôtellerie des particuliers (sauf messieurs laïcs seuls) et des petits groupes encadrés pour un ressourcement, une récollection ou une retraite dans le recueillement et le respect du silence. Située dans un village, la maison est entourée d'un jardin. Durant votre séjour, vous pourrez assister à des ateliers artistiques : tissage, reliure et encadrement.

15 ch. individuelles, 2 doubles et 5 familiales, avec lavabo ; douches à l'étage. Salle de réunion (1). Prix en fonction des possibilités de chacun. Contacter la Mère Hôtelière 3 semaines à l'avance.

SNCF : ligne Paris-Brest, arrêt à Laval ; car ou taxi.
Axes routiers : Anger-Rennes, Nantes-Laval.

PONTMAIN - 53220
« Auberge de l'Espérance »

9, rue de la Grange
Tél. : 43 05 08 10

L'Hôtel deux étoiles, géré par L.A.D.A.P.T. (Ligue pour l'Adaptation du Diminué Physique au Travail), accueille toute personne dans un cadre à caractère chrétien au sein du bourg, lieu de pèlerinage marial. L'auberge dispose d'un salon pour le partage et la prière.

11 ch. individuelles ou doubles avec douche, WC et téléphone. Prix en pension complète : 120 à 195 F, héb. seul ; restaurant sur place. Réserver à l'avance de préférence.

Gare : Fougères. Axe routier : RN12.

PONTMAIN - 53220
« Maison d'Accueil des Pèlerins » Sœurs d'Evron

3, rue Notre-Dame
Tél. : 43 05 07 60.
Fax : 43 05 08 32

Les Sœurs accueillent des particuliers ou des groupes pour des sessions, des récollections, des retraites et des pèlerinages. Depuis l'apparition de la Très Sainte Vierge Marie le 17 janvier 1871, Pontmain est un lieu de pèlerinage très fréquenté. La maison est située à côté de la basilique.

140 lits en ch. individuelles, doubles ou familiales avec lavabo ; douches à l'étage. Salles de réunion (4). Téléphoner pour connaître les prix.
Contacter la Directrice.

Gare : Fougères à 16 km ; car ou taxi. Axe routier : RN 12.

SAINT-AIGNAN
« Maison d'accueil Petites Sœurs de Marie »

14 rue Pierre Boisramé
Tél. : 43 06 58 84

La Communauté accueille toute l'année des personnes seules ou en groupe pour 1 mois maximum : ressourcement spirituel, récollections, retraites. Possibilité de partager les offices de la Communauté et les temps d'adoration. Située au cœur du village, la Maison est entourée d'un parc ; sentiers pédestres aux alentours.

25 ch. individuelles ou doubles avec lavabo ; sanitaires complets à chaque étage. Salle de conf. sonorisée (1), et de réunion (2). Pension complète : 145 F ; réductions pour religieux, étudiants, personnes en difficulté. Régimes assurés.
Contacter la Sœur hôtelière.

Gare : Laval à 40 km. Axes routiers : Angers-Rennes ; Nantes-Laval.
Possibilité de cars.

---

54 - MEURTHE-ET-MOSELLE

SAXON-SION - 54330
Maison d'Accueil « Notre-Dame-de-Sion »

3, rue Notre-Dame
Tél. : 83 25 12 22 - Fax : 83 25 16 12

La maison vous accueille en retraite individuelle ou en groupes. Ceux-ci organisent eux-mêmes leur séjour. Située dans un lieu isolé, La maison est agrémentée d'un jardin, à 495 m d'altitude. Vous pourrez visiter les nombreux sites touristiques de la région : Château d'Haroué, de Thorey-Lyautey, le musée de la machine agricole de Vroncourt, les lutheries et les fabriques de dentelle de Mirecourt.

100 lits répartis en 1 dortoir de 10 lits, le reste en ch. individuelles, doubles et familiales. ; douches à l'étage. 2 salles de conf., 4 de travail et 4 de réunion. Pension complète : 155 F ; héb. seul : 40 F. Carte bancaire acceptée.
Contacter le bureau des Amis de Sion dès que possible.

Gare : Praye-sous-Vaudemont à 2 km ; voiture établissement.
Aéroport : Nancy ou Epinal à 35 km ; taxi.
Axe routier : voie express Nancy-Epinal sortie Vezelise.

Accueil spirituel

55 - MEUSE

R A I V A L - 5 5 2 6 0
Chambres d'Hôtes « Ti Jenovéfa »

1, rue de la Croix ; Erize-la-Grande
Tél. : 29 75 78 51

La Maison vous reçoit pour des célébrations eucharistiques. Un prêtre est à demeure.

2 ch. individuelles et 2 ch. familiales avec douche et WC. Héb. seul. Camping possible. Fermeture d'avril à août et en octobre. Salles de conf. (1), de réunion (1) et de travail (1). Langues étrangères : anglais, espagnol, allemand, mais aussi breton et créole.
Contacter M. ou Mme Charles.

Gare : Bar-le-Duc à 20 km. Aéroport : Nancy à 100 km ; car ou taxi.
Axes routiers : A4 ; N4.

56 - MORBIHAN

A R R A D O N - 5 6 6 1 0
« Centre Spirituel de Penboc'h »

Penboc'h
Tél. : 97 44 00 19

Animé par les Pères Jésuites, le centre accueille toute l'année (sauf du 15 novembre au 17 décembre) pour 8 jours maximum, des personnes désireuses de faire une halte de silence, de réflexion et de prière. Au bord du Golfe du Morbihan, dans un cadre d'eau et de verdure, la maison isolée est entourée d'un parc de 4 ha. Des retraites et sessions spirituelles à dates fixes sont animées par les Pères. Dans les intervalles de ces dates, les installations sont à la disposition de groupes organisés pour sessions.

2 ch. individuelles, 19 ch. doubles avec lavabo ; douches et WC à l'étage. 2 salles de conf. ; 5 salles de réunions. Pension complète : 163 F. S'inscrire à l'avance pour les retraites de mai à octobre.
Contacter le secrétariat.

Gare : Vannes à 8 km ; taxi. Aéroport : Lorient à 50 km ; car ou taxi.
Axe routier : Brest-Lorient-Nantes (RN 165).

BREHAN - 56580
« Communauté des Cisterciens N.-D. de Timadeuc »

Tél. : 97 51 50 29

Les moines Cisterciens reçoivent en hôtellerie les adultes pour des séjours de 8 jours maximum ; les groupes encadrés sont admis. Ils reçoivent aussi les groupes de jeunes dans 2 centres d'accueil situés à proximité du monastère. Dans un cadre naturel, vous partagerez la vie de prière et de silence des frères de la communauté.

Hôtellerie : 41 ch., douche à l'étage. Pension complète. 1 salle de conf., 2 salles de réunion.

Centres d'accueil : 2 dortoirs de 30 lits, cuisines équipées, repas non fournis. Langues étrangères : anglais, allemand, italien, espagnol.

Gares : Vannes à 50 km et Rennes à 90 km. Aéroport : Rennes.

CAMPENEAC - 56800
« Abbaye La-Joie-Notre-Dame »

Tél. : 97 93 42 07
Fax : 93 93 11 23

Les Moniales Cisterciennes accueillent des personnes seules ou en groupe, pour une semaine environ. Au cœur de la Bretagne, l'abbaye est isolée, au milieu d'un parc ombragé. Un diaporama vous permettra de découvrir la vie monastique. Vous vivrez quelques jours dans le silence et le recueillement ; retraites individuelles ou organisées par les groupes eux-mêmes. A l'expo-vente des ateliers, vous trouverez des produits de qualité fabriqués par les moniales : fromages, gâteaux , artisanat, cassettes, livres, produits d'autres abbayes.

2 dortoirs, 30 ch. individuelles, dont 7 ch. doubles et 1 ch. familiale avec lavabo (WC dans certaines) ; douches et WC à l'étage. 2 salles de conf., 4 salles se réunion. Agrément Jeunesse et Sports pour un bâtiment. Contacter la Sœur Hôtelière.

Gare : Rennes à 50 km ; car. Aéroport : Rennes à 50 km ; taxi.

CLEGUEREC - 56480
« Maison de Prière Ti Mamm Doué »

Beauregard
Tél. : 97 38 06 84

Tenue par les Sœurs-de-Saint-Joseph-de-Cluny, « Ti Mamm Doué » (Maison de la Mère de Dieu) organise des retraites spirituelles à dates fixes, pour des personnes seules ou en groupe (10 jours maximum) et accueille des groupes ayant organisé retraites, sessions, week-end, etc.

La maison isolée, entourée d'un parc de 15 ha, vous reçoit dans un climat de prière et de recueillement.

68 à 70 lits, 56 ch. individuelles et 6 ch. doubles (possibilité de lits supplémentaires) avec sanitaires complets à l'étage. 2 salles de conf., 5 salles de réunion ou de travail. Pension complète : de 160 à 180 F. Contacter Sœur Marie-Paule ou Sœur Marie-Agnès, 3 à 6 mois à l'avance pour les groupes.

Gare : Pontivy à 7 km ; taxi ou voiture de la maison sur demande.
Axes routiers : St Brieux-Laudeac-Pontivy ; Rennes-Pontivy ; Vannes-Pontivy ; Lorient-Pontivy ; Quimper-Pontivy ; Auray-Pontivy.

LOCMINE - 56500
« Lycée privé Anne de Bretagne »

5 place Anne de Bretagne
Tél. : 97 60 01 54
Fax : 97 44 24 46

L'établissement accueille pendant les congés scolaires des groupes de prêtres et de religieuses ainsi que toute autre personne en groupe constitué seulement. Le parc de ce lycée, situé en ville, à environ 30 km du Golfe du Morbihan, de Camac, de Quiberon, permet un séjour dans le calme et l'indépendance. Vous pourrez profiter des installations sportives : gymnase, terrains de sports, piscine, mini-golf et tennis municipaux.

90 ch. individuelles ; lavabos ; sanitaires à l'étage. Salles de conférence (2), de réunion (20), de travail (20) ; différentes salles spécialisées. Contacter M. Jeanjean.

Gare : Vannes à 28 km. Aéroport : Lorient à 60 km ; car et taxi.

SAINTE-ANNE-D'AURAY - 56400
« Monastère des Augustines »

62 rue de Vannes
Tél. : 97 57 51 91

Les Augustines Hospitalières reçoivent religieux et laïcs adultes individuellement en accueil monastique pour partage de leur vie fraternelle.
En pleine campagne, à la sortie du bourg, le monastère est proche de
la basilique.

*16 ch. individuelles équipées de sanitaires. 1 salle de réunion (30 per-
sonnes).*
Réservation auprès de la Mère Prieure, prévoir 1 mois.

SAINT-GILDAS-DE-RHUYS - 56730
« Centre d'Accueil de l'Abbaye »

Place Monseigneur Ropert
Tél. : 97 45 23 10

La Communauté des-Sœurs-de-la-
Charité-de-Saint-Louis accueille
des particuliers et des groupes
pour des séjours spirituels (fermeture en octobre). Le centre, situé
en ville, à 200 m de la mer est
entouré d'un parc et d'un jardin.
Participation partielle aux tâches quotidiennes appréciée.

*49 ch. individuelles avec lavabo ; douches et SdB à l'étage. Salles de
réunion (2) et de travail (4). De 60 à 160 F en pension complète.
Contacter le responsable du centre à l'avance.*

Gare : Vannes à 32 km ; car ou taxi. Axes routiers : Nantes-Quimper.

113

SAINT-PIERRE-QUIBERON - 56510
« Accueil Saint-Joseph »

9, rue Pasteur
Tél. : 97 30 94 89
Fax : 97 30 82 12

Les Sœurs Dominicaines de la Présentation accueillent des religieux, prêtres et dames seuls, des groupes organisés pour des sessions, séminaires et retraites collectives, en week-end préparés par les organisateurs. Climat de convivialité et de partage. Située dans un village, en bordure de plage, la maison est faite pour le ressourcement et la réflexion.

20 ch. individuelles et 8 doubles, avec lavabo ; douches à l'étage.
Salles de conf. (4), de réunion (1) et de travail (4). Pension complète :
180 à 185 F ; prix spéciaux pour les groupes.
Contacter Sœur Marie Hubert 1 mois à l'avance.

Gares : Saint-Pierre en été à 3 km. Auray en hiver à 23 km ; car ou taxi. Axe routier : Auray-Quiberon.

---

57 - MOSELLE

BITCHE - 57230
« Maison Saint-Conrad »

2, rue des Capucins
Tél. : 87 96 06 12

Les Frères Capucins et les Sœurs Franciscaines Missionnaires de Notre-Dame vous accueillent, seul ou en groupes, pour des retraites, des récollections et des sessions, organisées par la maison ou par les groupes. Notre maison est située en ville, à 243 m d'altitude et possède un jardin ; vous y vivrez un partage fraternel dans un cadre calme et naturel.

51 lits en ch. et 1 dortoir de 8 lits ; douches et SdB à l'étage. Salles de
conf. (1), de réunion (2) de travail (3). Pension complète : 160 F
(régimes assurés). Langue étrangère : allemand.

Gares : Bitche, Sarreguemines à 35 km. Axe routier : N62.

MOULIN LES METZ - 57160
"Ermitage Saint-Jean"

7 rue des Moulins
tél. 87 60 02 78

Les Sœurs de la Doctrine Chrétienne, accueillent isolément ou en groupe toutes personnes, laïques ou religieuses - à l'exception des jeunes et des enfants, sauf s'ils sont surveillés, dans un château d'origine médiévale, bordé d'un ruisseau et situé dans un village. L'établissement offre le silence et le calme propices aux retraites, recollections, séminaires, sessions et échanges, organisés ou non par les hôtes, sauf du 28 juillet au 16 août et du 24 décembre au 10 janvier. Parc et terrain de jeux.

100 lits répartis en 15 chambres individuelles et 39 chambres doubles. 9 ch. avec sanitaire. Sanitaires communs à l'étage. 1 salle de conférence (120 personnes) et 9 salles de réunions (de 10 à 35 personnes). Prévoir long délais d'inscription pour long séjour. Pension complète ou partielle (230 F et 180 F) ; impossibilité de préparer des repas.

Gare : Metz à 7 km ; cars n°5,25 et 31, taxi. Aéroport : Louvigny à 20 km. Axe routier : A31 : sortie Moulin centre ou Metz Sud.

PELTRE - 57245
« Centre Interculturel de Bévoye »

Chemin de Basse-Bévoye
Tél. : 87 75 19 37 ou 87 74 56 76
Fax : 87 74 99 49

Le centre est une maison européenne de rencontre et de formation pour des jeunes de 16 à 25 ans. Autour de chantiers et de sessions, les jeunes participent aux tâches collectives et effectuent un travail concret sur le mode "ora et labora", prière et travail. La maison est isolée et possède un parc et un jardin.

10 dortoirs de 4 lits ; douches à l'étage. Salles de conf. (2) et de réunion (3) ; équipement audiovisuel, salles de détente, ping-pong. Gestion libre ou pension complète : 125 F. Agrément Jeunesse et Sports. Langues étrangères : allemand, anglais, italien, espagnol. Contacter Marc Stenger.

Gare : Metz-ville à 6 km. Aéroport : Metz-Nancy-Lorraine à 15 km. Car, voiture personnelle. Axes routiers : A4 ; A31 ; D955.

SAINT-AVOLD - 57500
« Foyer Notre-Dame »

5, rue Lemire
Tél. : 87 92 12 92 ou 87 92 55 52

Ce foyer, dirigé par trois pères, accueille, pour une durée maximale de 15 jours, des particuliers en retraite individuelle ou des groupes en session ou récollection organisées par les hôtes hébergés (fermeture du 23 décembre au 1er janvier). Situé en ville mais entouré d'un parc et agrémenté d'un jardin, le foyer œuvre pour l'éveil des laïcs à des responsabilités ecclésiales dans le cadre d'une spiritualité mariale et eucharistique.

15 ch. individuelles, 15 doubles et 2 familiales, avec lavabo ; douches à l'étage. Salles de conf. (2), de réunion (2) et de travail (1) ; équipement audiovisuel. Langues étrangères : allemand, italien.
Contacter le Père Barbier 6 mois à l'avance.

Gare : Saint-Avold à 3 km ; car ou taxi. Axe routier : Paris-Strasbourg.

SAINT-JEAN-DE-BASSEL - 57930
« Amis de la Providence »

Couvent de la Divine Providence
Tél. : 87 03 00 50
Fax : 87 03 00 51

Les Sœurs de la Divine Providence accueillent les particuliers et les groupes hébergés pour des retraites individuelles, récollections ou sessions organisées par l'établissement ou les groupes. Environnement calme (fermeture du 1er au 15 janvier et du 1er au 15 septembre). La maison est située dans un village, et est entourée d'un parc et d'un jardin.

45 ch. individuelles, 10 doubles et 8 familiales, dont 5 avec sanitaire ; douches à l'étage. Salles de conférences (3) et de réunions (8). Prix : 155 F en pension complète. Langues étrangères : allemand, anglais. Contacter la directrice de l'accueil.

Gares : Sarrebourg et Reding à 12 km ; car, taxi ou voiture de la maison.
Aéroport : Strasbourg-Entzheim à 70 km ; taxi.
Axes routiers : A4 ; N4 ; D43 ; D95.

SCY-CHAZELLES - 57160
« Monastère de la Visitation »

9, rue de Moulins
Tél. : 87 60 56 01

Les Sœurs de la Visitation accueillent toute l'année, prêtres, religieuses, femmes, et jeunes femmes pour des retraites individuelles de 8 jours maximum dans un cadre agréable doté d'un parc. Les groupes de passage sont reçus seulement pour la journée.

5 ch. avec lavabo ; douches et WC à l'étage. Prix librement fixé ; pension complète ou héb. seul.

Gare : Metz à 8 km ; car. Axe routier : Paris-Metz.

58 - NIÈVRE

NEVERS - 58000
« Couvent Saint-Gildard »

34, rue Saint-Gildard
Tél. : 86 57 79 99
Fax : 86 21 56 81

Les Sœurs de la Charité de Nevers accueillent toute l'année pour des retraites ou sessions, des personnes seules ou en groupe dans la maison où Sainte-Bernadette a vécu durant les 13 années de sa vie religieuse, dans la discrétion et la simplicité. La maison programme des retraites et peut aussi recevoir des groupes organisant leurs propres sessions ou récollections.

20 ch. individuelles, 49 ch. à 2 lits, 4 ch. à 3 lits, 15 ch. de couple (dont 4 avec en plus un lit simple) avec lavabo ; douches, SdB et WC à l'étage. 4 salles de conf., 5 salles de réunion. Langues étrangères : anglais, allemand (sur demande).
Contacter Mme la Directrice.

Gare : Nevers à 500 m ; taxi.

59 - NORD

FRELINGHIEN - 59236
« Prieuré du Sacré-Cœur »

43, rue du Pont Rouge
Tél : 20 48 81 77 - Fax : 20 48 80 37

La Communauté Contemplative des Sœurs-Oblates-de-l'Eucharistie accueille des personnes pour des retraites individuelles ou récollections organisées par les groupes hébergés, pour 15 jours maximum. Au cœur d'un village, la maison est entourée d'un parc de 1,5 ha. La messe et la liturgie des Heures sont chantées et l'adoration du Saint-Sacrement est assurée toute la journée.

11 ch. individuelles, 2 ch. doubles et 1 ch. familiale,1 ch. à 3 lits avec lavabo ; douches, SdB et WC à l'étage. 1 salle de réunion. 1 grande et 1 petite salle à manger. Pension complète : de 136 à 155 F. Demi-pension : de 66 à 73 F. Contacter la Sœur Hôtelière 2 semaines à l'avance.

Gare : Armentières à 8 km ; car ou taxi. Axes routiers : A1 ; A23 ; A25.

HAUBOURDIN - 59481
"Association Villa Saint Gérard"

169bis rue Auguste Potié - BP 26
Tél. : 20 07 24 61

Géré depuis 1992 par "L'association Villa Saint Gérard", ce centre, doté d'un joli parc d'un hectare, est un centre de sessions et de retraites spirituelles, de rencontres de prière et de partage ; il reçoit tout au long de l'année laïcs, religieuses et prêtres, seuls ou en groupe. L'animation est assurée par un prêtre de la Communauté ou par les animateurs amenés par les groupes. On peut y pratiquer aussi des disciplines mêlant le sacré et le profane, comme l'initiation à l'art de l'icône, au bouquet floral, à la guitare ou au yoga.

47 chambres individuelles et 20 chambres doubles. Sanitaires à chaque étage. 10 salles pouvant accueillir de 10 à 400 personnes. Prix : selon ses moyens et compte tenu du coût de la vie. S'inscrire à la Villa Saint Gérard ; joindre une enveloppe timbrée pour la réponse.

Gare : Lille à 7 km. Aéroport : Lille-Lesquin à 7 km (car et taxi).
Axe routier : proximité des axes Lille-Paris et Dunkerque-Lille.

MERVILLE - 59660
« Maison Diocésaine d'Accueil »

70, rue Victorine Deroide, B.P. 58
Tél. : 28 42 82 27
Fax : 28 42 00 43

Notre maison vous reçoit en groupe, pour prier, réfléchir et partager notre spiritualité. Les récollections ou sessions peuvent être organisées par l'établissement ou par les groupes eux-mêmes. Notre établissement est situé en ville, dans un parc ; il peut constituer le point de départ de nombreuses excursions vers la Belgique, toute proche.

219 lits répartis sur 120 ch. ; SdB dans 34 ch. ; douches et SdB à l'étage. Salles de conf. (2), de réunion (6), de travail (12). Formules d'héb. à convenir. Fermeture en août et 8 jours à Noël.

Gare : Hazebrouck à 12 km ; taxi. Bus irréguliers.
Aéroport : Lille-Lesquin à 30 km. Axe routier : A1.

MOUVAUX - 59420
« Centre Spirituel du Hautmont »

31, rue Mirabeau - B.P.19
Tél. : 20 26 09 61
Fax : 20 11 26 59

Des jésuites aidés par des laïcs accueillent toute l'année, sauf pendant la semaine de Noël, des personnes individuellement ou en groupes constitués. Situé en plein cœur de Lille, l'établissement calme et tranquille donne sur un parc de 8 ha. Il propose un important programme de retraites, sessions, formation permanente ; week-ends pour fiancés et foyers. Vos différentes excursions pourront vous conduire en Belgique : Gand, Bruges, Bruxelles, etc.

5 ch. individuelles et 40 ch. doubles avec lavabo ; douches, SdB et WC à l'étage. 2 salles de conf., 10 salles de réunion, 8 salles de travail. Pension complète : de 173 à 290 F.
Contacter Mme Marrot.

Gares : Lille et Roubaix à 10 et 5 km ; tramway, bus ou taxi.
Aéroport : Lesquin à 25 km ; taxi. Axe routier : A22.

RAISMES - 59590
« Maison diocésaine »

174 rue Léopold Dusart
Tél. : 27 36 92 00
Fax : 27 25 40 37

Les Sœurs Notre-Dame du Cénacle accueillent , toutes personnes, laïques et religieuses , pour prier, réfléchir, partager, en groupe ou en solitude, dans une communauté d'accueil et un lieu d'église, situé en ville, au cœur d'un parc. Plus prosaïquement, à 1 km, on peut parcourir la forêt domaniale ou visiter le site aquatique.

90 lits répartis en 25 chambres individuelles et 40 chambres doubles. Douches, baignoires et WC en sanitaires communs. 2 salles de conférence, 3 salles de réunion, 10 salles de travail. Prix évalués en fonction du coût de la vie.

Gare à 1 km. Aéroport : Lille Lesquin à 40 km.
Axes routiers : autoroutes Valenciennes/Lille et Paris/Bruxelles.

REXPŒDE - 59122
« Foyer du Grœnhof »

16, rue de Killem
Tél. : 28 68 31 16

L'équipe accueille toute l'année sauf les 15 premiers jours de janvier et d'août, les personnes du culte et les autres, en groupes ou seules, pour des récollections et retraites spirituelles organisées par les hôtes hébergés. L'été, le foyer s'ouvre aux personnes cherchant une halte spirituelle dans une atmosphère familiale au cadre verdoyant et paisible.

2 ch. individuelles, 20 ch. doubles, avec lavabo ; SdB et WC à l'étage. Salles de réunion (2) et de travail (3). Tarif diocésain. Contacter Sœur Thérèse Michel.

Gare : Bergues à 9 km ; taxi.

60 - OISE

CHANTILLY - 60631
Centre Culturel « Les Fontaines »

B.P. 219 - Route de Gouvieux
Tél. : 44 57 24 60
Fax : 44 57 31 33

Une équipe de Jésuites et de laïcs reçoit les personnes ou groupes pour une démarche à caractère spirituel ; recueillement personnel et vie communautaire. Pas de limitation dans la durée du séjour.

Site à proximité du château de Chantilly.

100 ch. individuelles, 20 ch. doubles, avec lavabo, 1 dortoir ; douches, SdB et WC à l'étage. Salles de conf. (15). Pension complète : 198 F. Langue étrangère : anglais.
Contacter le bureau d'accueil.

Gare : Chantilly à 2 km ; car ou taxi. Aéroport : Roissy-Charles de Gaulle à 25 km ; taxi. Axes routiers : A1 ; N17 ; N16.

COYE-LA-FORET - 60580
« La Sève »

1, rue de Luzarches
Tél. : 44 58 61 60 - Fax : 44 58 76 67

L'association « La Sève », rattachée à la paroisse Saint-François de Sales à Paris, reçoit des particuliers et des groupes pour récollections organisées par les groupes hébergés. Situé dans un village en lisière de forêt, cette grosse maison est un centre d'accueil dont l'ambiance est des plus chaleureuses. Des jeux d'enfants sont installés dans le parc et 2000 ha de forêt s'ouvrent à vous à la sortie du jardin.

15 ch. de 3 à 5 lits, 1 ch. individuelle et 1 double, avec lavabo ; 3 douches à l'étage. Salles de réunion (3) et de travail (4). Prix : 120 F en pension complète, 80 F en demi-pension et 60 F en héb. seul. Agrément Jeunesse et Sports.
Contacter Guy Soutenet.

Gare : Orry-Coye à 2 km ; taxi. Aéroport : Roissy à 20 km ; taxi. Axes routiers N16 ; N17 ; A1.

ERMENONVILLE - 60950
« Centre de Prière Saint-Sulpice »

Loisy-en-Ver-sur-Launette
Tél. : 44 54 31 32

Une communauté, formée d'un prêtre et d'une dizaine de laïcs, accueille des personnes seules ou en groupe dans un cadre spirituel. Propriété appartenant à la Congrégation Saint-Thomas-de-Villeneuve et gérée par l'Association Notre-Dame-de-Bonne-Délivrance, la demeure isolée est entourée d'un parc de 24 ha invitant au silence et à la prière. Le centre propose des retraites individuelles avec accompagnement spirituel, ou organisées par les groupes hébergés. Il est possible de partager la prière et la vie de la communauté pour quelques jours ou de demander à y participer pour une ou quelques semaines.

50 ch. individuelles avec eau chaude, 1 dortoir pour jeunes ; douches, SdB et WC à l'étage. Chacun verse librement selon ses possibilités sachant que la vie du centre en dépend.
Contacter le Père Maindron.

Gare : Survilliers-Fosses RER à 11 km ; taxi ou voiture de la maison.
Aéroport : Roissy-Charles de Gaulle à 20 km ; taxi ou voiture de la maison. Axe routier : A1.

SENLIS - 60300
« Clos Saint-Etienne »

28, rue du Moulin Saint-Etienne
Tél. : 44 53 06 06
Réservations : 44 58 61 60

Cette maison, gérée par l'association parisienne « Le Cep » (Chrétiens en Fac) reçoit toute l'année (sauf en août) des groupes, pour retraites organisées par eux-mêmes dans un cadre boisé. Les hôtes doivent compter sur leur véhicule.

50 lits : 25 ch. avec lavabo, 1 dortoir de 8 lits ; sanitaires complets à l'étage. Salles de réunion (2) et de travail (1). Pension complète : 145 F, héb. seul : 66 F, demi-pension : 100 F.
Réserver au moins 1 mois à l'avance.

Gare : Senlis à 300 m. Aéroport : Roissy à 20 km.
Axes routiers : N17, autoroute A1.

TROUSSURES - 60390
« Maison de Prière »

3, rue du Château
Tél : 44 84 46 66

Le Centre International d'Oraison accueille des personnes seules ou en groupe, sauf du 1 au 30 juin. Cette demeure isolée entourée d'un parc est une oasis de paix et de silence. Le père Caffarel, avec une équipe de laïcs, y anime des « Semaines de Prière », 6 jours de formation à la prière intérieure. En dehors des « Semaines de Prière », l'équipe reçoit des personnes désireuses de vivre quelques jours de silence et de prière.

50 ch. individuelles avec lavabo ; douches et WC à l'étage. 1 salle de conf. Pension complète : de 125 à 230 F par jour.
Contacter le secrétariat de la maison.

Gare : Beauvais à 13 km ; car ou taxi. Aéroport : Beauvais à 15 km ; taxi. Axes routiers : N1 ; D2.

61 - ORNE

LA CHAPELLE - MONTLIGEON - 61400
« Ermitage de la Basilique »

Tél. : 33 83 83 55
Fax : 33 83 60 49

Une équipe de prêtres diocésains et de Bénédictines du Sacré-Cœur de Montmartre accueille personnes seules ou en groupe pour retraites, récollections, journées de réflexion, toute l'année. Situé dans un village en pleine campagne, à 180 m d'altitude, l'Ermitage est l'hôtellerie de la Basilique de Notre-Dame de Montligeon, sanctuaire néogothique aux verrières remarquables. Un parc et la forêt de Réno-Valdieu à quelques centaines de mètres permettent de prolonger en pleine nature le silence des heures de recueillement.

120 lits : 29 ch. individuelles, 30 ch. doubles, 11 ch. familiales avec lavabos ; sanitaires complets à l'étage. Salles de conférence (2) ; salles de réunion (4). Prix en pension complète : à partir de 165 F ; en demi-pension à partir de 120 F ; en hébergement seul : 60 F.

Gare : Condé-sur-Huisne à 22 km ; Nogent-le-Rotrou à 30 km ; car ou taxi. Axes routiers : RN12 à 14 km.

SOLIGNY-LA-TRAPPE - 61380
« Abbaye de la Trappe »

Tél. : 33 34 50 44
Fax : 33 34 98 57

Les Pères accueillent les prêtres, les messieurs et les jeunes gens pour des retraites de huit jours, avec assistance aux offices et partage fraternel. Dans un local voisin, des groupes constitués se chargeant de leurs repas et de leur retraite, peuvent être accueillis dans le respect du climat de recueillement de l'abbaye.

30 lits ; douches à l'étage. Pension complète.
S'inscrire au moins 8 jours à l'avance.

Gare : L'Aigle à 18 km ; taxi.

---

62 - PAS DE CALAIS

ARRAS - 62000
« Maison Diocesaine »

103, rue d'Amiens
Tél. : 21 71 56 28

Ce centre diocésain met ses locaux à la disposition des particuliers et des groupes pour organiser des sessions, rencontres, séminaires contribuant à la formation chrétienne et humaine et respectueuse des valeurs personnelles. Situé dans un grand parc et doté d'un jardin, le centre est en ville et vous permettra de découvrir les curiosités d'Arras qui possède un passé prestigieux.

60 ch. individuelles et 20 doubles, avec lavabo ; SdB à l'étage. Salles de conf. (5) et de réunion (9). Prix : 149 F en pension complète. Contacter M. Noé ou Mme Roussel.

Gare : Arras à 2 km. Aéroport : Lille-Lesquin à 30 km ; car ou taxi.
Axes routiers : Paris-Lille ou Calais-Reims.

CONDETTE - 62360
Maison Diocésaine « Les Tourelles »

12, rue de l'Yser
Tél. : 21 83 71 42

Un prêtre, une religieuse et une équipe de laïcs reçoivent des personnes seules ou en groupe, pour un séjour de 3 semaines maximum. Au bord de la mer, la demeure est entourée d'un parc de 4 ha, propice au recueillement et au repos. Ce lieu de ressourcement spirituel avec réflexion personnelle, récollections ou retraites (spiritualités de Charles de Foucauld), vous accueille dans un esprit de partage, de simplicité et d'écoute.

23 ch. individuelles, 17 ch. doubles et 4 ch. familiales avec lavabo ; douches, SdB et WC à l'étage. 6 salles de conf. Pension complète : 147 F. Contacter le service accueil de la maison.

Gare : Boulogne-sur-Mer à 8 km ; car ou taxi.

SAINT-MARTIN-BOULOGNE - 62200
« Monastère de la Visitation »

9, rue Maquétra
Tél. : 21 31 35 88

La communauté contemplative reçoit, en clôture, pendant des séjours de 8 jours maximum, les religieuses, les femmes et les jeunes filles pour des haltes de prière et de recueillement. Hors clôture (du 1er juillet à fin août), la communauté accueille des prêtres et des couples pour 15 jours maximum. Spiritualité salésienne, accueil cordial, partage fraternel des problèmes spirituels, moraux et matériels. Située en ville, à 200 m. d'altitude, notre maison avec son parc est calme et bénéficie du climat vivifiant de la côte d'Opale.

En clôture, 5 lits ; pension complète. Hors clôture, 10 lits ; héb. seul, avec petit déjeuner : 50 F (drap en sus). Douches et SdB à l'étage. Salles de conf. (2) et de travail (2) ; équipement audiovisuel.

Gare : Boulogne-ville à 1 km. Aéroport : Le Touquet à 25 km ; car et taxi. Axe routier : N1.

TROISVAUX - 62130
« Abbaye Notre-Dame-de-Belval »

Tél. : 21 03 11 65.
Fax : 21 47 18 15

Des sœurs Cisterciennes (OCSO) reçoivent, toute l'année toute personne ou groupe pour une durée d'une semaine maximum, pour des retraites, récollections ou sessions organisées par les groupes eux-mêmes. Un terrain pour camping de scouts est mis à disposition.

15 ch. individuelles, 8 ch. doubles avec lavabo, 2 dortoirs de 20 lits ; douches, baignoire et WC à l'étage. Salles de conf. (2). Contacter la Sœur Hôtelière.

Gare : Saint Paul-sur-Ternoise à 5 km ; taxi.
Axe routier : Paris-Boulogne-sur-Mer.

WARDRECQUES - 62120
Centre spirituel et maison d'accueil « Ave-Maria »

Tél. : 21 93 55 48

Situé dans le Pas-de-Calais, près de Saint-Omer, à proximité du département du Nord et de la Belgique. Centre spirituel ouvert à tous les groupes, instituts et personnes qui désirent y tenir retraites, sessions ou réunions d'ordre spirituel ou apostolique. La maison elle-même propose des retraites, sessions de formation, préparation au mariage, « danse et prière », yoga chrétien, art floral, art de l'icône, etc. (demander le programme complet).

55 ch. dont 12 à 2 lits ; avec dortoirs et lits d'appoint ; 140 lits en tout sont disponibles. Plusieurs salles de 10 à 150 places. Restauration jusqu'à 150 personnes.

Gare : Berguette ou Renescure ; taxi.

WISQUES - 62219
« Abbaye Notre-Dame »

Tél. : 21 95 12 26

Les moniales proposent un accueil à des religieuses, dames, jeunes filles et familles en quête de silence, de détente, de ressourcement spirituel dans le rayonnement de la prière monastique. Retraites libres, individuelles ou en petits groupes. Durée de séjour limitée. L'hôtellerie est située dans un jardin proche du monastère. Ouvert toute l'année sauf deux périodes de fermeture en mars et en décembre.

15 lits, 8 ch. avec lavabo (dont 4 individuelles), 1 douche et WC. 1 salle de conf.
Contacter la Sœur Hôtelière (pour les groupes : plusieurs semaines à l'avance).

Gare : Saint-Omer à 7 km ; car ou taxi.
Axes routiers : A26 direction Calais, sortie Audomarois ; RN42.

WISQUES - 62219
« Abbaye Saint-Paul »

Tél. : 21 95 11 04
Fax : 21 38 19 40

Des Moines Bénédictins reçoivent des personnes seules ou en groupe constitués, pour un séjour maximum de 10 jours.

Dans un village, à 100 m d'altitude, la demeure est entourée d'un parc de 5 ha. L'établissement propose à ses hôtes des retraites individuelles, récollections ou sessions de groupe. La messe quotidienne est chantée en grégorien. La vaste campagne environnante vallonnée et boisée offre des possibilités d'excursions multiples (Saint-Omer à 7 km).

18 ch. individuelles et 5 ch. doubles avec eau chaude ; douches, lavabo et WC à l'étage. 1 salle de conf., 2 salles de réunion (12 et 45 pl.). Possibilité de camping pour des groupes de jeunes. Libre participation aux frais du séjour.
S'inscrire à l'avance auprès du Père Hôtelier.

Gare : Saint-Omer à 7 km ; car ou taxi. Axes routiers : A26 ; RN42.

63 - PUY DE DOME

BAGNOLS - 63810
« Centre d'Accueil Notre-Dame-de-la-Sagesse »

Le Bourg
Tél. : 73 22 20 65

Situé dans un village à 850 m d'altitude, le centre accueille des particuliers et des groupes pour des séjours de ressourcement et de recueillement dans le calme et la nature. Le centre se trouve au cœur du Parc des Volcans d'Auvergne.

75 lits répartis en 2 dortoirs, 27 boxes, 11 ch. doubles et 2 ch. individuelles, avec lavabo ; douches. Salles de réunion (3). Prix adaptés à chaque situation (groupe, familles…).
Contacter Mr. Stéphane Duriez.

Gare : Laqueuille à 26 km ; taxi ou navette du centre.
Aéroport : Aulnat-Clermont-Ferrand à 70 km ; car ou train.

SAINT-AMANT-TALLENDE - 63450
« Abbaye Notre-Dame-de-Randol »

Tél. : 73 39 31 00
Fax : 73 39 05 28

Les Pères Bénédictins de Solesmes reçoivent en accueil monastique des prêtres, hommes ou jeunes hommes dans l'abbaye ; des religieuses, femmes ou familles dans les vieilles maisons du hameau de Randol (inhabité) à 500 m de l'abbaye ; pour 5 jours maximum, sauf du 13 au 21 novembre. La grande nature, le site solitaire de l'abbaye (600 m d'altitude) favorisent les retraites individuelles. Les hôtes assistent aux principaux offices de la communauté, chantés en grégorien. Des messes (basses et chantées) sont célébrées tous les jours.

Ch. avec eau chaude. Pension complète pour les prêtres, hommes et jeunes hommes. Les religieuses, femmes et familles préparent leur repas dans leur maison d'accueil.
S'inscrire auprès du Père Hôtelier.

Gare : Clermont-Ferrand et Martres-de-Veyre à 25 et 10 km ; car ou taxi. Aéroport : Clermont-Ferrand-Aulnat à 25 km ; taxi.

TAUVES - 63690
« Maison d'Accueil Saint-Joseph »

Place du Foirail
Tél. : 73 21 12 49

La maison accueille les groupes pour séminaires et sessions de formation d'un mois maximum, dans un village à 900 m d'altitude. Vous pourrez pratiquer le basket-ball et le ping-pong, profiter des stations de sports d'hiver et des stations thermales alentours. Vous visiterez aussi de nombreux musées, châteaux et églises, au cœur du Parc Naturel des Volcans d'Auvergne. Des soins médicaux sont mis à votre disposition.

130 à 150 lits, 5 ch. doubles, 7 ch. familiales et 3 dortoirs de 23, 33 ou 50 lits, avec lavabos ; douches et WC à l'étage. Salles de conf. (1), de réunion (1) et de classe (3) ; équipement audiovisuel. Pension complète : 110 F ; héb. : 45 F ; en gestion libre au mois d'août. Agrément Jeunesse et Sports. Langue étrangère : anglais.
Contacter Mme Vedrine 3 mois avant.

Gare : La Bourboule/Laqueville à 10 km ; car de l'établissement et taxi. Aéroport : Clermont-Ferrand à 57 km ; car et taxi.

64 - PYRENNÉES ATLANTIQUES

BAYONNE - 64100
« Maison Diocésaine »

Avenue Darrigrand
Tél. : 59 63 31 96 ou 59 63 33 40
Fax : 59 52 33 98

Géré par le diocèse de Bayonne, cet établissement accueille toute l'année sauf du 28 juillet au 17 août des particuliers et des groupes pour des retraites organisées par les hôtes hébergés. Situé en ville, le centre est doté d'un parc. Vous serez à 6 km de la mer et profiterez des bienfaits de l'air iodé.

45 ch. individuelles et 15 ch. doubles, la plupart avec douche et lavabo. Salles de conf. (1) et de travail (6). Pension complète : 180 F. Contacter le Père Econome.

Gare : Bayonne à 3 km. Aéroport : Biarritz à 6 km ; taxi.
Axes routiers : A63 ; A64 ; N10.

LESTELLE-BETHARRAM - 64800
« Sanctuaire Notre-Dame-de-Bétharram »

Tél. : 59 71 92 30

Les Prêtres du Sacré-Cœur de Jésus de Bétharram accueillent toute l'année prêtres et religieuses mais aussi groupes de jeunes et d'enfants accompagnés, pour séjours à vocation spirituelle et retraite en silence. Situé à 306 m d'altitude, dans un lieu isolé, le sanctuaire peut être le point de départ pour se recueillir à Lourdes et visiter Pau et les cols Pyrénéens.

30 lits répartis en 10 ch. doubles et 28 en dortoirs ; 8 lits dans une maisons individuelle ; sanitaires communs. Soins médicaux. Salles de conf. (1), de réunion (2).

**Gare : Lourdes à 15 km ; Coarraze-Nay à 7 km ; taxi.
Aéroport : Lourdes-Ossun à 30 km ; taxi.**

MONTAUT - 64800
« Centre d'Accueil de Valmont »

**Domaine de Valmont
Tél. : 59 71 93 75**

Les sœurs de la Prémontré accueillent des laïcs, des prêtres, des religieux et des groupes encadrés ayant une démarche spirituelle pour des séjours de 15 jours maximum. Les retraites sont organisées par les hôtes hébergés. Situé près d'un village, à une altitude de 250 m, le centre bénéficie de la proximité des Pyrénées. Fermeture la dernière semaine de juin.

24 ch. individuelles, 7 doubles et 2 ch. à 3 lits ; douches à l'étage. Salles de conf. (1) et de travail (2). Prix en pension complète : 135 F, pour les enfants et étudiants : 95 F et en demi-pension : entre 60 et 80 F. Animaux acceptés. Langue étrangère : espagnol. Paiement : tout, sauf carte bancaire.

Gares : Coarraze ou Lourdes à 6 km et 14 km ; taxi. Aéroport : Pau-Uzein à 30 km ; taxi. Axes routiers : Pau-Tarbes par Lourdes.

MONTAUT - 64800
« Prieuré Sainte Bernadette »

1 chemin de Sarusse
Tél. : 59 71 99 59

La congrégation de Notre-Dame d'Espérance vous accueille toute l'année dans un village situé à 300 m d'altitude. Vous pourrez partager la prière et les repas de la Communauté.

3 ch. individuelles, 2 ch. doubles avec lavabos, WC à l'étage. Salle de réunion (1). Pension complète : 150 F ; héb. : 70 F. Contacter le frère prieur.

Gare : Lourdes à 15 km.

SAINT PALAIS - 64120
Maison Franciscaine « Zabalik »

1, avenue de Gibraltar
Tél. : 59 65 71 37

La Fraternité de Frères Franciscains accueille toute personne seule ou en groupe, pour étapes de pèlerinage, haltes spirituelles, sessions, rencontre et débats. Au cœur du pays basque, avec un cloître fleuri, le lieu est calme, propice à la réflexion, l'étude et le repos. Prière et repas en commun.

7 ch. à 1 lit, 1 ch. à 2 lits, 1 dortoir de 14 lits ; pour les groupes, apporter draps ou sacs de couchage. 1 salle de conf., 3 salles de réunion. Langue étrangère : espagnol. Pension complète : 155 F ; demi-pension : 105 F ; héb. : 45 F. Restauration sur inscription.
S'inscrire à l'avance auprès de M. Jean José.

Gare : Puyoo à 30 km ou Dax à 40 km ; car ou taxi.
Aéroport : Biarritz à 60 km.

URT - 64240
Abbaye « Notre-Dame-de-Belloc »

Tél. : 59 29 65 55

Les moines bénédictins reçoivent les prêtres, les hommes et les jeunes gens, en accueil monastique pour des retraites de 8 jours maximum. Notre maison et son parc bénéficient du calme d'une situation isolée. Nous vous conseillons de venir avec votre véhicule personnel qui vous permettra, en particulier, les excursions vers l'Espagne toute proche.

19 chambres individuelles, 7 chambres doubles ; douches à l'étage. Salles de conf. (1).

Gare : Bayonne à 20 km. Aéroport : Biarritz ; taxi.

URT - 64240
« Monastère Sainte-Scholastique »

Tél. : 59 29 65 88

Les Sœurs Bénédictines reçoivent, toute l'année : personnes individuelles, familles, groupes de jeunes mixtes, groupes d'adultes de réflexion. Accompagnement spirituel. Participation aux offices avec la communauté. Pour les temps forts liturgiques de l'année, des retraites sont organisées.

20 chambres individuelles, 8 chambres doubles, sanitaires à l'étage. Salles de réunion (3). Accueil monastique. Pension complète. Renseignements et inscription auprès de la Sœur Hôtelière.

Gare : Bayonne à 18 km ; car. Axe routier : Aut. Bordeaux-Bayonne (sortie St Géours de Marenne, dir. Urt) ; Pau-Bayonne (sortie Urt, dir. : Labastide-Clairence Abbaye de Belloc).

65 - PYRENNÉES (HAUTES)

LOURDES - 65100
« Centre Assomption »

21, rue Antoine Béguère
Tél. : 69 94 39 81
Fax : 62 42 26 95

Les Religieuses de l'Assomption reçoivent toute l'année (sauf en janvier) toute personne membre de l'Association Centre Assomption désirant participer à des retraites ou des récollections à thèmes, organisées par le centre avec le concours de prêtres diocésains et de religieux de diverses congrégations. Le centre a un jardin avec vue sur la grotte et les sanctuaires.

80 ch. de 1 ou 2 lits avec lavabo et WC ; douches et SdB à l'étage. Salles de conf. (2), salles de réunion (4). Langues étrangères : anglais, espagnol, kinyarwanda. Participation aux frais de pension complète. Réduction pour les jeunes et les enfants. Inscription par courrier avec enveloppe timbrée si possible à la Sœur responsable de l'accueil.

Gare : Lourdes à 20 mn à pied ; taxi. Aéroports : Ossun à 14 km et Pau à 40 km.

LOURDES - 65100
« Foyer Familial »

2, avenue Saint-Joseph
Tél. : 62 94 07 51
Fax : 62 94 57 14

Les Sœurs Dominicaines de la Présentation vous accueillent pour le partage et la prière. La maison, avec jardin, est située en ville à moins d'un quart d'heure des sanctuaires. Elle reçoit des groupes d'enfants accompagnés et, de novembre à avril, les personnes âgées seules.

12 ch. individuelles, 9 ch. doubles, 5 ch. familiales et 4 dortoirs (60 pl.), avec douche et WC ; douches et SdB à l'étage. Pension complète : 140 F ; demi-pension : 110 F. Langues étrangères : espagnol, anglais. S'inscrire 6 mois à l'avance pour les groupes.

Gare : Lourdes à 100 m. Aéroport à 12 km ; car ou taxi.

LOURDES - 65100
Hôtel « Esplanade-Eden »

12, Esplanade du Paradis ; Quartier Peyramale
Tél. : 62 94 42 23 - Fax : 62 94 81 61

A deux pas des sanctuaires, l'hôtel accueille les pélerins, seuls ou en groupes, toute l'année.

8 ch. individuelles, 108 ch. doubles et 40 ch. familiales, avec sanitaires complets. 2 salles de conf. de 20 et 120 pl. Pension complète : 210 à 280 F ; demi-pension : 190 à 260 F ; héb. : 140 à 210 F.
Contacter M. Melix ou Mlle Buathier, 15 jours avant.

Gare : Lourdes à 800 m ; car. **Aéroport :** Lourdes à 10 km ; car.

LOURDES - 65100
Maison Familiale « Le Bosquet »

Les Granges Julos
Tél. : 62 94 29 72
Fax : 62 42 09 80

Cette maison, gérée par l'Association « Amitié-Montagne », accueille toute l'année des particuliers et des groupes pour des récollections, sessions ou retraites. Située dans un village à 450 m d'altitude, vous profiterez de la proximité des sanctuaires de Lourdes et des beautés des Pyrénées. Dans le parc, vous trouverez de multiples activités sportives à pratiquer.

130 lits répartis en 2 dortoirs, 30 ch. individuelles, 30 ch. doubles et 30 ch. familiales avec ou sans sanitaires ; douches à l'étage. Salles de conf. (2) , de réunion (2) et de travail (2). Pension complète : de 145 à 165 F et la demi-pension de 115 à 135 F. Agréments Affaires Sociales, Jeunesse et Sports, Bons de vacances.
Contacter le secrétariat.

Gare : Lourdes à 3 km ; taxi ou voiture de la maison. **Aéroport :** Lourdes à 7 km ; Pau à 35 km ; taxi ou voiture de la maison. **Axe routier :** N21.

LOURDES - 65100
« Maison Sainte-Thérèse »

32-34, rue du Sacré-Cœur
Tél. : 62 94 35 16 - Fax : 62 94 70 13

La Communauté Emmanuel vous reçoit, pendant une durée de 7 jours maximum, pour participer à la vie communautaire. La maison est située à 1/4 d'heure à pied des sanctuaires.

98 lits en boxes, ch. doubles et ch. familiales ; douches à l'étage. Pension complète : 130 F. Langues étrangères : anglais, allemand.

Gare : Lourdes à 1,5 km. Aéroports : Tarbes, Ossun et Lourdes à 10 km ; car, taxi.

LOURDES - 65100
« Monastère des Dominicaines »

Route de Pontacq
Tél. : 62 94 12 43 - Fax : 62 94 89 76

Les Sœurs Dominicaines offrent un accueil monastique à toute personne, individuellement ou en groupe, désireuse d'effectuer une retraite spirituelle dans la ville de Bernadette.

22 ch. quelques une avec sanitaires. Salle de conférence (1). Langues étrangères : espagnol, anglais. Prix : 150 F en pension complète.

Gare : Lourdes à 3 km. Aéroport : Lourdes.

LOURDES - 65100
« Petit Couvent »

4bis, route de la Forêt
Tél. : 62 94 20 22

Des religieuses de l'Immaculée-Conception-de-Notre-Dame-de-Lourdes reçoivent toute l'année des personnes ayant besoin de se ressourcer. Il est proposé aux personnes venues isolement et aux groupes de jeunes ayant leur propre organisation, des retraites spirituelles individuelles dans l'Adoration Eucharistique et la prière liturgique. Le couvent est situé à 400 m d'altitude, à 10 mn à pied de la grotte. Il possède un jardin agréable.

Plusieurs maisons aux ch. confortables avec lavabo ; douches et WC à l'étage ; dortoirs pour les jeunes. Pension complète. Salle de conf. (1). Langues étrangères : allemand, anglais, espagnol, italien, portugais, polonais.
Contacter 6 mois à l'avance pour l'été.

Gare : Lourdes. Aéroport à proximité ; taxi.

TARBES - 65000
« Maison Saint-Paul »

51, rue de Traynés
Tél. : 62 44 28 28

La maison accueille les groupes (y compris les jeunes bien encadrés) désirant prier, réflechir, partager quelques heures ou quelques jours. Nous accueillons également, les pélerins allant vers Lourdes. Située à 300 m d'altitude, notre maison et son parc constituent un véritable îlot de calme en bordure de ville.

160 lits dont 54 en dortoirs ; douches à l'étage. Salles de conf. (1), de travail (4) et de réunion (3) ; équipement audiovisuel. Pension complète : 165 F (réductions possibles). Pour les jeunes (retraites, profession de foi, confirmation), pension complète : 120 F.

Gare : Tarbes. Aéroport : Tarbes-Ossun à 10 km ; car et taxi.
Axe routier : A64.

66 - PYRENNÉES ORIENTALES

CASTEIL - 66820
« Abbaye Saint-Martin-du-Canigou »

Tél. : 68 05 50 03

La communauté des Béatitudes accueille, pour une semaine, de Pâques au 15 nov., des personnes individuelles désireuses d'une halte spirituelle, dans un partage de vie communautaire fraternelle, de liturgie et de participation à la restauration de l'abbaye. Site touristique d'art roman isolé à 1050 m d'alt. et accessible par une marche de 40 mn.

2 dortoirs de 12 et 11 lits, 3 ch. individuelles, 8 ch. doubles, avec lavabo ; douches et WC à l'étage. Salle de réunion (1). Participation libre reçue comme une offrande. Contacter l'accueil.

Gare : Villefranche-Vernet-les-Bains à 10 km ; taxi. Aéroport : Perpignan à 60 km ; car, train.

PERPIGNAN - 66000
" Centre spirituel Mont Thabor"

Château du Parc Ducup
Allée des Chênes

Tél. : 68 85 13 10 (religieuses)
Tel. : 68 54 66 71 (aumônier)
Fax : 68 85 44 85

La communauté de carmélites missionnaires, résidant dans la maison, assure l'accueil et anime le centre spirituel avec un prêtre et cinq laïcs. Toutes personnes, laïques ou religieuses, peuvent être reçues toute l'année pour la réflexion et la prière. Un grand parc favorise le calme et le silence.

60 lits dans le château répartis en 9 ch. individuelles et 14 ch. doubles, 7 ch. familiales, toutes avec sanitaires. 87 lits dans l'annexe, sanitaires à l'étage. Salles de conférence (2); salles de réunion.(4). Langue étrangères : espagnol - allemand - anglais - portugais. S'inscrire auprès de Sœur Romane ou Sœur Marie. Château : pension complète : 205 F; demi-pension : 175 F; héb. : 125 F (réduction enfants). Centre annexe : pension complète : 150 F (réduction enfants).

Gare : Perpignan à 4,5 km ; taxi et car. Aéroport : Perpignan à 12 km ; car et taxi. Axe routier : prendre la route de Prades, à l'ouest de Perpignan ; à 4 km bifurquer sur la gauche pour prendre l'allée des chênes.

67 - RHIN (BAS)

BISCHOFFSHEIM - 67870
« Couvent du Bischenberg »

41 rue du Couvent
Tél. : 88 50 41 27

Dans la moyenne Alsace, à 360 m d'altitude, les Pères Rédemptoristes accueillent de Pâques au 15 septembre des particuliers, mais surtout des jeunes, seuls ou en groupes constitués. Depuis 1983, la Communauté (7 Pères, 3 Frères, une équipe de bénévoles) propose aux jeunes des camps bilingues (allemand) de retraite, de créativité, de travail ou de mission. Le pèlerinage est consacré à « Notre-Dame des sept douleurs ». Un parc de 11 ha l'entoure. Les hôtes doivent compter sur leur propre véhicule.

Camping très bien équipé. 20 lits avec 6 ch. individuelles ou pour couple ; eau froide dans les ch. ; 4 douches ; pas de chauffage central. 1 salle de pèlerins, 1 salle de réunion. Les hôtes préparent eux-mêmes leurs repas. Prix de l'hébergement estimé à 35 F mais chacun participe librement. Langue étrangère : allemand.
Inscription 3 mois à l'avance. Pères Marcel Ostertag ou Herbert Mischler.

Gare : Bischoffsheim à 2 km ; voiture de l'établissement.
Aéroport : Strasbourg à 25 km.

HAGUENAU - 67500
« La Maison Saint-Gérard »

11, route de Winterhouse
Tél. : 88 93 83 27
Fax : 88 93 02 22

Les Pères Rédemptoristes accueillent des groupes pour des sessions et retraites organisées par leurs animateurs. La durée maximale du séjour est de 15 jours. Haguenau est nichée au cœur d'une des forêts les plus grandes de France. La maison est vaste et chaleureuse et offre tout le confort moderne.

36 ch. tout confort et 10 avec douches à l'étage. Salles de réunion (5) ; salle avec cabine de traduction (1). Prix : de 210 à 245 F selon la formule. Langues étrangères : allemand, anglais.
Contacter le responsable de l'accueil le plus tôt possible.

Gare : Haguenau à 1,5 km ; taxi. Aéroport : Strasbourg à 45 km ; taxi.
Axe routier : A4.

MARIENTHAL - 67500
« Basilique Notre-Dame »

1, place de la Basilique
Tél. : 88 93 90 91
Fax : 88 06 11 30

Les Bénédictines du Sacré-Cœur-de-Montmartre, lieu de pèlerinage marial, accueillent toute l'année, sauf du 1er au 15 janvier, toute personne seule ou en groupe, pour des méditations religieuses, des retraites individuelles organisées par la communauté ou par les groupes pour un séjour de un jour à un mois pouvant être prolongé après entente.

5 ch. individuelles, 23 ch. doubles, 4 ch. à 3 lits, avec lavabo ; douches à l'étage. Pension complète : de 140 à 160 F ; demi-pension : 120 F à 140 F. Contacter par courrier la Sœur Hôtelière.

Gare : Marienthal à 200 m . Axe routier : autoroute Strasbourg-Paris, sortie Haguenau, direction Marienthal.

OTTROTT - 67530
"Hostellerie du Mont Ste Odile"

Mont Ste Odile
Tél. 88 95 80 53 / Fax 88 95 82 96

Des prêtres du diocèse et une communauté de religieuses, accueillent un maximum de 200 personnes, civiles ou religieuses. L'adoration perpétuelle est assurée dans l'église du Couvent par des hommes qui arrivent de différents lieux d'Alsace. On peut y prier dans la Chapelle de la Croix (12e siècle), la Chapelle Ste Odile (tombeau de la sainte et sarcophage du 8e siècle), la Chapelle des Larmes et la Chapelle des Anges.

215 lits répartis en 60 chambres individuelles, 80 chambres doubles et 2 chambres familiales (50 chambres équipées de sanitaires). Sanitaires communs. Infirmière. 1 salle de conférence, 4 salles de réunion. Langues étrangères : anglais et allemand. Réserver pour séjour au moins trois mois à l'avance.

Gares : Obernai à 14 km, Barr à 12 km ; taxi. Autocars : dimanche de Pâques à octobre, semaine : du 1er juillet au 15 septembre. Aéroport : Strasbourg International à 30 km ; taxi.

PLOBSMEIN - 67115
« Maison du Puits de Jacob »

La Thumenau
354, rue Fin-de-Banlieue
Tél. : 88 98 70 00 - Fax : 88 98 54 22

La Communauté du Puits de Jacob accueille des personnes venant individuellement ou en groupe pour des retraites effectuées dans le recueillement avec respect de temps de silence. La maison isolée est entourée d'un parc propice à la réflexion et à la prière. Dans le cadre du Renouveau Charismatique, l'établissement propose des retraites collectives à thème déterminé, des sessions de formation humaine et spirituelle, des temps forts de vie communautaire à dates fixes. Le calendrier est à votre disposition.

20 ch. individuelles, 2 ch. doubles et 1 ch. familiale avec lavabo ; SdB, douches et WC à l'étage. 1 salle de conf., 4 salles de réunion. Langues étrangères : allemand, anglais. Contacter Marlise Hurstel.

Gare : Strasbourg et Ersteim à 18 et 17 km ; taxi. Aéroport : Entzheim à 30 km ; taxi.

ROSHEIM - 67560
Hôtellerie « Notre-Dame-de-la-Source »

1, rue Saint-Benoît
Tél. : 88 50 41 67

Les Bénédictines du Saint Sacrement reçoivent des particuliers et des groupes encadrés pour des retraites ou récollections individuelles organisées par les retraitants. Situé en ville, vous pourrez profiter du jardin. Fondé en 1863, l'établissement abrite aujourd'hui un atelier de confection de pain d'autel.

2 dortoirs de 2 à 6 lits, 10 ch. individuelles, 5 ch. doubles et 8 ch. familiales ; douches et SdB à l'étage. Salles de conf. (1), de réunion (1). Pension complète : 160 F, héb. seul 90 F et demi-pension 130 F. Langues étrangères : allemand et anglais. Contacter la Sœur Hôtelière 2 mois à l'avance.

Gare : Rosheim à 2,5 km ; taxi. Aéroport : Strasbourg à 16 km ; taxi. Axe routier : autoroute Strasbourg-Saint-Dié (A35).

THAL-MARMOUTIER - 67440
« La Fontaine de Nazareth »

1, rue du Couvent
Tél. : 88 91 18 16

Une petite communauté religieuse « Les Petites Sœurs Franciscaines » et l'abbé Claude Neichel, accueillent toutes personnes venant seules ou en groupes (sauf du 1er au 31 mai et du 15 décembre au 1ᵉʳ février) pour un temps de prière, de réflexion et de retraite. Les retraites se déroulent sur 6 jours et les récollections le week-end. Vous pourrez vous promener à loisir dans la forêt vosgienne.

40 lits en ch. individuelles, doubles ou familiales. Pension complète : 165 F. 2 salles de conf. Langue étrangère : allemand.

Gare : Saverne à 5 km ; taxi.

WALBOURG - 67360
« Séminaire de jeunes »

60, Grand'rue
Tél. : 88 90 29 29 - Fax : 88 90 27 76

Le séminaire de jeunes accueille, pendant les vacances scolaires, uniquement des groupes constitués, pour retraites. Située au cœur du village, la maison donne sur un parc de 11 ha équipé de terrains de football, basket-ball, volley-ball et tennis. Des messes quotidiennes sont célébrées sur place. Vous profiterez de votre séjour pour découvrir aux environs la ville de Strasbourg, les villages pittoresques de la région, etc.

5 dortoirs, 40 ch. individuelles et 60 ch. doubles avec lavabo ; douches et WC à l'étage. 3 salles de conf., 30 salles de réunion, 20 salles de travail. Pension complète : 105 F. Demi-pension : 75 F. Héb. : 30 F. Langue étrangère : allemand.

Gare : Walbourg à 2 km ; taxi. Aéroport : Strasbourg à 60 km ; car ou taxi. Axe routier : A4.

68 - RHIN (HAUT)

COLMAR - 68000
« Centre Saint-François-Xavier »

3, route de Bâle
Tél. : 89 41 22 24

Un groupe de Pères Jésuites organise, à dates fixes, pour des séjours de 8 jours, des récollections ou des retraites pour fiancés, prêtres, etc, ainsi que des séjours à thème et des sessions de formation pour faire découvrir la vie de Dieu dans tout ce qui nous entoure. En favorisant le développement des personnes, en améliorant les relations interpersonnelles, des sessions originales visent au meilleur fonctionnement des groupes sociaux. La maison est située en ville à 193 m d'alt. et possède parc et jardin.

43 lits ; douches à l'étage. Salles de conf. (3) et de réunion (4) ; équipement audiovisuel. Diverses formules d'héb. ; pension complète : 180 F. Fermeture du 1 au 20 septembre. Langue étrangère : allemand. S'inscrire 1 mois à l'avance à l'accueil le matin.

Gare : Colmar à 1,5 km ; car et taxi.

LANDSER - 68440
« Monastère Saint-Alphonse »

1, rue du Couvent
Tél. : 89 81 30 10

Des Sœurs de l'Ordre du Très-Saint-Rédempteur reçoivent toutes personnes seules ou en petit groupe, pour 8 jours maximum, sauf du 15 novembre au 15 décembre. Au cœur d'un village, à 200 m d'altitude, la maison donne sur un parc. L'établissement propose à ses hôtes des récollections ou retraites individuelles, et un partage en groupe des moments de la vie monastique.

4 ch. individuelles et 3 ch. doubles avec lavabo ; SdB, douches et WC à l'étage. 1 salle de conf. ; 2 parloirs. Pension complète : 120 F. Langues étrangères : allemand, portugais.
Contacter la Sœur Hôtelière un mois à l'avance.

Gare : Mulhouse à 12 km ; car ou taxi. Aéroport : Mulhouse - Bâle.

LUCELLE - 68480
« Maison Saint-Bernard »

Tél. : 89 40 85 38
Fax : 89 08 10 83

Gérée par l'Association « Jeunesse et Famille », la maison familiale reçoit toute l'année les prêtres, religieuses, familles, groupes 3ème âge de 120 personnes maximum et groupes d'enfants accompagnés (classes vertes) qui désirent faire une halte de recueillement d'au moins une semaine dans un cadre reposant à 600 m d'altitude. Nombreux circuits pédestres dans les environs. Situé dans un lieu isolé, le centre organise des excursions en Suisse et Allemagne pour les groupes d'au moins 30 personnes.

120 lits répartis en 6 ch. individuelles, 40 ch. doubles, et 7 ch. familiales, avec lavabo ; sanitaires complets à l'étage. Pension complète : 180 F, demi-pension :155 F. 4 salles de conf. Langue étrangère : allemand. Contacter Monique Hassler au secrétariat.

Gare : Mulhouse à 50 km ; car. Aéroport : Mulhouse-Bâle à 40 km ; taxi. Axe routier : Belfort-Mulhouse.

REININGUE - 68950
« Abbaye Notre-Dame-d'Œlenberg »

Tél. : 89 81 91 23

Les moines Cisterciens de la Stricte Observance accueillent les adultes (au-delà de 17 ans) seuls ou en groupes pendant 10 jours maximum, pour des retraites spirituelles. La maison possède un parc et est située à proximité immédiate d'un village à 300 m d'altitude.

27 ch. ; douches à l'étage. 1 salle de conf. Pension complète. Langue étrangère : allemand. Prévenir 15 jours à l'avance.

Gare : Mulhouse à 12 km ; cars « Chopin » et taxi. Aéroport : Mulhouse-Bâle à 30 km. Axes routiers : A36 sortie Thann-Colmar ; D20.

69 - RHONE

ECULLY - 69131 Cedex
« Valpré »

1 rue de Chalin - BP 165
Tél. : 78 33 12 17 - Fax : 78 33 60 41

Centre d'accueil et lieu de vie animé par une communauté de religieux Assomptionnistes, une communauté de Sœurs de Saint Joseph et des laïcs. Valpré reçoit toute l'année (sauf en août) des groupes spirituels, éducatifs et professionnels, des groupes de jeunes, des étudiants et stagiaires (accueillis à l'année), toute personne qui veut se joindre à la prière de la communauté. 200 m d'altitude.

80 ch. individuelles et 4 ch. à 4 lits avec lavabo (douche à l'étage) ; 13 ch. à 1, 2 ou 3 lits avec lavabo, douche, sanitaire ; 1 dortoir de 17 lits. Amphithéâtre (150 places). 3 salles de conf., 10 salles de carrefour. Bibliothèque religieuse (50 000 volumes). Pension complète : 210 à 300 F par jour ; demi-pension possible ; tarifs « jeunes ».

Gares : Lyon ; métro Gorge de Loup ; bus 66 arrêt Les Roches, bus 19 direction Le Perrolier arrêt Chirpaz. Aéroport : Satolas à 35 km.

FRANCHEVILLE - 69340
« La Chardonnière »

65, Grande Rue
Tél. : 78 59 09 86

Située proche de la ville de Lyon, entourée d'un grand parc, la maison accueille des personnes seules ou en groupe. Elle offre un hébergement pour les récollections ou sessions organisées et animées par les groupes. La Communauté des Sœurs Franciscaines, en collaboration avec d'autres membres de la Famille Franciscaine, propose et organise tout au long de l'année des retraites spirituelles ou des sessions de formation autour de la spiritualité de François et Claire d'Assise. Les offices et la messe sont célébrés chaque jour sur place.

45 ch. indiv. et 15 ch. doubles ; sanitaires à l'étage. Salles de conf.(2), salles de réunion (4). Pension complète : 170 F. Héb. : 60 F. Langue étrangère : anglais. S'inscrire auprès des Sœurs Hôtesses.

Gare : Lyon à 7 km ; car ou taxi. Aéroport : Satolas à 30 km ; car ou taxi.

FRANCHEVILLE - 69340
« Le Châtelard »

Route du Bruissin - B.P.4
Tél. : 72 16 22 33
Fax : 72 16 22 22

Des Pères Jésuites en collaboration avec des laïcs et des religieuses accueillent des personnes seules ou en groupe ; pour weekends de fiancés ou de couples, haltes prières et retraites, sessions de formation, pour un mois maximum. A l'ouest de Lyon, la demeure isolée (à 300 m d'altitude) est au cœur d'un parc de verdure et de forêts (40 ha) favorable à la réflexion et à la prière. La communauté partage sa prière et accompagne les hôtes individuels qui le désirent. Envoi du programme sur demande pour renseignements et inscriptions. La ferme du Châtelard accueille des jeunes et leurs animateurs, en fonctionnement autonome, pour des temps de rencontre, partage, récollection.

1 dortoir de 25 lits, 54 ch. individuelles et 29 ch. doubles avec lavabo et douches ; SdB et douches à l'étage. 5 salles de conf., 5 salles de réunion. Pension complète : de 145 à 185 F. Langues étrangères : anglais, allemand. Contacter le service accueil.

Gare : Lyon, Perrache et Part-Dieu à 8 km, bus n°30 et 28.
Aéroport : Lyon-Satolas à 35 km ; car. Axes routiers : A6 ; D75.

L'ARBRESLE - 69210
« Couvent Dominicain de la Tourette »

La Tourette
Tél. : 74 01 01 03 - Fax : 74 01 47 27

Une communauté de dominicains accueille des personnes seules ou en groupe, pour 10 jours maximum. Le Couvent, classé monument historique, se situe sur les hauteurs, à 400 m d'altitude. Son parc vous apportera silence et tranquillité. L'établissement propose des récollections et sessions, individuelles ou organisées par les groupes hébergés. La communauté dispense des sessions à base de réflexion personnelle et de recherche, en esprit d'ouverture, de liberté spirituelle et d'exigence apostolique.

60 ch. individuelles avec lavabo ; SdB, douches et WC à l'étage. 1 salle de conf., 3 salles de réunion. Pension complète : 186 à 250 F. Contacter Mme Caradot ou Mme Bailly.

Gare : L'Arbresle à 2,5 km ; taxi. Aéroport : Lyon à 25 km ; car, taxi ou train. Axe routier : N7.

LIMONEST - 69760
« Maison du Prado-Saint-André »

2054, chemin de Saint-André
Tél. : 78 35 14 30

Destinée avant tout aux prêtres du Prado, la maison accueille également les laïcs désirant vivre leur vie chrétienne dans l'esprit évangélique, à la manière du Père Chevrier, fondateur du Prado. La maison est isolée et possède un jardin.

60 lits ; douches à l'étage. Salles de réunion (8) et de travail (10). Formules d'héb. diverses ; pension complète : 140 F. Langues étrangères : anglais, italien.

Gare : Lyon à 12 km. Aéroport : Lyon-Satolas à 35 km ; taxi.
Axes routiers : A6 ; N6.

---

71 - SAONE ET LOIRE

AUTUN - 71404 cedex
"Maison St Antoine"

17 rue Saint Antoine
BP 139
Tél. 85 52 31 45

La maison diocésaine reçoit toute l'année toutes personnes, laïques et religieuses, (60 la nuit et 120 le jour) et groupes exclusivement culturels (en liaison avec la paroisse et l'Action catholique) pour sessions, réunions et recollections organisées par les groupes. L'établissement, édifié en ville, dispose d'un parc. La ville d'Autun offre ses vestiges gallo-romains et sa cathédrale du 12e siècle.

60 à 75 lits répartis en 18 chambres doubles et 32 chambres individuelles avec lavabos. Sanitaires à chaque étage. 5 salles de conférence, 5 salles de travail, 5 salles de réunion. Langues étrangères : Italien, japonais. Pension complète : 132 à 195 F ; demi-pension : 90 à 137 F
S'inscrire par lettre auprès du Père Directeur

Gare : Autun TGV à 38 km (cars et taxis). Axes routiers : Paris-Saulieu-Autun ; Genève-Chalon sur Saône - Autun ; Lyon - Chalon sur Saône - Autun ; Moulin-Chalon sur Saône-Autun.

MACON - 71000
« Monastère de la Visitation »

1, place des Carmélites
Tél. : 85 38 07 92

Les Sœurs-de-la-Visitation-Sainte-Marie (Visitandines) accueillent les dames seulement, pour des retraites individuelles en clôture avec spiritualité « salésienne » ; durée maximale de 8 jours. Le monastère n'assure pas les repas.

Situé en ville mais agrémenté d'un jardin, le monastère forme un bel ensemble architectural. Vous serez à proximité de lieux renommés (Paray-Le-Monial, Cluny, Taizé).

15 lits : 14 ch. individuelles, 1 ch. double avec lavabo ; douches et SdB
à l'étage. Prix sur demande.
Contacter la Sœur Hôtelière.

Gares : Mâcon-ville à 1/4 h. Gare TGV à Loché à 12 km ; taxi.
Aéroport : Lyon. Axes routiers : A6 ; N6.

PARAY-LE-MONIAL - 71600
« Foyer du Sacré-Cœur »

14, rue de la Visitation
Tél. : 85 81 11 01
Fax : 85 81 26 83

La communauté accueille toutes personnes, individuellement ou en groupe, pour retraites spirituelles, sessions, séminaires, conférences, cercles d'étude, etc. Elle propose aussi des séjours de silence et de prière avec possibilité d'accompagnement spirituel, pour ceux qui le désirent. La messe est célébrée quotidiennement à la chapelle de la Visitation. Le petit parc attenant au foyer est propice au reccueillement. Possibilités de longues promenades dans le campagne.

80 lits répartis en ch. individuelles et doubles avec lavabo ; douches et
sanitaires à l'étage. Salles de réunion. Héb. avec ou sans repas.
Réductions pour groupes, enfants, longs séjours. Langues étrangères :
allemand, anglais, espagnol.

Gare : Le Creusot-Montchanin par TGV puis navette.

PARAY-LE-MONIAL - 71600
« Maison du Sacré-Cœur »

3ter, rue de la Paix
Tél. : 85 81 05 43

La Communauté des Petites-Servantes du Cœur-de-Jésus vous accueille dans un climat de paix, de détente et de prière. Notre maison est située en ville à 245 m d'altitude et possède un jardin. Vous pourrez y effectuer des haltes spirituelles, des récollections, des retraites, sessions, séminaires, conférences. Elle propose également des séjours de silence et de prière avec possibilité d'accompagnement spirituel pour ceux qui le désirent.

45 lits et dortoirs de 4 lits ; douches à l'étage. Camping dans le jardin l'été. Salles de conf. (1) et de réunion (4) ; équipement audiovisuel. Plusieurs formules d'héb.

Gare : Paray-le-Monial à 15 mn ; Le Creusot ou Mâcon (TGV) ; navette.
Axe routier : A6 sortie Châlon.

SAINT-MARTIN-BELLE-ROCHE - 71118
« Carmel Saint-Joseph »

Tél. : 85 36 01 43

Les Carmélites de Saint-Joseph reçoivent prêtres, religieuses, laïcs, seuls ou en groupe (enfants de plus de 15 ans), pour 10 jours maximum. Située dans un village, à 250 m d'altitude, la maison est entourée d'un parc. Le centre permet des retraites individuelles ou organisées par les groupes hébergés. Par ailleurs, il propose des séjours en ermitage pour une solitude plus grande. Aux environs, vous découvrirez le circuit des églises romanes.

2 dortoirs, 8 ch. individuelles et 7 ch. doubles avec lavabo ; sanitaires complets à l'étage. 4 salles de réunion, 3 salles de travail. Pension complète : environ 135 F (modulable). Langue étrangère : anglais. Contacter la sœur chargée de l'accueil 8 jours à l'avance.

Gares : Mâcon-ville et Mâcon-Loché à 10 et 16 km ; taxi.
Axes routiers : A6 (sortie Mâcon Nord) ; N6.

TAIZÉ - 71250
« -Communauté de Taizé»

Tél. : 85 50 30 01
Fax : 85 50 30 16

Taizé accueille des dizaines de milliers de jeunes du monde entier pour des rencontres d'une semaine ou d'un week-end. Toute l'année, des jeunes de 17 à 30 ans y vont pour prier, découvrir un sens à leur vie, approfondir les sources de la foi, se préparer à prendre des responsabilités pour être créateurs de confiance et de réconciliation. Par périodes : rencontres d'adultes ou de familles avec enfants. Une maison retirée accueille des jeunes pour la retraite en silence.

2 000 lits en ch. ou dortoirs ; camping pour 4 000 pers. Participation aux frais. Toutes langues étrangères parlées.
S'inscrire en écrivant à : Accueil, 71250 Taizé-Communauté.

Gares : Mâcon-Ville ou Mâcon-TGV ou Chalon-sur-Saône à 30 km ; cars SNCF (horaire SNCF Sud Est 576). Aéroport : Lyon-Satolas à 120 km. Axes routiers : A6 ; N6.

---

72 - SARTHE

FLEE - 72500
« Monastère La-Paix-Notre-Dame »

Tél. : 43 44 14 18

Les Moniales Bénédictines reçoivent des prêtres, religieuses, dames ou jeunes filles pour une retraite ou un séjour de détente compatible avec le recueillement des retraitants, pour un mois maximum. La maison isolée est entourée d'un parc propice au silence et à la prière. Aux environs, vous découvrirez la forêt de Bercé, la vieille ville du Mans et sa cathédrale (50 km), etc.

10 ch. individuelles, 1 ch. double avec lavabos ; douches et WC à l'étage. 1 salle de conf.

Gare : Château-du-Loir à 7 km ; taxi.
Axes routiers : N138 puis D64.

LA-CHAPELLE-DU-CHENE - VION SABLE 72300

« Centre d'Accueil Spirituel »

Tél. : 43 95 48 01

A l'ombre de la basilique, le centre spirituel propose week-end, retraites ainsi que des sessions, séjours individuels ou en groupes. Il accueille aussi quiconque cherche des locaux et un cadre favorables à la prière et à la réflexion. Ce lieu de pèlerinage marial régional est situé en pleine campagne, à 5 km des abbayes de Solesmes et de Sablé-sur-Sarthe.

Ch. à 1 ou plusieurs lits avec lavabo ; douches et WC à l'étage. Prix : 175 F pour le repos en pension complète, 165 F pour les retraitants. Paiement: espèces, chèques.

Contacter Le Père Recteur au moins 48 h à l'avance pour les séjours individuels, et longtemps à l'avance pour les groupes venant entre Pâques et la Toussaint.

Gare : Sablé-sur-Sarthe à 5 km (TGV Le Mans-Sablé).

SOLESMES - 72300

« Abbaye Sainte-Cécile - Hôtellerie Sainte-Anne »

21, rue Jules-Alain
Tél. : 43 95 45 05

La villa Sainte-Anne reçoit pendant les vacances scolaires et du 1er avril au 30 septembre des personnes seules, des familles et des petits groupes, pour 1 à 15 jours. Située dans le village, l'Abbaye Sainte-Cécile vous donne la possibilité de participer aux offices des 2 Abbayes de Solesmes, dont l'Abbaye de Saint-Pierre dirigée par des Moines Bénédictins. Son cadre favorisera le recueillement et les promenades au cœur d'un site verdoyant et calme.

1 dortoir de 5 lits, 4 ch. individuelles et 5 ch. doubles, 3 ch. familiales avec lavabo (28 lits) ; sanitaires complets à l'étage. Pension complète : libre participation. Langue étrangère : anglais.
Ecrire à la Sœur Hôtelière.

Gare : Sablé à 3 km ; taxi. Axe routier : A11.

73 - SAVOIE

BELMONT-TRAMONET - 73330
« Abbaye Saint-Joseph-de-la-Rochette »

Tél. : 76 37 05 10
Fax : 76 37 06 41

Les Moniales Bénédictines vous accueillent seul ou en groupes, pendant 10 jours maximum, pour des rencontres spirituelles, des retraites, des récollections à thème, organisées par les groupes hébergés. Vous participerez à la vie collective dans un vrai partage fraternel et profiterez, aux alentours, des nombreux itinéraires touristiques balisés.

40 lits, dont 10 en dortoirs, 15 ch. individuelles et 13 ch. doubles ; douches et SdB à l'étage. 2 salles de réunion, 3 de travail, salle de conf., salle audiovisuelle. Diverses formules d'héb. ; pension complète : 140 F. Fermeture en janvier. Langues étrangères : allemand, anglais, italien, espagnol. Écrire 15 jours à l'avance ou contacter la Sœur Hôtelière.

Gare : Pont-de-Beauvoisin à 5 km. Aéroport : Lyon-Satolas à 60 km ; taxi et car. Axe routier : autoroute Lyon-Turin (A43).

CHALLES-LES-EAUX - 73190
« Dominicaines Notre-Dame-de-la-Clarté »

79, chemin de la Combe
Tél. : 79 72 81 11

Les dominicaines accueillent des personnes pour retraite individuelle, pour une durée de séjour de 8 à 12 jours, et de petits groupes de jeunes pour le week-end. Au cœur d'un village savoyard, à 200 m d'altitude, la maison est entourée d'un jardin fleuri. Dans ce cadre de silence, vous partagerez la prière et la vie liturgique de la communauté. Aux environs, vous découvrirez les sites de Chambéry (7 km), le Massif de la Chartreuse (25 km), Annecy (55 km).

4 ch. individuelles avec lavabo et 1 ch. double avec lavabo ; douches et WC à l'étage. Pension complète : libre participation.
Contacter la communauté.

Gare : Chambéry à 7 km ; cars STAC, ligne G. Axes routiers : A43, N6.

MYANS - 73800
« Maison de Rencontres Spirituelles Notre-Dame-de-Myans »

Tél. : 79 28 11 65

Gérée par l'Association Diocésaine, la maison accueille des particuliers ou des groupes pour des retraites, pèlerinages ou sessions à caractère spirituel. Les groupes peuvent aussi organiser leurs séjours avec leur propre prédicateur. Située dans un village à 350 m d'altitude, la maison est entourée d'un jardin dans un environnement champêtre. Fermeture du 10 au 30 septembre.

12 ch. individuelles et 22 doubles, 3 ch. familiales avec lavabo ; douches à l'étage. Salles de conf. (2), de réunion (3) et de travail (2). Prix de 50 F à 160 F selon la formule d'héb.
Contacter le Père Robert.

Gares : Chambéry à 10 km ou Montmélian à 2 km ; car ou taxi. Aéroport : Vogland (Aix-Chambéry) ; car ou taxi. Axes routiers : A43 ; N6.

SAINT-PIERRE-D'ALBIGNY - 73250
« Monastère de la Visitation »

Clos Minjoud
Tél. : 79 28 50 12

Les Religieuses Visitandines vous reçoivent, pendant 10 jours maximum, pour effectuer des retraites spirituelles non prêchées ou des périodes de réflexion. Notre maison est située dans un village à 400 m d'altitude.

Héb. en ch. ; SdB à l'étage. Pension complète : 165 F.
Contacter la Supérieure.

Gare : Saint-Pierre-d'Albigny à 2 km ; taxi. Axe routier : autoroute sortie Chateauneuf.

SAINT-PIERRE-D'ENTREMONTS - 73670
Gîtes-vacances « les Clarets »

Tél. : 79 65 85 20

Les Clercs de Saint-Viateur mettent à la disposition des particuliers et des groupes, des gîtes en gestion libre pour des séjours de 2 jours à 4 semaines au plus. La maison est fermée du 10 janvier au 10 février. Situés à 1050 m d'altitude, dans un village de montagne, les gîtes sont des appartements dans un grand châlet savoyard. Vous profiterez du grand air et des possiblités infinies qu'offrent les sports d'hiver.

6 appartements de 4 lits chacun ; douches à l'étage. Salles de conf. (1), de réunion (3) et de travail (2). Prix : 140 F en pension complète ; héb. seul : 60 F.
Contacter M. Henri Vidal.

Gare : Chambéry à 22 km ; car ou taxi. Axe routier : autoroutes Lyon-Chambéry ; Lyon-Genève ; Lyon-Montmélian-Albertville.

---

74 - SAVOIE (HAUTE)

DINGY-EN-VUACHE - 74520
« La Source »

Raclaz
Tél. : 50 04 37 57

La maison accueille toute l'année toutes personnes, religieuses et laïques. Elle est ouverte à tous les vents du renouvellement et de l'invention et solidaire de ceux qui luttent pour plus de justice et d'amour. C'est un espace libre de rencontre et de dialogue pour être soi-même et surtout accepté de tous. C'est un relais pour la détente (un hameau, un parc, une altitude de 550 m), le silence, l'écoute, pour se libérer des contraintes du quotidien. C'est enfin un cadre pour réexprimer nos raisons de vivre et d'agir. On peut y pratiquer marche en prière dans le Jura ou réflexion sur l'accompagnement des mourants.

60 lits répartis en chambres individuelles ou doubles ; sanitaires à l'étage. 4 salles de conférence. Langue étrangère : anglais. Prix : 120 à 180 F par jour (chacun donne suivant ses possibilités) (adhésion à l'association : 40 F).
Contacter : Suzanne Bonnin.

Gares : Bellegarde à 18 km (transport aux bons soins de l'établissement) ; Valleiry à 4 km (transport aux bons soins de l'établissement).

SAINT-GERMAIN-SUR-TALLOIRES - 74290
« Fraternité Notre-Dame d'Espérance »

Tél. : 50 60 73 02

Les Sœurs Dominicaines de la Fraternité Monastique Notre-Dame d'Espérance reçoivent toute l'année toutes personnes pour retraites individuelles ou organisées par un groupe (petit nombre). Séjour maximum de 8 jours. Pension complète uniquement. Possibilité d'accueillir pour une journée des groupes de 30 personnes maximum assumant elles-mêmes leur repas. Vous pourrez bénéficier d'un cadre de silence et de beauté, au-dessus du lac d'Annecy, à 710 m d'altitude.

6 ch. avec lavabo, une douche.
S'inscrire auprès de la Sœur Hôtelière.

Gare : Annecy à 13 km ; car ou taxi.

---

75 - PARIS (VILLE DE)

PARIS - 75005
« Monastère Adoration Réparatrice »

39, rue Gay-Lussac
Tél. : 43 26 75 75

Le monastère accueille toute personne individuelle pour quelques jours de retraite et dispose d'une chapelle ouverte de 7 à 22 h.

Prévenir à l'avance.

PARIS - 75015
« Le Prévost » A.L.P.

27, rue de Dantzig
Tél. : 45 31 75 85

Notre foyer accueille les jeunes gens en pension complète toute l'année.

42 lits ; douches à l'étage.

Métro : Convention.

PARIS - 75016
« Abbaye Sainte-Marie »

3, rue de la Source
Tél. : 45 25 30 07

Les Moines Bénédictins de la Congrégation de Solesmes reçoivent en accueil monastique des prêtres, hommes et jeunes gens venant indivi-duellement. Au cœur de la capitale, l'abbaye dispose d'un agréable jar-din favorable au recueillement et à la prière. Tous les jours, messe et office divin sont célébrés, selon le rite monastique. L'accueil des groupes est possible pendant la journée.

Ch. avec lavabo ; douches et WC à l'étage. 1 salle de conf., 1 salle de réunion. Langues étrangères : anglais, espagnol, italien.
Contacter le Père Hôtelier.

PARIS - 75018
« EPHREM »

33-35, rue du Chevalier-de-la-Barre
Tél. : 42 51 17 02 - Fax : 42 51 40 95

Le centre vous reçoit toute l'année sauf en juillet et août 1994, seul ou en groupe, et vous propose des retraites à caractère religieux sur la Butte Montmartre près de la Basilique du Sacré-Cœur.

55 ch. avec lavabo ; douches et WC à l'étage. Salles de conf. (3) et de travail (4). Langues étrangères : anglais, espagnol, italien.

Métro. Bus.

PARIS - 75018
« Prieuré Saint-Benoît-Sainte-Scholastique »

**3, cité du Sacré-Cœur
(40, rue du Chevalier-de-la-Barre)
Tél. : 46 06 14 74
Fax : 46 06 19 00**

Les Bénédictines du Sacré-Cœur-de-Montmartre accueillent pour quelques heures ou quelques jours toute personne qui désire prier, chercher Dieu au sein d'une communauté monastique, en séjour individuel ou en groupe. Le prieuré est situé au cœur de la capitale. Les hôtes sont invités à participer à l'office divin chanté, à la célébration de l'Eucharistie et à l'Adoration du Saint-Sacrement. Selon vos désirs, vous pourrez bénéficier d'un accompagnement spirituel.

57 lits, 19 ch. individuelles, 19 ch. doubles (dont 9 avec douches) ; douches et WC à l'étage. 1 salle de conf. (80 pl.), 2 salles de réunion. S'inscrire auprès de la Sœur Hôtelière.

Métro : Abbesses ou Anvers puis funiculaire ; Jules Joffrin ou Pigalle puis bus n°64.

76 - SEINE MARITIME

LES ESSARTS - 76530
« Cœur Immaculé de Marie »

**2, avenue des Poiriers
Tél : 35 67 30 24**

Située à la sortie de la ville, la Communauté Les Béatitudes reçoit toute personne pour retraite individuelle libre avec temps de regroupement ou en groupe (de 50 personnes maximum).

22 ch. de 2 à 3 lits avec lavabo ; sanitaires collectifs. Salles de conf. (3). Prix selon les formules d'héb. Contacter le responsable de l'accueil.

**Gare : Oissel à 7 km ; bus ou voiture de l'établissement.
Aéroport : Rouen-Boos à 15 km ; taxi. Axe routier : A13 à 1 km.**

MARTIN-ÉGLISE - 76370
« Monastère Sainte-Marie »

Thibermont
Tél. : 35 84 11 80

L'hôtellerie du monastère est ouverte à tous ceux qui seul ou en groupe, cherchent un espace de calme, de silence, de paix, favorable à la prière, à la recherche de Dieu, à la réflexion et au travail. Vous pourrez vous unir à la communauté des Sœurs Augustines qui se rassemble chaque jour pour la célébration de l'Eucharistie et la prière de louange et passer un séjour dans le partage fraternel. Des retraites peuvent-être organisées avec les responsables des groupes.

35 lits ; sanitaires à l'étage. 3 salles de réunion. Apporter son linge. Héb. et petit déjeuner ; prix selon quotient familial et groupes. Des aides bénévoles seront appréciées.

Gare : Dieppe à 5 km ; car via Neuville-les-Dieppe, taxi.

SAINT-JACQUES-SUR-DARNETAL - 76160
Centre Spirituel « Mambre »

2, rue du Parc
Tél. : 35 23 42 24

Les Sœurs-de-la-Compassion accueillent des particuliers (prêtres, religieuses, dames et jeunes gens) et des groupes pour des retraites ou des récollections organisées par le centre ou par les hôtes hébergés. Situé dans un village normand, un parc entoure l'établissement qui favorise le calme, la détente et la solitude.

25 ch. individuelles avec lavabo ; douches à l'étage. Salles de Conf. (1) , de réunion (2) et de travail (3). Prix : 160 F de participation aux frais. Contacter la Sœur Hôtelière.

Gare : Rouen à 10 km ; car ou taxi. Axe routier : Paris-Le Havre-Caen.

SAINT-WANDRILLE - 76490
« Abbaye »

Tél. : 35 96 23 11

Les 50 moines Bénédictins reçoivent toute l'année, sauf pendant la retraite de la communauté en novembre ou décembre, toute personne y compris les jeunes à partir de 15 ans obligatoirement encadrés, en retraite individuelle libre avec temps de regroupement, pour un séjour maximal de 8 jours.

24 ch. individuelles, 5 ch. pour couple ; cabinet de toilette, sanitaires collectifs. Pension complète. Libre participation aux frais de séjour. Contacter le Père hôtelier 1 mois à l'avance.

Gare : Yvetot à 16 km. Axe routier : A13 à 15 km.

---

77 - SEINE ET MARNE

BROU-SUR-CHANTEREINE - 77177
« Prieuré Saint-Joseph »

1 bis, avenue Thiébaut
Tél. : 60 20 11 20

La Communauté monastique de Jésus-Crucifié reçoit les individuels ou groupes, sauf messieurs et jeunes gens, ayant une démarche à caractère spirituel, dans le partage de la liturgie et le recueillement. L'établissement est situé en pleine verdure.

7 ch. individuelles, 3 ch. doubles, 2 ch. familiales, avec lavabo ; douches et WC à l'étage. Salle de réunion (1).
Contacter la Sœur Hôtelière, de préférence par écrit.

Gare : Vaires-Torcy à 900 m ; car ou taxi. Axe routier : N34.

DAMMARIE LES LYS - 77192 Cedex
« Centre Social de Croix-Saint-Jacques »

816, avenue du Général Leclerc
Tél. : 64 37 04 68

La Communauté des Dominicains du Verbe Incarné reçoit toute l'année, sauf en août, toute personne individuelle ou en groupe, venue pour sessions, séjours d'études, de prière, organisés par des groupes hébergés ou en lien avec les résidentes. Le centre organise des stages de poterie, vannerie d'osier, de dessin, de peinture sur soie en lien avec la formation permanente. Vous pourrez également puiser dans les archives départementales de Dammarie-les-Lys lors de votre séjour.

20 ch. doubles avec lavabo ; sanitaires à l'étage. Salles de conf. (2). Langues étrangères : anglais, espagnol. Plusieurs formules d'héb. Prix en pension complète : environ 180 F. S'y ajoutent la location de la salle et la cotisation au GCAS, Groupement Central pour l'Action Sociale. Inscription auprès de l'hôtesse d'accueil.

Gare : Melun à 10 mn à pied ; bus, taxi. Aéroport : Paris-Orly à 20 km. Axe routier : N6.

FAREMOUTIERS - 77515
Abbaye « Notre-Dame et Saint-Pierre »

Tél. : (1) 64 04 20 37
Fax : (1) 64 20 04 69

Les moniales accueillent, pour une durée de 15 jours maximum, des prêtres, religieuses, femmes et jeunes filles ainsi que des groupes organisés (y compris enfants encadrés). Séjours de prière ou de réflexion, retraites individuelles ou organisées par les groupes. Notre maison est située dans un village et possède un jardin. La participation à la vie liturgique de la communauté est souhaitée.

15 lits ; douches à l'étage. Pour les groupes : 12 lits en dortoirs et petites cellules ; cuisines équipées. 2 salles de réunion. S'inscrire à l'avance, confirmation écrite .

Gare : Faremoutiers-Pommeuse à 800 m ; taxi (à demander à l'avance). Axes routiers : D216 ; N4 ; A4.

FONTENAY TRESSIGNY - 77610
Centre Interculturel d'Ecoublay

Tél. : 64 25 15 22
Fax : 64 42 63 50

Les pères Scalabriniens (Missionnaires de Saint-Charles) accueillent des groupes de religions et cultures différentes dans une ancienne ferme entourée d'un parc de plusieurs hectares et d'un jardin. Mouvements ecclésiaux, associations à but socio-pédagogiques, formation permanente et retraites spirituelles peuvent cœxister harmonieusement. La structure permet de recevoir plus d'une centaine de personnes pour une journée, ce qui n'interdit nullement le contact direct avec les Pères ou la méditation plus solitaire dans la chapelle.

40 lits proposés sous la forme d'un dortoir, 8 chambres individuelles et 12 chambres doubles avec lavabos, douches et WC à l'étage. 1 salle de conférence ; 2 salles de réunion. Langue étrangère : italien. Prix : pension complète 150 F par jour.

Gare : Tournan à 10 km. Taxi ou minibus sur demande.
Axes routiers : RN 4 et RN 36.

JOUARRE - 77640
« Abbaye Notre-Dame »

Tél. : 60 22 06 11

Les Moniales Bénédictines reçoivent toute l'année toutes personnes sauf les messieurs seuls, (les groupes de jeunes devant être bien encadrés) pour des temps de retraites, des séjours d'étude dans le silence. Partage de la vie liturgique du monastère. La durée maximale du séjour est de 15 jours.

40 ch. à 1 ou 2 lits. Salles de conf.
Contacter la Sœur Responsable de l'accueil.

Gare : La Ferté-sous-Jouarre à 4 km ; taxi, navette à certaines heures.

JOUY-SUR-MORIN - 77320
« Le Vieux Moulin »

1, rue du Faubourg
Tél. : 64 04 07 70

« Le Vieux Moulin » est géré par l'Association des Amis de la Vieillesse, 5 rue du Pré-Aux-Clercs Paris 7ème. Les membres de l'Association bénévoles accueillent de mi-octobre à mi-mai des groupes de toutes catégories de personnes pour retraite, récollection, etc. Située dans un village, la maison dispose d'un jardin et d'un parc boisé. Vous y trouverez le repos et le calme.

36 ch. individuelles et 2 doubles, avec douches ; SdB et douches à l'étage. Salles de réunion (3) et de travail (3). Prix : de 85 F à 230 F selon la formule d'héb.
Contacter M. Detoul à l'Association 2 mois à l'avance.

Gare : Jouy-sur-Morin à 200 m. Axes routiers : A4 ; N34.

LIVRY-SUR-SEINE - 77000
« Clos Notre-Dame »

Tél. : 60 68 11 20 ou 60 68 18 98

Les Religieuses de la Congrégation-Romaine-de-Sainte-Dominique reçoivent toute l'année des personnes seules ou en groupes, pour des séjours dans une atmosphère monastique. Les retraites sont organisées par les groupes hébergés.

40 ch. individuelles, 25 ch. doubles, 8 ch. familiales et 1 dortoir de 16 lits, avec lavabo et bidet ; douches, baignoires, lavabos et WC à l'étage. 8 + 5 salles de conf.
Contacter Sœur Isabelle plusieurs mois à l'avance.

Gares : Livry à 200 m, Melun à 4 km ; car, taxi. Aéroport : Paris-Orly à 25 km ; taxi. Axes routiers : N7 ; autoroute du Sud ; Francilienne.

MEAUX - 77109 Cedex
« Institution Sainte-Geneviève »

12, rue de la Visitation
Via 66 rue St Faron
Tél. : 64 36 35 35
Fax : 64 36 35 00

L'ensemble scolaire de l'Institution Sainte-Geneviève reçoit toute personne (et enfants accompagnés sous réserve d'encadrement) pour ressourcement spirituel. Situé en ville, l'établissement est doté d'équipements sportifs.

146 lits répartis en 146 chambres individuelles et 10 chambres doubles. Sanitaires à chaque étage. 4 salles de conférence, 8 salles de réunion, 10 salles de travail. Langue étrangère : anglais.

Gare : Meaux à 1,5 km (cars et taxis). Aéroport : Roissy-Charles-de-Gaulle à 25 km ; taxi. Axe routier : autoroute A4 (bretelle directe).

MERY-SUR-MARNE - 77730
« Association Saint-Laurent »

48 Grande Rue
Tél. : 60 23 62 62

Les Sœurs de Notre-Dame-de-Sion accueillent de septembre à juin, dans une propriété avec parc, des groupes d'adultes ou de jeunes (encadrés) pour récollections, journées d'études, chorales. Ce qui n'exclut pas la visite de la route du champagne avec ses vignobles sur les coteaux et de l'abbaye des Bénédictins de Jouarre (à 9 km).

60 lits répartis en 15 chambres individuelles, 10 chambres doubles et 2 dortoirs de 25 lits. Sanitaires à chaque étage. 3 salles de conférence et/ou réunion et/ou travail. Langues étrangères : anglais, italien. Pension complète : 123 à 132 F par jour.

Gare : Nanteuil-Saacy à 3 km ; taxi.
Axes routiers : autoroute de l'Est - N3 - D402.

78 - YVELYNES

BLARU - 78270
« Prieuré de Béthanie »

Tél. : 34 76 21 39

Les Bénédictines du Sacré-Cœur-de-Montmartre accueillent des personnes venant individuellement ou en groupe pour 1 à 10 jours (sauf première quinzaine de janvier), soit en accueil monastique, soit pour retraites et récollections organisées par les sœurs. La demeure isolée est entourée d'un jardin favorable au recueillement et au silence. D'autre part, des groupes à caractère spirituel peuvent venir pour leurs propres récollections, en respectant le climat de silence. Il est possible de participer aux offices quotidiens, d'avoir un dialogue avec une religieuse et une certaine participation à la vie monastique.

22 ch. individuelles avec possiblité d'en dédoubler certaines avec lavabo ; douches et WC à l'étage. 2 salles de conf.
S'inscrire auprès de la Sœur Hôtelière.

Gare : Vernon à 5 km ; taxi. Axe routier : A13 (sortie n°15).

BONNELLES - 78830
Monastère des « Orantes de l'Assomption »

Chemin de Noncienne
Tél. : 30 41 32 76

La communauté contemplative reçoit des particuliers pour des retraites individuelles et des groupes encadrés organisant leurs propres retraites, récollections ou sessions. Situé près d'un village, proche de la forêt de Rambouillet, le monastère possède une architecture contemporaine. Vous y trouverez le calme nécessaire au repos et à la paix.

32 ch. individuelles et 25 à 2 lits ; douches à l'étage. plusieurs salles de réunions dont 1 de 50 pl. Prix et réservation sur demande à l'avance.

Gare : RER B, arrêt Orsay-Ville 15 km : car ou taxi. Aéroport : Orly à 25 km ; taxi. Axe routier : autoroute A10 et D988.

CLAIREFONTAINE - 78120
« Monastère des Dominicaines Notre-Dame-du-Rosaire »

11, place de la Mairie
Tél. : 34 84 50 27

Les moniales dominicaines reçoivent les personnes désireuses de partager leur prière (personnes seules ou groupes) pendant 10 jours maximum. Au cœur d'un petit village des Yvelines (altitude : 160 m), la maison vous accueille dans un cadre propice au silence et au recueillement. Vous apprécierez son parc de 1 ha favorable au ressourcement. Aux environs, vous découvrirez le château de Rambouillet (8 km), le château de Versailles (40 km), la cathédrale de Chartres (45 km), etc.

5 ch. individuelles avec lavabo, 3 ch. doubles, 1 ch. familiale ; WC à l'étage. 1 salle de réunion.
Contacter la Sœur Prieure.

Gare : Rambouillet à 8 km ; car ou taxi. Axe routier : N10 - A10 puis D27.

MAUREPAS - 78310
Maison d'Accueil et de Prière « Le Cèdre »

9, place des Buttes
Tél. : 30 66 11 82

La maison vous reçoit seul ou en groupes, sauf du 19 juillet au 28 août, pendant 6 jours maximum pour des retraites, organisées ou non par l'établissement. Partage fraternel. Messe sur place le lundi à 18 h 30. La maison est située en plein cœur du village, dans un parc. Cadre champêtre et paisible favorable au silence, à la prière et à la réflexion.

11 lits en ch. et 1 dortoir de 6 pl. ; douches à l'étage. Salles de conf. (1) et de réunion (3 de 15 à 40 pl.) ; équipement audiovisuel. Plusieurs formules d'héb. ; gestion libre possible ; pension complète : 160 F.
S'inscrire au plus tôt.

Gare : La Verrière à 3 km ; bus 3612 et 413, taxi. Axe routier : N10.

POISSY - 78300
« Foyer de Charité La Part-Dieu »

108, rue de Villiers
Tél. : 39 65 12 00
Fax : 30 74 71 65

Le Foyer de Charité reçoit des personnes venant individuellement ou en groupe ; soit à dates fixes pour retraites (5 jours de silence) et récollections spirituelles, soit aux dates restant libres pour retraites et récollections organisés par les groupes eux-mêmes, pour une semaine maximum (sauf en septembre). Située en ville, la maison dispose d'un grand parc boisé favorable au silence et à la prière. D'autre part, le centre propose des séminaires sur la vie chrétienne dans le monde professionnel. La messe est célébrée tous les jours.

90 ch. individuelles et 25 ch. doubles avec lavabo, certaines avec douches et WC ; douches et WC à l'étage. 4 salles de conf., 1 salle de réunion. Pension complète : libre participation.

Gare : Poissy à 3 km ; car. Axe routier : A13-A14 (sortie Poissy).

VERSAILLES - 78000
« L'Ermitage »

23, rue de l'Ermitage
Tél. : 39 54 17 02

Les Sœurs Auxiliatrices reçoivent toute l'année, sauf du 15 juillet au 15 août, toute personne seule ou en groupe, pour des retraites individuelles (et éventuellement des prières communautaires) organisées par l'établissement ou les groupes hébergés eux-mêmes, dans l'esprit de la spiritualité Ignacienne, pour des périodes de 1 à 8 jours (sauf exception).

40 ch. à 1 ou 2 lits ; 10 douches et 2 baignoires. Salles de conf. (5).
Prix : 180 F en pension complète.
Prévenir plusieurs mois à l'avance le service accueil.

Gare : Versailles-Rive droite à 10 mn.

Accueil spirituel

80 - SOMME

CROIX-SAINT-PIERRE - 80310
« Abbaye Notre-Dame-du-Gard »

Tél. : 22 51 40 50
Fax : 22 51 24 79

Les Frères Auxiliaires du Clergé accueillent des particuliers pour des retraites individuelles et des groupes organisant eux-mêmes leurs sessions, récollections ou retraites. Située à l'écart, l'abbaye est agrémentée d'un parc et d'un jardin qui favorisent le calme et la recherche de la paix. Fermeture la dernière semaine du mois d'août.

20 ch. à 2 lits, avec lavabo ; douches à l'étage. Salle de conf. (1) et de réunion (2). Prix : 170 F par pers. à 2 par ch. selon la formule d'héb. choisie. Langue étrangère : anglais. Contacter Claude Marchand.

Gare : Picquigny (ligne Amiens-Abbeville) à 4 km ; cars au départ d'Amiens. Axe routier : CD3.

81 - TARN

ALBI - 81000
« Centre Saint-Amarand »

16, rue de la République
Tél. : 63 54 00 67

Cet ancien grand séminaire est aménagé pour l'accueil de prêtres, religieuses et groupes constitués, désireux d'effectuer une retraite spirituelle ou un séminaire. Situé au centre ville, à 500 m de la cathédrale Sainte-Cécile, ce lieu accueille les pèlerins se rendant à Lourdes ou Saint-Jacques-de-Compostelle. La région est riche de sites remarquables que vous pourrez visiter.

72 ch. individuelles, 25 ch. doubles avec lavabo ; douches et WC à l'étage. Salles de conf. (6). Prix : 177 F en pension complète, 85 F la nuit avec petit déjeuner. Héb. avec ou sans repas. Réservation dès que possible auprès de M. Salvan, de préférence le matin.

Gare : Albi-Ville à 2 km ; car, taxi. Aéroport : Albi-le-Sequestre à 4 km. Axes routiers : N20 ; N88.

DOURGNE - 81110
Abbaye d'Encalat - Hôtellerie

« La Mijoule »
Tél. : 63 50 32 37

Les Pères Bénédictins accueillent des prêtres, hommes ou jeunes gens dans le monastère ; des religieuses, femmes, jeunes filles ou familles à l'hôtellerie extérieure La Mijoule et des groupes de jeunes encadrés, dans la grange, pour une semaine maximum (hôtellerie pendant les vacances scolaires seulement). La demeure isolée est entourée d'un parc propice au silence et à la prière. L'établissement propose à ses hôtes des retraites individuelles ou organisées par les groupes eux-mêmes.

Le monastère : 32 ch. individuelles avec lavabo. La Mijole : 6 ch. individuelles, 9 ch. doubles et 1 ch. familiale avec lavabo. La grange : 2 dortoirs de 25 lits, 1 cuisine. Douches et WC à l'étage. 2 salles de conf. ; 4 salles de réunion. Contacter le Père Hôtelier le plus tôt possible pour Pâques, grandes vacances et Noël.

Gares : Castres et Carcassonne à 18 et 60 km ; car ou taxi.
Aéroport : Toulouse-Blagnac à 60 km ; car ou taxi.

DOURGNE - 81110
« Abbaye Sainte-Scholastique »

Tél. : 63 50 31 32
Fax : 63 50 12 18

Dans une abbaye fondée à la fin du XIXème siècle, des Sœurs Bénédictines reçoivent à leur hôtellerie des personnes venant individuellement ou en groupe, pour des retraites de 8 jours maximum (sauf 2 semaines 1/2 fin juin/début juillet et 3 semaines en octobre). Située près d'un village, à 230 m d'altitude, la maison est entourée d'un agréable jardin. Vous assisterez aux offices chantés en grégorien et en français.

5 dortoirs de 6 lits, 9 ch. individuelles et 17 ch. doubles avec lavabo ; SdB, douches et WC à l'étage. 1 salle de réunion. Pension complète : participation aux frais variables selon les possibilités de chacun. Contacter le plus tôt possible la Sœur Hôtelière.

Gare : Castres à 17 km ; car ou taxi. Aéroports : Toulouse-Blagnac à 60 km ; car ou taxi - Castres à 17 km ; taxi.

COTIGNAC - 83570
« Foyer de la Sainte-Famille »

Quartier Notre-Dame
Tél. : 94 04 65 28

Sur le lieu où apparurent successivement la Sainte-Vierge (en 1519) et Saint-Joseph (en 1660), le foyer, en liaison avec les Frères de la Congrégation Saint-Jean, vous accueille, sauf du 20 décembre au 10 janvier pour un temps de ressourcement de l'âme. Les récollections et les retraites sont organisées par la communauté ou par les groupes. Structures de sport et de détente.

38 lits : 1 dortoir de 10 pl. et 14 bungalows avec sanitaires complets.
Pension complète : 150 F.
Contacter Mme Marot pour calendrier et conditions groupes.

Gares : Toulon ou Marseille à 80 km ; car. Aéroport : Toulon-Hyères à 70 km.

COTIGNAC - 83570
« Monastère Saint-Joseph-du-Bessillon »

Tél. : 94 04 63 44

Des Moniales Bénédictines offrent à des religieuses, femmes ou jeunes filles venant individuellement, un accueil monastique pour effectuer des retraites individuelles, pour un séjour d'une semaine maximum. A 430 m d'altitude, le monastère Saint-Joseph-du-Bessillon se situe sur le lieu de l'apparition de Saint-Joseph (en 1660) qui y fit jaillir une source toujours vive.

6 ch. individuelles dont 5 avec lavabo, 2 ch. à 2 lits dans une soupente ;
1 douche à l'étage. Chauffage central. Pension complète : prix laissé à l'appréciation de chacun. Possibilité également de recevoir, dans un bâtiment indépendant des petits groupes de jeunes encadrés.
S'inscrire auprès de la Mère Hôtelière.

Gare : Toulon à 80 km ; car ou taxi.

LA CROIX VALMER - 83420
« Maison de Repos Saint-Esprit »

B.P. 81
Tél. : 94 79 60 07

Animée par les Missionnaires de la Congrégation du-Saint-Esprit, la maison accueille toute l'année (sauf trois semaines en octobre), en priorité, prêtres, religieux, religieuses, et dans la mesure des place disponibles, des laïcs, en convalescence, repos, ressourcement spirituel, pour des séjours de 8 à 35 jours. La communauté spiritaine propose à ses hôtes de partager sa prière (offices, messes) et sa vie fraternelle. Située à 1 km 500 du centre ville, dans un lieu isolé, en position dominante à 160 m d'altitude, la maison est entourée d'un parc verdoyant.

90 lits en ch. individuelles, doubles ou familiales. lavabo et douches et WC dans certaines ; douches et WC à l'étage. Prix : de 180 F à 210 F en pension complète. Agrément Mutuelle Saint-Martin.
Contacter le directeur de la maison deux mois à l'avance.

Gares : Toulon à 65 km ou Saint-Raphaël à 40 km ; car ou taxi. Aéroport : Toulon-Hyères à 60 km ; car ou taxi. Axes routiers : N98 ; D559.

LE PLAN D'AUPS - 83640
« Hôtellerie de la Sainte-Baume »

La Sainte-Baume
Tél. : 42 04 54 84 / Fax : 42 62 55 56

A proximité de la grotte de Sainte Marie-Madeleine, haut lieu spirituel de Provence, la communauté des Frères Dominicains vous invite, à 700 m d'altitude, à profiter du calme et de la détente que vous procurera son parc isolé et du charme d'une région que vous découvrirez lors de randonnées nombreuses et variées.

Quelques ch. individuelles, 55 ch. doubles, 3 ch. familiales et 64 places en dortoir, avec lavabo ; douches à l'étage. Salles de méditation (1), de conf. (2), de réunion (4) et de travail (4) ; équipement audiovisuel. Pension complète : de 220 à 225 F ; demi-pension : de 160 à 165 F. Langue étrangère : anglais. Inscription de 15 jours à 1 mois à l'avance.

Gare : Marseille à 48 km. Aéroport : Marseille-Provence ; car ou taxi.

PLAN D'AUPS - SAINTE BAUME - 83640
Maison d'amitié La Bergerie

Place de l'Eglise
Tél. 42 04 51 67

Gérée par une Fraternité Dominicaine cette maison d'accueil isolée dans son parc rustique reçoit personnes seules ou groupes encadrés (25 personnes maximum) pour retraites, séminaires, et séjours de repos. Située à 700m d'altitude, à proximité d'une église romane et de la forêt de la Sainte Baume, elle offre un superbe point de vue panoramique sur la chaîne monolithique de la Sainte Baume, la Sainte Victoire et la vallée de Saint Maximin.

Enfin, cet établissement est le point de départ de nombreuses promenades et du pèlerinage à la grotte de Sainte Marie Magdeleine. 9 chambres individuelles ; 10 chambres doubles ; douches et sanitaires dans 10 d'entre elles. 1 salle de conférence. 2 salles de réunion. Ouvert toute l'année pour groupes et long séjours (maximum 1 mois). Ouvert du 15 mars au 30 septembre pour séjours individuels. Inscription 2 semaines à l'avance. Prix non indiqué pour pension complète et demi pension. Réduction pour groupes, religieux et longs séjours.

Gares : Marseille à 45 km. Aubagne à 25 km ; car. Taxi.

84 - VAUCLUSE

GOULT - 84220
« Les Amis de Notre-Dame-de-Lumières »

Hameau de Lumières
Tél. : 90 72 22 18 - Fax : 90 72 38 55

Les pères Oblats vous accueillent toute l'année, seul ou en groupes, pour des séminaires ou des pèlerinages au sanctuaire. La maison, avec parc et jardin, est située dans un village provencal d'où vous pourrez effectuer de nombreuses promenades.

123 lits avec ch. tout confort et quelques ch. plus modestes (commodités à l'étage). Salles de réunion (2) et de travail (7) ; équipement audiovisuel. Diverses formules d'héb.
Inscription auprès de M. Botella, jusqu'à 6 mois à l'avance de juin à octobre.

Gare : Avignon à 45 km ; car et taxi. Aéroport : Marignane à 80 km.

LE BARROUX - 84330
« Abbaye Sainte-Madeleine »

Tél. : 90 62 56 31
Fax : 90 62 56 05

Les Pères Bénédictins reçoivent des prêtres, des hommes et des jeunes gens, pour des séjours de 6 jours maximum. L'office est chanté en grégorien, suivant le rite traditionnel. L'abbaye est située sur un site isolé dans un parc à 300 m d'altitude. Elle pourra constituer le point de départ de nombreuses excursions vers Vaison-la-Romaine, Montmirail, le Mont Ventoux, etc...

20 ch. et 1 dortoir de 6 lits ; douches à l'étage. 1 salle de conf. Pension complète avec libre participation. Langue étrangère : allemand. Inscription plus d'un mois à l'avance.

Gare et aéroport : Avignon à 40 km ; car. Axe routier : N7.

LE THOR - 84250
"Le Petit Trentin"

Route de Saint Saturnin
Tél. : 90 33 85 04

L'association "Les Compagnons du Trentin" reçoit, sauf en périodes scolaires, toutes personnes, pour séjour de 5 à 12 jours maximum, dans un lieu isolé et verdoyant, propice à la méditation et à la réflexion et à la découverte de la Provence, ses habitants et sa nature.

12 lits répartis en 6 chambres doubles et 3 chambres familiales. Sanitaires communs (douches, baignoires, WC). 2 salles de réunion. Langues étrangères : espagnol et anglais. Inscription à l'association, prévoir un mois de délai. Pension complète : 160 F par jour, hébergement seul : 70 F par jour ; chèques et espèces acceptés.

Gare : Le Thor à 2 km ; taxi. Aéroport d'Avignon à 12 km ; taxi.
Axe routier : A6 à 10 minutes ; RN 7, RN 100 Avignon-Digne.

85 - VENDÉE

CHAILLE-LES-MARAIS - 85450
« Centre Spirituel de l'Immaculée »

4, rue de la Roseraie - B.P. 4
Tél. : 51 56 72 06

La Communauté des Missionaires de la Plaine et des Religieuses Oblates de Sainte-Thérèse accueille des personnes seules ou en groupe. Au cœur d'un village vendéen, la maison est entourée d'un parc, propice au recueillement et au silence. L'établissement propose, soit des retraites collectives à date fixe (avec thèmes déterminés) préparés par la communauté ou par les hôtes hébergés, soit des retraites individuelles, soit des sessions ou séminaires à thèmes religieux ou philosophiques. Offices communautaires. Eucharistie quotidienne à 12 h.

55 ch. individuelles et 5 ch. doubles avec lavabo ; sanitaires complets à l'étage. 2 salles de conf., 4 salles de réunion. Pension complète : 150 F. Fermeture dernière semaine de juin et première semaine de juillet.

Gare : Luçon à 17 km ; voiture de l'établissement.

LES HERBIERS - 85500
« Abbaye Notre-Dame-de-la-Grainetière »

La Grange d'Ardelay
Tél. : 51 67 21 19

Les moines de la Congrégation de Notre-Dame-d'Espérance vous proposent de partager leur vie et leur prière pendant une semaine maximum. Accueil des groupes à la journée uniquement. La participation aux offices est souhaitée. L'établissement est isolé (à 150 m d'altitude) et possède parc et terrain de sport. Vous pourrez effectuer des excursions vers le Mont des Alouettes ou visiter les nombreux sites historiques environnants.

5 lits ; douches à l'étage. Diverses formules d'héb. ; pension complète : 140 F. Fermeture en septembre. Inscription 1 mois à l'avance.

Gare de Cholet à 30 km. Aéroport : Nantes ; taxi ou voiture de l'établissement. Véhicule personnel conseillé.

LES SABLES D'OLONNE - 85100
« Relais Pascal Saint-Paul-de-la-Croix »

1, rue du Petit Montauban
Tél. : 51 95 34 50

Une petite communauté de la Congrégation Passioniste, fondée en 1720 par Saint-Paul-de-la-Croix, reçoit toute l'année toutes personnes désireuses d'effectuer une retraite en silence, dans un cadre monastique. Des retraites collectives à thème déterminé sont organisées à date fixe.

16 lits, 13 ch. individuelles, 3 ch. doubles avec sanitaires à l'étage. 1 salle de conf. Toutes formules de séjour. Prix : 130 F.
Contacter le Père Guy Sionneau.

Gare : Les-Sables-d'Olonne à 2 km ; bus. Axe routier : direction La Chaume, suivre le chenal, 4ème rue à droite de la route bleue.

SAINT_GEORGES DE MONTAIGU - 85600
Village de vacances Cap France "Les Pinserons"

BP 2
Tél. : 51 42 00 62
Fax : 51 46 45 59

Géré par le district de Montaigu, ce lieu idéal pour le ressourcement, à l'allure modérement futuriste, s'inscrit au milieu de la végétation typique du bocage vendéen. Seuls, en famille ou en groupe de jeunes, les visiteurs peuvent pratiquer différents sports. La surveillance des enfants et des adolenscent est assurée pendant l'été.

180 lits répartis entre autres dans 40 chambres familiales. Douches et WC dans les chambres. 1 salle de conférence ; 4 salles de réunion. Langues étrangères : anglais. Durée minimum du séjour : 3 jours. Pension complète : 170 F ; demi pension : 125 F ; hébergement seul : 110 F. S'inscrire auprès de Joël Chauvin.

Gare : Montaigu à 4 km. Aéroport : Nantes Atlantique à 35 km, car. Axe routier : Nantes-La Rochelle ou Nantes-La Roche sur Yon.

86 - VIENNE

BONNEUIL-MATOURS - 86210
« Monastère des Augustines »

Le Val de la Source
Tél. : 49 85 22 93
Fax : 49 85 29 70

Une Communauté d'Augustines Hospitalières accueillent des particuliers et des groupes pour des retraites de 15 jours maximum. La maison d'accueil est située au milieu des bois, devant une petite prairie. Les Sœurs seront « heureuses de partager avec vous la beauté toute gratuite des sentiers bordés de bruyère et des grands pins dont la senteur embaume ».

25 ch. individuelles, 10 ch. doubles et 1 petit appartement, avec lavabo ; SdB et douches à l'étage. Salles de conf. (3), de réunion (5) et de spectacle (1). Prix : autour de 160 F en pension complète.
Contacter le service d'accueil 8 à 30 jours à l'avance.

Gares : Châtellerault à 15 km et Poitiers à 20 km ; taxi. Aéroport : Poitiers-Biard à 25 km ; taxi. Axes routiers : N10 ; A10 Paris-Bordeaux.

LA PUYE - 86260
« Maison d'Accueil »

Tél. : 49 46 41 02

Les Filles-de-la-Croix vous reçoivent, seul ou en groupes, pour une formation spirituelle, culturelle et humaine. La maison, située dans un village, possède un jardin et un parc. Vos différentes excursions pourront vous mener à Poitiers (35 km), Chavigny (12 km), St Savin (12 km) et à Angles, un des plus beaux villages de France.

80 ch. individuelles et 14 ch. doubles avec lavabo et 5 ch. familiales ; douches et SdB à l'étage. Salles de conf. (2) et de travail (8) ; salle de détente. Diverses formules d'héb. ; pension complète : 150 F (+ draps).

Gares : Châtellerault à 28 km et Poitiers à 38 km ; taxi ou voiture de l'établissement. Axes routiers : Poitiers-Chateauroux et Châtellerault-Chavigny.

POITIERS - 86034 Cedex
« Maison Diocésaine »

10, rue de la Trinité
Tél. : 49 60 63 00

La Maison Diocésaine reçoit toute l'année tous groupes constitués pour des réunions de formation, cours et conférences d'un centre théologique, sessions, congrès. Vous serez dans un cadre de verdure tout près du Baptistère Saint-Jean et de la Cathédrale Saint-Pierre, au cœur même de la ville d'une forte richesse architecturale romane, dans une région riche en lieux historiques ou modernes comme le Futuroscope.

29 ch. individuelles, 11 ch. à 4 lits avec lavabo ; douches et WC à l'étage. Salles de conf. (4). Demi-pension, pension complète. Cars de pèlerins. Réserver plusieurs mois à l'avance.

Gare : Poitiers à 1,5 km ; bus.

SAINT-JULIEN-L'ARS - 86800
« Monastère des Bénédictines »

11, rue du Parc
Tél. : 49 56 66 45

Le monastère vous accueille pour un séjour spirituel selon la règle de St Benoît, seul, en groupes (prêtres, religieuses et dames) pour une durée maximale de 8 jours, à 160 m d'altitude au sein d'un parc de 2 ha, dans une région riche en sites romans. Les jeunes filles qui aimeraient partager le rythme de la communauté peuvent effectuer un séjour « au pair » accompagné par une moniale.

10 ch. individuelles avec lavabo ; douches et WC. Salles de conf. (1) et de réunion (3). Prix variable. Langues étrangères : allemand, espagnol. Contacter la Sœur Hôtelière.

Gare : Poitiers à 12 km ; car ou taxi. Aéroport : Poitiers-Biard à 15 km ; taxi. Axe routier : N151.

87 - VIENNE (HAUTE)

LE DORAT - 87210
« Monastère du Carmel »

10, rue Saint-Michel
Tél. : 55 60 73 65

Des Moniales Carmélites reçoivent des prêtres, religieuses, dames, jeunes filles et familles des religieuses en accueil monastique, pour 8 jours maximum. A 250 m d'altitude, la maison est située en ville. La messe quotidienne est célébrée sur place. Durant votre séjour, vous assisterez aux offices, et échangerez personnellement avec une religieuse.

3 ch. individuelles, 2 ch. doubles et 1 ch. familiale ; lavabo, douches et WC à l'étage. 1 salle de réunion. Contacter la Mère Prieure 3 semaines à 1 mois à l'avance.

Gare : Le Dorat à 800 m ; taxi ou voiture de l'établissement.

LIMOGES - 87036 Cedex
« Foyer d'Accueil du Grand Séminaire »

15, rue Eugène Varlin
Tél. : 55 30 39 79

La maison accueille des groupes et des pèlerins. Le foyer est situé en ville, dans un parc. Vous pourrez profiter des richesses de la ville : sa cathédrale, ses musées de collections de porcelaines et d'émaux, etc.

110 lits, répartis en 36 ch d'1 pers., 22 ch. de 2 pers., 10 ch. de 3 pers. ; douches à l'étage. 10 salles de réunion.
S'inscrire à l'avance auprès de l'économat.

Gare : Limoges-Bénédictins à 20 minutes à pied.
Aéroport : Limoges-Bellegarde à 7 km ; taxi.

SAINT LEONARD DE NOBLAT - 87400
« Foyer Jean-XXIII »

Lussac - Tél. : 55 56 04 63

Fondé en 1967 par le Père Franciscain Jean Salmon, le « Foyer Jean XXIII ». est situé à proximité de la petite cité médiévale de Saint-Léonard-de-Noblat ; il est entouré d'un grand parc, en pleine campagne limousine (alt. 350 m). Une communauté de Sœurs Augustines y assure l'accueil (prière, organisation, service). Chaque année, nous proposons aux personnes seules : retraites, sessions, récollections. La Maison est ouverte aux groupes constitués, organisant eux-mêmes leurs propres retraites, sessions, rencontres... dans un climat de paix et de prière.

48 places (ch. à 1, 2 et 3 lits) ; SdB, douches et WC à l'étage. 1 grande salle de conf., 3 salles de travail.

Gare : Saint-Léonard-de-Noblat à 4 km ; voiture de la Maison.

88 - VOSGES

UBEXY - 88130
« Abbaye Notre-Dame-de-Saint-Joseph »

Tél. : 29 38 04 32

La Communauté de Cisterciennes reçoit des personnes seules ou en groupe, (enfants au dessus de 12 ans), pour 15 jours maximum, sauf entre le 20 novembre et le 20 décembre et pendant la retraite communautaire. A 350 m d'altitude, au cœur d'un village vosgien, l'abbaye dispose d'un agréable jardin propice à la prière et au silence. L'établissement propose à ses hôtes un accueil monastique.

1 dortoir de 6 lits, 10 ch. individuelles, 4 ch. doubles et 1 ch. familiale avec lavabo ; douches et WC à l'étage. 3 salles de réunion. Possibilité d'utiliser un magnétoscope. Pension complète : frais laissés à l'appréciation et aux possibilités de chacun. Langues étrangères : anglais, allemand. Contacter la Sœur Hôtelière le plus rapidement possible.

Gare : Charmes à 5 km ; taxi. Aéroport : Mirecourt à 15 km ; taxi. Axe routier : N57 ; D28.

89 - YONNE

PONTIGNY - 89230
« Mission de France »

17, rue de l'Abbé Tauleigne - Tél. : 86 47 47 17

La Mission de France reçoit toute l'année les jeunes gens et jeunes filles individuellement ou en groupes constitués pour des étapes de groupes, rencontre de « témoins », retraites, sessions culturelles ou sociales « pour vivre la foi dans le monde d'aujourd'hui ». La Maison de France, regroupant 272 prêtres, a pour mission permanente : « être au plus près des plus loins de l'Eglise » en France et dans le Tiers-Monde. L'établissement, est à quelques centaines de mètres de l'Abbatiale de Pontigny, la plus grande église cistercienne de France.

5 ch. individuelles, 3 dortoirs de 25, 8 et 6 lits ; 7 douches. Salles de conf. (3). La maison recherche des bénévoles en juillet et août.

Gares : Laroche-Migennes ou Saint-Florentin-Vergigny ; voiture de l'établissement.

SAINT-LEGER-VAUBAN - 89630
« Abbaye de la Pierre-Qui-Vire »

Tél. : 86 32 21 23
Fax : 86 32 22 33

Cette abbaye de Bénédictins (Osb-Subiaco) reçoit, toute l'année sauf en janvier, toutes personnes seules ou en groupes, en accueil monastique, pour retraites individuelles, organisées par l'établissement ou les hôtes hébergés, ou sessions d'une semaine maximum. L'Abbaye, entourée d'un parc et située à 475 m d'altitude, est spécialisée, depuis 1952, dans l'édition d'ouvrages d'art sur l'architecture romane.

75 ch. à 1 ou 2 lits avec lavabo, 1 dortoir de 25 lits ; SdB collectives. 2 dortoirs de 8 lits et 9 ch. individuelles, Salles de conf. (4), de réunion (6), 1 bureau, 1 cuisine, 1 salle de séjour et des blocs sanitaires-douches pour recevoir un groupe de 25 pers. en auto-gestion. Langues étrangères : anglais, allemand, italien, espagnol, suédois. Pension complète. Prévenir le Frère Hôtelier 2 semaines à l'avance.

Gares : Avallon à 28 km, Sincey-les-Rouvray à 12 km ; taxi. Axes routiers : A6 sortie Avallon ; RN6 (quitter à Rouvray puis D4.

SAINT-MARTIN-SUR-OUANNES - 89120
« Les Amis du Moulin Rouge »

Tél. : 86 91 60 25 ou 86 47 73 65

Le centre accueille des particuliers et des groupes encadrés pour des retraites de profession de foi organisées par les groupes eux-mêmes. Séjours de 1 à 8 jours, sauf du 15 janvier au 15 mars. Situé dans un lieu isolé, le centre est doté d'un vaste parc, d'un plan d'eau pour la baignade, la pêche… Véhicule personnel conseillé.

35 ch. de 1 à 3 lits ; douches à l'étage. Salles de conf. (3) et polyvalentes (2). Contacter L'Abbé Demuynck au 86 47 73 65.

Gare : Joigny à 40 km ; taxi. Axe routier : A6.

SENS - 89100
"Monastère de la Nativité"

105 rue Victor Guichard
Tél. 86 65 13 41

Les Dominicaines de l'Eucharistie reçoivent toute l'année toutes personnes laïques ou religieuses, pour sessions, retraites individuelles ou en groupes et séminaires professionnels. Situé en ville, l'établissement est à 800 m de la cathédrale, et dispose d'un grand jardin avec ombrages.

80 lits répartis en chambres individuelles ou à deux à volonté ; lits pliants en plus dans chaque chambre. Lavabos dans les chambres ; sanitaires communs (douches et WC). Langue étrangère : anglais. Contacter la sœur hôtelière. Prix de pension variés, non indiqués. Arrhes demandés. Prix spéciaux pour les retraites et les groupes.

Gare : Sens à 2 km ; taxi.

VEZELAY - 89450
« Centre Sainte-Madeleine »

Rue Saint-Pierre
Tél. : 86 33 22 14

Les Sœurs Franciscaines de la Propagation de la Foi accueillent, toute l'année, des personnes individuellement ou en groupes constitués, 3 semaines maximum. Les hôtes peuvent préparer eux-mêmes leurs repas et apportent draps ou sac de couchage. Situé à 315 m d'altitude près de la basilique Sainte Madeleine.

50 places (1 dortoir de 20 lits, ch. à plusieurs lits, quelques ch. individuelles) ; eau et chauffage dans toutes les ch. ; douches à l'étage.Prix : de 35 à 45 F en ch. à plusieurs lits ; 85 F en ch. individuelles.
S'inscrire au plus tôt et confirmer par écrit.

Gare : Sermizelles-Vézelay à 13 km ; car, taxi.

VILLENEUVE-SUR-YONNE - 89500
« Franciscaines Missionnaires de Marie »

17, boulevard Victor Hugo
Tél. : 86 87 17 09

Les sœurs accueillent, individuellement ou en petits groupes, prêtres et laïcs pour des retraites spirituelles et des séjours de réflexion d'une durée maximale de 3 semaines. Située en ville, près du centre, la maison est dotée d'un parc et d'un jardin. Vous serez également à proximité des monuments historiques de Villeneuve.

8 ch. individuelles, 2 doubles et 1 familiale, avec lavabo ; SdB et douches à l'étage. Salle de réunion ou de travail (1). Prix en pension complète : de 125 F à 130 F.
Contacter la Sœur Hôtelière à l'avance.

Gare : Villeneuve-sur-Yonne à 1 km ; taxi. Axes routiers : A6 ; N6.

Accueil spirituel

90 - TERRITOIRE DE BELFORT

L E P U I X - 9 0 2 0 0
« Prieuré Saint-Benoit-de-Chauveroche »

Tél. : 84 29 01 57 - Fax : 84 29 56 80

La communauté propose un accueil monastique aux personnes seules ou en petits groupes pour 6 jours maximum (ne reçoit pas le dimanche soir), sauf du 15 au 30 septembre. Dans un cadre propice à la méditation, la maison est située à 580 m d'altitude sur les premières pentes du Ballon d'Alsace. Belle chapelle, accordée au site.

A l'hôtellerie : 5 ch. individuelles et 2 ch. doubles avec lavabo ; douches et WC à l'étage ; 1 salle de conf., 2 salles de réunion ; pension complète : 150 F. A 600 m, au chalet de la Beucinière (réservé aux groupes) : 6 ch. totalisant 25 lits ; sanitaires à l'étage ; cuisine faite par le groupe ; 2 salles de réunion. Contacter le Père Hôtelier.

Gare : Belfort à 15 km ; car (ligne 37). Aéroport : Bâle - Mulhouse à 80 km. Axe routier : A36, sortie Belfort centre.

91 - ESSONNE

A T H I S - M O N S - 9 1 2 0 5 C e d e x
« Collège-Lycée Saint-Charles »

2, rue Robert Schuman
Tél. : (1) 60 48 71 00
Fax : (1) 69 38 48 45

Cet établissement catholique reçoit des groupes importants de 50 personnes minimum (sauf enfants) pour étape, rencontre à vocation chrétienne, session culturelle ou sociale, excepté au mois d'août. La maison, située en ville, est entourée d'un grand parc équipé de terrains de sports.

300 lits, 80 ch. individuelles et 110 ch. doubles. Salles de conf. (1, 350 places avec sono et vidéo), de réunion (4), de travail (15). Héb. avec ou sans repas. Pension complète : 165 F ; demi-pension : 120 F. Prévenir M. Deremble 2 mois à l'avance.

Gare : Athis-Mons (RER ligne C) à 1 km ; bus (arrêt St Charles) ou taxi. Aéroport : Paris-Orly à 3 km ; taxi. Axes routiers : A6 ; A10 ; N7 ; N6. Il est préférable que le groupe dispose de son propre véhicule.

DRAVEIL - 91210
« Maison Les Tilleuls »

85 avenue Henri Barbusse
Tél. : 69 42 33 50

Gérée par le diocèse, la maison accueille en pension complète des groupes pour des sessions thématiques, séminaires, formations recyclages. Située en ville, la maison possède un oratoire et est entourée d'un parc. Aux alentours, la forêt de Sénart offre de nombreux itinéraires de promenades. Fermeture du 15 juillet au 15 août.

35 lits répartis en 5 ch. à 3 ou 4 lits, 6 ch. individuelles et 6 doubles, avec lavabo ; douches à l'étage. Salles de réunion (3). Prix variable selon l'importance du groupe et la durée du séjour. Agrément Jeunesse et Sports.
Contacter la maison plusieurs mois à l'avance.

Gare : Juvisy à 4 km ; bus ou taxi. Aéroport : Orly à 10 km ; taxi.
Axes routiers : N6 ; N7 ; N448.

LONGPONT-SUR-ORGE - 91310
« ARP Maison du Mesnil »

3-5, rue de la Source
Tél. : 42 22 05 38

La Maison du Mesnil accueille des groupes de passage ou en séjour pour une journée minimum dans un parc de 2,5 ha. Vous pourrez visiter aux alentours la basilique de Longpont (2 km) et Montlhéry (4 km).

120 lits répartis en 5 modules autonomes avec salle à manger, ch. de groupe, cuisine équipée, sanitaires. Toutes formules d'héb. possibles. Prix : en pension complète : 109 F ; nuitée en gestion libre : 49 F. Possibilité de camping. Plusieurs salles.

Gare : Sainte-Geneviève-des-Bois (RER ligne C).
Axes routiers : RN20 ; autoroute A6 La Francilienne.

QUINCY-SOUS-SENART - 91480
« Centre Desfontaines »

8, rue Mère Marie Pia
Tél. : 69 00 93 42

Les religieuses de Sainte-Clotilde reçoivent toute l'année, sauf en août, uniquement des groupes, venant avec leur prédicateur ou animateur, pour récollections, retraites ou sessions, dans leur centre.

18 ch. doubles ; 3 douches et 1 SdB. Pension complète. Retenir et confirmer par courrier à Monsieur le Gestionnaire.

Gare : Combs-La-Ville-Quincy à 15 mn à pied.

SAINT-CHÉRON - 91530
"Centre Morogues-Saulty"

4, rue Paul Payenneville
Tél. 64 56 63 12

Le centre éducatif culturel et sportif accueille toute l'année, groupes d'adultes et d'enfants accompagnés pour des retraites, des recollections, des séminaires et des séjours à thème, dans le cadre chaleureux et convivial d'un établissement disposant d'un jardin et situé au cœur d'un village. On peut aussi visiter dans les environs, le château de Dourdan, le château du Marais, le château de Courson, Saint-Sulpice de Favières et la Tour de Monthléry.

60 lits répartis en 3 chambres individuelles, 2 chambres doubles et 11 chambres familiales. Sanitaires complets à chaque étage. 1 salle de réunion ; 3 salles de travail. Langues étrangères : anglais, allemand. Pension complète : 130 F, en demi-pension : 90 F, en hébergement seul : 65 F. Forfait week-end : 170 F. Chèques acceptés.
Contacter Philippe Cholewka.

Gare : Saint-Chéron (RER C) à 0,5 km ; taxi. Aéroport : Orly-Sud à 20 km ; taxi. Axes routiers : A6 - A10 - N 20.

SAINT-SULPICE-DE-FAVIERE - 91910
« Maison Saint-Dominique »

Tél. : 64 58 54 15

Les Dominicains de Béthanie accueillent toute l'année, sauf du 5 janvier au 5 février, les prêtres, religieuses, dames et jeunes filles, individuellement ou en groupes, pour une halte de prière et de réflexion, un temps de ressourcement spirituel ou un rétablissement moral, dans une atmosphère de discrétion, calme et paix compatible avec une détente possible dans le grand jardin. La durée du séjour est de 2 à 3 semaines maximum.

20 ch. individuelles, 5 ch. doubles ; 5 douches à l'étage. Salles de conf. (1), de réunion (2). Pension complète seulement : 160 F. Ecrire à la Sœur Hôtelière.

Gare : Breuillet-Village (RER C) à 4 km ; taxi.

VAUHALLAN - 91430
« Abbaye Saint-Louis-du-Temple »

Limon
Tél. : 69 85 21 00

Les Moniales Bénédictines vous accueillent en individuel ou en groupes encadrés pour des retraites spirituelles, des récollections et le partage de la vie liturgique du monastère. Elles organisent elles-mêmes des « retraites Saint-Benoît » pour les jeunes. Située dans un lieu isolé, l'abbaye est agrémentée d'un jardin et d'une prairie-terrain de jeux. Dans cette abbaye vécut Sœur Geneviève Gallois (Peintre et Moniale), auteur d'une vie du « petit Saint-Placide ».

36 lits répartis en 15 ch. individuelles, 8 doubles et un dortoir, avec lavabo ; douches à l'étage. Salles de conf. (1) et de réunion (4). Contacter à l'avance la Sœur Responsable de l'accueil.

Gare : SNCF Igny à 2,5 km ; car ou taxi. RER B ou C Massy-Palaiseau à 5 km ; car ou taxi. Aéroport : Orly à 15 km ; taxi. Axe routier : autoroute Orléans-Chartres, sortie Vauhallan ou Versailles.

VILLEBON-SUR-YVETTE - 91140
« Centre d'Accueil Lazariste »

7, rue Baron de Nivière
Tél. : 60 10 34 84

La maison des Pères Missionnaires est ouverte, toute l'année sauf en août et du 22 décembre au 4 janvier, à tout groupe constitué, désireux de récollections et retraites collectives préparées par les groupes eux-mêmes. La maison est située dans un parc de 15 ha. C'est aussi un lieu de rencontre et de travail par le biais de sessions et séminaires.

94 lits répartis en dortoirs et ch. individuelles ou pour couple ; sanitaires collectifs. Salles de réunion (3) et de conf. (2). Prix en pension complète : 155 F, en demi-pension : 100 F ; réduction pour les enfants.

Gare : Palaiseau-Villebon à 4 km (RER Palaiseau-Villebon ; taxi.
Aéroport : Paris-Orly à 10 km. Axe routier : A10 sortie Villebon.

92 - HAUTS DE SEINE

BAGNEUX - 92220
« Maison Les Marronniers »

6, rue Pablo Neruda
Tél. : 46 55 90 03.
Fax : 46 55 71 29

La maison vous accueille en groupe pour des retraites, sessions, récollections ou séminaires d'un durée maximale de 10 jours. Vous serez reçus dans une splendide demeure entourée d'un parc de 2 ha. C'est un lieu idéal et calme pour réfléchir et travailler à quelques minutes de la capitale.

78 lits, 23 ch. doubles et 8 ch. familiales, avec lavabo, 1 ch. individuelle ; douches à l'étage. Salles de conf. (2), de travail (4) et de réunion (2). Langues étrangères : anglais, italien.
Contacter M. Philippe Régnier ou Mme Elisabeth Régnier dès que possible.

Gare : RER Bourg-La-Reine à 800 m ; bus. Aéroport : Orly à 10 km ; car ou taxi. Axe routier : N20. Porte d'Orléans bus 128.

FONTENAY-AUX-ROSES - 92260
« Résidence Universitaire Lanteri »

7, rue Gentil Bernard
Tél. : 41 13 36 00
Fax : 43 50 88 45

Cette résidence, animée par les Pères Oblats de la Vierge Marie, est ouverte du 1er juillet au 15 septembre à toute personne venant isolément ou en groupe, pour une durée libre. Les retraites collectives doivent être organisées par les groupes eux-mêmes. La maison dispose d'une salle de jeux et d'un parc.

160 lits en ch. de 2, 3 ou 4 lits, 88 ch. doubles. Prix en pension complète : 260 F ; séjour avec ou sans repas ; demi-pension : 215 F ; réductions pour les groupes. Salles de conf. (2) et de réunion (2). Langues étrangères : italien, anglais. Prévoir un délai d'inscription d'1 mois.

Gare : RER Fontenay-aux-Roses ; bus ; gare du Nord à 20 km.
Aéroport : Roissy. Axes routiers : A86 puis D67 jusqu'à Fontenay-aux-Roses ; ne pas se rendre au centre, demander la gare RER.

VANVES - 92170
« Prieuré Saint Bathilde »

7, rue d'Issy
Tél. : 46 42 46 20

Une Communauté de Moniales Bénédictines reçoit, toute l'année sauf en juillet et août, les prêtres, religieuses, dames et jeunes filles, venant seuls ou en petits groupes, pour un temps de retraite individuelle ou organisée par les groupes hébergés. Séjour d'une semaine maximum. Le prieuré reçoit des groupes plus importants dans la journée.

10 ch. individuelles. Prix libres.
Prévenir au moins 3 mois à l'avance pour les groupes.

Métro : Corentin-Celton.

93 - SEINE-SAINT-DENIS

COUBRON - 93470
« Accueil Saint-Jean-Baptiste »

89, rue Jean Jaurès
Tél. : 43 30 00 80

Cette Maison Diocésaine, animée par des Sœurs de la Charité de Sainte-Marie, reçoit des groupes constitués, sauf du 15 juillet au 15 août. Dans un environnement calme, cette demeure, en ville, est entourée d'un parc. Le centre propose des retraites collectives ou récollections organisées par les groupes hébergés. Vous assisterez aux offices et messes quotidiennes à 100 m de l'établissement. A proximité, vous découvrirez la forêt de Bondy (200 m de la maison) : étangs, aménagements visiteurs, jeux pour enfants.

Dortoirs, 1 ch. individuelle, 17 ch. doubles et 7 ch. à 5 lits avec lavabo ; lavabo, douches et WC à l'étage. 2 salles de conf., 6 salles de travail. Pension complète variable selon l'âge et la situation.
Contacter le secrétariat 3 mois à l'avance.

Gare : Le Raincy-Villemomble à 7 km ; car n°602 A ou B. Aéroport : Roissy-Charles de Gaulle ; RER et car. Axe routier : RN3.

94 - VAL-DE-MARNE

CHEVILLY-LARUE - 94669
« Séminaire des Missions »

12, rue du Père Mazurié
Tél. : 46 87 34 04

La Communauté de la Congrégation du Saint-Esprit reçoit des groupes pour retraites individuelles ou collectives, sauf en août. La résidence est entourée d'un grand parc. L'établissement prépare et anime des retraites collectives à date fixe avec thème déterminé selon la demande ; il encadre les retraites organisées par les hôtes eux-mêmes.

90 ch. individuelles et 20 ch. doubles avec lavabo ; sanitaires à l'étage. Salles de réunion (10, de conf. (2), 1 salle de vidéo. Séjour en pension complète : 158 F ; demi-pension avec petit déjeuner.
Contacter le responsable de l'accueil 6 mois à un an à l'avance.

Métro : Louis-Aragon à 2 km ; bus, taxi.

FONTENAY-SOUS-BOIS - 94121 Cedex
« Maison de Fontenay - Mission de France »

16, rue R.-P.-Aubry - B.P. 18
Tél. : 48 75 38 27
Fax : 48 77 18 51

La Mission de France accueille les groupes organisant leurs propres rencontres, journées d'études, récollections, sessions et séminaires. En semaine, jeunes et adultes peuvent venir suivre des sessions organisées par des organismes de formation continue (hébergement et restauration).

25 ch. à 2 lits avec lavabo et parfois douche ; 4 ch. à 3 lits avec lavabo ; douches à l'étage. salles de conf. (1 de 100 pl. sonorisée) et de réunion (4 de 20 pl.), 1 « chambre haute » pour le silence et le recueillement. S'inscrire au plus tôt.

RER ligne A2 : station "Fontenay-sous-Bois" ; bus 124 : station "Le Parc".

THIAIS - 94320
« Monastère de l'Annonciade »

38, rue J.-F.-Marmontel
Tél. : 48 84 75 58

Le Monastère vous accueille, pour 8 jours maximum, seul ou en groupes, pour vous ressourcer dans un climat de prière et de paix. Spiritualité évangélique et mariale.

20 ch. individuelles. Pension complète. Salles d'accueil.

Gare : Choisy-le-Roi par RER ligne C puis Trans Val de Marne (TRM), station « Victor Basch »

Accueil spirituel

95 - VAL-D'OISE

CORMEILLES-EN-PARISIS - 95240
« Monastère de l'Adoration Réparatrice »

1, rue du Fort
Tél. : 39 78 13 82

Des religieuses de la Congrégation de l'Adoration-Réparatrice accueillent, toute l'année sauf du 15 juillet au 31 août, prêtres, religieuses, femmes et jeunes filles seuls et groupes d'enfants accompagnés, pour la prière, le silence et l'adoration pendant une durée maximale d'une semaine. Le monastère est situé en ville, dans un parc de 1 ha, à 140 m d'altitude.

3 ch. individuelles avec lavabo ; douches, sanitaires complets à l'étage. Prix en pension complète : de 120 à 140 F. Salle de réunion (1). Contacter la Sœur Prieure 8 jours à l'avance.

Gare : Cormeilles-en-Parisis à 20 mn à pied ; car ou taxi.
Axe routier : N192.

MOURS - 95260
« Foyer d'accueil St Denis »

6 rue de Nointel
Tél. : 30 34 60 50

Les Pères Blancs missionnaires d'Afrique reçoivent des groupes constitués de 40 personnes maximum, et particulièrement des jeunes encadrés, sauf en juillet-août, pour week-end spirituels, recollections, temps forts d'aumônerie, retraites ou professions de foi et camping scout en prairie et petit bois. Les groupes sont accueillis avec leurs animateurs responsables. Ils assurent par eux-mêmes le ravitaillement, la préparation des repas et la propreté des locaux. Le Père d'accueil, quant à lui, offre services spirituels, liturgies et veillées de réflexion. On peut se détendre en pratiquant le volley-ball.

40 lits à l'étage répartis en 8 salles. Salles de réunion, 1 salle de projection pour montages diapos et vidéos. Cuisine équipée. Prix : 30 F par week-end, 10 F pour seule présence de jour. En saison froide, forfait de 200 F par 24 h pour le chauffage.
S'inscrire auprès du Père Etienne Desmarescaux par lettre au moins un mois à l'avance.

Gare : Nointel-Mours à 800 m (réduction de 50% par groupes de 10 jeunes de moins de 16 ans, avec un accompagnateur gratuit). Axe routier : Mours est entre l'Isle-Adam et Beaumont sur Oise.

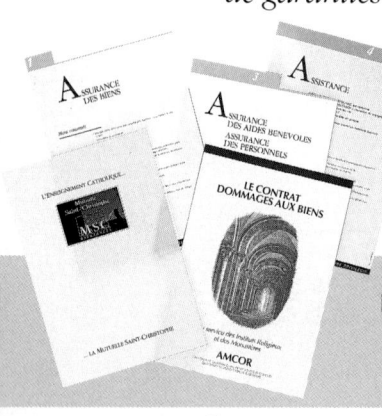

MAISONS DE VACANCES

ET
SÉJOURS ITINÉRANTS, CULTURELS ET SPORTIFS

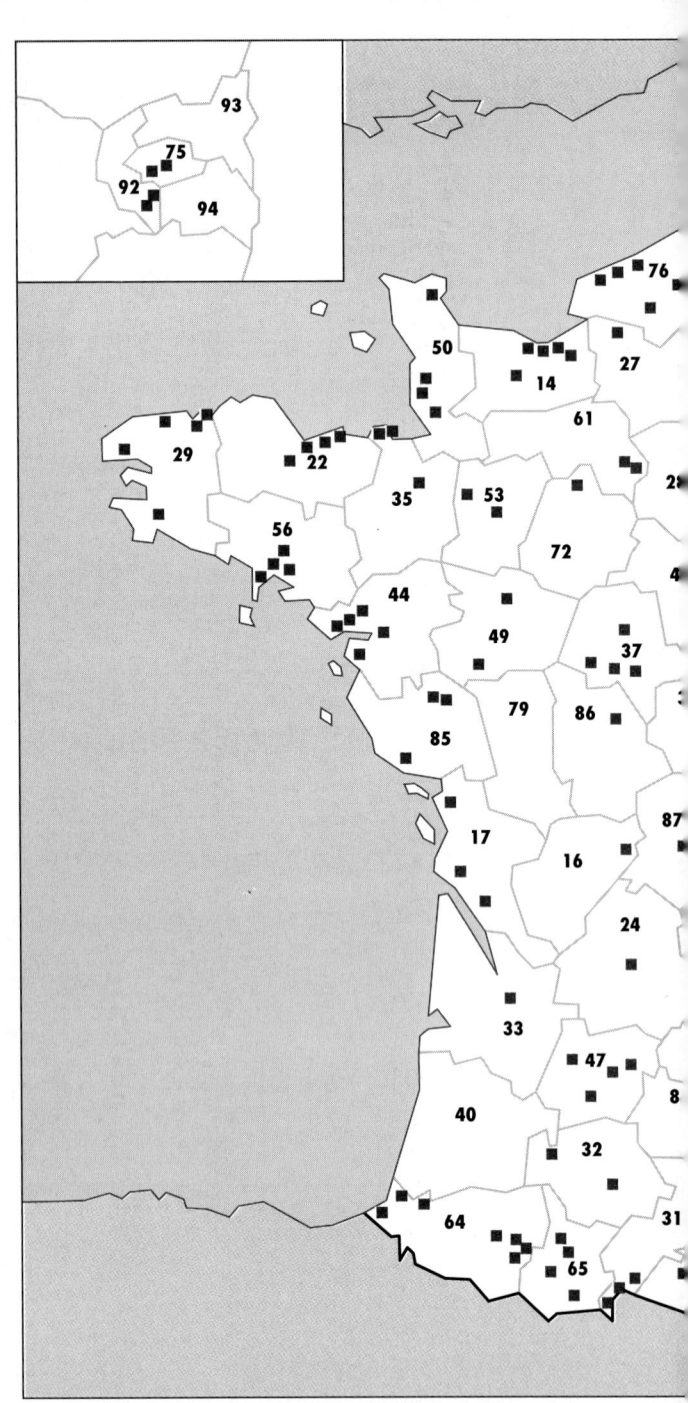

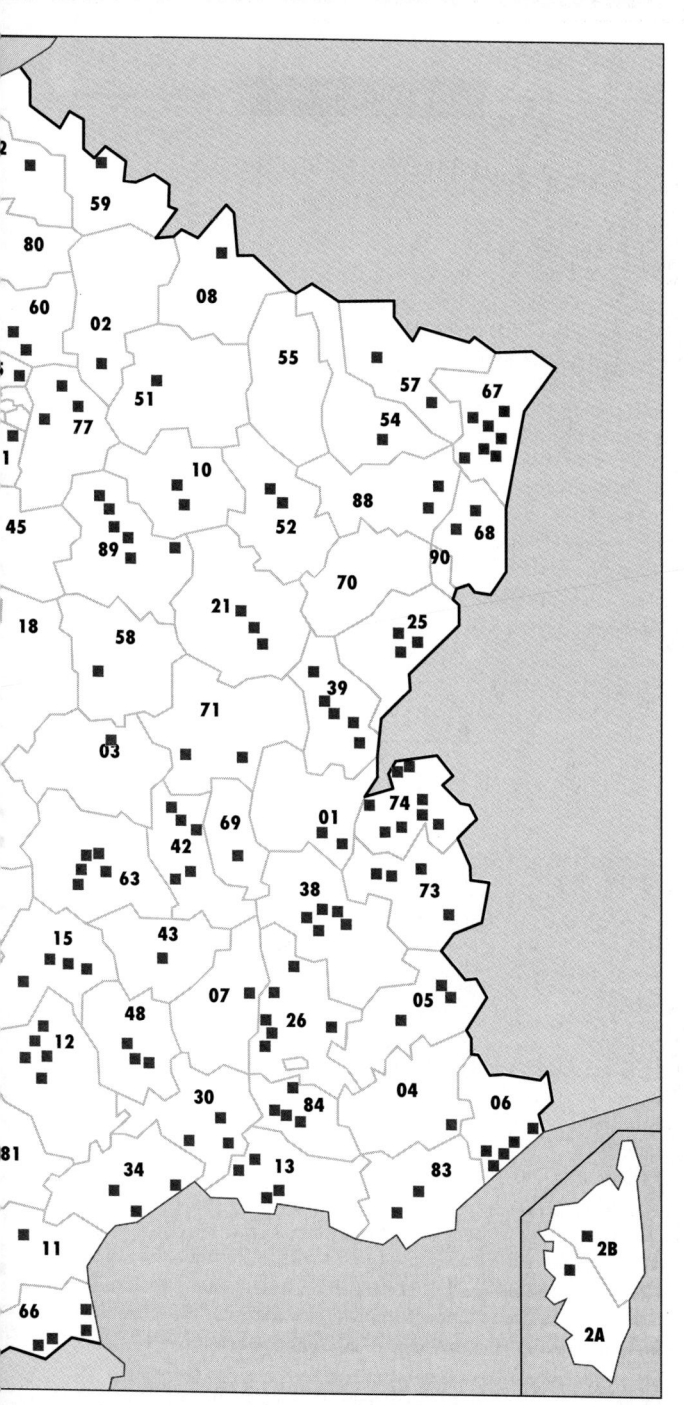

01 - AIN

BELLEY - 01300
"Bon Repos"

40, rue du Bon Repos
Tél. : 79 81 05 71

Les Sœurs Maristes recoivent toute l'année dames âgées valides, indemnes de toute affection contagieuse ou clinique grave. La maison garde le charme d'une vieille demeure (bâtie autour de 1789). Un grand jardin entoure le bâtiment, doté d'une terrasse faisant face au Mont Blanc. La cour intérieure s'enrichit d'un petit cloître couvert. On peut participer à la vie de la maison (accueil, jardinage, tricot, chant, rencontres spirituelles, fêtes) ou aux activités en ville (club de personnes âgées). La vieille ville de Belley mérite d'être parcourue, ainsi que son palais épiscopal et sa cathédrale.

35 lits, 35 ch. doubles avec lavabo ; sanitaires à l'étage. Salle de réunion (1). Pension complète : à partir de 140 F. Délai d'inscription : 1 à 2 mois. Tous chèques acceptés. Contacter Mme Christiane Magnotte, directrice.

Gare : Virieu-le-Grand à 14 km ; car et taxi et Culoz à 18 km ; car et taxi. Aéroport : Satolas à 70 km ; taxi. Axe routier : autoroute Lyon-Chambéry.

BELLEY - 01300
« Séminaire de Belley »

37, rue Sainte-Marie
Tél. : 79 81 02 29
Fax : 79 81 02 78

La maison accueille des groupes, familles, personnes seules valides, de tous âges, pour des vacances, des sessions, des congrès... Elle est située à 300 m d'altitude dans un très beau parc, en bordure d'une ville dans laquelle vous aurez accès à un complexe sportif : piscine, tennis... Des excursions magnifiques vous feront découvrir les plus beaux lacs de France, l'Abbaye d'Hautecombe, la Grande Chartreuse, Ars, Annecy, Chambéry, Genève...

70 ch. individuelles, 45 ch. doubles et 10 ch. familiales ; WC et douches à l'étage. Tarifs variables selon ch., saison et durée. Salles de conf. (2) et de réunion (6). Contacter : Michel Guilbert.

Gares : Virieu-Le-Grand, Culoz (TGV) ou Aix-les-Bains. Navette assurée sur demande. Aéroport : Chambéry à 35 km (navette assurée par nos soins). Axes routiers : A43 (Lyon-Chambéry).

IZIEU - 01300
Maison Béthanie

Tél. : 79 87 24 22

Dans un village typiquement bugiste (marqué hélas par la déportation de 44 enfants juifs) à la limite de l'Ain et à moins de 10 km de la Savoie et de l'Isère, cette maison permet un temps de détente, dans des conditions très intéressantes, avec possibilité d'une vie fraternelle selon l'esprit de Béthanie.

Possibilité d'accueil de 10 à 12 personnes qui ont à leur disposition une cuisine très bien équipée, une salle à manger et un réfectoire, une salle de réunion ; chambres très confortables. Accueil de groupes jusqu'à 30 en utilisant les lits + matelas au sol et sacs de couchage.

Gares : Virieu-le-Grand ou Culoz.

02 - AISNE

ROZOY-BELLEVALLE - 02540
"Maison du Sacré Cœur"

Les Maisons Maquets, route d'Essises
Tél. et fax : 23 69 83 32

Cette résidence, gérée par les Orphelins Apprentis d'Auteuil, permet le choix entre gîte et camping, au carrefour de la Brie, de la Picardie et de la Champagne. Elle accueille classes vertes, camps et personnes seules ou en groupes (30 personnes maximum).

Situé au milieu d'un jardin de 3 hectares, l'établissement, propose diverses activités sportives (tennis, ping pong, baby-foot, bicyclette) ainsi que des randonnées dans la région champenoise, à moins que vous ne préfériez le calme propice de cette maison rustique.

24 lits répartis en chambres individuelles, doubles et familiales ; une chambre avec SdB ; douche, baignoires et WC à l'étage ; douches et sanitaires au camping. ; salles de conférence, de réunion, de travail ; équipement audiovisuel. Langues étrangères : anglais, allemand. Fermeture en septembre. Agréments : Gîtes de France et Normes Collectives. Prix : 160 F par personne à 490 F par groupe.
Contacter Monsieur ou Madame Peyres.

Gare : Château-Thierry à 15 km (taxi ou nous téléphoner). Aéroport : Charles-de-Gaulle et Reims à 1 heure (taxi et train depuis l'aéroport). Axes routiers : autoroute A4 (sortie Château-Thierry), départementale D 1 (à droite à Fontenelle-en-Brie, direction Rozoy-Bellevalle).

03 - ALLIER

BOURBON-L'ARCHAMBAULT - 03160
« Maison de Retraite Saint-Joseph »

8, rue de la Paroisse
Tél. : 70 67 03 02

Les Filles de la Charité Saint-Vincent-de-Paul accueillent prêtres et religieuses pour séjours. La maison agrémentée d'un jardin est située dans une petite ville à 250 m d'altitude. Vous bénéficierez, à l'intérieur, d'animations variées : lectures collectives, jeux divers, cours de gymnastique… à l'extérieur spectacles, excursions, visites de châteaux…

48 ch. individuelles et 10 ch. doubles ; douches et SdB à l'étage. 2 salles de conf. et de réunion. Pension complète : 180 à 200 F ; pour les curistes : 130 F.
Contacter M. Le Flem plusieurs mois à l'avance.

Gare : Moulins à 23 km ; car et taxi. Axe routier : N7.

MOULINS - 03000
« Maison Saint-Paul »

20, rue Colombeau-La-Madeleine
Tél. : 70 44 08 37
Fax de l'Evêché : 70 44 04 19

La « Maison », gérée par une association (loi de 1901) et dirigée par un prêtre, accueille des groupes pour des séjours d'une durée maximale d'un mois. L'établissement, pourvu d'un oratoire, est situé à une altitude de 210 m, environné d'un parc boisé et d'un jardin. Aux alentours vous pourrez visiter le Bourbonnais et ses sites ainsi que la ville de Moulins en passant par le pont Règemortes bâti sous Louis XV. Beau quartier ancien de Moulins. Vous pourrez aussi vous promener le long de l'Allier ou en forêt.

127 lits (56 en dortoirs, 13 ch. individuelles, 46 en ch. à 2 lits et 12 en ch. à 3 lits) ; douches et WC à l'étage ; salles de conf. (3), de réunion (1) et de travail (6). Pension complète : 180 F, demi-pension : 130 F, héb. seul : 60 F. Agrément : Jeunesse et Sports.
Contacter l'Abbé Mathat ou Sœur Anna 8 jours au moins à l'avance.

Gare : Moulins à 2 km ; bus ou taxi. Axes routiers : N7 ; N9.

04 - ALPES-DE-HAUTE-PROVENCE

ENTREVAUX - 04320
« Association le Clôt de Félines »

Tél. : 92 15 55 00

Les religieuses de Sainte-Clotilde proposent un lieu de repos et un centre de promenades pour des groupes, des communautés ou des familles (6 pers. au maximum), pour des séjours de 1 semaine à 2 mois. L'établissement est un châlet situé près d'un village médiéval, à 600 m d'altitude, au cœur de la garrigue provençale, où il vous sera possible d'effectuer de nombreuses promenades et randonnées.

7 ch. individuelles, sanitaires à l'étage. Héb. seul : 50F. Les animaux ne sont pas admis.
Contacter Sœur Duriez quelques semaines à l'avance au 42, boulevard de la Madeleine, 06000 Nice.

Gare : Entrevaux à 1,5 km. Aéroport : Nice à 70 km.
Axe routier : N202.

REVEL-MEOLANS - 04340
« Relais Cap France Lou Riouclar »

Tél. : 92 81 14 28
Fax : 92 81 90 70

Située dans un parc, la maison propose une animation de qualité, dans un centre tout confort, pour les particuliers, les familles, les groupes toute l'année. Vous profiterez d'un mur d'escalade, d'un tennis, d'une piscine, d'une aire de tir à l'arc et du planetarium. A 1250 m d'altitude, vous bénéficierez du climat sec et tempéré de la vallée de l'Ubaye.

220 lits en ch. avec sanitaires complets. Salles d'accueil (1), de conf. (2), de réunion (6) ; équipement audiovisuel. Pension complète : 235 F. Agréments : Jeunesse et Sports, Ministère de la Santé.
S'inscrire auprès de M. Auger.

Gare : Gap à 45 km ; car et taxi. Aéroports : Grenoble à 170 km, Marseille à 200 km ; car.
Axes routiers : N95 ; D900.

05 - ALPES (HAUTES-)

BRIANCON - 05100
« Champ de Blanc »

Pramorel
Tél. : 92 21 07 71

L'établissement vous accueille pour étapes ou séjours, dans un village à 1350 m d'altitude. Vous profiterez d'une patinoire, d'une piscine, d'un tennis et d'un golf. Ski, promenades en raquettes à neige, traineau à chiens, motoneige, etc. Vous pourrez aussi visiter la citadelle Vauban, le belvédère et l'abbaye de Boscodon.

20 lits répartis en 5 châlets et 1 ch. familiale de 5 lits ; sanitaire dans les ch. Salle de conf. (1). Prix variables selon la période et la durée du séjour.
Contacter Clara et Patrick Schoscher.

Gare : Briançon à 4 km ; taxi. Véhicule personnel conseillé.

SAINT-VERAN - 05350
MFV « Les Perce-Neige »

Tél. : 92 45 82 23

Les « Amis de la Montagne » vous accueillent au grand air des sommets du 20 décembre au 1er mai et du 15 juin au 15 septembre pour une à trois semaines. Le châlet est situé à 2040 m d'altitude dans un des villages les plus pittoresques des Alpes. Vous serez au cœur du parc naturel du Queyras, à la frontière italienne, sous le soleil éclatant des Alpes du Sud. Dans ce site remarquable vous pourrez, l'hiver, pratiquer le ski et faire de longues promenades l'été avec ou sans accompagnateur.

16 ch. familiales avec lavabo ; douches et WC à l'étage. Salle de jeux (1). Pension complète : de 80 à 145 F, suivant l'âge ; bons et chèques vacances acceptés.

Gare : Montdauphin-Guillestre à 30 km ; car ou taxi.

TALLARD SAINT-ETIENNE-LE-LAUS - 05130
Hôtellerie « Notre-Dame-du-Laus »

Tél. : 92 50 30 73 - Fax : 92 50 90 77

L'Association Diocésaine de Gap accueille des particuliers et des groupes. Installé à 930 m d'altitude, l'établissement domine un panorama montagneux. En 1664, La Vierge Marie est apparue à Benoîte Rencurel, humble bergère, et cela jusqu'à sa mort. Depuis 3 siècles, le pèlerinage est solidement établi. Vous choisirez parmi les larges possibilités d'accueil qu'offre le Centre ; de l'hôtellerie au camping. Vous serez à moins d'une heure de route des grandes stations de ski des Alpes du Sud, des parcs régionaux des Ecrins, du Queyras, des festivals de Sisteron et Gap. Les animaux ne sont pas admis.

408 lits répartis en dortoirs, ch. individuelles, doubles et familiales ; douches et SdB à l'étage. Salles de réunion (7) et de travail dont une de 350 m². Prix : de 133 F à 196 F en pension complète (demi-pension et héb. possibles). Carte bleue acceptée. Agréments de l'Inspection Académique pour les classes de nature, Jeunesse et Sports en cours. Nous contacter de 4 à 6 mois à l'avance pour la période estivale.

Gare : Gap à 20 km ; taxi de la maison. Aéroport : Marseille-Marignane à 200 km ou Saint-Groins à 100 km ; car ou taxi. Axe routier : D942.

06 - ALPES MARITIMES

CANNES - 06400
« Communauté des Sœurs Dominicaines »

Villa Saint-Benoît
16, avenue Isola Bella
Tél. : 93 38 06 09
Fax : 93 39 71 40

Les Sœurs Dominicaines Contemplatives de Sainte-Catherine-de-Ricci accueillent des particuliers et des familles désireuses de prendre un temps de repos et de détente au contact d'une communauté religieuse. Située à proximité de la mer, en plein cœur de la ville, entourée d'un jardin et d'un parc rafraîchissant, la villa vous offre un cadre de paix et de rencontres fraternelles.

13 ch. individuelles et doubles avec lavabo, douche et WC. Salles de conf. (1), réunion (2) ou travail (1). Pension complète : 200 à 250 F.

Gare : Cannes à 1 km ; car ou taxi. Aéroport : Nice à 25 km ; car ou taxi

CANNES - 06400
« Lochabair-Assomption » C.I.M.E.M.

37, avenue du Commandant Bret
Tél. : 93 68 06 93
Fax : 93 39 76 79

Une Communauté de Religieuses de l'Assomption et une équipe de laïcs accueillent des prêtres, religieux et laïcs pour des séjours d'une semaine à trois mois. La maison située en ville, dans un quartier résidentiel et calme, sur les premières hauteurs. Vous serez en liaison directe par bus vers la gare, la Croisette et la bord de mer. Excursions dans l'arrière pays cannois, les Iles de Lérins.

40 lits en ch. individuelles, doubles, avec tout le confort ; 36 lits en ch. familiales avec lavabo ; douches à l'étage. Salles de réunion (2). Pension complète : 200 à 294 F. Paiement : chèque bancaire, CCP, espèces acceptés. Langues étrangères : anglais, espagnol, italien, russe. Contacter le secrétariat au 92 98 93 92 de 8 à 30 jours à l'avance.

Gare : Cannes (TGV) à 2 km ; car ou taxi. Aéroport : Nice à 27 km ; car ou taxi. Axe routier : nationale Nice-Cannes ou A8.

GRASSE - 06130
«Foyer Féminin Saint-Antoine»

6, boulevard Gambetta
Tel. : 93 36 21 72

Le foyer pour personnes âgées, géré par les Sœurs-Oblates-de-Saint-François-de-Sales, reçoit des femmes valides toute l'année pour des vacances de 10 jours minimum. Notre maison est le point de départ de nombreuses excursions (musée de la parfumerie, cathédrale...).

28 ch. individuelles avec sanitaires ; douches et baignoires à l'étage. Pension complète : 180 F ; héb. seul possible. Le téléphone et la télévision peuvent être installés dans la chambre. Contacter les Sœurs, 15 jours à l'avance.

Gare : Cannes à 18 km; taxi, car.

GRASSE - 06130
Hôtel Pension « Sainte-Thérèse »

39, av. Yves-Emmanuel Baudoin
Tél. : 93 36 10 29

Les Sœurs de Ribeauvillé vous reçoivent du 12 novembre au 30 septembre dans un site exceptionnel pour un séjour. Hôtel 1 étoile, situé à la sortie de Grasse, à 430 m d'altitude, terrasse exposée plein sud. Vous dominerez le golfe de la Napoule et aurez une vue magnifique sur les Iles de Lerins et le Massif de l'Estérel, Cannes, la Croisette et la plage. Vous passerez des heures calmes et ensoleillées dans le jardin fleuri de la résidence.

44 lits répartis en 19 ch. individuelles et 13 ch. doubles, dont 14 avec lavabo, douche, SdB, WC ; mêmes sanitaires à l'étage. Pension complète : 200 à 280 F, demi-pension : 170 à 240 F, héb. seul : 160 à 250 F. Paiement : tous, y compris chèques vacances. Langues étrangères : allemand, anglais.

Gare : Cannes à 17 km ; car ou taxi. Aéroport : Nice à 34 km ; car ou taxi. Axes routiers : Cannes-Grasse, Nice-Grasse, A8 (Cannes-Longins-Grasse).

GRASSE - 06130
«Le Mas du Calme»

53, chemin de la Tourache
Tél. : 93 70 63 27 - Fax : 93 70 23 58.

L'Association Education et Culture reçoit toute l'année pour une durée maximum de 3 mois, des personnes seules ou en groupes, pour des vacances, des séminaires d'entreprises, des instituts de formation humaine, et des clubs du 3ème âge.

Le Mas du Calme favorise l'enrichissement personnel, le silence, la réflexion et la recherche intérieure. Propriété de 4 ha, plantée d'oliviers et de pins, abondamment fleurie en toutes saisons, à 180 m d'altitude. Les rencontres amicales, l'ouverture aux autres et l'accueil de tous caractérisent l'esprit du Mas.

60 lits répartis en ch. individuelles, doubles, ou familiales, avec douche et WC dans chaque chambre. Téléphone dans toutes les chambres. Héb. seul possible. Langues étrangères : anglais, allemand, italien.

Gare : Cannes à 15 km ; car. Aéroport : Nice à 40 km.

LA TRINITE - 06340
« Sanctuaire de Notre-Dame-de-Laghet »

Tél. : 93 41 09 60
Fax : 93 41 21 78

Des prêtres et une communauté de Bénédictines du Sacré-Cœur-de-Montmartre accueillent des familles ou des particuliers pour des séjours de vacances compatibles avec le recueillement des retraitants. « Lieu de prodiges extraordinaires » depuis 1652, les pèlerins affluent dans ce sanctuaire situé à 350 m d'altitude et niché au cœur de coteaux verdoyants. Nombreuses excursions dans l'arrière-pays niçois.

100 lits répartis en 60 ch. avec lavabo ; douches et WC à l'étage. salles de conf. et de réunion (6). Pension complète : 160 F. Carte bleue acceptée. Langues étrangères : italien, allemand.
Contacter la Sœur Hôtelière 2 semaines à l'avance.

Gare : Nice à 14 km ; car ou taxi. Aéroport : Nice à 20 km ; taxi.
Axe routier : autoroute A8, sortie La Turbie.

MENTON - 06500
« La Consolation »

2, montée du Lutétia
Tél. : 93 35 94 42

Les Sœurs de Notre-Dame (Chanoinesses de Saint-Augustin) accueillent toute l'année en séjours de quelques jours à 3 mois, toutes personnes en vacances. De type « pension de famille », cette maison située en ville dans un cadre agréable dispose d'un jardin en terrasse. La plage est située à 15 mn et vous pourrez effectuer des excursions dans l'arrière pays sous un climat méditerranéen.

Ch. avec lavabos et WC : 34 lits (dont 14 ch. individuelles), 8 ch. doubles et 1 ch. familiale, 18 douches ou baignoires. Pension complète : 230 à 280 F. Langues étrangères : allemand et vietnamien.
S'inscrire auprès de la Directrice, Sœur Marie-Suzanne Roumens.

Gares SNCF : Menton à 500 m ; gare routière de Menton à 100 m ; taxi.
Aéroport : Nice à 30 km ; taxi et aérobus.

MOUGINS - 06250
"Maison Jean Dehon"
Domaine de la Peyrière

745, avenue du Golf
Tél. : 92 92 49 49 - Fax : 93 75 81 57

La congrégation des Prêtres du Sacré-Cœur de St Quentin assure l'animation spirituelle et culturelle tout au long de l'année de prêtres, religieux et religieuses dans leur séjour de vacances. L'accueil est fraternel. Située dans un quartier résidentiel, et entourée d'un grand parc, la maison vient d'être rénovée et agrandie.

La Côte d'Azur est toute proche, avec la mer à Cannes et Antibes à 15 km. Mais la visite de l'arrière pays s'impose : St Paul de Vence, Grasse (à 7 km). Et Nice et l'Italie ne sont pas loin.

7 lits répartis en 7 chambres individuelles , téléphone dans les chambres ; sanitaires à l'étage ; 1 salle de conférence ; 1 salle de travail. Langues étrangères : italien et allemand. Pension complète : Hiver : 160 F/ jour. Eté : 190 F / jour.

S'inscrire à l'accueil 2 mois à l'avance pour juin, juillet, août et septembre (ou téléphoner).

Gare : Cannes à 5 km. Aéroport : Nice à 25 km ; car et taxi.
Axes routiers : autoroute A8. Sortie Cannes Mougins. Voie express Cannes-Grasse.

NICE - 06000
« Association Marie-Clotilde »

42, boulevard de la Madeleine
Tél. : 92 15 55 00

La Congrégation des religieuses de Sainte-Clotilde vous héberge, pour des périodes d'une semaine à 3 mois, en studios tout équipés. L'établissement entouré d'un beau jardin méditerranéen est situé à proximité immédiate de la mer et de la maison de la culture : nombreuses activités. Église paroissiale. Votre séjour sera agréable en toutes saisons.

22 studios (de 1 à 4 pers.), meublés et aménagés (téléphone, prise de télévision, etc.) ; cafétéria ; 2 salles de réunion.

Gare : Nice à 1 km. Aéroport : Nice à 3 km.
Axe routier : RN7.

NICE - 06000
« Foyer Familial »

29, avenue du Maréchal-Foch
Tél. : 93 85 12 97

Les Dominicaines de la Présentation reçoivent des retraités valides.

Ch. avec sanitaires complets. Pension complète : 190 à 210 F.
S'inscrire au plus tôt.
Gare et aéroport : Nice.

NICE - 06100
« Résidence Les Cèdres »

Association Maison d'Accueil
Jacques Alberisme
30, rue des Lilas
Tél. : 93 84 18 27

La Résidence accueille des prêtres et religieux pour des séjours
de vacances dans une maison
confortable dotée d'équipements
modernes. Un jardin entoure la
maison.

26 ch. individuelles tout confort avec le téléphone. Salle de conf. (1).
Pension complète : 250 F. Langues étrangères : italien, espagnol.

Gare : Nice à 10 mn.
Aéroport : Nice ; car ou taxi.

ROQUEBILLERE - 06450
« Centre de Vacances de la Semeuse »

Berthemont-les-Bains
Tél. : 93 03 41 72

Le centre vous accueille 3 jours minimum, individuellement, pendant les vacances scolaires et, hors vacances, en groupes constitués d'un minimum de 15 pers. pour des sessions, des classes vertes ou de neige. Cette MFV agréée est située à 850 m d'altitude. Les distractions sont diverses : cinéma, veillées, randonnées, poney. Une animatrice est prévue pour les enfants.

60 lits en ch. individuelle ou à 2 lits, avec sanitaires. 3 salles de réunion de 12 à 80 pl. Pension complète : de 160 à 220 F selon confort.
S'inscrire au siège de La Semeuse, 21 rue Saint-Joseph, 06300 Nice. Tél. : 93 62 31 00.

Gare : Nice à 62 km ; car via Saint-Martin-Vésubie, puis voiture de l'établissement.

SAINT-PAUL - 06570
« Dominicaines de la Sainte-Famille »

Passe-Prest
Tél. : 93 32 53 93 ou 93 32 80 06

Accueillent toute l'année dames et jeunes filles dans une ambiance familiale. La Maison et son jardin sont au calme et vous profiterez des nombreux buts de promenade, d'excursions et visites de musées dans l'arrière pays niçois ou sur la côte. Altitude 200 m.

Ch. individuelles confortables ; douches et SdB, sanitaires à l'étage.

Gare : Cagnes-sur-Mer à 8 km (Paris-Marseilles-Vintimille).
Aéroport : Nice à 15 km ; cars (Nice, Cagnes, Vence par Saint-Paul) ; taxi.
Axes routiers : Nice (ou Antibes, ou Cagnes-sur-Mer) direction Vence.

THEOULE-MIRAMAR - 06590
Maison d'Accueil « Estérel Saint-Louis »

28, boulevard de l'Estérel
Tél. : 93 75 41 09

Animée par la Communauté « La Xavière de Jésus », notre maison vous reçoit du 16 décembre au 14 octobre, pour des séjours de 8 jours à 1 mois. Nous accueillons des personnes en difficulté morale mais non malades. Reprises spiri-tuelles possibles. Située à 5 km du village, notre maison vous assure repos et détente dans son parc. Animations diverses (terrain de boules, ping-pong). Nombreuses promenades dans le massif de l'Esterel.

50 ch. avec sanitaires. Les animaux ne sont pas admis. Pension com-plète : de 145 à 180 F (réduc. enfants). Réservation au secrétariat.

Gares : Cannes à 17 km, Saint-Raphaël à 27 km. Aéroport : Nice à 60 km ; car ou taxi. Axes routiers : N7 ; N98 ; autoroute Estérel-Côte d'Azur, sortie Mandelieu La Napoule.

07 - ARDÈCHE

CHALENCON - 07240
« Centre d'Accueil Les Blés d'Or »

Tél. : 75 58 15 92
Fax : 75 58 03 77

Le centre est ouvert aux religieux, aux sco-laires, jeunes, familles et retraités valides, désirant séjourner pour des sessions, vacances, classes vertes ou colonies. Situé dans un village typiquement ardé-chois, le Centre est une grande maison de pierre avec un jardin. Au village, vous pour-rez pratiquer le tennis, le volley, le foot-ball, le judo, le VTT, la chasse et la pêche. A proximité, un centre équestre, une pisci-ne et une rivière à canoë kayak vous attendent.

55 lits répartis en 4 ch. individuelles, 12 ch. doubles et 6 ch. fami-liales, avec tout le confort. Salles de conf, réunion et travail (6). Agréments Education Nationale et Jeunesse et Sports. Contacter la directrice à l'avance.

Gare : Valence à 40 km ; car ou taxi. Aéroport : Chabeuil à 40 km ; car ou taxi.

08 - ARDENNES

CHARLEVILLE-MÉZIÈRES - 08000
« Maison Saint Jean »

Le Waridon - Montcy Notre-Dame
Tél. : 24 33 35 49
Fax : 24 59 92 55

La maison Saint Jean accueille, en groupes, toutes personnes (enfants accompagnés compris), pour des sessions, des séminaires ou des vacances, des congrès ou des classes de nature. Implantée à flanc de colline, la maison est entourée d'une forêt de 2 hectares. Les sports nautiques sont praticables sur les lacs de Bairon et des Vieilles-Forges.

67 lits répartis en 10 chambres individuelles, 10 chambres doubles, familiales. Sanitaires à chaque étage. 7 salles de réunion ; Pension complète ou demi pension. Agrément : D.D.J.S.

Gare : Charleville-Mézières 4 km. Axes routiers : RN 51, RN 43, A 203.

09 - ARIEGE

CASTILLON-EN-COUSERANS - 09800
"Maison d'Accueil de la Miséricorde"

Alas-Balaguères
Tél. : 61 96 82 62

Les Religieuses de la Miséricorde vous reçoivent seul, en famille ou en groupe, toute l'année. Les personnes agées peuvent venir se reposer l'hiver. L'établissement est composé de 3 bâtiments situés dans un village à 470 m d'altitude. Randonnées, VTT, parapente, piscine à 4 km, pêche à la truite, etc...

1 maison d'accueil de 12 ch. avec lavabos, sanitaire à l'étage, 2 séjours. 2 gites : appartement, chauffage éléctrique.1 grange pour les groupes : grande salle, coin cuisine, sanitaires, à l''étage un dortoir 12 lits ; grand pré pour camping. Pension complète 150 F (Tarif réduit prêtres, religieuses). 1/2 pension : 120 F. Prévenir la Directrice ou la la sœur Econome.

Gare : Saint Girons 9 km (taxi, voiture de la maison). Par la route : Toulouse, Tarbes.

10 - AUBE

CHAOURCE - 10210
« Alliance des Vallées »

Place de l'Eglise

L'établissement accueille des jeunes et des groupes d'adultes pour des vacances, retraites et sessions. Entourée d'un grand parc ombragé, la maison se situe à 153 m d'altitude dans un village de Champagne. La résidence initie les enfants à la vie agricole et vous propose l'excursion au Lac de la Forêt-d'Orient et l'accès à ses activités (baignades, voile). Vous pourrez également visiter les industries locales (fromagerie, fabrique de meubles) et profiter de l'équipement sportif communal (terrains de sport, tennis, golf, centre équestre).

2 dortoirs, 2 ch. doubles, 1 ch. familiale ; sanitaires à l'étage. Salles de réunion (3). Cuisine et réfectoire à disposition. Héb. : 20 F + forfait journalier de 150 F l'été, 250 F l'hiver.
L'établissement est en cours de rénovation, ouverture : été 1994.
Contacter Mme Cayrel (25 40 00 19) ou M. Barat (25 40 10 51).

Gare : Troyes à 30 km. Axes routiers : D444 ; A26.

SAINTE - MAURE - 10150
« Ecole d'agriculture »

Tél. : 25 76 90 01
Fax : 25 80 32 44

Le syndicat professionnel agricole, en lien avec la Congrégation Marianiste, reçoit pour une durée à convenir, des groupes encadrés de 30 à 300 personnes, en séminaires, congrès, colonies de vacances et classes vertes ou rousses et stages sportifs. L'établissement, situé dans un grand parc ombragé et aménagé, dispose d'équipements de sport et possède du matériel audiovisuel et CDI. La région du vignoble champenois est propice aux excursions avec ses vergers du pays d'Othe et le parc naturel de la forêt d'Orient.

120 ch. individuelles et 3 dortoirs. Sanitaires à l'étage. salles de conf. (4), de réunion (25), de travail (25). Langues étrangères : anglais, allemand, espagnol, russe. Agrément : sous contrat avec le ministère de l'agriculture. Pension complète : 120 à 180 F, demi-pension : 45 F, héb. seul : 34 à 55 F. Réduction pour enfants. S'inscrire auprès de M. Gérard.

Gare : Troyes à 7 km. Aéroport : Troyes à 5 km ; car et taxi.
Axes routiers : Paris-Bâle et Lille-Reims-Dijon-Lyon.

TROYES - 10000

« Maison Notre-Dame-en-l'Isle »

8, rue de l'Isle
Tél. : 25 80 54 96

L'association diocésaine de Troyes accueille (sauf en août) des groupes de passage, religieux ou laïcs, maximum 120 personnes en hébergement et 200 en restauration. Situé en ville, l'établissement est entouré d'un parc et d'un jardin. Il dispose d'une piscine à proximité. Le centre de Troyes propose, à quelques minutes à pied, ses vieux quartiers, ses musées et ses 9 églises.

120 lits répartis en ch. individuelles d'1, 2 ou 3 lits. Lavabos dans les ch. Douches et WC en sanitaires communs. Salles de conférence (1), de réunion (4), de travail (1). Langues étrangères : anglais et arabe. Pension complète : 170 F par jour, demi-pension : 125 F, hébergement seul : 50 F. Chèques et espèces acceptés.
Contacter Sœur Aline ou Mme Lescure.

Gare en ville. Axes routiers : N 19, N 77, N 71, N 60 ; A26, A5.

---

11 - AUDE

CARCASSONNE - 11007 Cedex

Centre Diocésain « Notre-Dame-de-L'Abbaye »

B.P. 70042 - 103, rue Trivalle
Tél. : 68 25 16 65

Centre d'accueil Diocésain pour des groupes en classes vertes, classe de patrimoine, sessions culturelles et de formation, séminaires professionnels, au pied de la cité médiévale. Le centre comprend un jardin et un parc, une chapelle du XIIIème siècle et une crypte. Terrain de basket dans l'enceinte. Les alentours offrent de nombreuses promenades et visites.

60 lits en dortoirs, 13 ch. individuelles et 21 doubles, avec lavabo ; douches à l'étage. Salles de conf et de travail (10). Pension complète : 175 F, demi-pension : 128 F, héb. seul : 85 F. Langues étrangères : anglais, espagnol, allemand.
Contacter l'accueil plusieurs semaines à l'avance.

Gare : Carcassonne à 2 km ; bus ou taxi.
Aéroports : Carcassonne à 10 mn ou Toulouse à 55 mn ; car ou taxi.
Axes routiers : autoroute « Entre deux mers » A61 et A62.

12 - AVEYRON

CONQUES-EN-ROUERGUE - 12320
« Maison Familiale de Vacances Sainte-Foy »

Route de Senergues
Tél. : 65 69 86 18

La maison, animée par des laïcs sous l'impulsion des Pères Prémontrés, reçoit les familles en juillet et août et les groupes le reste de l'année. Notre maison offre de nombreuses possibilités de distractions : volley, ping-pong, baby-foot, billard, pétanque, veillées et animations diverses. Aux alentours, vous pratiquerez randonnées, baignades, tennis à 6 km, piscine et canoë-kayac. Enfin, l'établissement facilitera vos déplacements vers l'Aubrac, les gorges du Lot ou du Tarn, vers Rocamadour, etc.

70 lits répartis en ch. de 2 à 4 pers., 8 ch. doubles, 12 ch. familiales ; douches à l'étage. 1 salle de jeux et 2 salles de réunion ; équipement audiovisuel. Pension complète : 140 F (réduc. enfants et groupes ; bons et chèques vacances acceptés). Agréments : DDASS et Inspection Académique. Contacter M. Burguière 6 mois à l'avance.

Gare : Saint-Christophe à 25 km ; mini-bus. Aéroport : Rodez-Marcillac à 40 km ; taxis et minicar. Axe routier : N140.

MUR DE BARREZ - 12600
« Monastère Sainte-Claire »

2, rue de la Berque
Tél. : 65 66 00 46

Les Sœurs Clarisses accueillent pour des séjours d'un mois maximum des familles et des particuliers souhaitant une détente dans le calme. Situé dans un village à 800 m d'altitude, le monastère est accroché sur une dent de roc et domine le pays environnant.

62 lits répartis en 13 ch. individuelles, 17 doubles et 3 triples avec lavabo ; douches et SdB à l'étage. Salles de conf (2). Pension complète : 165 F ou suivant les ressources.
Contacter la Sœur Hôtelière (plusieurs mois à l'avance pour l'été).

Gare : Aurillac à 37 km ; car ou taxi. Axes routiers : A75 ; N9.

REQUISTA - 12170
« Institution Saint-Joseph »

22, avenue de Millau
Tél. : 65 46 25 27

La communauté religieuse reçoit toute l'année des groupes, et en mai et juin, des classes vertes. Réquista se trouve à une altitude de 560 m. Les jeunes feront d'attractives découvertes : fermes, barrages, usines électriques, lacs, viaducs, moulins, répartis dans la vallée du Tarn ; plus loin, les Gorges du Tarn et les caves de Roquefort offrent des possibilités d'excursions.

80 lits répartis en boxes, dortoirs de 12 lits, 3 ch. individuelles, 2 ch. doubles et ch. familiales (box de 6 à 8 lits) ; douches à l'étage. Pension complète uniquement : 120 F. Agrément : Jeunesse et Sports.
Prévenir l'accueil 3 mois avant pour les classes vertes et 15 jours à l'avance pour les autres groupes.

Gares : Albi à 40 km ou Rodez à 45 km ; car. Les groupes doivent prévoir leur propre car.

RIGNAC - 12390
« Lycée Agricole et Horticole Privé »

Tél. : 65 64 50 40
Fax : 65 64 45 33

Le lycée vous reçoit pendant les week-ends et les vacances scolaires. L'établissement avec jardin, est situé dans le village. Vous y pratiquerez de nombreuses activités sportives : piscine, tennis, cheval, etc. et profiterez des richesses touristiques de la vallée de l'Aveyron.

125 lits en dortoirs de 5 pers, avec sanitaires. Salles de conf. (1), de réunions (1), de travail (10) ; équipement audiovisuel.
Formules d'héb. diverses ; pension complète : 140 F.
Réserver 1 semaine à l'avance auprès de M. Puech.

Gare et aéroport : Rodez à 25 km ; car.
Axe routier : Rodez / Villefranche-de-Rouergue.

Vacances

13 - BOUCHES-DU-RHONE

ARLES - 13200

« Prieuré Notre-Dame-Des-Champs »

Bouchaud
Tél. : 90 97 00 55

Le prieuré reçoit pour une durée de 15 jours maximum des adultes seuls ou en groupes dans le cadre d'une spiritualité bénédictine. Vous vivrez dans un très ancien mas de Camargue, caché dans un cadre de verdure propre au silence et au recueillement (parc de 2 ha permettant le camping). Visitez la Camargue, région unique en France (élevage de taureaux sauvages, de chevaux, réserve ornithologique).

18 lits répartis en 1 dortoir de 7 lits, 8 ch. individuelles et 2 doubles avec lavabo ; douches à l'étage. Pension complète : 150 F, demi-pension : 95 F, héb. seul : 55 F. Pavillon tout confort équipé de 2 ch. soit 6 lits. Prix : 150 F. Salles de conf. (2).
Contacter le Frère Hôtelier 1 mois à l'avance et davantage pour l'été.

Gare : Arles à 10 km ; taxi ou voiture de la maison. Aéroport : Nîmes-Garons à 25 km ; taxi. Axe routier : A55.

GRANS - 13450

Union Culture et Promotion « Domaine de Petite »

Route de Saint-Chamas
Tél. : 90 55 93 60
Fax : 90 55 87 74

Cette maison diocésaine reçoit des particuliers et des groupes encadrés, classes vertes, voyages de retraite, sessions dans une belle demeure entourée d'un parc de 3 ha. Vous serez à proximité de l'étang de Berre, de la Camargue et des Baux-de-Provence.

4 dortoirs (60 lits) et 30 ch. (40 lits) ; douches à l'étage. Salle de réunion. Prévenir plusieurs mois à l'avance pour les groupes.

Gares : Salon et Miramas à 7 km ; car ou taxi. Aéroport : Marseille-Marignane ; car ou taxi. Axe routier : N113.

MIRAMAS - 13148 Cedex
« Institut de Fontlongue »

Boulevard Théodore Aubanel
Tél. : 90 58 18 46
Fax : 90 58 05 14

L'établissement scolaire privé reçoit, pendant les vacances scolaires sauf vacances de Noël, des groupes encadrés de 30 à 120 personnes. Située en ville, isolée, la résidence est entourée d'un parc.
Elle est équipée d'un terrain de sports et d'un mur d'escalade. Aux environs, de nombreuses excursions sont à prévoir : la Camargue à 50 km, les Baux de Provence à 30 km...

Dortoirs de 6 à 8 lits, 14 ch. individuelles, 15 ch. doubles ; lavabos, douches et WC à l'étage. Salles de conf. (4), de réunion et de travail (20) avec tableaux, rétroprojecteurs, magnétoscope, ordinateurs, C.D.I. Pension complète : 140 F, demi-pension : 110 F, héb. seul : 67 F. Contacter M. Devillers un mois à l'avance.

Gare : Miramas à 800 m ; car ou taxi. Aéroport : Marseille-Marignane à 35 km ; car ou taxi. Axe routier : autoroute à 10 km.

TARASCON - 13150
« Abbaye Saint-Michel-de-Frigolet »

Tél. : 90 95 70 07
Fax : 90 95 75 22

Ce centre de vie monastique et apostolique est animé par les Chanoines Réguliers de Prémontré. L'Abbaye reçoit (sauf du 24 janvier au 4 mars) des groupes encadrés (classes vertes, sessions culturelles ou sociales) ou
des particuliers. Le centre est en lui-même un site remarquable : églises du XIIème et du XIXème siècle, cloître du XIIème siècle. Aux environ d'Arles, ancienne capitale romaine, la Camargue et sa réserve naturelle.

38 ch. (15 avec douche, les autres avec lavabo) et 150 lits en dortoirs ; douches, SdB à l'étage. Salles de conf. (1), de réunion (7). Pension complète : 230 F, demi-pension : 170 F. Contacter le responsable de l'accueil.

Gares : Tarascon à 12 km ; car ou taxi. Avignon à 18 km ; car ou taxi.

14 - CALVADOS

DOUVRES-LA-DELIVRANDE - 14440
« Collège Maîtrise Notre-Dame »

21, place de la Basilique
Tél. : 31 37 30 25
Fax : 31 37 75 55

L'établissement accueille pour des vacances, des sessions et des séminaires, des groupes de jeunes et des groupes d'enfants accompagnés, pour des séjours d'un week-end à deux semaines, sauf en août. Il dispose d'un parc, d'équipements audiovisuels et sportifs et de loisirs. Situé dans un village à 3 km de la mer, ce lieu est idéal pour les personnes désirant profiter du calme et visiter la région des plages du débarquement ou la ville de Caen à 12 km.

60 lits en 2 dortoirs et 3 ch. doubles avec lavabo ; douches et WC à l'étage. Salles de conférence (1), de réunion (2), de travail (3). Pension complète : 150 F ; héb. seul : 60 F.
Contacter Frère Daniel 2 mois à l'avance.

Gare : Caen à 15 km ; car, taxi. Aéroport : Caen-Carpiquet à 20 km ; taxi.

DOUVRES-LA-DELIVRANDE - 14440
« Communauté Sainte-Famille »

6, place de la Basilique, B.P. 29
Tél. : 31 37 30 29

Les sœurs de la Sainte-Famille vous accueillent seul ou en petits groupes. L'établissement, avec terrain de sport, est situé en ville et constitue un lieu idéal pour profiter du calme et de la mer, tout en visitant la région des plages du débarquement.

Héb. en chambres, douches, SdB à l'étage. Salle de réunion. Pension complète : 135 F (réductions groupes et enfants). Agrément Jeunesse et Sports. S'inscrire 3 mois à l'avance pour l'été.

Gare : Caen à 15 km ; bus vert n°3 direction Courseulles, arrêt Basilique-La-Délivrande.

HEROUVILLE-SAINT-CLAIR - 14200
« Centre International de Séjour Caen-Hérouville »

1, Place de l'Europe
Tél. : 31 95 41 00 - Fax : 31 95 69 41

Le centre accueille les personnes individuelles ou les groupes pour des vacances touristiques, des séjours itinérants, sportifs ou culturels, linguistiques, des classes-découvertes. Notre établissement est situé en ville : cinéma, théâtre, bibliothèque, bar discothèque, stade, club hippique, piscine, patinoire, plan d'eau, église à 50m. Vous pourrez profitez d'excursions vers Bayeux, les plages du débarquement, etc. ou de promenades sur la côte fleurie ou dans la Suisse Normande.

307 lits répartis en 39 ch. individuelles, 39 ch. doubles, 25 ch. familiales ; sanitaires particuliers et par niveau. Salles de conf. (1), de réunions (5), de travail (6) ; équipement audiovisuel. Agréments : Jeunesse et Sports, Tourisme. Pension complète : 166 à 213 F, emipension : 116,50 à 181,50 F, héb. seul : 67 à 132 F. Fermeture 15 jours fin décembre. Langues étrangères : anglais, allemand, espagnol. S'inscrire auprès d'Astrid Fleury, 15 jours à 1 an à l'avance.

Gare : Caen à 4,5 km ; cars (lignes 7 et 15). Aéroport : Caen-Carpiquet à 7 km ; bus verts ; taxi. Gare maritime : Caen-Ouistreham/Porsmouth (Angleterre). Axes routiers : A13 ; N13 ; N175 ; N158.

LISIEUX - 14100
« Accueil Providence »

17, Chemin de Rocques
Tél. : 31 31 34 13

Des Sœurs de la Providence accueillent des groupes et des particuliers. Située en ville, la maison est entourée d'un parc et d'un beau jardin. Vous pourrez visiter les plages de Normandie, Trouville-Deauville et le charmant petit port de Honfleur.

102 lits répartis en 78 ch. avec lavabo ; douches et SdB à l'étage. Salle de travail (1) et salles polyvalentes (3). Pension complète : 156 F ; demi-pension : 121 F.
Contacter Sœur Monique Durant.

Gare : Lisieux à 3 km ; taxi.

LISIEUX - 14101
« Collège et Lycée Notre-Dame »

10, allée Carnot - BP24
Tél. : 31 31 04 37
Fax : 31 31 39 76

La maison est située en ville et environnée d'un parc. L'établissement vous reçoit pendant les vacances scolaires. Vous découvrirez en excursions Deauville, Trouville, Honfleur...

50/60 lits répartis en 19 ch. individuelles, 15 ch. doubles et 6 boxes ; douches à l'étage. Salle de réunion (1). Pension complète : 140 F, demi-pension : 110 F, héb. avec petit déjeuner : 70 F, réductions groupes et enfants.
Inscription auprès de M. Boullanger 15 jours avant.

Gare : Lisieux à 2 km (ligne Paris-Caen-Cherbourg) ; taxi.
Axe routier : CM55, Pli 13.

MERVILLE-FRANCEVILLE - 14810
« Relais Cap France Bon Séjour »

Rue Jean Mermoz - B.P. 12
Tél. : 31 24 20 60
Fax : 31 24 75 79

Au bord de la mer, le Relais reçoit les familles pendant les vacances scolaires d'été, les groupes de mars à novembre, et les individuels du 27 août au 24 septembre. Vous y trouverez mini-golf, tennis, ping-pong, Tir à l'arc et à la carabine, V.T.T... Animations variées. Projet-voyage envoyé sur demande aux groupes.

70 ch. doubles avec douche et WC. Salles de conférence et de réunion ; salle de spectacles. Pension complète : de 40 à 230 F selon l'âge. Paiement : tous sauf cartes bancaires. Agrément DDASS/Jeunesses et Sports. Langue étrangère : anglais. Contacter Sylvie Massinot dès janvier.

Gare : Cabourg à 5 km ; car et taxi.
Axe routier : A13, sortie Dozulé.

VIRE VAUDRY - 14503
« Communauté de Blon »

1, rue de Blon - BP 160
Tél. : 31 68 02 04

Les Communauté des Sœurs de Blon vous reçoit, individuellement ou en groupe pour des séjours de vacances ou de repos. Elle accueille aussi des classes de nature. Site agréable et reposant : vallon boisé, ruisseau et allées de gazon (6 ha). La ville et ses environs, le Val de Vire et le Bocage normand vous permettront de belles promenades, visites, excursions.

25 chambres (dont 6 avec lavabo, WC et douche ; 10 avec lavabo et WC) ; 3 dortoirs avec boxes (60 lits au total), WC et douches à l'étage ; pavillon (3 ch., cuisine et salle à manger). Salles de conf. (1) et de réunion (4) ; équipement audiovisuel. Prix par jour : 120 à 160 F, conditions spéciales pour les jeunes et les groupes. Langues étrangères : anglais, allemand, espagnol.
S'inscrire au moins 8 jours à l'avance, par téléphone ou courrier adressé au secrétariat Accueil.

Gare : Vire à 1 km (ligne Paris-Granville) ; taxi. Axe routier : A13.

15 - CANTAL

AURILLAC - 15000
« Maison Saint-Raphaël »

40, avenue de la République
Tél. : 71 48 69 10

La « Maison Saint-Raphaël » accueille toute l'année des prêtres et religieuses en vacances.

En ville, à 630 m d'altitude, vous profiterez du bon air et du calme du jardin, tout en ayant la possibilité de visiter les curiosités de la ville et de faire de belles excursions, monts du Cantal, lac d'Auvergne, Rocamadour, Padirac, Conques.

Des chambres individuelles. Salle de jeux.
Pour l'été, prévenir le Directeur plusieurs mois à l'avance.

Gare : Aurillac. Aéroport : Aurillac à 2 km.

CONDAT - 15190
« Maison Saint-Nazaire »

Tél. : 71 78 59 79 et 71 78 53 75

L'Association Paroissiale Saint-Nazaire reçoit en gestion libre des groupes avec leur encadrement pour les sports d'hiver ; classes de neige, classes vertes, colonies de vacances. Agrément Education Nationale. Notre maison est située en ville entre le Mont Dore et le Puy Mary, à 700 m d'altitude. Elle possède un parc.

100 lits répartis en ch. doubles et dortoirs ; douches et SdB à l'étage. Salles de conférences (1) et de classe (3). Contacter l'Abbé Orlhac.

Gare : Condat, cars SNCF.
Aéroport : Clermont-Ferrand à 87 km ; taxi.

NEUSSARGUES - 15170
Collège « Notre-Dame des Oliviers »

Route de Murat
Tél. : 71 20 51 80

Le collège catholique accueille en janvier et février des classes de neige ; d'avril à juin, des classes vertes ; puis en juillet et août, des colonies de vacances et des groupes constitués. Il est situé à une altitude de 820 m et dispose de terrains de jeux et d'espaces ombragés.

150 lits répartis en dortoirs et 20 ch. individuelles ou pour couple avec lavabo ; douches à l'étage. Pension complète : 90 F ; réductions pour groupes.

Gare : Neussargues ; taxi.

SAINT-FLOUR - 15100
Foyer « Les Planchettes »

7, rue des Planchettes
Tél. : 71 60 10 08
Fax : 71 60 22 44

L'ancien grand séminaire accueille, sauf en octobre, des personnes seules, des familles, des groupes de passage ou en sessions. Située en ville, la maison donne sur un parc agréable et ombragé.

A Saint-Flour, vous pourrez visiter le site basaltique, la cathédrale, le musée de Haute-Auvergne. Vous pourrez également partir en excursion dans le pays du Cantal.

180 lits répartis en ch. individuelles, doubles et familiales, avec lavabo ; douches, SdB et WC à l'étage. Salles de conf. (2), de réunion (2), de travail (2). Pension complète : 170 à 190 F.
Contacter l'Abbé Paul Saint-Léger.

Gare : Saint-Flour à 1200 m ; taxi. Axe routier : N9.

16 - CHARENTE

ETAGNAC - 16150
« Maison Sainte-Marie-d'Etagnac »

Le Bourg
Tél. : 45 89 21 17

Les Sœurs de Jeanne Delanoue accueillent toute l'année des personnes du 3ème âge autonomes pour des vacances. Située dans une région paisible et verdoyante, la maison est agrémentée d'un jardin et d'un parc. Les environs offrent de nombreuses possibilités de visites et d'excursions : village martyr d'Ouradour sur Glane, thermes gallo-romains, églises romanes.

14 ch. individuelles avec lavabo et douches à l'étage, 12 ch. tout confort avec WC, SdB et douche. Salle de réunion, club vidéo. Pension complète : de 132 à 150 F. Paiement accepté : espèces, chéques postaux ou bancaires.
Contacter la directrice 3 mois à l'avance.

Gare : Chabanais à 5 km ; taxi. Axes routiers : N141 ; D948.

17 - CHARENTE-MARITIMES

BOIS SAINT GENIS DE SAINTONGE - 17240
« Lycée agricole privé Saint Antoine »

**Route de Saint Ciers du Taillon
Tél. : 46 49 80 46**

Dans cette école d'agriculture, les Frères des Ecoles Chrétiennes accueillent toute personne, religieuse ou laïque, en groupes (30 personnes maximum).
L'établissement possède un parc, un jardin, un étang et un terrain de volley-ball. Il accepte en pension les chevaux des groupes disposant de leur moniteur. Golf à proximité et randonnées pédestres permettent de s'aérer. Visite au zoo de Palmyre ou circuit à l'île d'Oléron. La visite de Saintes, ancienne ville romaine, s'impose, comme celle des églises romanes de la Saintonge.

140 lits répartis en 36 ch. doubles, 10 familiales et 1 dortoir. Sanitaires à chaque étage ; 2 salles de conférence, 12 salles de réunion, 10 salles de travail. Réservation au moins 1 mois à l'avance pour les groupes.

**Gare : Jonzac à 15 km (taxi). Aéroport : Bordeaux à 90 km.
Axes routiers : N 137, A 10.**

CORME-ECLUSE - 17600
« Centre d'Accueil des Dominicaines »

Tél. : 46 02 43 00 - Fax : 46 02 93 09

La maison reçoit des particuliers et des groupes de classes vertes, classes de mer et colonies dans une atmosphère familiale. Le Centre est entouré d'espaces verts et d'un vaste parc. Vous pourrez accéder rapidement aux plages de l'Atlantique à 12 km. La région est riche en abbayes, églises romanes et sites archéologiques.

*120 lits en 5 dortoirs, 19 ch. individuelles et 16 doubles, avec lavabo ; SdB et douches à l'étage. Salles de conf. (2), de réunion (4) et possibilité d'utiliser plusieurs locaux pour des carrefours. Pension complète : 160 F ; prix spéciaux pour les enfants. Agréments Jeunesse et Sport, DDASS pour accueil temporaire, P.A.
Contacter la directrice à l'avance (3 à 4 mois pour les vacances).*

Gare : Saujon à 7 km ; taxi ou voiture de la maison. Aéroport : Royan-Médis à 10 km ; taxi. Axe routier : A10.

SAINT-XANDRE - 17138
« Centre de l'Etoile »

17, rue de Marans
Tél. : 46 37 35 31

La Maison accueille des particuliers, des groupes de classes de mer. Située près de l'océan, à 5 km de la côte, cette Maison offre une multitude de possibilités : pêche en mer, découverte de La Rochelle, son vieux port et aussi son port de plaisance, sa vieille ville, ses musées, son aquarium. Plaisir de la voile. Proximité des îles de Ré, d'Aix, ses environs (venise verte, plages...).

Toutes les chambres, individuelles ou doubles disposent de lavabo, douche, WC. Pension complète, en ch. ind. : 200 F, en ch. double : 170 F (enfant : 135 F) ; demi-pension, en ch. ind. : 170 F ; en ch. double : 140 F (enfant : 110 F). Prix spécial pour groupes, selon période et durée de séjour.

Gare : La Rochelle à 6 km ; car. Aéroport : La Rochelle.
Axe routier : D9 (route de Luçon).

19 - CORRÈZE

BRIVE - 19100
Maison d'accueil Saint-Antoine

41 avenue Edmond Michelet
Tél. : 55 74 03 00

Gérée par l'association Saint-Antoine-de-Padoue, cette maison franciscaine se dresse à Brive au milieu d'un grand parc. Seules ou en groupes avec leur animateur, les personnes désirant faire une halte ou un séjour (sauf du 1er au 15 septembre) sont accueillies, dans cette ville située à 170 m d'altitude où on peut aussi visiter les grottes où vécut Saint Antoine de Padoue (fêté le 13 juin) et célébrer Notre-Dame-du-Bon-Secours le 27 juin. Mais on peut également découvrir le pittoresque de Rocamadour, la beauté préhistorique des grottes de Lascaux ou l'impressionnant abîme du gouffre de Padirac.

45 lits répartis en 17 ch. individuelles et 15 doubles. Sanitaires communs. 1 salle de conférence , 1 de travail. Fermeture du 1er au 15 septembre. S'inscrire au moins 2 mois à l'avance auprès du Père Bonaventure.

Gare de Brive à 10 minutes à pied (1 km). Car depuis la gare.
Axe routier : Paris-Toulouse.

20 - CORSE

CALACUCCIA - 20224
"Couvent de Saint François"

Tél. : 95 48 00 11

L'Association Diocésaine reçoit toute personne, pour détente et loisirs. L'établissement est situé à 1,5 km du village, à 850 m d'altitude, et il dispose d'un jardin. Tennis à un km du couvent, canoé-Kayak à 15 minutes, baignades à 30 mn, sans compter les belles promenades pédestres en montagne.

34 lits répartis en 2 dortoirs et en chambres individuelles, doubles et familiales. Sanitaires dans les chambres. 1 salle de conférence ; 1 salle de travail ; 1 salle de réunion.

Gares : Francardo à 20 km (taxis le mardi et jeudi à 17h à partir de la gare et l'aéroport).
Axe routier : Calacuccia Bastia 80 km

VICO - 20160
« Couvent Saint-François »

Tél. : 95 26 60 55
Fax : 95 26 64 09

Les Pères Oblats de Marie-Immaculée reçoivent toute l'année, toutes personnes (sauf celles des Ordres) individuellement ou en groupe de 55 personnes maximum, dans le cadre de retraites, sessions, week-ends bibliques organisés par la communauté. Retraites individuelles en mai, juin et septembre, à 400 m d'altitude.

37 lits répartis en dortoirs ; douches et WC à l'étage. Pension complète : 170 F ; demi-pension et héb. seul possibles. Salles de conf. (1), de réunion (1) et de travail (1).
Contacter Marcelle Paoli plusieurs mois à l'avance.

Gare : Ajaccio à 50 km ; car, taxi.
Aéroport : Ajaccio à 50 km ; car, taxi.

21 - COTE D'OR

DIJON - 21000
Centre d'animation et de rencontres « La Bergerie »

Rue de Corcelles
Tél. : 80 41 25 73

A la campagne, l'UFCV Bourgogne accueille toute l'année des groupes de jeunes. A 250 m d'altitude, la résidence possède un parc dans lequel vous trouverez calme et repos. Outre la capitale de la Bourgogne, vous irez en excursion aux alentours, riches de champs et de vignobles célèbres.

50 lits dont 30 en dortoirs, 5 ch. doubles, 2 ch. familiales ; lavabos, douches et WC à l'étage. Salles de réunion (2). Pension complète : de 130 à 140 F.
Prévenir Elisabeth Dumont un mois à l'avance.

Gare : Dijon à 10 km ; taxi ; transport en commun.

LA BUSSIERE SUR OUCHE - 21360
« Abbaye de la Bussière »

Tél. : 80 49 02 29
Fax : 80 49 05 29

L'abbaye propose une dépendance dite "Le Moulin" pour accueillir des groupes de jeunes ou des familles. Vous découvrirez la Bourgogne et profiterez du calme du grand parc.

69 lits en dortoirs.

Contacter le secrétariat de l'abbaye.

Gare : Dijon à 30 km ; car et taxi. Aéroport : Dijon.

LERY - 21440
« Le Prieuré »

Tél. : 80 35 11 96

Les Religieuses Franciscaines vous accueillent dans une belle propriété du XVIIème siècle. Pension de famille uniquement en juillet et août. Camping possible. Réseau de lignes de cars permettant de découvrir les richesses de la Bourgogne.

25 lits ; sanitaires à l'étage. Pension complète : 165 F (réduction enfants). Contacter Sœur Marie-Colette : 7, rue Dubois, 21000 Dijon. Tél. : 80 66 21 52.

Gare : Dijon à 50 km ; car via La Margelle.
Aéroport : Dijon-Lonvic à 55 km. Axe routier : N71.

22 - COTES-D'ARMOR

GOUAREC - 22570
« Lycée et Collège Notre-Dame »

2, rue Saint-Gilles
Tél. : 96 24 90 01 - Fax : 96 24 80 83

Situé dans le village, cet établissement scolaire privé, Maison des Sœurs Augustines, vous reçoit seul ou en groupes de 10 à 120 personnes (encadrement nécessaire pour les jeunes). Il dispose d'un parc et d'un terrain de sport et accueille des classes vertes et ateliers. Un foyer avec cafétéria et jeux est à disposition. A proximité on trouvera une piscine et un mini-golf. Des randonnées sont possibles. Le lac de Guerlédan est distant de 10 km. Dates de fermeture en fonction des périodes scolaires.

70 ch. individuelles, 20 ch. doubles, 3 ch. familiales, avec cabinet de toilette ; sanitaires à l'étage. Salles de conf. (3), de travail (10), de vidéo (1), de détente (2). Pension complète : 50 à 100 F selon prestations ; réductions enfants et longs séjours. Héb. seul ou simple restauration possible.
Contacter M. Milliard.

Gares : Saint-Brieuc ou Guingamp à 50 km ; car ou taxi.
Axe routier : RN164.

PLENEUF-VAL-ANDRE - 22370
« Pension Notre-Dame »

43, rue Charles de Gannes
Tél. : 96 72 20 34
Fax : 96 63 04 79

La pension reçoit des particuliers et des groupes pour des séjours de vacances. Les handicapés sont les bienvenus mais doivent être accompagnés. Situé en ville, dans un cadre agréable, face à la mer, le centre dispose d'un jardin. Vous pourrez y pratiquer la voile et le tennis.

28 ch. individuelles et 22 doubles, avec lavabo ; SdB et douches à l'étage. Salle de conf. (1) et de travail (4). Pension complète : 180 à 210 F. Contacter la directrice à l'avance.

Gares : Lamballe ou Saint-Brieuc à 14 et 25 km ; car ou taxi.
Aéroport : Saint-Brieuc à 25 km ; car ou taxi.
Axes routiers : Rennes-Lamballe-Pleneuf-Val-André.

PLOUHA - 22580
Centre d'accueil « Plouharmor »

3, rue Lamennais
Tél. : 96 20 34 40
Fax : 96 22 46 63

Ce centre reçoit en période scolaire, des classes de découverte du milieu marin ; pendant les vacances, des séjours de soutien scolaire ; en juillet-août, des colonies de vacances et des stages sportifs. Située en ville, la maison est entourée d'un parc. De nombreux équipements sportifs sont mis à votre disposition : VTT pour jeunes de 10 à 14 ans ; terrains de tennis, volley et football ; équitation. A proximité de la mer.

96 lits répartis en boxes de 3 ou 4 lits, 6 ch. doubles, 14 ch. familiales, avec lavabo ; douches et WC à l'étage. Salle de conf. (1), de réunion (1) et audiovisuelle (1). Pension complète : de 125 à 150 F ; demi-pension : de 110 à 130 F ; héb. : de 60 à 80 F ; chèques vacances et bons CAF acceptés. Agrément : DDJS/Jeunesse et Sports, Inspection Académique . Langues étrangères : anglais, espagnol, allemand. Contacter M. Lebreton.

Gares : Saint-Brieux à 30 km, Guingamp à 20 km ; car ou taxi.
Aéroport : Saint-Brieux à 30 km ; car ou taxi.

SAINT HELEN - 22100
« Lycée d'Enseignement Professionnel Privé Rural»

La Guerche
Tél. : 96 39 78 54 - Fax : 96 39 98 99

L'établissement vous accueille toute l'année sauf du 1er au 24 août. Le château et son jardin sont isolés de la ville par une vallée, ce qui leur confère calme et tranquillité. Dinan se trouve à 6 km et la belle ville de Saint-Malo à 25 km.

1 dortoir de 7 lits ; 1 ch. individuelle, 3 ch. doubles et 1 ch. familiale avec lavabos ; sanitaires à l'étage. Salles de conf. (2) ; magnétoscope. Pension complète : 95 F , demi pension : 70 F , hébergement seul : 35 F. Contacteur le Directeur, M. Mailly ou Mme Couvert 3 mois à l'avance.

Gare : Dinan à 7 km ; taxi.
Axes routiers : St Brieuc-Rennes ; Paris-Rennes-St Brieuc.

SAINT-JACUT-DE-LA-MER - 22750
« L'Abbaye »

B.P. 1
Tél. : 96 27 71 19
Fax : 96 27 79 45

Gérée par l'Association « La Providence », la maison accueille toutes personnes pour un temps de repos ou de vacances. Située au bord de la mer, elle permet des vacances familiales et reposantes.

45 ch. individuelles, 40 ch. doubles et 7 ch. familiales (dont 80 avec-douches et WC). Salles de conf. (2), de réunion (2) et de travail (6). Courts de tennis et tables de ping-pong. Prix **hors saison** *en pension complète : 170 F, en demi-pension : 130 F. Prix en* **Juillet-Août** *en pension complète entre : 200 et 250 F. Agrément : Jeunesse et Sports. Contacter le secrétariat de 1 à 3 mois à l'avance.*

Gares : St-Malo à 20 km ou Plancoët à 11 km ; taxi ou voiture de l'Abbaye. Aéroport : Pleurtuit-Dinard à 12 km. Axe routier : Rennes-Dinard.

24 - DORDOGNE

PERIGUEUX - 24000
« Maison Diocésaine »

38, avenue Georges Pompidou
Tél. : 53 35 70 70 - Fax. : 53 54 69 30

Gérée par l'évêché de Périgueux, la maison reçoit uniquement des groupes de toutes catégories bien encadrés, pour une étape, une session ou des vacances. Elle accueille aussi des groupes à la journée pour des réunions. Elle dispose d'un grand parc ; piscine, tennis et golf sont à quelques minutes. De nombreuses excursions sont possibles dans les environs (châteaux, sites préhistoriques) ou à Périgueux : la cathédrale, l'église Saint-Etienne, le pont des Barris, les musées...

60 lits répartis en 60 ch. individuelles ou pour couple, avec lavabo ; douches à l'étage. Salles de conf. (1), de réunion (8). Pension complète : 140 F, héb. seul : 60 F. Langue étrangère : anglais.
Prévenir dès que possible M. Ruland ou le secrétariat.

Gare : Périgueux à 2 km ; taxi. Aéroport : Périgueux-Bassillac à 8 km.

25 - DOUBS

CONSOLATION-MAISONNETTES - 25390
« Fondation du Val de Consolation »

Centre spirituel Notre-Dame-de-Consolation
Tél. : 81 43 54 71
Fax : 81 43 56 39

La Fondation du Val de Consolation accueille du 15 février au 15 novembre des groupes d'adultes et de jeunes pour des séjours, sessions culturelles ou sociales. Niché au milieu des sapins, dominant la rivière, le centre est à 550 m d'altitude. Vous aurez la possibilité de camper l'été. Depuis septembre 93, des travailleurs missionnaires (laïques consacrés) assurent l'accueil et le temps de prières.

100 lits répartis en 15 boxes collectifs et 18 ch. doubles ; douches à l'étage. salles de conf. (9). Contacter l'Abbé Jean-Paul Guyot.

Gares : Avoudrey ou Morteau à 15 km ; taxi ou voiture de l'établissement. Axe routier : D461.

LES FONTENELLES - 25210
"Maison d'Accueil des sœurs de la Retraite Chrétienne"

Tél. : 81 43 71 79

La communauté des sœurs de la retraite chrétienne reçoit toute l'année jeunes et adultes, pour des séjours de durée variable, individuellement, en famille ou en groupe (8 à 10 personnes) ;

En période scolaire accueil possible d'un groupe faisant sa cuisine. Le milieu rural, l'altitude (900 m) et la proximité de la Suisse permettent randonnées pédestres et tourisme. Ce qui n'exclut pas la détente et les activités audiovisuelles.

125 lits (durant les vacances scolaires) répartis en chambres individuelles, boxes et dortoirs. 25 chambres (en période scolaire). 2 salles de conférences (300 places)

Gare : Morteau via Besançon à 20 km (voiture de l'établissement). Axes routiers : D41 ; D 437.

MONFERRAND-LE-CHATEAU - 25320
« Villa Sainte-Magdeleine »

Tél. : 81 56 53 35

Les Dominicaines de Béthanie reçoivent des prêtres, religieux(ses), couples, dames et jeunes filles, seuls ou en groupes, pour des séjours de 3 semaines maximum. La communauté vous y accueillera dans un climat de contemplation et de discrétion propres à sa spiritualité. La possibilité de dialogue est offerte à tous. Située dans un hameau, la propriété, en bordure du Doubs, comprend un parc et un petit bois propices au calme et à la détente. Des sites historiques invitent à de nombreuses et agréables promenades.

18 lits ; douches et SdB à l'étage. Salles de conf. (1) et de réunions (3). Pension complète : 145 F. Fermeture en octobre.
S'inscrire 15 jours à l'avance.

Gares : Montferrand-Thoraise, à 10 km de Besançon ; taxi. Axe routier : A36 sortie Besançon Ouest ; N173 et D105.

Vacances

26 - DROME

B O U V A N T E - L E - H A U T - 2 6 1 9 0
« Centre de Vacances La Jacine »

Tél. : 75 48 57 14 - Fax : 75 48 57 71

Fondée par la délégation départementale du Secours Catholique, la Jacine reçoit toute l'année, sauf du 15 novembre au 26 décembre, toutes personnes seules ou en groupe dans le cadre de vacances, classes de neige ou vertes, sessions culturelles ou sociales, stages artisanaux. Le centre est doté d'une piscine chauffée et couverte, d'équipements de sports (ping-pong, volley) d'ateliers photo et poterie l'été. De nombreuses excursions et randonnées pédestres sont possibles aux alentours, massif du Vercors.

110 lits répartis en dortoirs modulables et 31 ch. dont 14 avec salle d'eau et WC, 1 dortoir de 20 lits ; douches et baignoires à l'étage. Salles de conf. (3), de réunion (2). Agréments : Education Nationale, Jeunesse et Sports. Réductions pour les classes de découverte. Contacter Paul Sauvajon.

**Gare : Saint-Hilaire/Saint-Nazaire à 30 km ; taxi.
Axe routier : A49 Valence-Grenoble.**

L U S - L A - C R O I X - H A U T E - 2 6 6 2 0
Gîtes et studios « Bouffier-Bruchier »

**Hameau Le Cheylard
Tél. : 92 58 50 76**

Le châlet, situé à 1 050 m d'altitude, est ouvert toute l'année au groupes ou particuliers, pour un séjour de vacances allant de 3 jours à 1 mois. Piscine et tennis à proximité. Ski de fond sur place, ski de descente à 5 km. Un jardin de 2 ha est à la disposition des résidents.

*15 lits, plus lits d'enfants ; caravanes 4 pers. ; 2 logements, 4 pièces au RdC avec sanitaires. 8 ch. individuelles avec lavabo ; douches à l'étage. Prix : 450 F la semaine pour 3 pers. ; le gîte 7 pers. : 1250 F la semaine ; réductions groupes et longs séjours.
Inscription auprès de Sœur Marie-Thérèse Bouffier, 26620 Lus-la-Croix-Haute.*

Gare : Lus-La-Croix-Haute à 1,2 km ; taxi.

MARSANNE - 26740
« Maison d'Accueil Saint-Joseph »

Fresneau
Tél. : 75 90 32 50

La maison accueille en séjours individuels, en stages ou en sessions des messieurs et des dames ayant besoin de repos, de calme ou de prière. Située à 350 m d'altitude, dans un lieu isolé, mais à proximité du village médiéval, vous pourrez participer au pèlerinage marial de Notre-Dame-de-Fresneau le 8 septembre.

20 ch. individuelles et 1 ch. double, avec lavabo et 9 avec WC ; douches et SdB à l'étage. Pension complète : 145 à 170 F. Paiement : carte bleue acceptée. Contacter Mr ou Mme Boetti, directeurs.

Gare : Montélimar à 15 km ; car ou taxi. Aéroport : Valence (Chabeuil) à 40 km. Axes routiers : Autoroute A7 sortie « Montélimar nord » à 12 km ou N7 sortie « la Coucourde » à 10 km.

PIEGROS LE CLASTRE - 26400
"L'aube"

Tél. : 75 40 03 24

Situé près de Crest et gérée par l'association "accueil et échanges", la maison accueille un maximum de 36 personnes (à l'exception des enfants) particuliers et groupes.

Vous participerez à des sessions diverses de peinture et de dessin, parcourrez le jardin et le vaste parc entourant cette maison située à 200m d'altitude. Vous pourrez enfin visiter les sites naturels d'un riche patrimoine régional, vous adonner à la baignade et au kayak sur la Drôme ou, en hiver, pratiquer le ski de fond (à 1 km).

7 chambres individuelles, 5 chambres doubles, 3 douches et 4 WC dans les chambres. sanitaires à l'étage ; 1 salle de conférence , 2 salles de réunion et 1 salle de travail. Langues étrangères : italien et anglais. Pension complète : 200 à 250 F selon confort. Chèques, chèques vacances et espèces acceptés. Contacter le secrétariat.

Gare : Valence (à 35 km) ; car et taxi. Crest (à 8 km); car et taxi.

ROCHEGUDE - 26790
« Centre de rencontres du Bousquillon »

c/o M. et Mme Joël Boyer
Cours de l'Apparent
Tél. (réservations) : 75 98 20 46

Le centre reçoit particulièrement les groupes de scouts et les aumôniers, soit 17 personnes au maximum, pour vacances et récollections, avec possibilité de camping dans la grande pinède qui l'entoure, au cœur de la Drôme provençale. La région est riche de villes romaines : Orange et son théâtre romain, Vaison-la-Romaine. Vous visiterez les pittoresques grottes et gorges de l'Ardèche (à 30 km) et le Mont Ventoux (à 50 km).

17 lits répartis en 5 chambres. Sanitaires communs. Bloc sanitaire extérieur pour le campement. 1 salle de réunion. Prix : 30 F par nuit. Contacter Joël Boyer.

Gare : Orange à 15 km ; taxi. Aéroport : Avignon à 45 km ; taxi. Axe routier : autoroute A 7, sortie Bollène (10 km).

SAINT-PAUL-TROIS-CHATEAUX - 26130
« Lycée Agricole Privé de Tricastin et des Baronnies »

25, le Courreau - B.P. 15
Tél. : 75 96 62 27 - Fax : 75 96 73 64

L'établissement accueille pendant les vacances scolaires (sauf le mois d'août) des groupes de toutes catégories, d'un maximum de 80 personnes, pour des sessions, des stages, des tournois sportifs ou pour des vacances. Séjour de 4 semaines maximum en été. Equipement audiovisuel. Au foyer, on trouvera ping-pong et baby-foot. En ville : centre de loisirs avec piscine, patinoire, bowling, tennis et centre équestre.

180 lits répartis en 1 dortoir (en 2 parties) ; 49 ch. doubles et 9 ch. familiales (4 pers.) avec lavabo ; lavabos, douches et WC collectifs. Salles de conf. (3), de réunion (1), de travail (11). Pension complète : 140 F (selon les groupes), possibilité héb. seul ou demi-pension. Agrément Jeunesse et Sports n° 26 324 319. Inscription : 3 mois à l'avance. Contacter M. Garel ou M. Romain.

Gare : Pierrelatte (lignes Valence/Lyon ; Avignon/Marseille) à 8 km ; car ou taxi. Aéroports : Valence ou Avignon à 70 km ; train. Axe routier : A7 ; sortie : Bollène à 6 km de l'établissement.

27 - EURE

ETREPAGNY - 27150
« Accueil Dominique »

1, rue Maison de Vatimesnil
Tél. : 32 55 81 32

Les Sœurs Dominicaines reçoivent des familles, hôtes individuels et groupes, pour des séjours d'un mois maximum. Situé en ville, l'établissement se trouve dans un parc où l'on peut camper. Aux alentours, vous pourrez visiter Gisors et son château, Château-Gaillard, dominant la Seine.

65 lits répartis en ch. à 1 ou 2 lits suivant les besoins, avec lavabo ; SdB, douches à l'étage. 1 salle de conf. avec audio-visuel et salles de réunion ou de travail (6/8). Prix en fonction des ressources de chacun. Contacter la Sœur Hôtelière à l'avance.

Gare : Gisors à 14 km ; taxi ou voiture de l'établissement.
Aéroport : Beauvais à 40 km ; taxi. Axe routier : N14.

PONT AUDEMER - 27500
"Lycée agricole privé"

Tourville sur Pont Audemer
Tél. : 32 41 11 15 - Fax : 32 41 48 27

Cet établissement peut accueillir pendant les vacances scolaires, des personnes seules, familles ou groupes, pour des étapes ou sessions culturelles. Situé dans un village, à environ 30 km de la mer, dans la vallée de la Risle, le lycée, riche d'un parc de 12 hectares, est équipé d'un terrain de football et d'un plateau mixte d'éducation physique, mais aussi d'une salle de ping-pong et de gymnastique. Hors ces possibilités sportives, les plus studieux pourront profiter des laboratoires de langues et d'informatique et les plus épris de paysages parcourir la Côte Normande et la vallée de la Seine.

180 lits répartis en dortoir et 5 ch. individuelles avec lavabo, douche et WC ; douches et WC à l'étage. Salle de conf. (1), de réunion (5), de travail (12) ; équipement audiovisuel. Prix variables en fonction du séjour et du type d'accueil. Langues étrangères : anglais, allemand, espagnol.

Gare : Bernay ou Lisieux à 35km ; car. Aéroports : Deauville-Saint-Gatien, Rouen-Boos et Le Havre, de 25 à 60 km ; car.
Axe routier : A13 (Paris Deauville).

28 - EURE-ET-LOIR

EPERNON - 28230
« Prieuré Saint-Thomas »

29, rue du Prieuré - Tél. : 37 83 60 01

Les Sœurs-du-Christ reçoivent de la mi-juin à la fin août des familles et des couples pour des séjours de vacances. Installé dans un parc de 2 ha agrémenté d'un jardin, Le Prieuré offre une ambiance calme et reposante. Vous pourrez effectuer des randonnées pédestres dans les forêts voisines. Vous serez également à proximité de Chartres, Maintenon et Rambouillet.

34 ch. indiv., 11ch. à 2 et 3 lits avec sanitaires ; SdB, douches à l'étage. Salles de réunion (2), de travail (4). Pension complète : 160 F. Contacter la Sœur Hôtelière 6 mois à l'avance.

Gare : Epernon à 1,5 km ; taxi. Axe routier : D906.

29 - FINISTÈRE

BREST - 29200
Foyer « Stereden Vor »

30, rue de Denver
Tél. : 98 44 47 18

Le foyer vous reçoit seul, en famille ou en groupes durant les vacances d'été. Le centre est situé dans la ville de Brest, dans un quartier très calme, à proximité des gares SNCF, routière et maritime. Ainsi vous pourrez profiter de la mer, des plages et du centre nautique à 3 km. Vous découvrirez les différentes curiosités telles que Océanopolis, le jardin botanique, l'Arsenal ou les musées de la marine, de la ville de Brest, des Beaux-Arts.

14 ch. individuelles, 33 ch. doubles, avec lavabo ; douches et WC à l'étage. Salles de réunion (2). Pension complète : 160 F ; héb. avec petit déjeuner : 80 F ; demi-pension : 120 F.
Prévenir Mme Durand 2 mois à l'avance.

Gare : Brest à 600 m. Aéroport : Guipavas à 12 km ; car ou taxi. Axe routier : voies express Nantes-Brest / Rennes-Brest.

L O C Q U I R E C - 2 9 2 4 1
« Maison d'accueil de l'Ile Blanche »

1 impasse de l'Ile Blanche - B.P. 13
Tél. : 98 67 43 72

La congrégation des Filles du Saint-Esprit reçoit toute l'année, toutes personnes seules ou en groupes sauf familles et les scolaires en classes de mer (d'avril à juin et du 15 septembre au 31 octobre). Située dans un village, la maison est agrémentée d'un parc face à la mer et d'un jardin. La mer toute proche invite aux baignades. Vous pourrez visiter aux environs la Côte de granit rose, le port de Roscoff et les enclos paroissiaux .

90 lits répartis en 62 ch. individuelles, 14 ch. familiales. Soins paramédicaux. Salle de conférence (1), de travail (7). Pension complète : 155 F ; demi-pension : 54 F ; héb. seul : 52 F. Equipement ; traduction simultanée en trois langues. S'inscrire (pour les groupes) plusieurs mois à l'avance. Contacter Sœur Marie-Thérèse Jouffe.

Gare : Morlaix ou Plouaret à 25 km ; car et taxi.
Aéroport : Guipavas à 50 km ; taxi. Axe routier : RN12.

M O R L A I X - 2 9 6 0 0
« Foyer des Ursulines »

3, rue des Ursulines
Tél. : 98 88 04 24

Les Religieuses Ursulines de l'Union Romaine vous reçoivent seul ou en groupes encadrés. Située en ville, la propriété dispose d'un grand parc où vous pourrez pratiquer volley-ball, basket-ball, ping-pong. Vous profiterez aussi des jeux de société, du piano et de la salle de théâtre dans une ambiance familiale. Vous visiterez la baie de Morlaix, la côte rocheuse, le Parc d'Armorique, les mégalithes, les châteaux, etc.

50 lits en dortoirs et 80 en ch. avec lavabo ; douches, WC à l'étage. 3 studios de 2 ou 3 lits avec cabinet de toilette et cuisine. Salles de conf. (2), de réunion (3). Pension complète : de 150 F à 160 F ; réductions enfants. Agréments : Jeunesse et Sports ; Inspection Académique. Langue étrangère : anglais. S'inscrire 15 jours à l'avance.

Gare : Morlaix (2 km). Aéroports : Brest (50 km), Lannion (40 km) ; taxi.

MORLAIX - 29201 Cedex
"Monastère des Augustines"

St François - BP 47
Tél. : 98 88 56 36 (soir)
       98 88 00 20 (journée)
Fax : 98 62 09 52

Les Sœurs Augustines Hospitalières de la Miséricorde de Jésus vous accueillent pour un séjour individuel ou familial de détente ou de ressourcement spirituel, de septembre à juin. Situé à 3 km de Morlaix, à proximité de la mer et des enclos paroissiaux, en direction de Roscoff-Garantec, le monastère comporte 3 studios très coquets dans un parc où se trouve un sanctuaire voué à Notre-Dame de la Salette.

10 lits répartis en 4 chambres individuelles, 2 chambres doubles et 1 chambre familiale. Sanitaires communs. Contacter Sœur Anne-Marie.

Gare : Morlaix à 3 km. Aéroport : Guipavas-Brest à 60 km ; taxi. Axe routier : autoroute Paris-Rennes-Brest.

QUIMPER - 29103
« Centre de Kerivoal »

10, allée de Kerdaniel - B.P. 1336
Tél. : 98 95 40 20
Fax : 98 64 26 86

Les Frères des Ecoles Chrétiennes accueillent toute l'année des groupes (d'études, de pèlerins, des classes de découverte régionale, des chorales...). Le centre est situé dans un parc, à la périphérie de Quimper, à 2 km du centre ville.

100 lits répartis en 40 ch. individuelles et 30 ch. doubles dont 18 avec douche et toilette ; douches, toilettes aux étages. Salles de conf. (2), de réunion (4, de 30 places) et de travail (15, de 10 à 20 places) sonorisation et matériel audiovisuel. Salles à manger (4). Equipements sportifs extérieurs (terrain de football). Langue étrangère : anglais. Pension complète : 120 à 200 F, héb. seul : 55 à 120 F.
Contacter le Directeur, si possible 6 mois à l'avance.

Gare : Quimper à 3 km ; car ou taxi. Aéroport : Quimper-Pluguffan à 10 km ; taxi. Axes routiers : Lorient-Quimper-Brest ou Nantes-Brest.

SAINT-POL-DE-LEON - 29250
« Association Paul Aurélien »

2, rue Cadiou
B.P. 91
Tél. : 98 69 13 08

Situé sur la côte, ce groupe scolaire catholique (les lycées Notre-Dame du Kreisker et Saint-Jean-Baptiste, le collège Sainte-Ursule) reçoit pendant les vacances scolaires, des groupes en centre de vacances de 40 à 90 personnes, encadrement compris. Cette petite ville, dont Saint-Pol, dit l'Aurélien, fut le premier des évêques de la Basse-Bretagne, offre deux des plus beaux édifices bretons : l'ancienne cathédrale et le clocher du Kreisker.

Ch. individuelles ou dortoirs. Possibilité de gestion directe . En hôtelle-
rie, pension complète. Un immeuble scolaire situé au centre ville com-
prend 14 studios à louer en juillet ou août.
Contacter l'Intendant.

Gares : Morlaix (ligne Paris/Brest) à 2 km et Saint-Pol-de-Léon (ligne Paris/Roscoff en juillet et août) ; taxi.

---

30 - GARD

DOURBIES-30750
MFV « Caucalan »

Relais Cap France
Tél. : 67 82 70 45

L'Association « Foyer de Vacances » accueille les jeunes et les familles, pendant 8 jours minimum, dans le cadre d'une vie communautaire et dans l'esprit chrétien, avec la présence éventuelle d'un aumônier. La maison est isolée (930 m d'altitude) avec un jardin, une aire de jeu pour les enfants, volley, ping-pong, baby-foot. Vous profiterez de votre séjour pour visiter la région céve-nole. Nombreuses randonnées pédestres.

50 lits en ch. et 2 dortoirs ; douches à l'étage. Pension complète :
154 F (réductions enfants ; paiement possible par bons et chèques
vacances). Ouverture de mi-juin à mi-septembre.
Inscriptions auprès de M. Boudet (au siège de l'Association) : 697, rue
de l'Aiguelongue, 34090 Montpellier. Tél. : 67 63 20 21 ou 67 42 87 43.

Gare : Millau (Aveyron) à 50 km ; car et taxi.
Axes routiers : N9 ; N109 ; D55 ; D99 ; D151 ; D341.

LE VIGAN - 30120
« Orantes de l'Assomption »

13, avenue Emmanuel d'Alzon - B.P.16
Tél. : 67 81 01 31

Les sœurs accueillent toute l'année des personnes ou groupes (20 personnes maximum), pour des vacances reposantes.
La maison est située à 230 m d'altitude, en bordure des Causses et des Cévennes. Vous pourrez profiter des charmes de la méditerranée à 70km.

30 ch. à 1 ou 2 lits ; cuisine à l'étage ou pension complète.
Contacter la Sœur Hôtelière 15 jours à l'avance.

Gares : Nîmes à 80 km, Montpellier à 62 km ; car.
Axe routier: D999.

NIMES - 30000
« Association Oikoumène »

740, montée des Alpins
Tél. : 66 26 67 77 - Fax : 66 26 01 88

L'association œcuménique accueille toute personne valide ou handicapée, seule ou en groupe, durant toute l'année, dans une ambiance chrétienne et avec participation aux tâches collectives.

L'établissement est situé sur l'une des trois collines de Nîmes, au milieu d'un jardin d'oliviers et d'une garrigue favorables à la détente.

Des équipements sportifs, à 500 m, sont à votre disposition ainsi qu'une piscine à 5 km. Enfin, la mer à 45 km invite aux baignades.

50 lits répartis en 5 chambres individuelles, 6 chambres doubles et 8 chambres familiales. 1 salle de réunion, 1 salle de travail. Soins médicaux et paramédicaux. Langues étrangères : notion de néerlandais et allemand. Réservation pour séjours au-delà du 14 août 1994. Pension complète : 140 F par jour, demi-pension : 100 F, hébergement seul : 50 F. Chèques acceptés, versement d'arrhes.
Contacter Jean-François Schuermans.

Gare : Nîmes à 3 km ; car et taxi.
Aéroports : Nîmes-Garons à 10 km ; navette, car et taxi.
Axes routiers : autoroute A9 - E15, sortie Nîmes-Est.

NIMES - 30000
Résidence « Monjardin »
Association de la Jeune Fille

16, rue Fénelon
Tél. : 66 67 24 54

Le foyer reçoit des groupes en juillet-août et des jeunes travailleuses et étudiantes durant l'année scolaire. Vous pourrez vous reposer dans le jardin de cette maison située en ville. Vous profiterez aussi de la piscine à proximité.

20 ch. individuelles, 15 ch. doubles, avec lavabo ; douches et WC à l'étage. Pension complète : de 172 F à 152 F ; demi-pension : de 116 F à 136 F ; hébergement : de 65 F à 85 F.

Gare : Nîmes à 5 mn à pied ; taxi.
Aéroport : Nîmes-Garon à 12 km ; car ou taxi.

NÎMES - 30000
« Foyer Sainte Jeanne Antide »

4 rue Bonfa
Tél. : 66 67 38 42

Les Sœurs de la Charité accueillent en juin, juillet et août, religieuses, dames et jeunes filles et éventuellement des petits groupes d'enfants, pour une nuit ou quelques jours de détente. Le foyer est situé en ville et agrémenté d'un jardin. Des possibilités de repos sont offertes après entente préalable. La visite des monuments de Nîmes (arènes romaines, Maison carrée) peut être le prélude à des randonnées dans la région (Baux-de-Provence, pont du Gard et autres sites provençaux) et aux baignades (la mer est à 40 km).

8 ch. individuelles et 2 ch. doubles. Douches et WC l'étage.

Gare à 15 m à pied ; car et taxi.

SAINT-HIPPOLYTE-DU FORT - 30170
« Missionnaires Monfortains »

Notre-Dame-de-la-Gardiolle
Tél. : 66 77 20 95

La communauté accueille prêtres et religieuses pour des séjours d'une semaine à un mois. Situé à 200 m d'altitude, dans un parc ombragé, elle vit de son travail et exerce une activité apostolique et paroissiale.

14 ch. individuelles, 12 ch. doubles, 4 ch. familiales avec lavabo ; sanitaires complets et téléphone à l'étage. Pension complète : 160 F. Salles de conf. (2), salles de réunion (4).

Gares : Montpellier à 50 km, Nîmes à 65 km ; cars SNCF.
Aéroport : Nîmes-Garons à 60 km.

31 - GARONNE (HAUTE-)

ASPET - 31160
"Maison Nazareth"

Pujos
Tél. : 61 88 41 15

L'association Nazareth, qui gère ce gîte familial au cœur des Pyrénées, peut accueillir durant toute l'année une vingtaine de personnes, dont trois ou quatre familles en même temps. Elle offre un lieu où paix, détente et prière aident chacun à refaire ses forces. Certains peuvent y trouver partage et convivialité, particulièrement les familles en vacances scolaires, d'autres opteront pour silence et solitude ou dialogue avec un couple chrétien formé à l'écoute.

Située à 450 m d'altitude dans un village et agrémentée d'un jardin, la maison propose ping pong, volley, badminton et piscine pour enfants. Enfin, la région, distante de l'Espagne de 45 km, bénéficie de randonnées de ski à 25 km et de grottes préhistoriques (visites et spéléologie). On peut y pêcher à la truite, s'adonner au canoë-kayak, visiter les monuments historiques (St Bertrand de Comminges, Montmaurin, Foix).

20 lits répartis en 4 ch. individuelles, 8 ch. doubles et 2 ch.familiales avec lavabo. Sanitaires communs (3 douches, 1 baignoire, 4 WC). 1 salle de réunion, 1 salle de travail. Langue étrangère : espagnol. Chacun doit assurer la confection de ses repas.

Gare : Saint Gaudens à 17 km ; taxi. Aéroport : Toulouse-Blagnac à 90 km ; car. Axe routier : RN 117 - à partir de Saint Gaudens, prendre direction Aspet ; en venant de Toulouse, direction St Girons, Figarol, Aspet.

HUOS - 31210
« Le Foyer de Comminges »

Les Tilleuls
Bonnecarrere
Tél. : 61 95 78 56

Le foyer reçoit des hôtes de toute origine, seuls ou en groupes (maximum de 20 membres), du 1er juillet au 30 septembre, pour une durée de 7 à 45 jours en pension de famille pour un séjour de détente ou des sessions culturelles pré-organisées. Situé à 460 m d'altitude, au-dessus de la vallée de la Garonne et à l'orée des Pyrénées, dans un cadre campagnard.

70 lits répartis en 50 ch. individuelles et 10 ch. doubles ; sanitaires collectifs. Salles de réunion (2). Pension complète obligatoire : 150 F (participation à la vaisselle), réductions enfants, groupes et longs séjours.

Gare : Montrejeau à 2 km (lignes : Toulouse/Montrejeau/Luchon ou Lourdes) ; taxi.

LUCHON - 31110
« Maison Gascon »

42, allée d'Etigny
Tél. : 61 79 00 03

La maison vous accueille individuellement pour les vacances. Située en ville (630 m d'altitude) elle possède un jardin et se trouve à proximité de l'établissement thermal. La région offre de très nombreux buts d'excursions.

40 lits répartis en 32 ch. individuelles et 8 ch. doubles ; douches et WC à l'étage. Fermeture du 15 octobre au 1er mai. Recrutement de salariés de mai à septembre. Pension complète : 195 F ; réduction enfants. Inscription par écrit dès janvier.

Gare : Bagnères-de-Luchon à 1 km ; car ou taxi. Aéroport : Toulouse à 120 km. Axe routier : Montréjeau-Luchon.

32 - GERS

AUCH - 32020 CEDEX 9
« Le Centre Béthanie »

13, rue du Docteur Samalens
Tél. : 62 61 91 55 - Fax : 62 61 85 01

La maison, gérée par le diocèse, reçoit des personnes venant seules ou en groupes encadrés (50 personnes maximum). La demeure isolée est entourée d'un jardin verdoyant. Le centre accueille notamment des classes transplantées, stages, sessions, étapes ou séjours de vacances. Les hôtes sont en autogestion et se chargent de leurs repas avec les équipements mis à leur disposition. Vous profiterez de votre séjour pour découvrir la cité d'Auch (à 5 km de l'établissement), aller à la piscine (à proximité), faire des randonnées dans la campagne...

50 lits répartis en 3 dortoirs, 1 ch. individuelle et 3 ch. familiales ; sanitaires complets à l'étage. Salle de conf. (1), de réunion (2), de détente (2). Téléphone dans la maison. Héb. seul : 25 F.
Contacter l'Abbé Denux.

Gare : Auch à 5 km ; taxi. Aéroport : Toulouse à 75 km ; train, car ou taxi. Axes routiers : N20 ; N124.

LAUJUZAN - 32110
« Badiole »

Tél. : 62 09 03 29

Située à la sortie du village, cette belle maison accueille des groupes accompagnés. Vous profiterez du terrain de jeu, vous trouverez une piscine, tennis et U.L.M. à 3 km, cinéma, aérodrome, autodrome à 13 km. Vous ferez de belles excursions dans la campagne verdoyante du Gers, au milieu des vignobles d'Armagnac.

25 lits répartis en 4 dortoirs ; lavabos, douches, WC au rez-de-chaussée. Salle de travail (1). Héb. + cuisine équipée : 23 F.
Contacter le Presbytère de Nogaro, 5, rue des Fossés, 32110 Nogaro.

Gare : Mont-de-Marsan à 35 km. Aéroport : Pau à 50 km.
Axe routier : N124.

---

33 - GIRONDE

SAINT-BRICE - 33540
« Congrégation Sainte-Marthe »

Tél. : 56 71 54 07 - Fax : 56 71 55 18

Les Sœurs de Sainte-Marthe-de-Périgueux reçoivent toute l'année, sauf en juillet et août, toutes personnes sauf les enfants seuls, pour une durée de 15 jours maximum, individuellement ou en groupes constitués, pour des temps de récollections ou des sessions organisés par les groupes eux-mêmes. Le centre dispose d'un jardin de 12 ha. Les sœurs recherchent des dons pour permettre l'installation d'un ascenseur.

42 lits répartis en 8 ch. simples ou doubles avec lavabo, et douches à l'étage, 14 ch. de plein-pied avec baignoire et WC, 7 ch. pour handicapés en fauteuil roulant. Salles de conf. (4). Pension complète : 180 à 190 F, héb. seul possible le week-end. Paiement en fin de séjour accepté. Contacter Sœur Marie-Vincent au moins 15 jours avant.

Gare : La Réole à 15 km, Libourne à 30 km ; car, taxi ou voiture de l'établissement. Aéroport : Bordeaux-Mérignac à 50 km.

---

34 - HÉRAULT

AGDE - 34300
« Centre de vacances de Batipaume »

Route de Rochelongue
Tél. : 67 94 11 47 - Fax : 67 94 86 36

L'association lozérienne des Œuvres de jeunesse de Mende accueille toutes personnes (60 maximum), sauf entre novembre et avril, pour des séjours de 7 à 10 jours. Juillet - août étant particulièrement réservés aux familles. Située dans un parc ombragé, la maison constitue une aire de repos favorable à la lecture, aux promenades et aux échanges. Une ou deux personnes animent le séjour. Les enfants disposent de jeux divers, piscines et pataugeoires. La participation est demandée pour les petites tâches. Parents et amis de passage peuvent prendre un repas (menu unique, pas de régimes). Le sport est à l'honneur : 2 courts de tennis, un mini-golf et la location de vélos. Aux environs on peut visiter Béziers, Fontserrane, Pezenas, Saint-Guilhem-le-Désert et les gorges de l'Hérault.

Renseignements : voir page suivante.

Accès : voir page suivante.

AGDE - 34300
« Relais Cap France Batipaume »

Route de Rochelongue
Tél. : 67 94 11 47 - Fax : 67 94 86 36

Pour descriptif, voir texte précédent car, dans le même centre, cohabitent durant les vacances d'été un centre de vacances enfants et une maison familiale.

20 ch. individuelles, 40 ch. doubles, 40 ch. familiales ; sanitaires dans les chambres et à chaque étage. 1 salle de conférence de 250 m², 8 salles de réunion, 8 salles de travail. Agréments : ministère de la Santé n° 1184, Jeunesse et Sport, Education Nationale. Pension complète : de 160 à 200 F par jour. Espèces, chèques et chèques vacances acceptés. Renseignements : Tél. : 66 65 17 16 - Fax : 66 65 12 85. S'inscrire un mois à l'avance auprès de M. Jean Prieur.

Gare : Agde à 2 km. **Aéroport** : Vias-Béziers à 15 km ; car ou taxi. **Axes routiers** : autoroute A9 sortie Agde-Pezenas, prendre direction Bessan D13 ; à Agde prendre la route de Rochelongue (le long du cimetière). Le centre se trouve à 2 km à gauche après le pont qui enjambe une voie rapide.

LAMALOU-LES-BAINS - 34240
« Maison de Repos Fontenay »

7, avenue Trousseau
Tél. : 67 95 81 39

La maison accueille des prêtres et des religieuses pour des séjours de vacances. Entre mer et Cévennes, Lamalou-Les-Bains est une jolie ville de cure, avec ses cours bordés de platanes. Le climat est à la limite des climats méditerranéens et océaniques. Aux alentours, vous découvrirez un espace riche de curiosités architecturales et naturelles. Enfin, la mer n'est qu'à 50 km.

18 ch. individuelles avec douches et WC ; SdB à l'étage. Pension complète : 175 F.

Gare : Bédarieux à 8 km. **Aéroport** : Montpellier à 80 km ; car ou taxi. **Axes routiers** : A75 ; A9.

MONTFERRIER/LEZ - 34980
" Accueil Saint Luc "

**Domaine Notre-Dame
de Baillarguet
Tél. : 67 59 87 00 (maison)
67 52 64 51 (renseignements)
Fax : 67 41 26 88**

Géré par les Aumôneries de l'enseignement public et destiné à tous groupes de plus de 15 personnes, mais prioritairement aux jeunes gens, ce centre d'accueil, ouvert toute l'année, s'inscrit dans un domaine de cent hectares de champs et pinède, où s'élèvent une chapelle romane du 12ème siècle et une maison de retraite religieuse.

50 à 55 lits répartis en dortoir, chambre familiale, chambres doubles. Sanitaires à chaque étage. Infirmerie. 3 salles de réunion. Interdiction de fumer. Priorité aux jeunes pour les inscriptions. Agrément : Jeunesse et Sport. Pension complète adultes : 120 F, pension complète jeunes : 80 F, hébergement seul : 30 F, demi-pension adultes : 80 F, demi-pension jeunes : 60 F. Tous paiements acceptés et accompagnés d'un chèque de caution de 500 F. S'adresser à Monsieur l'abbé Michel Plagniol - 48 rue Ste Geneviève - 34080 Montpellier.

Gare : Montpellier à 6 km ; car et taxi. Aéroport : Montpellier Méditerranée à 10 km ; car et taxis. Axe routier : au nord de Montpellier : D 17, direction St Mathieu de Tréviers. Signalé sur la carte Michelin avant Prades-le-Lez à droite.

MONTPELLIER - 34000
« Centre de Saint-Guilhem »

**4, rue de l'Abbé Montels
Tél. : 67 60 76 66 - Fax : 67 60 89 95**

L'Association Diocésaine met à la disposition des groupes exclusivement ses vastes locaux et ses structures pour des séjours de vacances. Le centre a également pour vocation l'accueil des sessions de formation professionnelle ou pédagogique. Situé en ville et agrémenté d'un jardin, vous pourrez découvrir le centre historique de la ville, et à 12 km, les plages du Languedoc.

15 ch. individuelles et 14 doubles (9 avec sanitaires dans les chambres) ; douches à l'étage. Salle de conf. (1) et de réunion (4). Prix sur demande en contactant la direction au moins 1 mois à l'avance.

Gare : Montpelliers 20 mm à pied, car, taxi. Aéroport : Montpellier, taxi. Axes routiers : A9, N113.

35 - ILE-ET-VILAINE

DINARD - 35802 CEDEX
« Maison Saint-François »

La Vicomté - B.P. 100
1, avenue des Acacias
Tél. : 99 88 25 25
Fax : 99 88 24 15

Le Foyer de Charité de Tressaint accueille toute personne, religieuses ou laïques, à l'exception des enfants même accompagnés, tout au long de l'année, sauf du 4 au 18 octobre et, en été, pour 15 jours maximum du samedi au samedi.

Situé face à la ville de Saint-Malo, agrémenté d'un jardin paysager bien abrité, l'établissement propose partages avec la communauté chrétienne qui vous reçoit. Ce n'est pas un hôtel. Il est demandé un minimum de participation. Aucune boisson alcoolisée n'est servie pendant les repas. Les régimes alimentaires peuvent être pris en compte.

140 lits répartis en 4 chambres individuelles, sanitaires à l'étage ou dans les chambres, 26 ch. doubles et 12 ch. familiales. 1 salle de conférence, 3 salles de réunion. Langue étrangère : anglais. Pension complète hiver : 165 F ; été : 185 F. S'inscrire auprès de Madame la Directrice.

Gare : Saint-Malo à 7 km. Aéroport : Dinard Pleurtuit à 7 km ; taxi.
Axes routiers : Paris - Rennes - St Malo (autoroute + voie express).

PARIGNE-FOUGERES - 35133
« Communauté des Augustines de Notre-Dame-d'Espérance »

12, rue de la Forêt
Tél. : 99 97 32 69

Les Religieuses Augustines de la Miséricorde-de-Jésus reçoivent les particuliers et les groupes (sauf enfants seuls) pour des étapes, des sessions culturelles et sociales dans une atmosphère de pension de famille. Située dans un village au milieu d'un parc, la maison est agrémentée d'un jardin propice au ressourcement.

18 ch. indiv. et 6 ch. doubles avec lavabo, 4 ch. avec douches ; SdB à l'étage. Tél. et TV dans toutes les chambres. Salles de réunion (3). Pension complète : 140 F. Contacter la Sœur Hôtelière 4 mois à l'avance.

Gare : Fougères à 9 km ; taxi. Axe routier : Laval-Fougères.

SAINT-MALO - 35400
« Foyer Marie-La-Chambre »

3, avenue de la Fontaine au Bonhomme
Tél. : 99 56 29 64
Fax : 99 56 37 08

L'Association « Tyal Levenez » fondée par le Père Varangot, qui gère ce foyer, se veut ouverte à tous, dans un esprit d'accueil et de fraternité. Les séjours d'une semaine à 2 mois se déroulent dans une maison en centre ville, proche de la mer, entourée d'un jardin. Vous disposerez d'une salle de gymnastique. Vous pourrez découvrir les nombreuses richesses de Saint-Malo, la ville des Corsaires et le Mont Saint-Michel.

18 ch. individuelles et 2 ch. doubles avec lavabo et bidet ; douches à l'étage. Salle de réunion et salle de jeux. Prix : 160 à 180 F selon la période. Langue étrangère : anglais.
Contacter la directrice, Mlle Basle, 4 mois à l'avance pour les réservations d'été.

Gare : Saint-Malo à 400 m. Aéroport : Pleurtuit à 20 km ; car ou taxi. Axe routier : N137.

37 - INDRE-ET-LOIRE

CHINON - 37500
"Gîtes Ruraux Clos-de-Cément"

Tél. : 47 93 11 86

M. De Graeve loue des gîtes ruraux en basse saison à 2 km de Chinon. Location à la semaine, à 1 km du Prieuré de Saint-Louans. Possibilités de location de vélos sur place, ping-pong, portique. Au calme, vous apprécierez la douceur du climat et les spécialités locales. Excursions aux châteaux de la Loire.

4 gîtes de 4 personnes, tout confort avec chauffage électrique. Prix (hors vacances scolaires) : à partir de 700 F par semaine plus charges. Contacter M. De Graeve.

Gare : Chinon à 3 km. Axe routier : A10 à 30 km.

LOCHES - 37600
« Collège et Lycée Saint-Denis »

Avenue du Général de Gaulle
Tél. : 47 59 04 26 - Fax : 47 94 04 50

Le groupe scolaire St-Denis reçoit des particuliers (prêtres ou laïcs) et des groupes organisés de manière autonome pour des séjours linguistiques ou culturels d'une durée maximale de 3 semaines (sauf du 20 décembre au 4 janvier). Situé en ville, le collège et lycée est agrémenté d'un jardin. Vous pourrez visiter les curiosités de la ville et dans les environs le site de Chenonceaux.

10 ch. individuelles et 65 ch. à 4 lits ; lavabos et douches à l'étage. Salle de conf. (2), de réunion (25) et de travail (4) ; salle de sport et court de tennis à l'intérieur de l'établissement. Langue étrangère : anglais. Pension complète : 180 F; demi-pension : 110 F ; héb. seul : 50 F. Agrément Jeunesse et Sports à la demande des groupes. Contacter M. Bachelier 1 mois à l'avance.

Gare : Loches à 1,5 km ; car ou taxi. Aéroport : Tours à 40 km ; car ou taxi. Axe routier : N143.

SAINTE MAURE DE TOURAINE-37800
"Maison familiale de Vacances de Brou"

Noyant de Touraine - BP 8
Tél. : 47 65 82 09

Les Dominicaines du Verbe Incarné reçoivent des personnes seules ou en groupes, sauf entre le 15 décembre et le 15 janvier.
Situé dans un village calme, l'établissement, équipé d'un parc et d'un jardin, favorise atmosphère familiale et relations nouvelles (chaque famille assure l'entretien de sa chambre, participe au service de table et vaisselle avec une machine). Les adultes et les enfants bénéficient d'une aire de jeux ; ils peuvent s'adonner aux randonnées pédestres (parcours de santé CRAPA dans le bois). A proximité vous pourrez pêcher, pratiquer l'équitation. A plus de 5 km, s'imposent les visites d'Azay le Rideau, Chinon, Villandry, Langeais.

2 chambres individuelles, 10 chambres doubles et 1 dortoir de 10 lits. Sanitaires à l'étage. 1 salle de réunion ; 2 salles de travail. Langue étrangère : anglais. Chèques vacances acceptés. Pension complète : 190 F en moyenne. Contacter : Mme Josette Courtois

Gare : Ste Maure de Touraine à 2 km (transport organisé avec la maison). Aéroport : Tours à 25 km. Axes routiers : à 30 km de Tours et de Chatellerault. Autoroute A10, sortie Ste Maure de Touraine.

TOURS - 37000
"Hameau Saint Michel"

**25, rue de Locheville
Tél. : 47 31 66 66
Fax : 47 64 73 77**

L'institut "Touraine Hameau Accueil" privilégie calme et convivialité, en plein cœur de Tours, à deux pas de la basilique Saint Martin. Cette résidence-foyer entourée de jardins accueille toutes personnes, groupes compris, du 15 juin au 30 septembre. L'architecture d'hier y abrite un confort d'aujourd'hui. Mais au plaisir des vacances peut aussi s'ajouter une formation informatique. Télévision câblée ajoutent à la modernité de l'ensemble. Enfin, la détente peut s'enrichir d'une visite des châteaux de la Loire dont Tours est le carrefour.

60 chambres individuelles et 15 chambres doubles. Douches et WC dans les chambres. 1 salle de conférence de 70 places. 2 salles de réunion pour 18 personnes. 1 salle de travail pour 22 personnes. Menu "club" et self-sevice. Langues étrangères : anglais, allemand.

**Gare : Tours à 10 minutes ; car et taxi. Aéroport : Tours Nord.
Axe routier : A 10, RN 10.**

38 - ISÈRE

LES 2 ALPES - 38860
"Foyer Saint-Benoit"

BP 127 - Tél. : 76 80 51 13 - Fax : 76 79 24 94

Patrick et son équipe vous reçoivent toute l'année (sauf du 15 mai au 15 juin) pour un séjour d'une durée minimum de 2 jours. Le foyer comprend deux sites : à 900 m d'altitude et à la station "Les deux Alpes" à 1 600 m d'altitude. Au cœur du Parc National des Ecrins, vous participerez à l'aventure fabuleuse qu'est la haute-montagne et goûterez la chaleur d'antant dans un cadre rustique, artisanal et acueillant. L'hiver, vous pratiquerez les sports de neige et dévalerez les 196 km de pistes.

Dortoirs et chambres : sanitaires à l'étage ; plusieurs salles de jeux et salons de lecture. Salles de ping-pong et de billards. Langue étrangère : anglais. Salle de conférence 25 et 30 personnes. Au chalet : 15 chambres équipées de sanitaires. Prix : 230 F et 295 F (avec forfait remontées mécaniques) en pension complète. Agrément : Jeunesse et sport. Contacter Mr. P. Legeleux.

Gare : Grenoble à 75 km ; car et taxi. Aéroport : Saint Etienne de Saint Geoire à 80 km; car et taxi.

SAINT-MARTIN-D'URIAGE - 38410
« Villa des Tilleuls »

Allée des Tilleuls
Tél. : 76 89 70 04

Une Communauté de religieuses de Notre-Dame-de-la-Croix accueillent des particuliers pour des séjours d'un week-end à un mois (fermeture du 30 octobre au 15 décembre). Située à 600 m d'altitude, dans un village, la villa est entourée d'un parc et d'un jardin. L'hiver, vous pratiquerez le ski de fond dans les alentours ou le ski de piste à Chamrousse (17 km). L'été, vous profiterez de la piscine et des tennis communaux.

13 ch. individuelles et 6 ch. doubles, avec lavabo ; SdB à l'étage. Pension complète : 140 à 160 F (70 à 96 F enfant jusqu'à 12 ans). Réserver quelques semaines à quelques mois à l'avance. Contact : Sœur Marie Raphaël.

Gare : Grenoble à 15 km ; car ou taxi. Aéroport : St Etienne de St Geoirs à 50 km. Axes routiers : autoroutes vers Grenoble.

SAINT-MAURICE-EN-TRIEVES - 38930
« Ermitage Jean Reboul »

Tél. : 76 34 70 08

L'association d'inspiration chrétienne « Les amis de Vaulserre et du Trièves » accueille - sauf du 15 octobre au 15 décembre - des groupes et associations de handicapés moteurs en priorité, mais aussi des groupes de toutes nationalités, à caractère associatif, sportif mais aussi scolaire et universitaire (classes vertes ou de neige, écoles supérieures, etc.) et séjours à thème, pour une durée d'une à quatre semaines. Situé à 870 m d'altitude, l'Ermitage proche d'un village et en bordure d'un torrent, est entouré d'une prairie prolongée par une forêt de pins.

60 lits répartis en ch. doubles, individuelles et familiales avec lavabos. 1 salle de conf., 1 de réunion, 1 de travail (télévision, magnétoscope). Langue étrangère : anglais. Agrément : Jeunesse et Sports. Pension complète : 170 F, demi-pension : 135 F, héb. seul : 60 + 20 F petit déjeuner. Tarifs dégressifs pour groupes. Délais d'inscription (pour l'été) : dès février, mars. Contact Père Edmond Gauthier.

Gare : St Maurice en Trièves à 3 km (transport par véhicule de l'Ermitage). Aéroports : Grenoble-St Geoirs à 105 km - Lyon-Satolas à 155 km ; car puis taxi. Axes routiers : N75 de Tournus à Sisteron. De Paris, autoroute jusqu'à Grenoble. De Marseille, autoroute jusqu'à Sisteron. De Lyon, autoroute jusqu'à Grenoble, puis N75.

VIF - 38450
« Monastère de la Visitation »

Montée de l'Uriol
Tél. : 76 72 51 18

Les religieuses de l'ordre de la Visitation accueillent toute l'année, religieux, prêtres et dames, seuls ou en groupes (35 personnes maximum) pour repos et séjour calme.

On peut profiter du jardin et du parc de cet établissement situé dans un bourg et de l'imprenable vue sur la chaîne de Belledonne que favorise son implantation à 350 m d'altitude.

Tourisme et excursions offrent édifices religieux à Notre-Dame-de-la-Salette, Notre-Dame de l'Osier, la Grande Chartreuse ou la nature pittoresque des grottes du Vercors.

13 chambres individuelles et 11 chambres doubles. Sanitaires dans les chambres. 1 grande et 1 petite salles de conférences. Prix : 165 F par jour ; réduction selon groupe et durée.

Gare : Grenoble à 17 km (cars Glinder - direction Vif-les-Saillants).

VILLARS-DE-LANS - 38250
« Notre-Dame-des-Neiges »

12, rue du Lycée Polonais
Tél. : 76 95 15 75

Les Sœurs de la Retraite reçoivent toute l'année des individuels, des familles, des petits groupes. (Pour les vacances scolaires, priorité donnée aux familles et aux personnes en congé annuel). Cadre de vie simple et familiale. Située à 1050 m d'altitude, ce qui permet ski de fond, de piste, patinoire, piscine, équitation, excursions...

Ch. à 1 ou 2 lits (certaines avec douches et WC).

Gare : Grenoble à 32 km. deux cars quotidiens, et davantage en périodes de vacances scolaires.

39 - JURA

CHAUX-DU-DOMBIEF - 39150
« Maison Familiale de Vacances et Centre d'Accueil »

23, Grande Rue
Tél. : 84 60 13 70

Les Sœurs de l'Enfant-Jésus-Nicolas Barré accueillent pour des séjours de 3 jours à 1 mois des particuliers, familles ou groupes pour des vacances calmes et reposantes. Le Centre reçoit aussi des classes vertes, classes de neige et de découverte encadrées. Située dans un village, entourée d'un parc, à l'altitude de 900 m, la maison est construite dans un cadre magnifique ; la forêt, la montagne, les lacs, tous ces lieux sont à proximité.

70 lits avec lavabo ; douches et SdB à l'étage. Prix : de 65 à 175 F selon la formule choisie. Agréments Maisons Familiales de Vacances, Jeunesse et Sports, Inspection Académique.
Contacter Sœur Maurice Vidal 3 mois à l'avance.

Gare : Saint-Laurent-en-Grandvaux à 6 km ; taxi ou voiture du Centre.
Aéroport : Genève-Tavaux à 60 km ; taxi. Axes routiers : N5 ; N78.

DÔLE - 39103
Sanctuaire Notre-Dame de Mont-Roland

B.P. 246 - Tél. : 84 72 03 59

Une équipe de prêtres, diacres, religieuses et laïcs reçoit, pendant les vacances scolaires, les personnes individuelles ou les familles qui désirent se reposer et faire connaissance avec le Jura. Elle accueille les groupes de jeunes accompagnés. Elle organise également une session-vacances du 10 au 17 août. Activités prévues pour les enfants. Prix total de la session : 1 500 F pour pers. seule, 2 500 F pour un couple, 900 F pour 1 enfant et 750 F par enfant à partir du 2ème.

80 lits : 45 ch. individuelles, 12 ch. doubles, 4 ch. familiales ; quelques-unes sont équipées de sanitaires. 35 lits : 3 dortoirs, sanitaires à l'étage. 3 salles de conférence, 7 salles de réunion. Pension complète : 162 F à 250 F ; demi-pension : 108 F à 170 F ; hébergement seul : 63 F à 120 F. Agrément : Jeunesse et Sports.
Pour les autres séjours, contacter le secrétariat.

Gare : Dôle-ville à 4 km. Axes routiers : A 36 (sortie Dôle), RN 5 et 73.
Aéroport : Dôle-Tavaux à 7 km.

GIZIA - 39190
Châtel-Accueil « Maison Sainte-Marie »

Tél. : 84 48 92 22

Cette maison accueille des particuliers non dépendants et des familles pour des séjours de vacances (fermeture du 15 octobre au 15 novembre). La maison est située dans un lieu isolé à 450 m d'altitude, et vous aurez le sentiment d'être au bout du monde. Vous pourrez partir en randonnées et profiter du calme de ce lieu pittoresque.

33 ch. individuelles et 8 doubles, avec lavabo ; douches et SdB à l'étage. Prix modulables selon la formule choisie.
Contacter le responsable de la maison.

Gare : Lons-Le-Saunier à 22 km ; car ou taxi. Axe routier : N83.

GRANDE RIVIERE - 39150
Centre de Vacances « Les Musillons »

Hameau des Musillons

L'Association «Enfance d'Ascq» reçoit des groupes toute l'année ainsi que des familles ou des personnes seules pendant les vacances scolaires. A 900 m d'altitude, le centre est situé dans le village, entouré d'un jardin. Il possède un équipement de ski de fond, des tables de ping-pong, un baby foot et de nombreux jeux en extérieur. En outre, de multiples excursions vous seront proposées à proximité.

84 lits dont 10 dortoirs de 3 à 7 lits, 4 ch. individuelles, 4 ch. doubles et 3 ch. familiales, avec lavabo ; douches, WC à l'étage. Salles de réunion (3) ; grand grenier, salle de jeux. Pension complète : de 100 à 150 F. Chèques-vacances acceptés. Agréments : Jeunesse et Sports, Education Nationale, DDASS.
Contacter M. Devos (20 79 37 11) ou Mme Galliez (20 91 39 30) 2 mois à l'avance.

Gare : Saint-Laurent-en-Grandvaux à 4 km ; car ou taxi. Aéroport : Genève à 70 km. Axes routiers : A1 ; A31 ; N5 ; N780.

MORBIER - 39400
« chalet Charles de Foucauld »

**Les Orphelins-apprentis d'Auteuil
41 route des Préhez
Tél. : 84 33 03 09
Fax : 84 33 41 89**

L'équipe des Orphelins-apprentis d'Auteuil vous accueille dans le Parc Naturel du Haut Jura, à 1 000 m d'altitude et entouré d'un parc de 10 ha. Toute l'année un maximum de 100 personnes, individuels ou groupes, laïcs ou religieux, sont les bienvenus, pour classes de neige, stages divers et transferts avec accueil familial. Le région permet de découvrir le milieu artisanal (fromagerie, scierie, lapidairerie, tournerie sur corne et ivoire). Les sports à pratiquer sont nombreux : ski de fond, ski alpin, randonnées pédestres, patinage, tennis et équitation. Les excursions, sont diverses : grottes et lacs, balcon des Alpes et du Léman, cascades du Hérisson, barrage de Vouglans, Les Rousses, la Vallée des Rennes.

115 lits répartis en 2 ch. individuelles, 4 ch. doubles, 1 ch. familiale et 17 dortoirs ; douches et WC à chaque étage. 1 salle de conférence, 5 salles de réunion. Agréments : Jeunesse et Sports, Education Nationale, DDASS. Contacter Marie-Thérèse et Bernard Petit.

Gare : Morbier à 3 km (navette du centre). Aéroport : Genève-Cointrin à 55 km (navette du centre). Axe routier : RN5 Paris-Genève.

PREMANON - LES ROUSSES - 39220
« Châlet Prémonval sur la Tuffe »

**Siège : Association Saint-Etienne - Prémonval
70, rue de Chaage - 77100 Meaux
Tél. : 64 21 18 65**

La maison, située à 1 000 m d'altitude dans un parc de 2 ha, vous accueille en groupes constitués pour sports d'hiver, classes vertes ou colonies de vacances. Outre des pistes de descente et de ski de fond, vous trouverez une patinoire et un bowling à proximité. Pour le tourisme, le véhicule personnel est conseillé.

80 lits en ch. individuelles ou doubles et dortoirs avec lavabo ; douches et WC à l'étage. 5 salles de réunion. Héb. seul : 40 F. Agréments Jeunesse et Sports, MSA, ANCV, Education Nationale. Possibilité de séjours clés-en-main. Contacter : Pascale Boitier.

Gares : Morez à 10 km, Vallorbe à 35 km ; car ou taxi. Aéroport : Genève à 50 km. Axes routiers : N5, Dole-Poligny-Champagnole-Morez.

41 - LOIR-ET-CHER

BLOIS - 41008 CEDEX
« Foyer Notre-Dame de la Trinité »

15, rue Vauquois - B.P. 827
Tél. : 54 74 03 05
Fax : 54 56 07 00

Animé par des Pères Capucins et des Sœurs Bénédictines du Sacré Cœur de Montmartre, le Foyer accueille des personnes seules ou en groupe pour un séjour maximum de trois jours. (Fermeture du 1er au 15 octobre et du 15 décembre au 10 janvier). Situé en ville, le Foyer est entouré d'un parc attenant à la Basilique Notre-Dame de la Trinité. La ville de Blois est située au cœur de l'ensemble des châteaux de la Loire qui attirent chaque année de très nombreux visiteurs .

43 lits en dortoirs, 38 ch. doubles avec lavabo ; douches et WC à l'étage. Salle de conf. (100 pers.), salles des réunion (3) (20 pers. chacune) accessibles aux handicapés. Prix boisson non comprise en ch. double, en pension complète : 171 F par personne, en demi-pension : 121 F par personne, un repas (déjeuner ou dîner) pour un passage : 50 F par personne.

Gare : Blois à 2 km ; taxi. Axe routier : A10 ou RN152.

MER - 41500
« Foyer Béthania »

4, rue Barreau
Tél. : 54 81 22 06

Le Foyer accueille des personnes (enfants exceptionnellement) pour des séjours de 15 jours maximum. L'ambiance est amicale dans un cadre de vie simple favorable à la détente, à la paix, à la prière. Situé en ville, le foyer est entouré de deux jardins fleuris. Aux alentours, les châteaux de la Loire, constituent des buts de promenades et de visites.

7 ch. individuelles et 1 double avec lavabo ; douches à l'étage. Prix en pension complète : 170 F.
Contacter Paulette Martin (plusieurs mois à l'avance pour l'été).

Gare : Mer à 600 m ; taxi ou voiture de l'établissement.
Axe routier : N152.

42 - LOIRE

FEURS - 42110
"Lycée technique privé le Puits de l'Aune"

5, rue du palais
Tél. : 77 26 11 65 - Fax : 77 26 08 10

Géré par les sœurs du Monde rural, l'établissement accueille toutes personnes désireuses de retraite spirituelle, seules ou en groupe, religieuses ou laïques. On peut également visiter en ville le Musée, faire du sport, aller au théâtre et au cinéma ou fréquenter la MJC.

50 lits répartis en 9 chambres individuelles, 1 chambre double et 5 dortoirs. Douches et WC en sanitaires communs. 2 salles de conférence ; 2 salles de réunion ; 12 salles de travail. Langue étrangère : anglais.

Gare : Feurs à 200m. Aéroport : Bouthéon à 30 km ; car et taxi.
Axes routiers : autoroute A 72 ; RN 82.

MONTBRISON - 42600
« Maison d'Accueil Diocésaine »

41, rue du Faubourg-de-la-Croix
Tél. : 77 58 09 11

La maison vous accueille, seul ou en groupes encadrés, pour des séminaires humanitaires, culturels, sportifs et pour des colonies en gestion libre en juillet et août. La maison, avec son parc et son jardin, est située en ville (500 m d'altitude) proche de la piscine et de l'établissement thermal ; les stations de ski sont à 40 km.

60 lits en chambres de 2 à 6 lits (modulables) ; douches à l'étage. 6 salles de réunions (10 à 20 pl.) ; équipement audiovisuel ; salles de jeux. Pension complète : de 140 F à 145 F. Contacter Sœur Alice Gérin, 1 mois à l'avance.

Gare : Montbrison à 1 km ; taxi, navette. Aéroport : Bouthéon à 25 km.

MONTROND-LES-BAINS - 42210
« Domaine de la Tour »

L'Hôpital-Le-Grand
Tél. : 77 76 13 64
Fax : 77 76 16 48

Cet établissement, situé à 400 m d'altitude, dans un parc de 5 ha, accueille toute l'année des groupes de jeunes ou d'enfants : sessions, classes transplantées à thèmes : patrimoine (gallo-romain, Moyen-âge), environnement (Ecopole), classes de neige (ski de fond). Le domaine se situe à 5 km du centre thermal ouvert de mars à novembre. La ville possède des infrastructures de sports et loisirs. Déplacements facilités par la maison.

100 lits répartis en dortoirs et ch. familiales. Sanitaires collectifs. Pension complète : 155 F par jour, activités comprises (tir à l'arc, poney, kayak, swin...). Agréments : Jeunesse et Sport.
Contacter Charles Dargaud.

Gare : Montrond-les-Bains (ligne St-Etienne/Roanne) à 10 km.

NANDAX - 42720
« Lycée Agricole Privé Gautier »

Ressins
Tél. : 77 65 30 22
Fax : 77 65 37 88

L'établissement vous accueille pendant les vacances scolaires dans un château du XVIIIème siècle. A 375 m d'altitude, il est intégré dans une entreprise agricole et entouré d'un parc de 3 ha, équipé de terrains de volley, tennis, basket et boules. De plus, le lycée facilitera vos déplacements pour vos diverses excursions.

7 dortoirs, 80 ch. individuelles, avec lavabo ; douches, WC à l'étage. Salles de réunion (5), de travail (5) ; équipement audiovisuel. Pension complète : 140 F.
Contacter M. Chassagne 2 mois à l'avance.

Gare : Roanne à 15 km ; taxi ou car.

PELUSSIN - 42410
« Les Bleuets du Pilat »

Le Pompailler - B.P.13
Tél. : 74 87 60 78

La Communauté des Sœurs de Marie-Thérèse reçoit pour des séjours de calme, de détente et de vacances de dix jours minimum, des particuliers, prêtres, religieuses, messieurs, dames et jeunes filles en pension complète uniquement. Bâtie dans un quartier résidentiel à 1 km du centre et à une altitude de 425 m, la maison offre un cadre choisi et varié avec ses pelouses, ses ombrages et ses fleurs. Des soins médicaux sont à votre disposition.

40 lits répartis en 34 ch. individuelles et 3 doubles, avec lavabo, douches et WC ; SdB à l'étage. Salle de jeux. Prix : 155 F.
Contacter Sœur Marie-Jeanne Desvignes.

Gare : Vienne-Saint-Clair-les-Roches à 20 km ; voiture de l'établissement. Aéroport : Lyon-Satolas à 60 km ; taxi.
Axes routiers : A6 ; A7 ; N86.

43 - LOIRE (HAUTE-)

LE PUY-EN-VELAY - 43000
« Domaine de Chadenac »

Ceyssac-La-Roche
Tél. : 71 09 27 62 - Fax : 71 02 55 90.

La maison accueille des groupes de jeunes ou de personnes âgées et des camps de vacances spirituelles. A 820 m d'altitude, le domaine est isolé dans un parc. Sur le plan sportif vous bénéficierez de la présence de terrains de sports, de courts de tennis et d'une piscine extérieure chauffée. Les sanctuaires du Puy-en-Velay vous fourniront de très beaux buts d'excursions.

2 ch. individuelles, 29 ch. doubles avec douche, lavabo, dortoirs : 45 lits et 6 ch. familiales. Salles de conf. (2) et de réunion (4). Pension complète : 130 à 210 F, en demi-pension : 100à 160 F, en héb. seul : 60 à 115 F. Agréments : Jeunesse et Sports, Education Nationale. Contacter le Vicaire de Pontbriand 3 mois à l'avance.

Gare : Le Puy-en-Velay à 10 km. Aéroport : Le Puy-Loudes à 8 km ; taxi.

Vacances

44 - LOIRE-ATLANTIQUE

MESQUER QUIMIAC - 44420
"Maison de Merquel"

Pointe de Merquel
Tél. : 40 42 50 43

Les animateurs de l'Association Sainte Agnès de la paroisse St
François Xavier de Paris, reçoivent toute personne, religieuse ou laïque,
groupes sportifs, enfants, accompagnés ou non, et simultanément 2
classes de CE1 et CE2 ou CM1/CM2, de septembre à juin, pendant 1
à 4 semaines. Arbres et terrains de jeux entourent la maison. La plage
est proche. Les visites de chateaux et marais salants, parc naturel et
églises romanes et gothiques présentent de nombreux interêts péda-
gogiques et touristiques. Tennis, voile et équitation sont praticables.

60 lits répartis en 10 chambres individuelles, 10 chambres doubles et 8
chambres familiales. Sanitaires à l'étage.2 salles de réunion. Langues
étrangères : anglais, allemand (notions pratiques). Agrément :
Inspection Académique et DDLS.
Ecrire à l'avance au responsable.

Gares : la Baule TGV à 15 km ; car et taxi. St Nazaire à 25 km ; car et taxi.
Aéroport : Nantes à 90 km ; taxi.
Axe routier : Nantes - St Nazaire - Le Croisic.

NANTES - 44000
« Maison Notre-Dame-de-Lorette »

8, rue Georges Clemenceau
Tél. : 40 74 55 06

La maison de repos, gérée par l'Association Diocésaine, accueille les
prêtres de passage. Vous pourrez visiter le musée des Beaux-Arts, le
château de la Duchesse Anne, la Cathédrale, ainsi que le jardin des
plantes. L'entrée de l'établissement est au 2, rue Elie Delaunay.

5 ch. individuelles avec lavabo, baignoire, WC et télévision.
Prix en pension complète : 180 F ; héb. avec ou sans repas. Langues
étrangères : anglais, italien.
Contacter le Directeur. Prévoir un délai d'inscription.

Gare : Nantes à 300 m (TGV Atlantique). Aéroport : Atlantic
International à 8 km, car et taxi. Axe routier : Paris-Nantes-La Baule.

PORNIC - 44210
« Maison de Repos de Monval »

Rue René-Guy Cadou - Monval
Tél. : 40 82 00 79

La maison accueille des prêtres en vacances en juillet et août et, hors de cette période, reçoit des séminaires, sessions, recollections, réunions de toute nature. La résidence est isolée dans un grand parc ombragé, avec accès direct à la mer où vous pourrez aller pêcher crevettes et coquillages ou pratiquer la natation. Pornic est à 5 km et vous pourrez faire de nombreuses excursions sur la Côte Atlantique.

30 ch. individuelles avec lavabo ; douches, WC à l'étage. Salle de conférence (1). Pension complète : 170 F ; demi-pension : 140 F. Réservation : M. le Directeur.

Gare : Pornic à 5 km ; taxi ou voiture de la maison sur demande.
Aéroport : Nantes-Atlantique à 40 km ; taxi.

PORNICHET - 44380.
« Maison Sainte-Famille »

5, avenue Bonne Source
Tél. : 40 61 07 92

Les Sœurs de la Sainte-Famille de Bordeaux accueillent des personnes seules ou en couple, avec enfants s'ils sont pris en charge par leurs parents, pour des séjours de vacances. Située face à la mer, avec accès direct à la plage, la maison offre un climat familial et reposant.

25 ch. individuelles et 10 ch. doubles avec cabinet de toilette et douche. Prix variables selon l'inflation. Prix spéciaux pour les enfants de moins de 12 ans.
Contacter la directrice plusieurs mois à l'avance.

Gare : Pornichet à 1,5 km ; car ou taxi.
Aéroport : Nantes à 70 km ; car ou taxi.

SAINT-GILDAS-DES-BOIS - 44530
« Groupe Scolaire Privé »

Route de Redon
Tél. : 40 01 40 20

Le collège, situé en ville, reçoit pendant les vacances des groupes pour séjours de 10 jours à 2 mois. Vous pourrez utiliser le terrain de sports (volley, basket, foot, tennis), vous baigner à la piscine de Ponchâteau ou à la plage de Pénestin, vous promener dans le parc de la Brière ou la forêt de Gavre et visiter le zoo de Branféré.

160 lits répartis en chambre de 2 ou 5 lits ; douches, lavabo et WC à l'étage. Prix de l' hébergement sur devis.
Contacter M. Michels 2 mois à l'avance.

Gare : Pontchâteau à 12 km ; car, taxi. Aéroport : Nantes à 65 km ; taxi. Axe routier : N165 Nantes-Quimper.

SAINT MOLF - 44350
« Maison d'Accueil Kerguenec »

Tél. : 40 24 91 55

Situé à 3 km de Guérande et à 8 Km de La Baule, Kerguenec vous accueille dans un cadre agréable (parc de 5 ha avec étang et forêt) et vous héberge pour vos sorties scolaires, classes de découverte (vertes et mer), classes transplantées, études de milieu, séminaires, journées d'études, congrès, etc.

17 ch. individuelles, 6 ch. doubles, 33 ch. en boxes ; 8 douches, 1 baignoire à l'étage. Prix groupes : de 100 à 150 F en pension complète. Contacter Mme Raffaillac.

Gare : La Baule-Escoublac à 10 km ; taxi.

46 - LOT

GRAMAT - 46500
Centre « Quatre Horizons »

33, avenue Louis Mazet - Tél. : 65 38 76 91

La congrégation Notre-Dame du Calvaire reçoit, dans l'enceinte d'un couvent entouré d'un parc, des groupes d'adolescents ou d'adultes (60 maximum) en stages, retraites ou classes vertes, en souhaitant favoriser la vie de groupes qui se prennent en charge et veulent atteindre un objectif fixé. Une énorme documentation historico-religieuse est également consultable (90 thèmes) permettant de construire une veillée, une recherche avec un groupe de jeunes ou de préparer une recollection.
Les enfants peuvent profiter du terrain de jeux avec agrès. Le centre dispose de matériel pour le camping. On peut également s'adonner au tourisme en découvrant Rocamadour (deuxième site de France) à 10 km (pèlerinage) et, dans un rayon de 20 à 30 km : Castelnau, St Céré, la ville médiévale de Sarlat et le gouffre de Padirac.

2 dortoirs de 29 et 24 lits. 2 ch. individuelles et 3 ch. doubles. Sanitaires communs. Salles de conférence (1), de réunion (4), (matériel audiovisuel).

Gare : Gramat à 200 m ; taxi. Axe routier : Brive Méditerranée.

ROCAMADOUR - 46500
« Centre d'Accueil Notre-Dame »

Le Château
Tél. : 65 33 23 23
Fax : 65 33 23 24

Gérée par l'Association Diocésaine de Cahors, le centre vous accueille pour des vacances, étape de groupes, sessions culturelles ou sociales. Situé à 280 m d'altitude, le centre est installé dans un ensemble somptueux, organisé autour d'une cour où trône un arbre gigantesque. Rocamadour possède le sanctuaire le plus spectaculaire du Moyen-Age. La région est d'une beauté mystérieuse et regorge de lieux uniques (gouffre de Padirac) aux environs.

46 ch. à 1 ou 2 lits avec lavabo ; SdB, douches et WC à l'étage ; salles de conf. (4) et de réunion (4). Prix selon formule d'hébergement (pension complète ou demi-pension). Prévenir à l'avance l'accueil.

ROCAMADOUR - 46500
« Maison à Marie »

Tél. : 65 33 23 23 - Fax : 65 33 28 24

Tout comme le Centre Notre-Dame, la Maison à Marie est gérée par l'Association Diocésaine de Cahors. Il s'agit d'une maison extraordinaire car elle est accrochée à la falaise, près de la cité religieuse. Dotée d'une terrasse à deux niveaux, la vue est splendide et unique sur la vallée de l'Azou. Possibilité de se faire à manger ou de prendre les repas à la salle à manger du château (accès par le Chemin de Croix ou l'ascenseur).

7 ch. avec lavabo, douche et WC, salle à manger, cuisine, salon, salle de réunion. Prix : de 140 à 175 F.
Contacter le secrétariat à l'avance.

---

47 - LOT-ET-GARONNE

AGEN - 47000
« Foyer Valpré Le Lido »

500, avenue Léon Blum
Route de Cahors
Tél. : 53 47 47 73 - Fax : 53 66 59 72

Une communauté Franciscaine accueille toute l'année prêtres, religieux, laïcs seuls ou en groupe pour étape, séjour ou session. Un parc agrémente ce lieu de détente au carrefour des grandes villes du Sud Ouest.

55 lits répartis en 20 chambres doubles et 4 chambres familiales. Sanitaires dans les chambres. Soins paramédicaux. Animaux acceptés. 2 salles de conférence (1 de 40 places et 1 de 120), 5 salles de réunion, 5 salles de travail.

Gare : Agen à 2 km ; car et taxi.
Aéroport : Agen à 8 km ; taxi.
Axe routier : autoroute Bordeaux-Toulouse ; route de Limoges.

LAUZUN - 47410
"Maison familiale rurale"

Bourgougnague
Tél. : 53 94 12 07
Fax : 53 94 18 63

Cette M.F.R., ouverte toute l'année, propose pour 145 jeunes gens et groupes d'enfants accompagnés, vacances, classes vertes, voyages d'études et réceptions diverses.

Entouré d'un parc et isolé à 150 m d'altitude, l'établissement offre baignade en piscine, mini golf, portiques, foot, volleyball, canoé et pêche en lac. Promenades, initiation aux travaux manuels, découverte de la vie paysanne s'offrent également aux vacanciers. Mais la région permet aussi circuits des vins, tir à l'arc, circulation en roulotte ou spéléologie, voire camping à la ferme. On notera aussi de visiter la vallée de la Dordogne Vezère à 35 km et le circuit des Bastides. Enfin on peut aussi s'initier au théâtre et au cirque à 5 km.

145 lits répartis en 5 chambres doubles et 1 dortoir de 26 chambres. Douches et WC en sanitaires communs. 5 salles de travail. Langues étrangères : anglais et italien. Agréments : Jeunesse et sport - FUAS - Education nationale (en cours). Pension complète : 130 F
Contacter M. Laurensan.

Gare : Marmande à 25 km ; car. Aéroport : Bergerac.
Axe routier : RN 133. Bus sur place

PENNE D'AGENAIS - 47140
Maison d'Accueil « Vie et Partage »

13, rue Peyragude
Tél. : 53 41 25 18

Cette chaleureuse maison reçoit du 25 octobre au 25 septembre ceux qui, ancrés dans la vie quotidienne, désirent faire une halte, se ressourcer, rencontrer les autres dans un climat amical et serein. La maison est située au cœur d'un village médiéval, sur la route de Lourdes et de Compostelle. Aux promenades nombreuses et attrayantes de la journée succèdent des soirées de détente ou de réflexion, selon les propositions des uns et des autres.

11 ch. individuelles, 5 ch. doubles, 1 ch. familiale, avec lavabo ; douches et WC à l'étage. Pension complète ; chèques vacances acceptés.
Contacter Nicole Perrin ou Monique Joly 3 mois à l'avance pour l'été.

Gare : Penne d'Agennais à 3 km ; taxi. Aéroport : à 30 km ; taxi.
Axes routiers : A61 ; A62 ; N21 ; N113.

VILLENEUVE-SUR-LOT - 47300
« Institut Sainte-Catherine »

2, chemin de Velours
Tél. : 53 49 19 95

Villeneuve, est une bastide du XIIIème siècle bâtie de part et d'autre du Lot. La ville peut être considérée comme cité d'étape ou de séjour touristique pour les groupes d'adultes ou d'enfants (colonies). L'établissement accueille uniquement pendant les vacances scolaires ; il est entouré d'un jardin d'un demi-hectare. On peut pratiquer sur place : tennis, basket, football. La ville est équipée de piscines et de centres équestres à sa périphérie ; une base nautique se trouve à 19 km.

100 lits répartis en ch. collectives ou dortoirs. Formule d'héb. de son choix sauf camping et gestion libre. Agrément : Jeunesse et Sports. Pension complète : 100 F, demi-pension : 70 F, héb. seul : 40 F. Contacter M. Richer.

Gare : Agen à 30 km (ligne Bordeaux/Toulouse) ; ligne régulière de cars STAV.
Axes routiers : RN21, Limoges-Agen-Tarbes.

48 - LOZÈRE

LE POMPIDOU - 48110
« Le Relais du Cheval Blanc »

Tél. : 66 60 31 88

La maison familiale est ouverte aux personnes seules ou en groupes, prêtres, religieuses, d'octobre à mai. D'inspiration chrétienne, elle est équipée pour recevoir des retraités. Située dans un village à 800 m d'altitude, c'est sur la corniche des Cévennes que vous séjournerez. Possibilités d'excursion à Florac, distant de 22 km, au Parc National des Cévennes, à Anduze et à sa célèbre bambouseraie. Sur place, tennis et salle de jeux.

40 lits répartis en 12 ch. familiales (sanitaires dans 6) ; douches et WC à l'étage. Salle de réunion et de conf. (1). Pension complète : 160 à 180 F, demi-pension : 90 à 110 F, prix enfant : 50 à 150 F. Carte bleue acceptée. Agréments M.F.V., Jeunesse et Sports, classes de découvertes. Accueil de personnes âgées.
Contacter Mme Bousquet 1 à 4 mois à l'avance selon la période.

Gare : Alès à 60 km ; car ou taxi.
Axe routiers: Mende-Nîmes.

MENDE - 48000
« Centre d'Accueil Saint-Privat »

Route de l'Aérodrome
Tél. : 66 65 02 27

L'Association Lozérienne des Œuvres de Jeunesse reçoit des particuliers et des groupes organisés ou autonomes pour des séjours de vacances. La durée minimum du séjour est de 5 jours. Accroché à flanc de montagne à 750 m d'altitude, dans un lieu isolé, le centre est agrémenté d'un jardin mais la forêt est omniprésente. De nombreux chemins de randonnées passent à proximité. Vous visiterez les Gorges du Tarn, le Mont Lozère et le parc national des Cévennes, l'Aubrac et le parc du Gévaudan.

6 ch. individuelles et 27 ch. doubles, avec lavabo ; douches à l'étage. Salles de conf. (1), de réunion (1), de travail (2). Pension complète : 170 F, demi-pension : 145 F, héb. seul : 70 F. Agrément : Sécurité sociale. Contacter M. ou Mme Rubio à l'avance.

Gare : Mende à 6 km ; taxi. Axes routiers : N9 et N88 ou N106.

SAINT-ROME DE DOLAN - 48500
« Centre international Pierre Monestier »

Tél. : 66 48 81 41 - Fax : 66 48 84 79

Dans ce petit village lozérien surplombant les Gorges du Tarn, le centre reçoit des groupes et des familles d'avril à octobre. Les groupes sportifs, touristiques, scolaires et linguistiques sont les bienvenus. Lors de votre séjour, vous pourrez découvrir les Gorges du Tarn, des grottes magnifiques (Aven Armand, Dargilan), les caves de Roquefort, etc. En outre, le centre est équipé d'une piscine panoramique et d'un court de tennis et de divers équipements sportifs.

140 lits répartis en 5 dortoirs de 6 à 8 lits, 20 ch. individuelles et 22 ch. doubles avec lavabo, 12 ch. avec sanitaires collectifs. 2 salles de conférence, 3 salles de réunion, 5 salles de travail, 1 salle de jeux. Langues étrangères : anglais, allemand. Agréments : Jeunesse et Sports, Inspection académique (DDASS). Pension complète : 180 à 210 F ; demi-pension : 140 à 160 F. Réservations : s'adresser à M. le Directeur ou son adjointe.

Gare : Severac Le château à 17 km ; taxi. Aéroport : Rodez à 80 km.

49 - MAINE-ET-LOIRE

ANGERS - 49100
« Centre Diocésain »

36, rue Barra
Tél. : 41 48 24 31 - Fax : 41 48 97 83

Le centre accueille les personnes, seules ou en groupes, venant suivre des cours à Angers ou visiter la ville et sa région. La maison est située en ville et bénéficie d'un parc.

60 lits répartis en 12 ch. individuelles et 50 ch. doubles ; douches et WC à l'étage. Salles de conf. (2), de réunion (3) et de travail (10). Pension complète : 200 F. Diverses formules d'héb.
S'inscrire 8 jours à l'avance.

Gare : Angers à 3 km.
Axes routiers : A11 et N23.

BEHUARD - 49170
« Maison Diocésaine »

Tél. : 41 72 21 15

Gérée par l'Evêché, la maison reçoit des prêtres, des religieuses et des laïcs dans un site pittoresque sur une île de la Loire à 15 km d'Angers. Vous serez charmés par le calme de ce petit village et pourrez profiter des nombreuses possibilités d'excursions en Anjou. En outre, la maison est entourée d'un grand parc. Sanctuaire du XVème siècle, dédié à Notre-Dame.

13 ch. individuelles avec lavabo, douche et WC. Salles de travail. (1). Pension complète : 160 F.
Contacter : l'Abbé Source.

Gare : Halte Savennières à 3 km ; taxi ou prévenir la maison à l'avance.

CHOLET - 49300
Village Vacances « Lac de Ribou »

Avenue Léon Mandin
Tél. : 41 58 74 74
Fax : 41 58 21 22

A 5 km du centre ville, le Village Vacances vous accueille dans un parc paysagé de 8 ha, en famille ou en groupe. Sur les bords du lac de Ribou, vous pourrez pratiquer les sports nautiques, l'équitation, le tir à l'arc, le tennis, le ping-pong, etc. Une équipe dynamique vous assurera une animation variée. Vous découvrirez, à 20 km, le Puy du Fou, à 100 km, les châteaux de la Loire, la Venise Verte, la côte vendéenne, etc.

30 bungalows grand confort de 4 à 6 personnes. Accueil en location/gîtes à la semaine ou en pension complète et demi-pension. Agrément ministère du Tourisme. Carte bleue acceptée. Langues étrangères : anglais, espagnol, allemand. Ouvert toute l'année. N'hésitez pas à nous contacter pour tarification.

Gare : Cholet à 5 km. Aéroport : Nantes Atlantique à 60 km.

---

50 - MANCHE

GOUVILLE-SUR-MER - 50560
Centre Jacques Heribel

Château des Forges - B.P. 27
Tél. : 33 47 85 68

L'Association d'Éducation Populaire "Les jeunes de Ménilmontant" de l'œuvre "Saint Jean Bosco" (Communauté Salésienne) peut accueillir simultanément 90 personnes durant toute l'année et sans limitation de durée, dans un parc proche d'une église. Équipements sportifs, baignades (plages à 1,5 km), visites de Coutances et du parc naturel des Marais.

90 lits répartis en 3 dortoirs de 10 lits, 6 ch. doubles et 5 ch. familiales. Sanitaires à l'étage. 2 salles de réunion, 2 salles de travail. Agrément : Jeunesse et Sport. Pension complète : 110 à 140 F ; hébergement seul : 50 F ; demi-pension sur demande. Chèques et espèces acceptés. Contacter : Jean-Claude Marinier (gérant).

Gare : Coutances à 14 km ; car et taxi.
Axe routier : Coutances, direction Gouville-sur-Mer, D 44, D 244, D 268.

GRANVILLE - 50400
Château de « La Crête » (M.F.V.)

Rue de la Crête
Tél. : 33 50 00 88

Le château (M.F.V.) vous accueille de Pâques à septembre. Il reçoit individuellement ou en familles, groupes scolaires et groupes de retraités. Situé dans un parc de trois hectares, il domine la mer avec accès direct à la plage. Aire de jeux. Animations, monitrice pour les enfants. Nombreuses excursions possibles : les îles anglo-normandes, Chausey, Jersey..., Avranches, Coutances, Mont St-Michel. Liturgie et prière communes.

10 ch. individuelles, 40 ch. familiales, 40 lits en dortoirs, douches, SdB et WC. Salles de conf. (2) et de travail (2). Pension complète : 163 F ; réductions enfants et groupes. Bons vacances acceptés. Agréments : Jeunesse et Sports. S'inscrire longtemps à l'avance.
Contact à Paris : Père Deglaire tel. : 45 54 30 54.

Gare Granville à 1,5 Km et aéroport : car ou taxi.
Axes routiers : Autoroute de Normandie jusqu'à Caen puis D9-D13.

MONTEBOURG - 50310
« Association d'Education Populaire »

L'Abbaye
Tél. : 33 41 10 05
Fax : 33 21 25 26

L'abbaye accueille des particuliers et des groupes autonomes pour des séjours. (sauf entre Noël et le Jour de l'An). Située en ville, l'abbaye est entourée d'un parc. Six km la séparent de la mer où vous visiterez les plages du débarquement et bien d'autres curiosités. Vous pourrez également pratiquer l'équitation, la voile et le char à voile.

2 dortoirs, 19 ch. individuelles, 75 ch. doubles et 9 ch. familiales à 4 lits ; douches à l'étage. Salle de conf. (1), de réunion (3) et salles de classe (15). Salle de sport, terrain, piste d'athlétisme, salles de jeux. Pension complète : 150 F, demi-pension : 120 F et 70 F avec petit-déjeuner. Langue étrangère : anglais. Agrément : Jeunesse et Sports. Contacter M. Houivet de 1 à 12 mois à l'avance.

Gare : Valognes à 8 km ; car ou taxi. Axe routier : N13.

SAINT-JEAN-LE-THOMAS - 50530
VLPA « Liberté Normande »

Etoile de la Mer
Tél. : 33 48 84 24

Les religieuses du Mont-Carmel d'Avranches reçoivent des groupes, des particuliers et des couples. L'établissement est proche de l'église, avec vue sur le Mont Saint-Michel. La proximité de la mer (1 km) et le grand air vous garantissent le calme. Des excursions, des randonnées pédestres et la pêche à pied dans la baie sont possibles. Centre d'équitation à 5 km ; voile à Granville.

110 lits répartis en 12 dortoirs, 12 ch. individuelles et 3 ch. doubles. Douches et toilettes. Salles de réunion (3). Pension complète : 125 à 140 F. Agrément : Jeunesse et Sports.

Gares : Granville à 17 km ; Avranches à 14 km ; car.

---

51 - MARNE

BAYE - 51270
« Amis du Foyer de Charité »

Tél. : 26 52 80 80

Le foyer reçoit toute l'année des adultes sur six jours maximum pour un temps spirituel, au sein d'un parc et situé à 240 m d'altitude à la sortie du village. Les retraites sont organisées par l'établissement à dates fixes.

80 ch. individuelles ; douches, WC à l'étage. Prix libres ; séjours en pension complète ; les régimes alimentaires sont respectés.

Gare : Epernay à 25 km ; taxi ou voiture de l'établissement.

52 - MARNE (HAUTE)

BLAISE RIVES - 52110
« Maison d'Accueil »

Brachay
Tél. : 25 94 38 12

La maison vous invite à partager son cadre naturel, seul ou en groupe. Dans un vallon boisé et verdoyant, cette résidence se situe au milieu d'un grand parc, au cœur d'un petit village de 100 habitants. Sa situation vous permettra de vivre en milieu rural et de découvrir les trésors cachés de cette région : le Lac du Der, Colombey-les-deux-Eglises, Joinville, etc.

23 ch. individuelles, 10 ch. doubles, avec lavabo et 4 dortoirs (de 7 à 29 lits) ; douches, sanitaires à l'étage. Salles de conf. (3), de réunion (3), de travail (2). 1 maison à louer pour famille : 4 ch. avec lavabo, cuisine, salle de séjour, SdB, 2 pièces. Pension complète : 140 F. Agrément : Jeunesse et Sports. Contacter Mme Gouthière.

Gare : Joinville à 12 km ; taxi.

BOLOGNE - 52310
« Maison du Père Fourneret »

Rue du Four - Rocourt-la-Côte
Tél. : 25 01 40 40

La Fraternité Séculière Franciscaine de Rocourt la Côte (200 m d'altitude) reçoit du 1er juin au 15 septembre, des particuliers seuls ou en famille, pour 1 à 3 nuits. Dans la simplicité d'un environnement naturel, dans une ambiance calme et fraternelle. Les promenades, le jardinage, le bricolage et la pêche sont des distractions possibles. Aux environs, se trouvent Colombey-les-deux-Eglises, Domrémy, Langres dont les remparts et la cathédrale sont à voir.

3 ch. particulières avec lavabo pour 1, 2 ou 3 pers. Agrément : Gîtes de France. Chambres d'hôtes uniquement (nuitée et petit déjeuner). Prix pour 1 personne : 90 F, pour 2 pers. : 140 F, pour 3 pers. : 180 F. S'inscrire 15 jours à l'avance auprès de Simone Camuset.

Gare : Bologne à 3 km (ligne Chaumont/Saint-Dizier/Vitry-le-François).

53 - MAYENNE

PONTMAIN - 53220
« Auberge de l'Espérance »

9, rue de la Grange
Tel. : 43 05 08 10

L'Hôtel, géré par la Ligue pour l'Adaptation du Diminué Physique au Travail, accueille les voyageurs et pèlerins dans un cadre agréable, simple et reposant situé au centre du bourg qui est un lieu de pèlerinage marial. Ce coin de Bocage mayennais se trouve à proximité de la ville de Fougères (16 km) et son magnifique château féodal, et non loin du Mont Saint-Michel (48 km).

11 ch. individuelles ou doubles avec douche, WC et téléphone. Prix : 120 à 195 F en héb. seul (restaurant sur place), tarifs spéciaux pour pension à partir de 5 jours.
Réserver à l'avance de préférence.

Gare : Fougères. Axe routier : N12.

PONTMAIN - 53220
« Maison d'Accueil des Pèlerins Sœur d'Evron »

3, rue Notre-Dame
Tél. : 43 05 07 60
Fax : 43 05 07 32

Les Sœurs accueillent des particuliers ou des groupes pour des séjours de vacances. De la mi-novembre à la mi-mars, des retraités valides et autonomes désirant passer l'hiver dans une ambiance familiale, joyeuse et calme peuvent en faire la demande (tarif spécial). Depuis l'apparition de la Très Sainte Vierge Marie le 17 janvier 1871, Pontmain est un lieu de pèlerinage fréquenté. La maison est située à côté de la basilique.

140 lits répartis en ch. individuelles, doubles et familiales avec lavabo ; douches à l'étage. Salles de réunion (4). Prix et réservation sur appel. Contacter la Directrice.

Gare : Fougères à 16 km ; car ou taxi.
Axe routier : RN12.

PONTMAIN - 53220
"Maison familiale de vacances Le Bocage"

B.P. 2
Tél. : 43 05 08 81
Fax : 43 05 01 54

Gérée par l'association "Repos-Loisirs-Vacances", cette M.F.V. accueille en priorité les familles (durant les vacances scolaires) et les retraités (1ère quinzaine de juin et de septembre) et propose un séjour reposant, animé et abordable. Située à deux pas du bourg de Pontmain , lieu de pèlerinage surnommé "petit Lourdes régional", la maison, vaste demeure rénovée, se dresse dans un beau parc boisé de 12 hectares traversé par une rivière. On peut confier les enfants aux animatrices (ils disposent d'aires de jeux). Enfin, randonnées pédestres et ballades à vélo s'imposent.

150 lits répartis en 10 chambres individuelles, 26 chambres doubles et 34 chambres familiales. Sanitaires dans les chambres. Sanitaires à l'étage. 2 salles de conférence, 3 salles de réunion, 5 salles de travail. Prix : familles : 165 à 72 F par jour selon l'âge, moins 12 F par jour pour QF inférieur à 3 000 F. Réduction selon saison et durée. Agréments : Relais Terroir (fédération Cap France), M.F.V.

Gare : Laval à 54 km.
Axes routiers : RN 12 jusqu'à Ernée ; A 11 jusqu'à Laval ; D 31 jusqu'à Ernée.

SAINT MARS DE LA FUTAIE - 53220
Gîte vacances

Villeneuve
Tél. : 43 08 63 70

Gérée par Mme Renard, cette maison spacieuse et indépendante, située en pleine campagne, à 3 km de Pontmain, cité mariale, vous propose, durant toute l'année, au minimum pour un week end, calme et tranquilité. Des balançoires agrémentent son jardin. Aux environs, vous pourrez jouer au tennis, faire du cheval et bénéficier d'une piscine, pêcher en rivière ou plan d'eau, parcourir les sentiers pédestres.

Couchage pour 10 personnes réparties en 4 chambres. Sanitaires à l'étage. 2 canapés lits dans le séjour-salon.

Gare : Laval à 50 km.

54 - MEURTHE-ET-MOSELLE

SAXON-SION - 54330
« Hôtel Notre-Dame »

4, rue Notre-Dame
Tél. : 83 25 13 31 - Fax : 83 25 11 30

L'hôtel vous reçoit du 15 mars au 15 novembre dans une atmosphère calme et familiale. Vous découvrirez les curiosités d'une région de tradition.

14 ch. individuelles, 2 ch. doubles et 20 ch. familiales avec lavabo et douche ; WC à l'étage. Salles de conf. (3), de réunions (3) et de travail (3). Pension complète : 210 à 298 F, demi-pension : 175 à 254 F, héb. seul : 95 à 235 F, (prix réduit hors saison). Prévenir dès que possible.

Gare : Praye-sous-Vaudémont à 2 km ; voiture de l'établissement.
Aéroports : Nancy ou Epinal à 35 km ; taxi.
Axes routiers : voie express Nancy-Epinal ; N4.

SAXON-SION - 54330
« Maison d'Accueil Notre-Dame-de-Sion »

3, rue Notre-Dame
Tél. : 83 25 12 22 - Fax : 83 25 16 12

Cette maison d'accueil reçoit des groupes pour des séjours de vacances au pied des Vosges. Située dans un lieu isolé à 495 m d'altitude, vous profiterez de votre séjour pour découvrir les multiples attraits d'une région tournée vers l'industrie textile de qualité. De nombreux châteaux parsèment la région.

100 lits répartis en 1 dortoir de 10 lits, ch. individuelles, ch. doubles et ch. familiales, avec lavabo ; douches à l'étage. Salle de conf. (1), de réunion (4) et de travail (4). Pension complète : 155 F, héb. seul : 40 F. Agrément Jeunesse et Sports.
Contacter le bureau des amis de Sion, dès que possible.

Gare : Praye sous Vaudemont à 2 km, voiture de l'établissement.
Aéroport : Nancy ou Epinal à 35 km, taxi.
Axes routiers : Voie express Nanck-Epinal, sortie "Vezelise".

56 - MORBIHAN

BIEUZY-LANVAUX - 56330
« Abbaye N. D. de Lanvaux »

Tél. : 97 56 00 23

Le gîte vous reçoit dans un logis ab-batial du XVIIème siècle, de mars jus-qu'à la Toussaint. Situé aux abords d'un village en bordure de la forêt de Floranges, la maison est entou-rée d'un parc boisé de trois ha. Vous pourrez pêcher et jouer au ping-pong sur place, pratiquer l'équi-tation ou le tennis à 2 km. Vous serez, en outre, invités à participer aux nombreuses fêtes folkloriques de la région. Il vous sera aussi possible de faire du tourisme dans le pays de Baud (riche en monuments préhisto-riques, calvaires, chapelles, manoirs), à Auray, Carnac, La Trinité-sur-Mer...

2 gîtes de 3 et 4 pers. avec lavabo, douche et WC. Salles de prière. Prix petit déjeuner : 20 F, de la chambre : 130 F, du gîte : 1 200 à 1 700 F par semaine.
Contacter Danielle Thirion.

Gares : Vannes ou Auray à 20 km ; car, taxi ou voiture de la maison.
Aéroport : Lorient à 40 km ; taxi.
Axe routier : D16.

LOCMINE - 56500
« Lycée privé Anne-de-Bretagne »

5 place Anne-de-Bretagne
Tél. : 97 60 01 54 - Fax : 97 44 24 46

L'établissement accueille pendant les congés scolaires des groupes de prêtres et de religieuses ainsi que toute autre personne en groupe constitué seulement. Le parc de ce lycée, situé en ville, à environ 30 km du Golfe du Morbihan, de Carnac, de Quiberon, permet un séjour dans le calme et l'indépendance. Vous pourrez profiter des installations sportives : gymnase, terrains de sports, piscine, mini-golf et tennis municipaux.

90 ch. individuelles avec lavabos ; sanitaires à l'étage. Salles de confé-rence (2), salles de réunion (20), salles de travail (20) ; différentes salles spécialisées. Contacter M. Jeanjean.

Gare : Vannes à 28 km ; car et taxi.
Aéroport : Lorient à 60 km ; car et taxi.

SAINTE-ANNE-D'AURAY - 56400
« Monastère des Augustines »

62 rue de Vannes
Tél. : 97 57 51 91

Les moniales Augustines Hospitalières proposent aux religieux et laïcs adultes, venant individuellement, un séjour pour un temps de ressourcement de l'âme et de l'esprit. Vous apprécierez la côte sauvage, la Basilique et son trésor. De nombreux sports de plein air vous sont proposés dans la région.

16 ch. individuelles équipées de sanitaires. 1 salle de réunion (30 pers).
Réservation auprès de la Mère Prieure, prévoir 1 mois.

SAINT-PIERRE-QUIBERON - 56510
« Accueil Saint-Joseph »

9, rue Pasteur
Tél. : 97 30 94 89
Fax : 97 30 82 12

Les Sœurs Dominicaines de la présentation accueillent des religieuses, prêtres, dames et groupes organisés pour des séjours de vacances, des sessions, des séminaires, des retraites collectives, en week-ends préparés par les organisateurs. Climat de convivialité et de partage. Située dans un village, en bordure de plage, la maison dispose d'un oratoire. A partir de Quiberon, vous visiterez les îles de Houat et Belle-Ile, le Golfe du Morbihan et les côtes bretonnes.

41 lits répartis en 20 ch. individuelles et 8 ch. doubles, avec lavabo ;
douches à l'étage. Salles de conf.(4) de réunion (1) et de travail (4).
Pension complète : 180 à 185 F ; prix spéciaux pour les groupes.
Contacter Sœur Marie Hubert 1 mois à l'avance.

Gares : Saint-Pierre en été à 3 km, Auray en hiver à 23 km ; car ou taxi.
Axe routier : Auray-Quiberon.

SAINT PIERRE QUIBERON - 56510
"Association Saint Joseph de l'océan"

7 avenue de Groix - BP 18 - Kerhostin
Tél. : 97 30 91 29 - Fax : 97 30 80 18

L'établissement accueille d'avril à septembre toutes personnes, avec une priorité particulière pour les familles avec enfants durant les vacances d'été. Situé dans un village et disposant d'un parc, St Joseph est surtout remarquable par sa construction sur une dune accédant directement à l'océan, proche de 50 mètres et offrant tous les avantages de l'air du large, des joies de la plage et d'un environnement calme dans une région qui est le paradis des amateurs de voile.

120 lits répartis en 25 chambres individuelles, 25 chambres doubles, 12 chambres familiales ; douches et WC dans les chambres et les sanitaires à chaque niveau ; 1 salle de conférence ; 3 salles de travail. Interdiction de fumer dans les locaux communs. Prix : 175 F à 185 F (diverses conditions selon confort, âge et durée du séjour). Versement d'arrhes exigé (25% du montant total). En vacances scolaires, la durée du séjour est d'une semaine minimum.

Gare : Auray à 25 km ; car et taxi. Aéroport : Lorient à 50 km ; trains, car et taxi. Axes routiers : Paris-Rennes-Vannes-St Pierre Quiberon. Lyon-Clermont-Poitiers-Nantes-Vannes-St Pierre Quiberon. Bordeaux-La Rochelle-Nantes-Vannes.

VANNES - 56000
Foyer d'Etudiantes « La Retraite »

12, avenue Victor Hugo
Tél. : 97 47 20 92

Les Sœurs de la Retraite vous reçoivent du 27 juin au 12 septembre entre cinq jours et un mois. Au cœur de la ville, vous pourrez découvrir les charmes des remparts de Vannes, sa cathédrale et ses vieilles maisons du XVIᵉᵐᵉ siècle. Du port de plaisance, il vous sera possible d'emprunter une vedette pour visiter le golfe du Morbihan.

36 ch. individuelles, 5 ch. doubles, 2 ch. familiales avec lavabo ; douches, SdB, WC à l'étage. Prix de l'héb. à partir de : 100 F. Pas de restauration sur place mais possibilité d'utiliser les kitchenettes pour faire soi-même petits déjeuners et menus rapides. Self à proximité.
Réservation : 1 à 3 mois à l'avance.

Gare : Vannes à 15 mn à pied ; car ou taxi.

57 - MOSELLE

PELTRE - 57245
« Centre Interculturel de Bevoye »

**Chemin de Basse-Bevoye
5 rue d'Asfeld (administratif)
Tél. : 87 75 19 37 ou 87 74 56 76
Fax : 87 74 99 49**

Le centre est une maison européenne de rencontres pour des jeunes de 16 à 25 ans. Au cours des vacances scolaires, y sont organisées des sessions de formation culturelles et artistiques sur divers sujets concernant l'Europe. Ces séminaires regroupent des jeunes de cultures et de langues différentes. L'établissement est isolé et dispose d'un parc et d'un jardin.

10 dortoirs de 4 lits ; sanitaires à l'étage. 2 salles de conférence, 3 salles de réunion, 4 salles de travail. Langues étrangères : allemand, anglais, italien, espagnol. Durée maxi. du séjour : 10 jours. Agrément Jeunesse et Sports. Gestion libre ou pension complète : 125 F. Contacter Marc Stenger.

Gare : Metz à 6 km ; car et taxi. Aéroport : Metz-Nancy Lorraine à 15 km ; car. Axes routiers : A4, A31, D955. Voiture personnelle conseillée.

SAINT-JEAN-DE-BASSEL - 57930
« Amis de la Providence »

**Couvent de la Divine Providence
Tél. : 87 03 00 50 - Fax : 87 03 00 51**

Les Sœurs de la Divine Providence accueillent les particuliers et les groupes hébergés pour des séjours de vacances. Environnement calme et climat chrétien (fermeture du 1ᵉʳ au 15 janvier et la première quinzaine de septembre). La maison est située dans un village et est entourée d'un parc et d'un jardin.

45 ch. individuelles, 10 doubles et 8 familiales, dont 5 avec sanitaires ; douches à l'étage. Salles de conf. (3) et de réunion (8). Pension complète : 155 F. Langues étrangères : allemand, anglais. Réservation prévoir un délai de 4 mois pour les groupes. Contacter la Directrice de l'accueil.

**Gares : Sarrebourg et Reding à 12 km ; car, taxi ou voiture de la maison. Aéroport : Strasbourg-Entzheim à 70 km ; taxi.
Axes routiers : A4 ; N4 ; D43 ; D95.**

58 - NIÈVRE

NEVERS - 58000
« Foyer Saint-Pierre »

118, rue des Montapins
Tél. : 86 57 30 77

La maison pourra accueillir, jusqu'à la date du 30 juin 1994, seulement (cessation définitive de l'accueil au Foyer à partir de juillet 94), des groupes, familles ou personnes seules, pour sessions, séminaires de travail ou étapes de voyage. Situé à 2 km du centre ville, le foyer dispose d'un agréable jardin. Nevers est célèbre pour son pèlerinage à Sainte-Bernadette, sa cathédrale, ses faïences, etc. Enfin, vous pourrez visiter de nombreux sites touristiques aux environs.

10 ch. individuelles, 10 ch. doubles, 7 ch. familiales, avec lavabo ; 27 lits en dortoir (box à 1 ou 2 lits) avec lavabos en salle d'eau commune ; douches et WC à chaque niveau. Salles de conf. (2), de réunion (5).

Gare : Nevers à 2 km, taxi ou car (ligne 4A).
Axes routiers : N7 ; N81.

59 - NORD

SOLESME - 59730
« Institution Saint-Michel »

13, rue Emile Zola
Tél. : 27 37 33 77, poste 302

L'institution vous accueille durant les vacances scolaires, dans une maison entourée d'un parc et dotée d'un terrain de football et de salles de sport et d'agrès. A proximité, vous pourrez découvrir la ville fortifiée de Le Quesnoy à 12 km, le musée Matisse de Le-Cateau à 10 km, ou la Forêt de Mormal à 10 km.

170 lits dont 72 en dortoirs, 35 ch. individuelles, 12 ch. doubles et 10 ch. familiales, avec lavabo ; douches et toilettes à l'étage. Salles de conf. (2) ; nombreuses salles de réunion et de travail ; amphithéâtre avec équipement audiovisuel. Pension complète : 89 F pour les jeunes, 101 F pour les adultes et 118 F pour les petits groupes en ch. ; autres formules à négocier.
Contacter M. Guérineau 10 jours à l'avance.

Gares : Caudry à 10 km, Valenciennes à 17 km, Cambrai à 17 km ; car ou taxi. Aéroport : Lille à 50 km ; taxi.

60 - OISE

BERTHECOURT - 60370
« Les Vacances Fleuries »

284, rue du Maréchal Joffre
Tél. : 44 07 50 51

La maison ouverte toute l'année, accueille des personnes en vacances de mai à septembre, et en dehors de cette période, des groupes encadrés. Elle se trouve dans un village, avec un parc et un terrain de jeux. Nombreuses promenades possibles.

80 lits répartis en ch. de 1 à 4 pers. avec lavabo et 1 dortoir de 6 lits ; WC à l'étage, salle de douches. Salles de réunion (3). Agrément : Jeunesse et Sports. Pension complète : 120 F.
Téléphoner et écrire pour réserver.

Gare : Hermes Berthecourt à 1,2 km ; accueil sur demande.
Axe routier : RN1.

COYE-LA-FORET - 60580
« La Sève »

1, rue de Luzarches
Tél. : 44 58 61 60 - Fax : 44 58 76 67

L'association « La Sève », rattachée à la paroisse Saint-François-de-Sales à Paris reçoit des particuliers et des groupes pour séjours de détente, culturels... Située dans un village, en lisière de forêt, cette grosse maison est un centre d'accueil dont l'ambiance est des plus chaleureuses. Des jeux d'enfants sont installés dans le parc et 2000 ha de forêt s'ouvrent à vous à la sortie du jardin.

15 ch. de 3 à 5 lits, 1 ch. individuelle et 1 double, avec lavabo ; douches à l'étage. Salles de réunion (3) et de travail (5). Pension complète : 120 F, demi-pension : 80 F, héb. seul : 60 F. Agrément Jeunesse et Sports.
Contacter Guy Soutenet.

Gare : Orry-Coye à 2 km ; taxi. Aéroport : Roissy à 20 km ; taxi.
Axes routiers N16 ; N17 ; A1.

SENLIS - 60300
« Le clos Saint-Etienne »

28, rue du Moulin Saint-Etienne
Tél. : 44 53 06 06
Réservations : 44 58 61 60

Géré par l'association parisienne
« Le CEF » (Chrétiens en Fac),
l'établissement accueille toute
l'année toutes personnes, religieuses et laïques, seules ou en
groupes (de 50 au maximum) pour
détente et repos. Située en ville, la maison dispose d'un parc. On peut visiter la vieille ville de Senlis à la porte du Clos et parcourir la forêt à 3 km.

50 lits dont 1 dortoir de 8 lits. Sanitaires communs. 2 salles de réunion.
Pension complète : 145 F, demi-pension : 100 F, hébergement : 66 F.
Contacter Guy Soutenet (n° réservation).

Gare : Senlis à 300 m. Aéroport : Roissy à 20 km ; taxi.
Axes routiers : autoroute A1 ; N17.

---

61 - ORNE

LA CHAPELLE MONTLIGEON - 61400
« Ermitage de la Basilique »

Tél. : 33 83 83 55
Fax : 33 83 60 49

L'Ermitage, tenu par une équipe
de prêtres diocésains et les
Bénédictines du Sacré-Cœur de
Montmartre, accueille familles et
individuels en vacances. Dans un
village en pleine campagne touristique, à 180 m d'altitude dominé
par une imposante basilique néogothique aux vitraux remarquables,
vous profiterez du parc et du jardin, des tennis et du centre équestre
situés à proximité. Vous pourrez faire de belles prises dans l'Huisne
poissonneuse toute proche.

120 lits répartis en 29 ch. individuelles, 30 ch. doubles, 11 ch. fami-
liales (quelques-unes avec sanitaires). Sanitaires à l'étage. Salles de
conférence (2) ; salles de réunion (4). Langues : allemand, anglais,
espagnol. Pension complète : à partir de 165 F ; demi-pension : à partir
de 120 F ; hébergement seul : 100 F.

Gare : Condé sur Huisne à 22 km. Nogent-le-Rotrou à 30 km ; car ou taxi.
Axe routier : RN12 à 14 km.

Vacances

MORTAGNE AU PERCHE- 61400
"Collège Lycée Bignon"

2, rue Géneral Leclerc BP4
Tél. : 33 85 15 50

Le collège vous ouvre ses portes pendant les périodes scolaires. L'ensemble des bâtiments, situé en ville, remonte au 15ème siècle et constituait l'Hotel du Marquis de Longueil. Vous profiterez de votre séjour pour visitez la région du Perche avec ses étangs et ses forêts. Si vous le désirez, vous irez aussi à la piscine, au stade et aux tennis municipaux.

76 lits ; 6 dortoirs, 10 ch. individuelles, 7 ch. doubles avec lavabos. Sanitaires à l'étage. Salles de conférence (2), de réunion (2), de travail (10). Langue étrangère : anglais. Pension complète 140 F.
Contactez Mr. Sommier, le Directeur.

Gare : Alençon-L'Aigle à 35 km ; car. Aéroport : Paris à 160 km ; car. Axe routier : N12.

---

62 - PAS-DE-CALAIS

ARRAS - 62000
« Maison Diocésaine »

103, rue d'Amiens
Tél. : 21 71 56 28

Ce Centre Diocésain met ses locaux à la disposition des particuliers et des groupes pour des séjours de vacances (classes vertes, etc.) ou de passage dans la région. Situé dans un grand parc et doté d'un jardin, le centre est en ville et vous permettra de découvrir les curiosités d'une ville au passé prestigieux.

60 ch. individuelles et 20 doubles, avec lavabo ; SdB à l'étage. Salles de conf. (5), et de travail (9). Pension complète : 149 F.
Contacter M. Noé ou Mme Roussel.

Gare : Arras à 2 km ; car ou taxi.
Aéroport : Lille-Lesquin à 30 km ; car ou taxi.

STELLA-PLAGE - 62780
Centre de Vacances « Stella-Maris »

376, rue Baillarquet
Tél. : 21 94 73 65

Dirigée par les Oblats de Marie-Immaculée, le centre accueille de mai à octobre des particuliers et des groupes pour des séjours de détente. Stella-Plage est la station climatique la plus réputée de la Côte d'Opale. Voisine du Touquet-Paris-Plage, vous découvrirez une région méconnue. Vous pourrez aussi visiter la réserve ornithologique de la baie de la Somme, lieu unique en Europe. Diverses activités vous sont proposées : planche à voile, golf, équitation, etc.

250 lits en ch. individuelles, doubles et familiales, avec lavabo, douches et WC. Salles de conf. (2). Pension complète : 180 F (dégressifs pour les jeunes et les enfants). Agréments : Ministère des Affaires Sociales et CAF.

Gare : Etaples à 5 km ; car ou taxi. Aéroport : Le Touquet à 4 km ; car ou taxi. Axe routier : N1.

63 - PUY-DE-DOME

BAGNOLS - 63810
« Centre d'Accueil Notre-Dame-de-la-Sagesse »

Le Bourg - Tél. : 73 22 20 65

Situé dans un village à 850 m d'altitude, le centre accueille des familles et des groupes encadrés pour des séjours de vacances dans le calme et la nature. Le centre se trouve au cœur du Parc des Volcans d'Auvergne. Vous visiterez les autres curiosités de la région : château de Val, au bord d'un lac romantique. En hiver les sports de neige sont particulièrement pratiqués dans le massif du Sancy.

75 lits répartis en 2 dortoirs, 27 boxes, 11 ch. doubles et 2 ch. indivi-duelles, avec lavabo ; douches. Salles de réunion (3). Prix adaptés à chaque situation (groupe, familles...). Agrément : Jeunesse et Sports. Contacter : Mr. Stéphane Duriez.

Gare : Laqueuille à 26 km ; taxi ou navette du centre. Aéroport : Aulnat-Clermont-Ferrand à 70 km ; car ou train. Axe routier : D922.

CLERMONT-FERRAND - 63000
« Maison d'Accueil de l'Immaculée Conception »

11, rue Basac
Tél. : 73 91 50 46

La maison, située en ville et entourée d'un parc, peut recevoir du 1er juillet au 14 août et du 1er au 30 septembre des religieuses, des dames ou des jeunes filles pour un séjour d'un mois maximum. On peut visiter à Clermont-Ferrand (altitude 400 m) la cathédrale et l'église Notre-Dame-du-Port. Des circuits consacrés aux églises romanes, à la Chaîne des Puys, aux châteaux (12 ouverts au public) ou aux lacs volcaniques sont organisés.

Ch. individuelles avec cabinet de toilette ; douches à l'étage.
Pension complète : 140 F. Simple restauration possible.
Ecrire au préalable à Mme la directrice.

Gare : Clermont-Ferrand (ligne Paris/Saint-Germain-des Fossés/Clermont-Ferrand). Aéroport : Aulnat à 7 km.

LE MONT-DORE - 63240
« Communauté Saint-Joseph »

19, avenue des Belges
Tél. : 73 65 05 85
Fax : 73 65 26 22

L'établissement reçoit des religieuses avec deux possibilités d'accueil : soit en pension complète (fermeture aux vacances de Noël et de Pâques) à l'Ecole Saint-Joseph, soit en location toute l'année, pour les groupes, à la Villa Saint-Joseph. A l'altitude de 1050 m, le site est favorable aux promenades, randonnées, excursions dans le parc des Volcans. De mai à septembre, la station thermale du Mont-Dore soigne les affections respiratoires et les rhumatismes. En hiver vous pourrez pratiquer les sports de montagne.

A l'école Saint-Joseph : 25 ch. individuelles avec lavabo ; sanitaires à l'étage. A la villa Saint-Joseph : 12 ch. individuelles avec lavabo ; douches et SdB à l'étage, 3 cuisines équipées.
Contacter la communauté pour réserver.

Gare : Le Mont-Dore à 250 m ; taxi ou voiture de la maison.
Aéroport : Clermont-Ferrand à 60 km ; taxi.

PARENTIGNAT - 63500
« Maison Saint-Pierre »

Tél. : 73 89 16 35

La maison accueille toute l'année, des prêtres et des laïcs pour des séjours de repos et de vacances, d'une durée minimum normale de 8 jours. Située dans un village à 400 m d'altitude, la maison est entourée d'un parc. Le climat est sain et l'environnement reposant. De nombreuses excursions sont possibles aux alentours : églises romanes, châteaux, randonnées dans les montagnes ou pique-nique au bord des lacs...

Pension complète : 160 à 200 F. En été : panier pique-nique sur demande. Contacter le Directeur pour réservation et détail d'équipement des chambres. Une circulaire sera envoyée par retour.

Gare : Issoire ; taxi ou voiture de la maison.
Aéroport : Clermont-Aulnat ; taxi ou voiture de la maison.
Axe routier : A75, sortie n°13 (carte Michelin n°73, 88 ou 91).

TAUVES - 63690
« Maison d'Accueil Saint-Joseph »

Place du Foirail
Tél. : 73 21 12 49

La maison accueille prêtres, religieuses, groupes, colonies, classes de neige et classes-découverte, pour un mois maximum, dans un village au cœur du Parc Naturel des Volcans d'Auvergne. Des soins médicaux sont à votre disposition. Vous pourrez pratiquer le basket-ball, le ping-pong, profiter des stations de sports d'hiver, des stations thermales aux alentours et visiter de nombreux musées, châteaux et églises.

130 à 150 lits répartis en 8 ch. doubles, 7 ch. familiales et 3 dortoirs (de 23, 33 ou 50 lits), avec lavabos ; douches et WC à l'étage. Salles de conf. (1), de réunion (1) et de classe (4) ; équipement audiovisuel. Pension complète : 110 F, héb. seul : 45 F ; en gestion libre au mois d'août. Agrément : Jeunesse et Sports. Langue étrangère : anglais. Contacter Mme Vedrine 3 mois avant.

Gare : La Bourboule/Laqueville à 10 km ; car de l'établissement et taxi.
Aéroport : Clermont-Ferrand à 57 km ; car et taxi.

64 - PYRÉNÉES-ATLANTIQUES

BAYONNE - 64100
« Maison Diocésaine »

Avenue Darrigrand
Tél. : 59 63 31 96 ou 59 63 33 40
Fax : 59 52 33 98

Géré par le Diocèse de Bayonne, cet établissement accueille toute l'année sauf du 28 juillet au 17 août des particuliers et des groupes pour des séjours de villégiature. Situé en ville, le centre est doté d'un parc. Vous serez à 6 km de la mer et profiterez des équipement touristiques et sportifs de la côte basque.

60 lits répartis en 45 ch. individuelles et 15 ch. doubles, la plupart avec douche et lavabo. Salles de conf. (1) et de travail (6). Pension complète : 180 F.
Contacter le Père Econome.

Gare : Bayonne à 3 km ; taxi. Aéroport : Biarritz à 6 km ; taxi.
Axes routiers : A63 ; A64 ; N10.

HENDAYE - 64700
« Les Flots »

23, boulevard de la Mer
Tél. : 59 20 02 80 - Fax : 59 48 05 00

Des Sœurs Dominicaines reçoivent dans un site riant du pays basque dames et jeunes filles dans un climat iodé, sédatif et reconstituant, avec des températures très douces en toutes saisons. Les hôtes peuvent se reposer dans la détente, le calme et la joie, profiter d'une immense plage de sable fin et se distraire en assistant à des manifestations de folklore régional.

14 ch. individuelles avec sanitaires complets. Pension complète ; les régimes simples sont assurés.
S'inscrire 2 mois à l'avance.

Gare : Hendaye à 2,5 km ; taxi.

LESTELLE-BETHARRAM - 64800
« Sanctuaire Notre-Dame-de-Bétharram »

Tél. : 59 71 92 30

Les Pères offrent pour des séjours de vacances des chambres, une maison avec 5 chambres, un collectif avec 30 places en dortoir, 2 terrains pour camp de jeunes.

Prix suivant la formule retenue. Chacun fait sur place sa propre cuisine.

Gares : Nay à 7 km ou Lourdes à 15 km ; taxi.
Aéroport : Pau-Uzein à 25 km ; taxi.

MONTAUT - 64800
« Centre d'Accueil de Valmont »

Domaine de Valmont
Tél. : 59 71 93 75

Les Sœurs Prémontrées accueillent des laïcs, des prêtres, des religieux et des groupes encadrés pour des séjours de vacances ou un temps de retraite de 15 jours maximum. Fermeture la dernière semaine de juin. Situé près d'un village, à une altitude de 250 m, le centre bénéficie de la proximité des Pyrénées : air pur et atmosphère reposante. Vous pourrez pratiquer le ski, la randonnée et la spéléologie dans un climat ensoleillé.

42 ch. individuelles, 7 doubles et 2 ch. à 3 lits ; douches à l'étage. Salle de conf. (1) et de travail (2). Pension complète : 135 F, 95 F pour enfants et étudiants ; demi-pension : entre 60 et 85 F. Animaux acceptés. Langues étrangères : anglais, allemand, espagnol. Paiement : tous, sauf carte bancaire.

Gares : Coarraze ou Lourdes à 6 km et 14 km ; taxi.
Aéroport : Pau-Uzein à 30 km ; taxi.
Axes routiers : Pau-Tarbes par Lourdes.

NAY - 64800
"CLG - LEG St Joseph"

Avenue des Abbés Dupont
Tél. : 59 61 18 32
Fax : 59 61 25 36

Géré par l'O.G.E.C. St Joseph, cet établissement scolaire peut accueillir toutes catégories de vacanciers, civils et religieux, enfants accompagnés également. Situé dans un village mais un peu isolé, il propose un jardin, un parc, une salle de sport polyvalente et une salle de théâtre, mais seulement quelques animateurs en période de vacances. Promenades et randonnées sont recommandées : cols des Pyrénées, Lourdes.

50 lits répartis en deux dortoirs (seul endroit ne pouvant recevoir des personnes en fauteuil roulant) et 25 chambres doubles. Sanitaires communs. 1 salle de réunion, 2 salles de travail. Langue étrangère : italien.

Gare : Coarraze-Nay à 8 km ; car et taxi. Aéroport : Pau Uzein à 25 km ; car et taxi. Axe routier : Pau/Lourdes par Bétharram.

OLORON SAINTE-MARIE - 64400
« Relais Aspois »

Gurmençon - Village
Tél. : 59 39 09 50
Fax : 59 39 02 33

La famille Cyril Casenave, accueille toute l'année, pour une soirée étape ou une semaine forfaitaire, toute personne, seule ou en groupe, religieux ou laïcs, randonneurs et pèlerins. Situé dans un village, le relais dispose d'un parc, d'un jardin et d'un jardin d'enfants. Offices religieux dans les paroisses proches de Gurmençon ou Oléron Sainte-Marie. La région est propice aux randonnées pédestres.

30 lits répartis en 18 ch. doubles, 2 ch. familiales et 1 dortoir de 5 lits. Quelques ch. équipées de sanitaires complets. Sanitaires à l'étage. Animaux acceptés. 1 salle de conférence, 1 salle de réunion, 1 salle de travail. Langue étrangère : espagnol. S'inscrire 1 semaine à l'avance auprès de Cyril Casenave. Pension complète : 225 F, demi-pension : 180 F. Chèques, espèces et cartes de crédit acceptés.

Gare : Oloron Ste Marie à 2 km ; car et taxi. Aéroport : Pau-Pyrénées à 35 km ; taxi. Axe routier : autoroute A 64 ; RN 134 ; RD 55.

SAINT PALAIS - 64120
"Maison Franciscaine Zabalik"

1, avenue de Gibraltar
Tél. : 59 65 71 37

Gérée par l'association Zabalik, la maison des frères franciscains accueille toute l'année, entre 1 et 15 jours, prêtres, groupes (maximum douze) et enfants accompagnés(en dortoirs). Dans cette petite ville, située en plein cœur du Pays Basque, l'établissement dispose d'un jardin et d'un cloître fleuri. Prières et repas ont lieu en commun.

7 lits en chambres individuelles et 1 chambre à 2 lits. 14 lits en dortoirs. Lavabos dans les chambres ; sanitaires à l'étage. 1 salle de conférence ; 3 salles de réunion ; 3 salles de travail. Langue étrangère : espagnol. Délais d'inscription : 15 jours. Pension complète : 155 F ; demi pension : 105 F ; hébergement seul : 45 F ; chèques et espèces acceptés Contacter Jean-José

Gare : Puyoo et Dax (à 30 et 40 km) ; car et taxi.
Aéroport : Biarritz à 60 km ; taxi.
Axes routiers : Périgueux-Mont de Marsan-Pampelune.

65 - PYRÉNÉES (HAUTES-)

ANCIZAN - 65440
M.F.V. « Le Home Pyrénéen »

Tél. : 62 39 91 52

Les Dominicaines de la Présentation accueillent toute l'année (sauf en octobre) familles ou personnes seules, ainsi qu'en dehors des vacances d'été, les groupes de tout âge (séminaires, classes, retraités, groupes sportifs), pour des séjours en pension complète dans une ambiance familiale et chaleureuse à 750 m d'altitude dans la vallée d'Auge.

4 ch. individuelles, 12 ch. doubles et 12 ch. familiales, 5 avec lavabo, douche et WC. Salles polyvalentes (5), équipement audiovisuel. Pension complète : 155 à 175 F (adultes et + de 14 ans), et 60 à 171 F pour les enfants selon âge. Agréments : Jeunesse et Sports, Ministère de la Santé.

Gare : Lannemezan à 30 km ; car S.N.C.F. à la poste.
Aéroport : Ossun-Tarbes à 40 km ; car. Axe routier : N64.

BAREGES - 65120
« Le Hameau Rollot »

Relais Cap France
Tél. : 62 92 68 67

A 1 400 m d'altitude et aux portes du Parc National des Pyrénées, sur les pentes du Tourmalet, animé par des Pères Jésuites, le Relais Terroir est ouvert à tous sauf du 1er octobre au 15 décembre avec possibilité d'accueil aux vacances de la Toussaint pour des vacances, des classes transplantées et sportives. Les soirées sont encadrées. A proximité : sports de montagne, cure thermale (mai à octobre).

10 chalets : ch. de 1 à 6 lits, avec sanitaires complets à chaque étage (location de draps). Salles de détente (3), salle à manger (1). Pension complète : 140 F ; possibilité de panier pique-nique. Agrément : « Maison Familiale de Vacances » - MV (A) 36 JO 15 août 1959. Paiements acceptés : chèques vacances, bons vacances (se renseigner auprès des Caisses d'Allocations Familiales). Renseignements : M. Rollot.

Gare : Lourdes à 35 km (lignes Paris-Bordeaux-Tarbes et Nice-Toulouse TGV) ; car. Aéroport : Tarbes-Ossun ; car.

CAMPAN - 65710
« Relais Cap France Le Torrent »

Artigues
Tél. : 62 91 92 22
Fax : 62 91 94 45

Le centre accueille les groupes de personnes âgées, les classes de neige et de nature et des familles toute l'année. A 1 200 m d'altitude, vous profiterez pleinement de la montagne, par des randonnées été comme hiver, la pratique du ski de piste à La Mongie ou de fond à Payolle. Le centre dispose d'équipements sportifs : tennis, tir à l'arc, ping-pong.

150 lits en ch. familiales avec sanitaires complets. Pension complète : 176 à 250 F. Agréments : Ministère du Tourisme, Inspection Académique. Paiements : chèques, espèces. Caféteria, salles de TV et d'animation. Langue étrangère : anglais. Contacter M. Laurent Bonneau.

Gare : Bagnères de Bigorre à 20 km.
Aéroport : Tarbes-Ossun-Lourdes à 50 km; taxi.

LOURDES - 65100
« Foyer des Institutrices »

51, rue de Bagnères
Tél. : 62 94 05 66

Les sœurs servantes de l'Eucharistie reçoivent les prêtres, religieuses, femmes et familles, avec priorité aux membres de l'enseignement, dans une maison avec jardin à 410 m d'altitude. Les groupes de jeunes sont accueillis durant la saison des pèlerinages (62 lits dans des locaux annexes).

13 ch. individuelles, 3 ch. pour couples et 1 dortoir, avec lavabo ; douches, sanitaires à l'étage. Pension complète : 120 à 160 F. Régimes suivis. Contacter : Mme Cazenave.

Gare : Lourdes à 1 km, taxi.
Aéroport : Ossun-Tarbes à 10 km, car ou taxi.

LOURDES - 65100
« Maison Familiale Le Bosquet »

Les Granges Julos
Tél. : 62 94 29 72 - Fax : 62 42 09 80

Cette maison, gérée par l'Association « Amitié-Montagne », accueille des particuliers et des groupes pour des séjours de vacances ou des retraites. Située dans un village à 450 m d'altitude, le parc vous offrira de multiples activités sportives à pratiquer. Vous profiterez de la proximité des sanctuaires de Lourdes et des beautés des Pyrénées. Une navette vous y conduira. Vous pourrez également découvrir le Pic du Midi et l'Espagne.

130 lits répartis en 2 dortoirs, 30 ch. individuelles, 30 ch. doubles et 30 ch. familiales ou à plusieurs lits avec ou sans sanitaires ; douches à l'étage. Salles de conf.(1), de réunion (2) et de travail (2). Pension complète : 145 à 165 F, demi-pension : 115 à 135 F. Possibilité de payer en chèques et bons de vacances. Agréments : Jeunesse et Sports et Affaires Sociales.
Contacter le secrétariat.

Gare : Lourdes à 3 km ; taxi ou voiture de la maison. Aéroport : Pau-Lourdes à 35 et 7 km ; taxi ou voiture de la maison.
Axe routier : N21.

LOURDES - 65100
" Résidence de la Pastourelle "

34, rue de Langelle
Tél. : 62 94 26 55
Fax : 62 42 00 95

Dans un cadre de vie accueillant, la résidence, avec ses services, vous propose sécurité (avec assistance physique 24h/24, vidéo surveillance, régimes spécifiques), confort (avec studio équipé de téléphone direct, système d'alarme, service de nettoyage des vêtements personnels) et distraction (animation permanente). La maison est située au centre ville, proche des sanctuaires et très calme.

81 studios ; WC handicapés. Salle de restaurant, de télé, de jeu. Terrasse.

Gare : à 5 mn. Aéroport : à 15 mn.

TARBES - 65000
« Maison Saint-Paul »

51, rue de Traynès
Tél. : 62 44 28 28

L'établissement, géré par la Maison Diocésaine, propose sessions, séminaires ou simple repos à toute personne. Il est situé à 300 m d'altitude, au milieu d'un parc. Vous visiterez la ville toute proche et la région. Les plus sportifs peuvent s'adonner au ski en hiver au Hautacans (à 34 km).

160 lits répartis en 80 chambres individuelles ou à 2 et 3 lits, 54 places en chambres en dortoirs. Sanitaires communs. 1 salle de conférence ; 4 salles de réunion, 3 salles de travail et quelques petites salles pour carrefours. Pension complète : 165 F par jour, demi-pension : 120 F, hébergement + petit déjeuner : 65 F. Tous modes de paiements acceptés, sauf monnaie étrangère.
S'inscrire auprès de Madame la Directrice, Odette Long.

Gare : Tarbes ; bus et taxi. Aéroports : Tarbes à 8/10 km ; navette et taxi. Axe routier : A64.

66 - PYRÉNÉES ORIENTALES

AMÉLIE-LES-BAINS - 66110
"Maison de repos Villa Saint Valentin"

22, avenue du Vallespir
Tél. : 68 39 01 83

L'Association des Frères Unis, reçoit toutes personnes (religieuses ou laïques, à l'exception des enfants non accompagnés) dans un cadre familial où il est demandé de maintenir cordialité et amitié (maximum 35 personnes). La maison est située à 230 m d'altitude ; l'ensoleillement est exceptionnel. La station dispose d'équipements sportifs.

14 chambres individuelles et 10 chambres doubles, WC dans quelques chambres. Sanitaires à l'étage. Animaux acceptés. Pension complète : 180 F. Arrhes de 500 F pour une réservation définitive.

Gare : Perpignan à 30 km ; car. Aéroport : Perpignan à 30 km ; car. Axes routiers : autoroute A9, sortie Le Boulou puis D 115 ; RN 9.

BOURG-MADAME (Enveitg) - 66760
« Association Bena »

Tél. : 68 04 81 64 ou 68 04 85 22
Fax : 68 04 97 59

Ce hameau pyrénéen vous accueille seul, en famille ou en groupe, à 1 600 m d'altitude, près d'Andorre et de la Catalogne espagnole. Vous pourrez vous livrer à des activités touristiques sportives (randonnées, ski, équitation) et prendre éventuellement part aux échanges organisés par le centre de recherche sur le dialogue entre Science et Foi.

2 dortoirs, 10 ch. de 1 à 4 lits dont 2 avec SdB ; sanitaires à l'étage. Possibilité de camping. Salles de conf. (1) ; de réunion (2). Pension complète : 150 à 160 F ; demi-pension : 130 F ; héb. seul : 70 à 90 F ; enfants de moins de 10 ans : 90, 75 et 50 F. Langues étrangères : anglais, allemand, espagnol et catalan. Contact : Claire et Albert Pavy.

Gare : La Tour de Carol à 6 km (Paris direct) ; taxi ou voiture de la maison. Aéroport : Perpignan à 100 km ; car. Axes routiers : N20 ; N116.

PERPIGNAN - 66000
"Château du Parc Ducup"

Allée des Chênes
Tél. : 68 54 48 52
Fax : 68 85 44 85

Géré par l'association Mont Thabor, ce centre accueille toute l'année des personnes seules ou en groupes, pour toutes vacances que favorisent un grand parc calme et silencieux et l'isolement du lieu.

Château *: 60 lits répartis en 9 ch. individuelles et 14 ch. doubles et 3 ou 4 lits en ch. familiales. Boxes et petites chambres dans le dortoir. Douches ou baignoires dans les chambres.*
Annexe *: 87 lits. Sanitaires à l'étage. 2 salles de conférence ; 4 salles de réunion. Langue étrangères : espagnol, allemand, anglais, portugais. Château : pension complète : 205 F, demi-pension : 175 F, hébergement seul : 125 F (réduction pour enfants). Centre annexe : pension complète : 150 F (réduction enfants).*
S'inscrire le plus tôt possible auprès de Sœur Romana ou Sœur Marie.

Gare : Perpignan à 4,5 km ; taxi et cars de Prades. Aéroport : Perpignan Labanère à 12 km ; car et taxi. Axe routier : prendre l'ancienne route de Prades, à l'ouest de Perpignan, sur 4 km environ.

PLANES - 66210
« Centre Béthanie »

12, rue Joseph Sauvy
Tél. : 68 35 48 20 - Fax : 68 34 34 28

Située à 1 500 m d'altitude, entourée d'un parc ombragé, la M.F.V. vous reçoit toute l'année (sauf du 10 septembre au 15 décembre), pour 7 jours minimum, seul, en famille ou en groupes.

10 ch. individuelles, 29 ch. doubles, 20 ch. familiales, avec lavabo et douche ; douches et WC à l'étage. Salles de conf. (1) ; de réunion (8) ; équipement audiovisuel. Pension complète : de 155 à 190 F. Bons vacances et Carte bleue acceptés. Agréments : DDJS, DDASS.

Gare : Mont Louis-la-Cabanasse à 4 km ; car. Aéroport : Perpignan à 100 km ; car ou taxi. Axes routiers : N116 ; N20 ; N152.

67 - RHIN (BAS-)

HAGUENAU - 67500
« La Maison Saint-Gérard »

11, route de Winterhouse
Tél. : 88 93 83 27
Fax : 88 93 02 22

Les Pères Rédemptoristes accueillent des groupes de pèlerinage et des sessions. La durée maximale du séjour est de 15 jours. Haguenau est nichée au cœur d'une des forêts les plus grandes de France. La maison est vaste et chaleureuse et offre tout le confort moderne. Un guide compétent de la communauté peut vous accompagner dans vos excursions en Alsace, Vosges et Forêt-Noire. Des stages de peinture paysanne sur bois sont organisés.

36 ch. tout confort et 10 avec douches à l'étage. Salles de conf. et de réunion (5) ; 1 salle avec cabine de traduction. Prix : 210 F à 245 F selon la formule. Langues étrangères : allemand, anglais.
Contacter le responsable de l'accueil le plus tôt possible.

Gare : Haguenau à 1,5 km ; taxi. Aéroport : Strasbourg à 45 km ; taxi ; Axe routier : A4.

LALAYE - 67220
« Centre de Plein Air Jeunesse Heureuse »

Tél. : 88 32 64 30
Réservation au siège :
10, rue des Franc-Bourgeois -
67 000 Strasbourg

La maison accueille les groupes d'enfants de 6 à 12 ans, en colonie de vacances et classes-découverte pour des séjours d'une semaine minimum. Pour groupes adultes, contacter le secrétariat. Notre maison est à 620 m d'altitude, dans la nature, et offre de nombreuses possibilités d'activités sportives.

90 lits ; 9 chambres doubles et 4 individuelles ; sanitaires à l'étage. 3 salles de classes ; équipement audiovisuel. Pension complète : 152 F. Inscription 6 semaines à l'avance à l'Association « Jeunesse Heureuse ».

Gare : Séléstat à 20 km ; car et taxi. Aéroport : Strasbourg à 55 km.

MARIENTHAL - 67500
« Basilique Notre-Dame »

1, place de la Basilique
Tél. : 88 93 90 91

Les Bénédictines du Sacré-Cœur-de-Montmartre, lieu de pèlerinage marial, accueillent toute l'année, sauf du 1er au 15 janvier, toutes personnes seules ou en groupes, pour des méditations religieuses et des retraites individuelles organisées par la communauté ou les groupes hébergés eux-mêmes, en séjour de un jour à un mois pouvant être prolongé après entente.

8 ch. individuelles, 22 ch. doubles, 3 ch. à 3 lits, avec lavabo ; douches à l'étage. Pension complète : de 130 à 150 F.
Contacter par courrier la Sœur Hôtelière.

Gare : Marienthal.

OTTROTT - 67530
"Hostellerie du Mont Ste Odile"

Mont Ste Odile
Tél. : 88 95 80 53
Fax : 88 95 82 96

Les prêtres du diocèse et une communauté de religieuses, accueillent laïcs ou religieux, pour séjour sur les traces de Ste Odile, fondatrice au 8e siècle du monastère, plusieurs fois détruit et reconstruit. Sa visite est riche de nombreuses chapelles d'époques différentes et d'un panorama superbe sur Strasbourg, la Forêt Noire et la plaine d'Alsace, à 765 m d'altitude. On peut aussi s'y adonner au parcours sportif Vita-Vittel et visiter les villes voisines d'Obernai, Strasbourg et Colmar.

215 lits répartis en 60 chambres individuelles, 80 chambres doubles et 2 chambres familiales (50 chambres équipées de sanitaires). Infirmière. 1 salle de conférence, 4 salles de réunion. Langues étrangères : anglais et allemand. Réserver pour séjour au moins trois mois à l'avance.

Gares : Obernai à 14 km, Barr à 12 km ; taxi. Autocars : dimanche de Pâques à octobre, semaine : du 1er juillet au 15 septembre.
Aéroport : Strasbourg International à 30 km ; taxi.

ROSHEIM - 67560
Hôtellerie « Notre-Dame-de-la-Source »

3, rue Saint-Benoît
Tél. : 88 50 41 67

Les Bénédictines de Rosheim reçoivent des particuliers et des groupes encadrés pour un accueil spirituel et des séjours de vacances calmes et reposants. Fondé en 1862, le Monastère abrite aujourd'hui un atelier de confection de pain d'autel. Situé à l'extrémité de la ville, il est proche de la campagne aux circuits pédestres affichés. Strasbourg à 22 km et le Mont Saint-Odile à 15 km.

Salle de conf. (1). Prix : 90 F à 160 F selon la formule d'héb, quelques ch. individuelles avec sanitaires à 180 F.
Contacter la Sœur Hôtelière.

Gare : Rosheim à 2 km ; taxi. Aéroport : Strasbourg à 13 km ; taxi. Axes routiers : autoroute Strasbourg-Saint-Dié, A35.

SAALES - 67420
"Maison familliale du F.E.C."

Col de Steige - Tél. : 88 97 60 17

Cette MFV agréée et gérée par "l'association du foyer de l'étudiant catholique" de Strasbourg, reçoit de juillet à septembre, toutes personnes seules ou en groupes, en classes vertes ou sessions organisées par les groupes en vacances. Situé à 600 m d'altitude, l'établissement se dresse dans un parc forestier.

71 lits répartis en 5 chambres individuelles, 19 chambres doubles, et 10 chambres familiales. Sanitaires à l'étage. 1 salle de conférence. Langue étrangère : allemand. Hors saison, s'inscrire par courrier au FEC, 17 place Saint Etienne, 67081 Strasbourg - tél. : 88 35 36 20 - Fax : 88 37 99 83. Pension complète : 148 F par jour. Toutes formules d'hébergement possible sur demande. Réductions pour les enfants. Venir avec son véhicule.

Gare : Saint Blaise (ligne Strasbourg-St Die) à 10 km (véhicule de la MFV à la gare). Aéroport : Strasbourg à 60 km ; taxi.

STRASBOURG - 67061 Cedex
« Association du Foyer Notre-Dame »

3, rue des Echasses - B.P.70
Tél. : 88 32 47 36
Fax : 88 22 68 47

La maison vous accueille du 15 juin au 15 septembre, seul, en famille ou en groupes. Situé au cœur de la capitale de l'Europe, le foyer bénéficie d'une situation qui comblera les amateurs de tourisme culturel. Les Vosges et la Forêt Noire ne sont qu'à une heure de là, sans oublier la route des vins et ses villages pittoresques, les innombrables châteaux à visiter, la volerie des aigles, la montagne des singes, etc.

41 ch. individuelles, 4 ch. doubles, avec lavabo ; douches et WC à l'étage. Salles de réunion (3) ; équipement audiovisuel. Pension complète : 175 F, demi-pension : 145 F, héb. seul : 105 F.
S'inscrire à l'avance auprès de l'accueil par courrier.

Gare : Strasbourg à 1 km ; car ou taxi. Aéroport : Strasbourg-Entzheim à 10 km ; car ou taxi. Axes routiers : N4 ; A4.

THAL-MARMOUTIER - 67440
« Les Petites Sœurs Franciscaines »

1, rue du Couvent
Tél. : 88 91 18 16

La Communauté des Petites Sœurs Franciscaines de Thal reçoit, en dehors des périodes réservées aux retraites spirituelles et des mois de janvier et mai, toutes personnes désirant se reposer, pour une durée variable, dans un climat religieux et au sein d'un parc de verdure. Vous pourrez vous promener dans les Vosges du Nord pourvues de nombreux circuits, et faire des excursions dans la région, Saverne-château du Haut-Bar.

40 lits répartis en ch. individuelles, doubles et familiale. Pension complète : 165 F ; possibilité de panier-repas. Salles de conf. (2). Langue étrangère : allemand.
Contacter les Petites Sœurs Franciscaines.

Gare : Saverne à 5 km ; taxi.

68 - RHIN (HAUT-)

LE BONHOMME - 68650
« Les Genêts d'Or »

129, La Chapelle
Tél. : 89 47 20 13 - Fax : 89 47 51 40

La maison, gérée par l'association Alva, offre en pleine nature, à mi-chemin entre St Dié et Colmar, à 900 m d'altitude, un cadre propice à toutes rencontres privées ou professionnelles (semaines de formation, classes vertes, classes de neige) organisées avec l'aide de véritables professionnels. Pour la nourriture, menus gastronomiques et de régime sont proposés. Pour la détente, le sport est à l'honneur sur place. Enfin, il convient de visiter Kayserberg (à 10 km) et Colmar (à 30 km).

180 lits répartis en 25 ch. doubles, 11 ch. familiales et 7 à 8 lits en dortoirs. Lavabos, baignoires et WC dans les chambres. Soins médicaux possibles. 4 salles de réunion, 4 de travail. Langues étrangères : anglais, un peu d'espagnol, un peu d'allemand. Agréments : Jeunesse et Sport, DASS, Tourisme en cours. Pension complète : de 105 à 185 F ; demi-pension : 95 à 175 F ; en formule "Nuit + petit déjeuner" : de 85 à 160 F. Possibilité de location de gîte en gestion directe (capacité 12 places). Contacter : Mme Andreu.

Gare : St Dié à 30 km, Colmar à 30 km ; autocars. Aéroports : Mulhouse ou Strasbourg à 80 km. Axe routier : route St Dié/Colmar par le col du Bonhomme, à environ 1,5 km de la nationale.

LUCELLE - 68480
« Maison Saint-Bernard »

Tél. : 89 40 85 38 - Fax : 89 08 10 83

Gérée par l'association « Jeunesse et Famille », la maison familiale reçoit toute l'année les prêtres, religieuses, familles, groupes du 3ᵉ âge limités à 120 personnes et groupes d'enfants accompagnés (classes vertes) pendant au moins une semaine dans un cadre reposant et pourvu de nombreux circuits pédestres. Situé à 650 m d'altitude, dans un lieu isolé, le centre organise des excursions en Suisse et en Allemagne pour les groupes d'au moins 30 personnes.

120 lits répartis en 7 ch. individuelles, 30 ch. doubles et 20 ch. familiales, avec lavabo ; sanitaires complets à l'étage. Pension complète : 195 F ; demi-pension : 180 F ; héb. seul : 155 F. Agrément : Jeunesse et Sports n° 563. Salles de conf. (4). Langue étrangère : allemand. Contacter Monique Hassler au secrétariat.

69 - RHONE

FRANCHEVILLE - 69340
« La chardonnière »

65, grande rue - Tél. : 78 59 09 86

Dans cette maison gérée par l'Association Pauline Jaricot, les Franciscaines de la Propagation de la Foi en collaboration avec la Famille Franciscaine accueillent toutes personnes pour retraite, session et conférences autour de la Parole de Dieu et de la spiritualité franciscaine, auxquelles peuvent se joindre exceptionnellement quelques vacanciers. Proche de Lyon, l'établissement situé dans un village, dispose d'un parc et d'un jardin.

60 lits répartis en 30 ch. individuelles et 15 ch. doubles avec lavabos. sanitaires à l'étage. 2 salles de conf., 4 de réunion. Matériel vidéo. Langue étrangère : anglais. Pension complète : 170 F par jour, demi-pension : 55 F, héb. seul : 60 F. Contacter la sœur hotelière.

Gare : Lyon Perrache (à 8 km) et Lyon Part-Dieu (à 10 km) ; car et taxi. Aéroport : Satolas à 30 km ; car et taxi. Axe routier : proximité de l'A6.

71 - SAONE-ET-LOIRE

BRANDON - 71520
« Maison Saint-Joseph »

Le Bourg - Tél. : 85 50 43 05

Dans un village situé à 300 m d'altitude, cette pension de famille, conçue comme une « maison de vie » accueille toute personne, 15 maximum à l'exception des enfants, individuellement ou en groupe. Ressourcement et réflexion dans le parc, le jardin et la chapelle, ou tourisme dans cette région riche en lieux spirituels.

5 ch. individuelles, 4 ch. doubles et 3 ch. familiales. 1 ch. à 2 lits pour personnes en fauteuil roulant. Sanitaires dans certaines chambres. Sanitaires à l'étage. 1 salle de conférence, 2 de réunion, 2 de travail. Pension complète : 180 à 260 F, héb. seul : 120 à 189 F avec petit déjeuner. Chèques bancaires non acceptés.
S'inscrire 2 semaines à l'avance auprès de Jean ou Marinette Deborde.

Gare : Mâcon à 22 km ; taxi et navette de la maison. Axes routiers : A6 et A40 jusqu'à Mâcon. Axe Macon/Paray-le-Monial - sortie Clermain-Brandon.

MACON - 71000
« Monastère de la Visitation »

1, place des Carmélites
Tél. : 85 38 07 92

Les Sœurs de la « Visitation-Sainte-Marie » (Visitandines) accueillent hors cloture, des particuliers, et en cloture, des dames seulement pour des retraites individuelles, selon la spiritualité salésienne (durée maximale de 8 jours). Le monastère n'assure pas les repas. Situé en ville mais agrémenté d'un jardin, vous serez à proximité de lieux renommés (Paray-Le-Monial, Cluny, Taizé).

14 ch. individuelles et 1 ch. double avec lavabo ; douches et SdB à l'étage. Prix sur demande.
Contacter la Sœur Hôtelière.

Gares : Mâcon-ville à 1/4 d'heure ; gare TGV à Loché à 12 km ; taxi.
Aéroport : Lyon. Axes routiers : A6 ; N6.

PARAY-LE-MONIAL - 71600
« Foyer Nazareth »

10, avenue de Charolles
Tél. : 85 81 11 88

Les Sœurs de Sainte-Marie reçoivent des personnes venant seules ou en groupes, âgées de plus de 18 ans, pour étape ou séjour.

Située en ville, la maison est entourée d'un jardin, propice au repos et au silence. Dans un climat simple et familial, vous vous reposerez tout en profitant de la proximité des sanctuaires : basilique (250 m), chapelle de la Colombière (100 m), Notre-Dame-de-Romay (1,2 km), parc des Chapelains (200 m), chapelle de la Visitation (200 m).

15 ch. individuelles, 6 ch. doubles et 2 ch. familiales avec lavabo ; douches et sanitaires à l'étage. Pension complète : 180 F ; demi-pension : 140 F. Langue étrangère : espagnol.

Gare : Paray-le-Monial à 2 km.

72 - SARTHE

NEUFCHATEL-EN-SAOSNOIS - 72600
« Maison Familiale des Sœurs de l'Enfant-Jésus »

Le Bourg
Tél. : 43 97 74 11

Les Sœurs reçoivent toute l'année les familles, les couples, les personnes seules, les prêtres et les religieuses, pour un séjour de 6 mois maximum. La maison à caractère simple et familial, est entourée d'un parc favorisant le calme. Elle est située au centre d'un village, à l'orée de la forêt de Perseigne (à 300 m d'altitude), dans une région touristique permettant d'agréables excursions : Alençon à 15 km, Alpes-Mancelles à 30 km, Solesmes à 90 km, ainsi que différents pélerinages : Montligeon, Lisieux...

22 ch. individuelles, 5 ch. doubles, avec lavabo et WC ; douches, SdB à l'étage. 1 salle de jeux. 1 salle de TV. Soins paramédicaux à votre disposition. Pension complète : 140 à 160 F.
Contacter : la Sœur Directrice.

Gare : Alençon à 15 km ; taxi ou voiture de la maison.
Axe routier : D311.

73 - SAVOIE

AUSSOIS - 73500
« La Saint-Cyrienne »

27, rue Saint-Nicolas
Tél. : 79 20 30 53

La maison vous reçoit seul ou en groupes, pour un séjour de 8 jours à 1 mois. A 1 500 m d'altitude, au cœur de la Savoie, vous pourrez faire de nombreuses excursions dans le parc de la Vanoise et, de décembre à la mi-avril, vous serez invités à dévaler les pistes enneigées de la station.

8 dortoirs de 8 à 10 lits ; 2 ch. individuelles et 10 ch. doubles avec lavabo ; douche et WC à l'étage. Salles de réunion (1), de travail (1). Pension complète : 110 F.
Contacter la directrice.

Gare : Modane à 7 km ; car et taxi. Axe routier : Modane-Aussois.

CHAMBERY - 73001 CEDEX
« Maison Diocésaine »

18, av. du Docteur Desfrançois
B.P. 107
Tél. : 79 33 26 09

La Maison Diocésaine accueille des prêtres pendant les vacances d'été. La maison et son parc vous procureront un lieu de calme et de recueillement. Pendant l'année scolaire, des étudiants de la faculté de Chambéry peuvent y être hébergés en chambres particulières (retenir plusieurs mois à l'avance).

Ch. individuelles avec lavabos ; douches et WC à l'étage. Pension complète : 140 F. Prévenir l'économe un mois à l'avance.

Gare : Chambéry à 15 mn à pied.

MONTORLIN BELLENTRE - 73210
"La Plagne"

« La Bergerie »
Chalet de Montorlin
Tél. : 79 07 57 12

Au cœur de la Tarentaise, au pied du Parc National de la Vanoise, le village de Montorlin offre le calme paisible d'un authentique village de montagne. Face au massif du Beaufortin et avec vue directe sur le Mont Blanc, le chalet domine la vallée, à 1 100 m d'altitude. Le chalet est situé à 1 km des pistes de la Plagne (ski de piste, ski de fond, ski de randonnée, promenade chemins boisés...). Séjours familles - classes vertes, de neige, de découvertes.

Centre de vacances 40 places, agréé Jeunesse et Sports et Éducation Nationale. 4 chambres personnelles pour le personnel, encadrement. Contacter le secrétariat : Saint-Jean Éducation - B.P. 13 - 95240 Cormeilles-en-parisis. Tél. (1) 34 50 02 32 - Fax : (1) 34 50 28 73

Gare : Landry (à 5 km du chalet) ; T.G.V. ou train pour Bourg-St Maurice ; taxi. Aéroports : Lyon - Genève. Axes routiers : Albertville A 43 - N 90 vers Bourg St Maurice - D 225 vers Montehavin.

SAINT-PIERRE-D'ENTREMONTS - 73670
« Gîtes-Vacances Les-Clarets »

Tél. : 79 65 85 20

Des Clercs de Saint-Viateur mettent à la disposition des particuliers et des groupes, des gîtes en gestion libre pour des séjours de 2 jours à 4 semaines au plus. La Maison est fermée du 10 janvier au 10 février. Situés à 1050 m d'altitude, dans un village de montagne, les gîtes sont des appartements dans un grand châlet savoyard. Vous profiterez du grand air et des possibilités infinies qu'offrent les sports d'hiver.

6 appartements de 4 lits chacun ; douches à l'étage. Salle de conf. (1), de réunions (3) et de travail (2). Pension complète: 140 F ; héb. seul : 60 F. Contacter M. Henri Vidal.

Gare : Chambéry à 22 km ; car ou taxi. Axes routiers : Autoroutes Lyon-Chambéry, Lyon-Genève, Lyon-Montmelian-Alberville.

74 - SAVOIE (HAUTE-)

ARACHES - 74300
« Centre de Vacances Les Chamois »

**2583, route du Pontet - La Frasse
Tél. : 50 90 35 11**

Dans un chalet situé en pleine nature à 1115 m, l'association « Jeunesse et Loisirs », présidée par un prêtre, reçoit des enfants et adolescents pour des séjours de sports d'hiver ; des classes de neige ou vertes ; des colonies de vacances ; un groupe en étape, des stages divers. La durée du séjour est à convenir. Une navette est organisée pour la messe dominicale à l'église paroissiale. Jardin privé, calme et ensoleillé. Terrains de sports : football, tennis, handball, volley, basket... Excursions possibles avec la navette du chalet. Station des Carroz distante de 15 mn avec la navette ; l'été : piscine, cinéma, escalade, équitation, deltaplane, parapente, tir à l'arc et poneys sur place. L'hiver : le grand Massif, 250 km de pistes alpines, 76 remontées mécaniques, 75 km de pistes de fond.

79 lits dont 15 en ch. doubles avec lavabo ; 8 douches ; WC à chaque étage. Pension complète : 113 à 162 F suivant la période. Les hôtes qui le souhaitent (groupes) peuvent préparer eux-mêmes leurs repas.

Gare : Cluses à 15 km ; transfert par véhicule de l'établissement.

DINGY-EN-VUACHE - 74520
« La Source »

Raclaz
Tél. : 50 04 37 57

L'établissement accueille en juillet et août toutes catégories de personnes pour sessions ou apprentissages destinés à présager une autre manière de vivre en société avec plus de justice et d'amour. Située dans un hameau à 550 m d'altitude et dotée d'un parc, la maison propose en été sessions de yoga, découverte du Jura avec marches-prières, stages de corps conscient ou simples possibilités de contact, de lecture et de silence.

60 lits répartis en 30 ch. individuelles ou doubles ; douches, baignoires et WC en sanitaires communs. 4 salles de conférence et 1 oratoire. Langue étrangère : anglais. Prix : 120 à 180 F par jour (chacun donne suivant ses possibilités) (adhésion à l'association : 40 F). Contacter : Suzanne Bonnin.

Gares : Bellegarde à 18 km (transport aux bons soins de l'établissement) ; Valleiry à 4 km (transport aux bons soins de l'établissement).

LES HOUCHES - 74310
« CIALC Don Bosco »

Route des Granges
Tél. : 50 54 41 81

Les Salésiens de Don Bosco accueillent groupes d'enfants et de jeunes accompagnés, dans deux chalets d'habitation et un chalet d'activités. Au pied du Mont Blanc, à 6 km de Chamonix, dans un lieu isolé et doté d'un parc boisé, à 1 000 m d'altitude, Le lieu est ouvert toute l'année pour colonies de vacances, camping en été, classes de découverte et sessions. Le sport y est à l'honneur avec VTT, escalades, randonnées, nuit en refuge, foot, volley, basket en été et en hiver, ski de fond, luge, construction d'igloos, ski de piste et raquettes.

80 lits répartis en chambres de 2 à 8 places. Sanitaires à chaque étage Infirmerie dans le chalet principal et bloc sanitaire complet dans le second. Activités de bricolage et de détente dans le troisième chalet.

Gare à 2 km ; taxi.

LES HOUCHES - 74310
Maison Familiale « Cap France-Châlet Les Campanules »

Route de Coupeau
Tél. : 50 54 40 71
Fax : 50 54 57 23

Située à 1 035m d'altitude, cette « maison familiale de vacances » accueille des familles et des groupes de toutes catégories, des classes vertes ou de neige. Ce qui permet l'hiver : ski de piste (35 km), de fond et de randonnée dans tout le domaine du Mont-Blanc et la Vallée Blanche au départ de l'Aiguille du Midi. L'été : randonnées et école d'escalade organisées par le chalet (250 km de sentiers balisés). A proximité : patinoire, piscine, rafting, parapente, lacs, train de la mer de glace et nombreux téléphériques.

45 ch. de 2 à 5 lits tout confort (sanitaire complet), 9 ch. au confort plus simple. Grandes terrasses-balcons, face à la chaîne du Mont- Blanc. Salles d'animation (4), salles de restauration (4). Garde d'enfants (vacances scolaires été et hiver). Pension complète l'été : 185 à 210 F ; l'hiver : 195 à 230 F ; réduction enfant. Agréments Santé et Jeunesse et Sports.

Gare : Les Houches à 450 m. Aéroport : Genève à 80 km.
Axe routier : A40 (Paris-les Houches en 6 heures).

LES HOUCHES-CHAMONIX - 74310
« Châlet Aiguille du Midi »

Le Pont - Tél. : 50 55 50 36

Le châlet vous accueille, sauf du 14 décembre au 29 avril et du 16 juin au 5 septembre, seul ou en groupes, un mois maximum, pour sports d'hiver, alpinisme, classes de neige, classes vertes, étapes de groupes, sessions culturelles ou sociales. A 1100 m d'altitude, entouré d'un parc, le châlet est situé au cœur d'un village montagnard de la Vallée Blanche. Vous pourrez ainsi pratiquer les sports de montagne. L'établissement vous guidera dans vos choix d'excursions : Mer de Glace, Glacier des Bossons, Parc naturel des Merlet, réserve d'animaux, Bellevue, Le Prarion, téléphérique de l'Aiguille du Midi...

4 ch. individuelles, 4 ch. doubles et 40 ch. familiales avec lavabo ; douches et WC à l'étage. Salles de conf. (6). Pension complète : 145 à 170 F. Agrément : Jeunesse et Sports.
Contacter le secrétariat Mlle Lapierre au 79 59 01 85.

Gare : Les Houches à 2 km ; taxi ou car sur demande.
Aéroports : Lyon-Satolas ou Genève ; taxi ou car.

PUBLIER - 74500
« Centre Saint-François-de-Sales »

« Les Chapelles »
Tél. : 50 71 24 78
Fax : 50 26 57 56

Les Oblats de Saint-François-de-Sales et l'Association Rochemarin accueillent des particuliers et des groupes pour des séjours de vacances, haltes de voyage, stages. Vous serez reçu dans un bel établissement du XIXème siècle, isolé dans la nature à 400 m d'altitude, dans un espace de liberté. Vous pourrez pratiquer tous les sports de neige à moins de 20 km et l'été : excursions et randonnées.

100 lits en 3 dortoirs, 20 ch. doubles, lavabo, 2 ch. familiales ; douches à l'étage. Salle de conf. (2) (1 de 100 pers), de réunion (3) et de travail (2) ; terrain de camping pour groupes (1). Pension complète : 145 à 205 F ; autres formules d'héb. possibles. Langues étrangères : italien, anglais. Agréments : Jeunesse et Sports, Inspection Académique, classe d'environnement. Contacter le secrétariat le plus tôt possible.

Gare : Thonon-Les-Bains à 5 km ; car ou taxi. Aéroport : Genève-Cointrin à 40 km ; car ou taxi. Axe routier : N5, Thonon-Evian.

SAINT-GERVAIS-LES-BAINS - 74170
Châlet « Les Chamois »

200, Chemin du Champley - Montivon
Tél. : 50 93 54 01

Situé à 1 380 m d'altitude et inaccessible aux voitures ordinaires, le chalet vous reçoit pour des séjours de vacances d'une semaine à un mois. Fermeture du 20 avril au 30 juin et du 1er septembre au 20 décembre. De multiples activités sportives sont proposées. Des sessions de recherche spirituelle sont animées par un père. Vous serez près de la voie d'accès au Mont-Blanc.

50 lits répartis en 3 dortoirs, 2 ch. individuelles, 4 doubles et 6 familiales, avec lavabo ; douches à l'étage. Prix : 700 F par semaine en été ; de 900 à 1 300 F par semaine en hiver ; chèques vacances acceptés. Contacter Mr. Ratonnat, 3 rue Persil - 92160 Antony.

St-Gervais-Le-Fayet à 4 km ; tramway du mont-Blanc (TMB), halte à Montivon à 800 m. Axe routier : Autoroute blanche, sortie le Fayet.

SAINT-GERVAIS-LES-BAINS - 74170
Foyer « Les Aravis »

250, chemin du TMB
Tél. : 50 78 28 53

La Communauté des Sœurs de Sainte-Clotilde accueille des adultes pour un séjour familial de détente d'une semaine à un mois. Les familles sont accueillies dans un chalet situé à côté sans service de restauration. Fermeture en octobre-novembre. Situé en ville à 810 m d'altitude et entouré d'un jardin, le Foyer offre toutes les possibilités des sports d'hiver et d'été.

6 chambres individuelles - 2 chambres doubles ; sanitaires à l'étage. 15 lits dans le chalet familial ; lavabo, douches et WC à l'étage. Prix : 170 F ; hébergement : 65 F.
Contacter la Sœur Directrice.

Gare : Saint-Gervais-Le-Fayet à 4,5 km ; car ou taxi.
Aéroport : Genève ; car ou taxi.

SERVOZ - 74310
"Notre Dame des Monts"

Tél. : 50 47 20 17

Les Dominicaines de l'Eucharistie accueillent toute l'année un maximum de 40 personnes, religieux ou laïques, à l'exception des enfants, dans un établissement situé au village à 850 m d'altitude, face à la chaîne du Mont-Blanc. Sports d'hiver et excursions sont favorisés.

36 lits répartis en 12 chambres individuelles, 5 chambres doubles et 5 chambres familiales. Sanitaires à l'étage. Pension complète : 180 F. Chèques et espèces acceptés.

Contacter la sœur hôtellière

Gare : St Gervais - Servoz à 1,5 km ; taxi.
Axe routier : Autoroute blanche

SEVRIER - 74320
« Le Clos Savoyard »

**Route du Col de Leschaux - B.P. 8
Tél. : 50 52 62 69**

A 450 m d'altitude, au bord du lac d'Annecy dans un parc de 2 ha, cette maison gérée par l'association de Villepinte reçoit toute l'année des particuliers seuls ou en famille pour des séjours de courte ou moyenne durée, ainsi que des groupes avec leur encadrement (65 personnes maximum). Sessions à caractère éducatif, social, médical ou culturel.

24 ch. individuelles, 15 ch. doubles (quelques chambres avec sanitaires) et 2 ch. familiales. Sanitaires à l'étage. Salle de restaurant (1 ; 80 pl.). salles de réunion (1 ; 20 et 100 pl.) avec équipement. 2 salons. Lingerie. Pension complète : 155 à 235 F, demi-pension : hors et basse saison, héb. seul : 100 à 170 F, devis personnalisés ; agrément Jeunesse et Sports. Langue étrangère : anglais.

**Gare : Annecy à 5 km ; taxi ou transport en commun.
Aéroport : Annecy-Meythet à 8 km ; taxi.
Axe routier : A41.**

THONES - 74230
"Collège et Lycée Privés Saint-Joseph"

**Rue Bienheureux Pierre Favre
Tél. : 50 02 00 66
Fax : 50 02 97 47**

L'établissement accueille pendant les vacances scolaires (académie de Grenoble) des groupes (minimum 50) constitués de toutes catégories pour sessions ou colonies. Durée du séjour : 15 jours à 2 mois. On disposera d'un jardin, d'un gymnase, de 3 courts de tennis. A proximité : piscine, équitation, mini-golf, tir à l'arc, boulodrome couvert et ski à 10 km. A 650 m d'altitude, situé dans un carrefour de vallées à l'Est d' Annecy et à proximité de la chaîne des Aravis. Des lignes régulières de transport en commun permettent les déplacements.

Contacter Mr Bergeret.

**Gare : Annecy à 20 km ; car, taxi.
Axes routiers : Annecy - Thones - La Clusaz.**

VAILLY- 74470
« Les Hermones »

Tél. : 50 73 80 13
Fax : 50 73 88 25

L'Association Culturelle (ex-association paroissiale) reçoit pendant les vacances scolaires et 3 jours par semaine en période scolaire les jeunes (Lycée agricole catholique). Les familles "fabriquent" elles-mêmes leurs repas (cuisine aux normes) (sauf organisation mise sur pied en commun). L'établissement est situé dans un village à 800 m d'altitude. Il dispose d'un jardin, d'une chapelle à 150 m et d'une église à 100 mètres. On peut aussi admirer le Lac Léman, parcourir les montagnes et bénéficier de la proximité de la Suisse et de l'Italie.

1 ch. individuelle et 1 ch. double, 3 ch. familiales de 3 lits et 1 de 4 lits. 1 dortoir (seulement pendant les vacances scolaires). Sanitaires à l'étage. 2 salles de conférence.

Gare : Thonon-lesBains à 15 km (car le soir, mercredi midi, jeudi midi, samedi midi et taxi). **Aéroport :** Genève à 55 km ; taxi.
Axe routier : Thonon/Genève.

VEYRIER DU LAC - 74290
"Maison Saint Alexis" - les Murailles

Tél. : 50 60 26 84

Dans cette propriété de l'Association Diocésaine, les sœurs de Saint Joseph d'Annecy, recoivent toute l'année, prêtres, religieuses et laïcs dans la mesure des places disponibles pour calme et détente dans une ambiance familiale et religieuse. Orientée au Midi, entourée d'un parc, la maison offre une vue merveilleuse sur le lac d'Annecy, la ville et les montagnes.

11 chambres individuelles avec sanitaires et 4 chambres avec lavabos seulement et Salle de bain à l'étage. Accueil d'un mois minimum. Prolongation possible. Pension complète : 180 F par jour, hébergement seul : 90 F par jour. Laïcs : 200 F par jour. Espèces ou chèques acceptés. S'inscrire 3 mois à l'avance (plus en été). Contacter sœur Marie Elisabeth

Gare : Annecy à 7 km ; car et taxi.

75 - PARIS (VILLE DE)

PARIS - 75006
« La Maison »

Foyer d'étudiantes
36, rue du Montparnasse
Tél. : 42 22 28 50

La Congrégation Notre-Dame de Fidélité et l'Association « La Maison » reçoivent pour une année universitaire complète les jeunes filles de 17 à 23 ans en Études Supérieures. La propriété entourée d'un jardin est située au centre de Paris. Le foyer accueille des étudiantes en juin-juillet pour cours d'été.

140 lits : 110 ch. individuelles et 15 ch. doubles avec lavabos ; sanitaires à l'étage. Pension complète : 3 860 F en ch. seule, 3 393 F en ch. double. Contacter la Directrice du foyer à partir de février.

Gare : Montparnasse à 500 m ; taxi ; RER (Port-Royal) ; métro 3 lignes ; bus 8 lignes.

PARIS - 75014
« Foyer Sacerdotal »

1, rue Jean Dolent
Tél. : 47 08 70 00 - Fax : 43 36 72 03

Les Pères Eudistes accueillent des prêtres et des religieux(ses), désireux de séjourner à Paris. Ce Foyer apporte à ses hôtes la tranquillité en plein cœur de Paris ; son jardin favorise le recueillement dans un climat calme et serein.

43 ch. individuelles, la moitié avec douche : chambres et petits déjeuners. Téléphone dans les chambres et numéro personnel sur demande. Douches et WC à l'étage. Service de lingerie. Possibilité de pension pour l'année universitaire pour prêtres-étudiants. Langues étrangères : anglais, espagnol, portugais.
Réservation : auprès du Directeur.

Métros : Glacière ou Saint-Jacques, et Denfert-Rochereau avec facile accès au RER (ligne B), Orlybus et Roissybus.

Vacances

ETRETAT - 76790
« MFV Heurtevent »

Avenue Damilaville
Tél. : 35 27 00 01 - Secrétariat : 35 29 62 18

L'association de culture populaire du Perrey accueille toute l'année toutes personnes dans deux maisons normandes. La participation à certains menus services est demandée. La maison propose soirées et veillées en collaboration avec les vacanciers. Elle dispose d'un monitorat pour les enfants. Les adultes, eux, disposent de terrains de boules et de volley-ball. La campagne et les plages favorisent piques-niques, randonnées pédestres et à vélos.

Ch. avec sanitaires ou seulement lavabos. Douches et WC à l'étage. Sorties dans la région organisées 1 jour par semaine. Pension complète : 171 à 204 F ; demi-pension : 115 F à 149 F (conditions pour les enfants). Groupes : 160 à 170 F par jour par personne. Gîtes ruraux : 2 525 F par semaine pour 6 personnes. Versement d'arrhes.

Gare : Breaute-Beuzeville.
Axes routiers : autoroute de Normandie puis pont de Tancarville, puis D 910 (Dir. Fécamp) jusqu'à Goderville, puis D 139 et D 39 jusqu'à Etretat.

FECAMP - 76400
« Foyer Oasis »

4, rue des Frères Marcottes
Tél. : 35 28 02 44

Les Sœurs de Saint-Vincent-de-Paul accueillent du 15 juin au 15 septembre prêtres, religieuses, jeunes filles et personnes âgées valides de moins de 70 ans pour des séjours allant d'un week-end à 3 semaines. C'est dans une ville située en bordure de mer que vous profiterez du calme, de la plage et de diverses activités culturelles telles que concerts, théâtres, musées ou visites de monuments. Le foyer est agrémenté d'un jardin et d'un parc.

17 lits répartis en ch. individuelles ou doubles avec lavabo ; douches et WC à chaque étage. Pension complète : 150 F ; héb. seul : 50 F. Salles de conf. (3).
Contacter Sœur Paulette Boulain 1 mois à l'avance.

Gare : Fécamp à 15 mn à pied ; taxi.

FONTAINE LE DUN - 76740
« Ciel de France »

St Aubin-sur-Mer
Tél. : 35 83 02 94
(en août seulement)

Géré par les Amis de Ciel de France, la maison fonctionne en août en maison familiale, comprenant directrice et monitrice et en pension complète. Les autres mois de l'année, la maison peut-être mise à disposition de groupes, de familles, de paroisses pour des retraites, d'associations sportives pour des stages, mais sans structure hôtelière. Dans un village, l'établissement, entouré d'un parc de 2 hectares et d'un tennis à 150 m, est situé à 1 500 m de la plage. Une animatrice est à la disposition des enfants de 5 à 12 ans six jours par semaine (jeux et balançoires). Les adultes se voient proposer jeux de boules et volley-ball, tennis de table et jeux de société, veillées animées.

2 chambres individuelles, 9 chambres doubles, 4 chambres familiales et 1 dortoir pour 12 personnes. Lavabos dans les chambres. Sanitaires à l'étage. 1 salle de réunion ou de jeux. Agrément : M.F.V. Prix (en août) : adultes : 145 F par jour ; réduction pour les enfants. Participation journalière aux frais d'entretien. Conditions pour groupes.
En dehors du mois d'août, s'inscrire auprès de Mme Brouquier - Les Amis de Ciel de France, 96 rue de Paris, 94220 Charenton-le-Pont - Tél. 43 68 08 61.

Gare : Dieppe à 21 km, arrêt à Ramouville ; car.
Axe routier : carte Michelin n° 52 pli 3.

HOUPPEVILLE - 76770
« Maison Sainte-Hélène »

90, rue Pergaud - Tél. : 35 59 12 45

La Communauté de la Providence accueille toute l'année des personnes valides, seules ou en famille, en pension de famille. Située dans un village à 150 m d'altitude, la maison est agrémentée d'un jardin. Aux environs, vous pourrez visiter les hauts lieux de la Normandie : Rouen, Saint-Wandrille, les bords de Seine et la campagne normande si particulière.

10 ch. individuelles et 2 ch. doubles, avec lavabo ; douches, SdB et WC à l'étage. Pension complète : 150 à 180 F ; demi-pension : 110 F ; 180 F pour une personne demandant un accompagnement.
Contacter la Sœur de la Providence 1 semaine à l'avance.

Gare : Rouen à 10 km ; car ou taxi. Aéroport : Boos à 15 km ; taxi.

MESNIERES-EN-BRAY - 76270
« Institution Saint-Joseph »

Château
Tél. : 35 93 10 04
Fax : 35 94 55 77

Installé dans un château Renaissance, dans un village de 600 habitants au milieu d'espaces boisés, l'établissement accueille des groupes de jeunes et d'enfants encadrés (25 à 400 personnes). Entouré d'un parc et équipé en terrains de football, volley-ball et hand-ball, le domaine dispose de serres et d'une ferme avec des animaux. Vos excursions et sorties dans le pays de Bray seront favorisés par les véhicules de l'établissement.

10 dortoirs ; 15 ch. individuelles, 7 ch. doubles, avec lavabo ; douches et WC à l'étage. Salles de conf. (2) ; de travail (25) ; équipement audiovisuel. Possibilité de camping. Pension complète : 120 F ; héb. : 45 F.

Gare : Serqueux à 16 km ; car.

ROUEN - 76100
Résidences Normandes de Jeunes
« L'Oasis » et « Les Mouettes »

47, rue d'Elbeuf et 62, rue Beauvoisine
Tél. : 35 72 05 12 et 35 70 81 01

Le foyer reçoit des jeunes de 16 à 25 ans toute l'année : travailleurs, scolaires, étudiants, stagiaires, demandeurs d'emploi. Situé en ville, les centres proposent des activités d'animation et de formation. Messe à 500 m le week-end.

90 ch. individuelles et 10 ch. doubles avec lavabo ; douches et WC à l'étage. Salles de conf. (1) et de réunion (4) ; équipement audiovisuel. Demi-pension : 2040 F par mois.
Contacter M. Lacheray.

Gare : Rouen à 2 km ; cars n° 5, 10 et 12, arrêt Blaise-Pascal ; taxi.

77 - SEINE-ET-MARNE

FONTENAY TRESSIGNY - 77610
Centre Interculturel d'Ecoublay

Tél. : 64 25 15 22
Fax : 64 42 63 50

Le Centre accueille toute l'année des mouvements ecclésiaux, des associations à but socio-pédagogique, des groupes de cultures différentes pour sessions, formation permanente, retraites, stages d'animation et de formation interculturels. A 40 km de Paris, dans l'harmonieuse campagne boisée de la Brie, les bâtiments d'une ancienne ferme entièrement restaurée, disposent d'un parc de plusieurs hectares, équipé de terrains de football, d'une aire de pique-nique et d'un espace de campement.

1 dortoir japonais, 8 ch. individuelles et 12 ch. doubles avec lavabo ; douches et WC à l'étage. 2 salles de réunion, 1 grande salle de conférence. Pension complète. Langue étrangère : italien.

Gare : Tournan à 10 km. Taxi ou minibus sur demande.
Axes routiers : RN 4 et RN 36.

JOUY-SUR-MORIN - 77320
« Le Vieux Moulin »

12 rue du Faubourg
Tél. : 64 04 07 70

Géré par l'Association des Amis de la Vieillesse, 5 rue du Pré-aux-Clercs à Paris, les Sœurs de Saint-Vincent-de-Paul accueillent de la mi-mai à la mi-octobre des personnes âgées en mal de solitude, peu fortunées ou légèrement handicapées pour des séjours de 15 jours à 1 mois. Située dans un village, la maison dispose d'un jardin et d'un parc boisé. Vous y trouverez le repos et le calme.

36 ch. individuelles et 2 doubles avec douche ; SdB et douches à l'étage.
Prix : 2 700 F la quinzaine.
Contacter M. Detoul à l'Association, 2 mois à l'avance.

Gare : Jouy-sur-Morin à 200 m. Axes routiers : A4 ; N34

MEAUX - 77109 CEDEX
« Institution Sainte-Geneviève »

12, rue de la Visitation
Via 66 rue St Faron
Tél. : 64 36 35 35
Fax : 64 36 35 00

L'ensemble scolaire de l'Institution Sainte-Geneviève reçoit toute personne (et des enfants accompagnés sous certaines conditions). Activités sportives : salle de sports, judo, musculation, danse. On peut aussi visiter Paris, EuroDisneyland, la cathédrale et la ville de Reims, les châteaux de Fontainebleau, Vaux-le-Vicomte et Pierrefonds.

146 lits répartis en 146 chambres individuelles et 10 chambres doubles. Sanitaires à chaque étage. 4 salles de conférence, 8 salles de réunion, 10 salles de travail. Langue étrangère : anglais.

Gare : Meaux à 1,5 km ; car et taxi.
Aéroport : Roissy-Charles-de-Gaulle à 25 km ; taxi. Axe routier : A4.

80 - SOMME

CROUY-SAINT-PIERRE - 80310
« Abbaye Notre-Dame-du-Gard »

Tél. : 22 51 40 50
Fax : 22 51 24 79

Les Frères Auxiliaires du Clergé et leur association ont pour but de contribuer à la promotion spirituelle et intellectuelle de l'homme d'aujourd'hui. Ils accueillent des particuliers et des groupes constitués, pour des séjours de vacances. Situé à l'écart, l'abbaye est installée dans une splendide demeure du XVIIIème siècle entièrement restaurée (4ème prix du concours des « Chefs-d'œuvre en périls »), elle est agrémentée d'un parc et d'un jardin favorisant le calme et la recherche de la paix. Fermeture la dernière semaine d'août.

20 ch. à 2 lits, avec lavabo ; douches à l'étage. Salle de conf. (1) et de réunion (2). Prix : 170 F par personne à 2 par ch. selon la formule d'héb. choisie. Langue étrangère : anglais. Contacter : Claude Marchand.

Gare : Picquigny (ligne Amiens-Abbeville) à 4 km ; car au départ d'Amiens. Axe routier : CD3.

81 - TARN

A L B I - 8 1 0 0 0
« Association Saint-Joseph »
Foyer de Jeunes Travailleurs

50, rue Croix Verte
Tél. et fax : 63 54 16 47

L'établissement accueille, principalement en juin-juillet-août, des personnes seules et des familles (2 mois maximum) et toute l'année, des jeunes travailleurs. Située en ville, à 250m d'altitude, la maison est entourée d'un jardin très calme. A 500 m, vous pourrez visiter la cathédrale Sainte-Cécile et le musée Toulouse-Lautrec. Par ailleurs, le centre reçoit régulièrement la visite des membres d'un mouvement chrétien et d'un animateur culturel.

60 ch. individuelles, 6 ch. doubles, avec lavabo, douche et WC. 1 bar. Pension complète : 2 600 F/mois, 130 F/jour, demi-pension : 2200 F/mois, 100 F/jour, héb. : 60 F. Agréments : CAF, DDASS. Langues étrangères : anglais. Contact : M. Carayol ou Mme Holderlé.

Gare : Albi à 1 km ; bus ou taxi. Aéroport : Albi à 2 km ; taxi.

83 - VAR

C O T I G N A C - 8 3 5 7 0
« Foyer de la Sainte-Famille »

Quartier Notre-Dame
Tél. : 94 04 65 28

Sur le lieu où apparurent successivement la Sainte-Vierge (en 1519) et Saint-Joseph (en 1660), le foyer, en liaison avec les Frères de la Congrégation Saint-Jean, vous accueille, sauf du 20/12 au 10/1, pour un temps de détente pour le corps et l'esprit. Les sessions sont organisées par la communauté ou par les groupes. Structure de sport (tennis, piscine, ballades pédestres).

38 lits : 1 dortoir de 10 places et 14 bungalows avec douche et WC. Pensions complète : 150 F. Contacter Mme Marot.

Gares : Toulon (70 km) ou Marseille (90 km) ; car. Aéroport : Toulon.

LE PLAN D'AUPS - 83640
« Hôtellerie de la Sainte-Baume »

La Sainte-Baume
Tél. : 42 04 54 84 - Fax : 42 62 55 56

A proximité de la Grotte de Sainte-Marie Madeleine, haut lieu Spirituel de Provence. La Communauté des Frères Dominicains vous invite, à 700 m d'altitude, à profiter du calme et de la détente que vous procurera son parc isolé et du charme d'une région que vous découvrirez lors de randonnées nombreuses et variées.

Quelques ch. individuelles, 55 ch. doubles, 5 ch. familiales et 62 places en dortoir, lavabos ; douches à l'étage. Salles de méditation (1), de conf. (2), de réunion (4) et de travail (4) ; équipement audiovisuel. Pension complète : 220 à 225 F, demi-pension : 160 à 165 F. Langue étrangère : anglais. Possibilité de participer aux animations organisées pendant la saison. Délai d'inscription de 15 jours à 1 mois.

Gare : Marseille à 48 km. Aéroport : Marseille-Provence ; car ou taxi.

84 - VAUCLUSE

GOULT - 84220
« Les amis de Notre-Dame-de-Lumières »

Hameau de Lumières
Tél. : 90 72 22 18 - Fax : 90 72 38 55

Les pères Oblats vous accueillent pour vos vacances en famille, pour vous reposer ou effectuer des pélerinages au sanctuaire. L'établissement est situé dans un village avec son jardin et son parc. Vous profiterez de votre séjour pour visiter les nombreux monuments de la région et vous promener dans les sites magnifiques de la Provence.

121 lits ; ch. avec ou sans sanitaires ; douches à l'étage. Salles de réunions (2) et de travail (7) ; équipement audiovisuel. Diverses formules d'héb.
Inscription auprès de M. Botella, jusqu'à 6 mois à l'avance de juin à octobre.

Gare : Avignon à 45 km ; car et taxi.
Aéroport : Marseille-Marignane à 80 km.

LE BARROUX - 84330
« Hostellerie François-Joseph »

Chemin des Rabassières
Tél. : 90 62 52 78
Fax : 90 62 33 54

Au cœur de la Provence, à 400 m d'altitude, cet hôtel ne possède pas de restaurant met à votre disposition des studios et appartements, spacieux et confortables. Situé au pied du Mont-Ventoux, au cœur d'un parc de 5 ha, vous profiterez également du jardin d'agrément, de la piscine, des VTT... A proximité, le Monastère Sainte-Madeleine à 600 m, le château du Barroux à 2 km, les dentelles de Montmirail, Vaison-La-Romaine, Avignon et Orange...

10 studios pour 2/3 pers. et 5 appartements de 2/4 pers., douche et WC, tél., cuisinette équipée. Prix : 320 à 550 F par nuit. Versement d'arrhes à la réservation, carte bleue acceptée. Langue étrangère : anglais. Contacter M. François Pochat de 15 jours à 3 mois à l'avance.

Gare : Avignon à 30 km ; car et (ou) taxi. Aéroport : Avignon à 30 km ; car et (ou) taxi. Axe routier : A7, sortie Orange, direction Carpentras.

LE THOR - 84250
"Le Petit Trentin"

Route de Saint Saturnin
Tél. : 90 33 85 04

L'association "les Compagnons du Trentin" reçoit, sauf en périodes scolaires, toutes personnes, pour 5 jours minimum et 12 jours maximum, dans un lieu isolé et verdoyant, idéal pour la détente. C'est l'occasion de découvrir la Provence : Fontaine-de-Vaucluse, le village pittoresque de Gordes, Roussillon, le Mont Ventoux, le Lubéron, les monts du Vaucluse, la vallée du Rhône, les insolites Baux-de-Provence et les villes de Carpentras, Avignon et Aix-en-Provence.

12 lits répartis en 6 chambres doubles et 3 chambres familiales. Sanitaires à l'étage. 2 salles de réunion. Langues étrangères : espagnol et anglais. Inscription à l'association, prévoir un mois de délai. Pension complète : 160 F par jour, hébergement seul : 70 F par jour, chèques et espèces acceptés.

Gare : Le Thor à 2 km ; taxi. Aéroport d'Avignon à 12 km ; taxi.
Axe routier : autoroute du Sud à 10 mn ; RN 7, RN 100 Avignon-Digne.

VAISON-LA-ROMAINE - 84110
« La Magnanarié »

Villedieu - Tél. : 90 28 92 58

Dans un cadre agréable et simple à 200 m d'altitude, près d'un vrai village templier, La Magnanarié accueille des groupes pour des séjours de 8 jours maximum. A 8 km de Vaison-la-Romaine, la maison est située en pleine campagne provençale. Jardin ombragé, terrains de jeux.

63 lits ; 24 ch. de 1 à 3 pers. avec lavabo et 3 avec douche ; sanitaires à l'étage. Salles de réunion (1), de travail (4). Pension complète : 178 F, demi-pension : 150 F. Agrément Jeunesse et Sports. Langues étrangères : anglais, allemand.
Contacter : Armelle Denerear-Tredez au moins 6 mois à l'avance.

Gares : Orange à 30 km ou Avignon à 50 km ; car et taxi.
Aéroports : Avignon ou Marignane à 110 km ; car et taxi.
Axe routier : A7 sortie Bollène (Nord) ou Orange (Sud).

---

85 - VENDÉE

JARD-SUR-MER - 85520
« M.F.V. L'Aventure »

37, rue Georges Clémenceau
Tél. : 51 33 56 55

La maison reçoit (sauf du 1er novembre au 31 mars) des familles pendant les vacances scolaires, des retraités en septembre, des groupes et classes de découverte en période scolaire. Située en ville, cette ancienne école privée, vous accueille dans une ambiance chaleureuse et familiale. Elle vous offre la possiblité de vivre un temps de repos, d'amitié, de partage et d'échange, tout en profitant d'un séjour à la mer et des sites touristiques et culturels.

2 gîtes, 80 lits répartis en 1 ch. individuelle, 18 ch. familiales, avec lavabo, douche et WC. Salles de réunion (1), de jeux (2), de travail (1). Pension complète : 50 à 209 F. Agréments : Affaires Sociales ; Jeunesse et Sports ; Académie.
Inscription : 3 à 6 mois à l'avance auprès de Mme Madeleine Bureau.

Gare : Les Sables d'Olonne à 20 km ; car.

LA GUYONNIÈRE - 85600
« Centre de formation et de promotion »

Meslay
Tél. : 51 48 84 84
Fax : 51 46 37 95

Ce centre de formation d'adultes peut recevoir, durant les vacances scolaires et le mois de juillet, toutes personnes, religieux et laïcs, L'établissement, situé à 2,5 km de Montaigu où la messe est dite tous les jours, dispose d'un parc et propose tennis et volley-ball, piscine à 2 km et lac à 5 km avec possibilité de planche à voile. On peut parcourir le Bocage vendéen, les sentiers pédestres de la Sèvre nantaise à 15 km, et visiter le Puy du fou (à 40 km).

75 lits répartis en 12 ch. individuelles et 30 ch. familiales. Sanitaires complets à chaque étage. Salles de conférence (1, de 200 places), de réunion (4), de travail (15). Agrément : Jeunesse et Sports. Chèques acceptés. S'inscrire au secrétariat dans la mesure des places disponibles.

Gare : Montaigu à 2,5 km ; taxi. Aéroport : Nantes à 35 km ; taxi. Autoroute : Nantes-Montaigu.

SAINT-GEORGES-DE-MONTAIGU - 85600 Cedex
Village de Vacances Cap France « Les Pinserons »

B.P. 2
Tel. : 51 42 00 62
Fax : 51 46 45 59

Le village vous accueille au cœur du bocage vendéen, seul, en famille ou en groupes, encadrement des activités des 3 à 10 ans et des adolescents durant l'été. Vous profiterez du parc de 6 ha. surplombant la rivière "la Maine", de la salle de sports, du tennis et du ping-pong. Des groupes sont également accueillis pour des séminaires, ainsi que des retraités. Dans les environs, entre 35 et 90 km, vous trouverez le Puy du Fou, la mer et la Venise Verte.

180 lits en pavillons équipés de cuisine et sanitaires. Salles de conf. (1), de réunion (2), de travail (1) ; équipement audiovisuel. Pension complète : 170 F, demi-pension : 125 F, héb. : 110 F. Langue étrangère : anglais. Agrément : Jeunesse et Sports, CNAF. Contacter Joël Chauvin.
Gare : Montaigu à 4 km ; taxi. Aéroport : Nantes à 35 km ; car.

86 - VIENNE

BONNEUIL-MATOURS - 86210
« Monastère des Augustines »

Le Val de la Source
Tél. : 49 85 22 93
Fax : 49 85 29 70

La Communauté des Augustines Hospitalières reçoit en accueil monastique des particuliers et des groupes pour des séjours de vacances et de retraites de 15 jours maximum. La maison d'accueil est située au milieu des bois à une altitude de 80 m, devant une petite prairie. Vous serez à proximité du Futuroscope, de la vallée de la Vienne et des nombreuse églises romanes qui parsèment la région.

25 ch. individuelles, 10 ch.doubles et 1 petit appartement, avec lavabo ; SdB et douches à l'étage. Salles de conf. (3), de réunion (5) et salle de spectacle (1). Pension complète : 160 F. Contacter le service d'accueil.

Gare : Châtellerault à 15km et Poitiers à 20km ; taxi. Aéroport : Poitiers-Biard à 25 km ; taxi. Axes routiers : N10 ; A10, Paris-Bordeaux.

87 - VIENNE (HAUTE-)

FEYTIAT - 87220
« Maison de l'Amitié »

Les Chabannes - route d'Eymoutiers
Tél. : 55 48 34 60

La maison, lieu d'accueil et d'écoute pour vivre les vacances autrement, propose des sessions, stages et animations variés (durée des stages de 2 à 5 jours, durée des séjours 2 semaines maximum). Fermeture : du 4 janv. au 15 mars et du 11 nov. au 19 déc. Dans un cadre naturel, les personnes souffrant de solitude vivront un temps de vie fraternelle, en toute simplicité.

20 lits répartis en 1 ch. individuelle, 7 ch. doubles, 2 ch. familiales, avec lavabo ; sanitaires à l'étage. Salle de réunion (1). Pension complète : de 120 à 200 F/jour. S'inscrire 15 jours à l'avance.

Gare : Limoges à 9 km ; taxi. Axe routier : RN20, sortie Feytiat-Eymoutiers.

LIMOGES - 87036 Cedex
"Grand séminaire"

15, rue Eugène Varlin
Tél. 55 30 39 79 - Fax ADERL : 55 30 48 40 (catéchèse)

Situé en ville et dans un parc, le foyer accueille toutes les personnes, laïcs ou civils, pour des séjours d'une nuit minimum et en nombre maximum de 110. La ville s'enorgueillit d'une cathédrale, de plusieurs musées et de collections de porcelaines et d'émaux. La visite des sites touristiques de la région s'impose également.

110 lits répartis en 36 chambres individuelles, 22 chambres doubles et 10 chambres à 3 lits. Sanitaires à l'étage.
S'inscrire à l'Economat du grand Séminaire.

Gare SNCF à 20 mn à pied. Aéroport : Limoges Bellegande à 7 km ; taxi.
Axes routiers : Limoges Angoulème / Limoges Périgueux Bordeaux / Limoges Paris Toulouse / Limoges Poitiers.

88 - VOSGES

LA BRESSE - 88250
"Résidence St Laurent"

1, rue Mougel-Bey
Tél. : 29 25 41 35 - Fax : 29 25 54 98

L'organisme de gestion des Ecoles Catholiques Saint Laurent accueille des groupes en gestion libre et des enfants accompagnés (30 personnes maximum) dans un appartement situé au centre de la ville.
La résidence, située à 650 m d'altitude, dispose d'un parc et de terrains de basket et de volley ball. Dans les environs, on peut s'adonner aux sports de montagne : ski en hiver, à 7 km (ski alpin et de fond) et , en d'autres saisons, pratiquer : randonnées, piscine; VTT, équitation, luge d'été, escalade, mini-golf, swingolf, patinoire, bowling, trial, pêche , tennis.

30 lits répartis en chambres de 3 à 6 personnes. Sanitaires communs.
Salle de conférence à définir selon période. Langues étrangères : anglais, allemand. Prix forfaitaires selon formules. Charges, frais de dossier en sus.
Contacter à l'arrivée M. Roger Poirot ; rue de la Résistance ; la Bresse.
(Tél. : 29 25 59 02)

Gare : Remiremont à 30 km (car SNCF).
Axe routier : RN 37 à 4 voies jusqu'à Remiremont.

SAINT-DIE - 88100
« Ferme Séjour »

**Thérèse et Gilbert Bodaine,
120, rue du Giron
Les Hautes Fosses
Tél. : 29 56 19 02**

En lien étroit avec la paroisse, ce couple d'agriculteurs accueille des particuliers de passage ou en vacances. La maison (400 m d'altitude) entourée d'un jardin propose une table familiale avec les produits du terroir. En été : loisirs autour des lacs et cours d'eau, randonnées en montagne. En hiver : ski de fond, randonnée et ski alpin à 20 km environ. Ambiance calme et chaleureuse.

4 ch. avec eau chaude. Pension complète : 190 F, demi-pension : 140 F, réductions enfants.

Gare : Saint-Dié à 5 km ; voiture de l'établissement.

---

89 - YONNE

ARMEAU - 89500
Relais Cap France « La Vallée de l'Yonne »

**1, rue de l'Orme
Tél. : 86 87 30 19**

Situé à 130 km de Paris, le relais est aux portes de la Bourgogne et accueille pendant les vacances scolaires des familles avec enfants pour des séjours de vacances. En dehors de ces périodes, les groupes de formation, les classes vertes, les séminaires d'entreprise et les clubs du 3ème âge, sont les bienvenus dans ce cadre reposant et chaleureux. Vous profiterez d'un jardin de 7000 m² équipé de jeux pour enfants, d'un terrain de boules, d'un mini-golf, de barques, vélos, pédalos.

100 lits répartis en 34 ch. dont 30 avec douche et WC. 4 salles de travail de 20 à 100 pl. Prix : de 150 à 185 F selon la formule d'héb. choisie. Contacter Mr. ou Mme Guérin.

Gare : Villeneuve-Sur-Yonne à 5 km ; taxi ou voiture de l'établissement.

AUXERRE - 89000
« Foyer de Jeunes Filles »

52, rue Saint-Pélerin
Tél. : 86 52 01 38

Les Dominicaines de la Présentation reçoivent les religieuses, dames et jeunes filles pour un séjour de 3 à 15 jours. et accueillent des personnes en cours d'année selon les places disponibles. La maison avec jardin est située en ville, à 127 m d'altitude Vous trouverez une piscine, la cathédrale et l'abbaye. Vous pourrez aussi partir en excursion grâce aux lignes régulières d'autobus.

30 lits répartis en 26 ch. individuelles et 2 ch. doubles avec lavabo ; douches et WC à l'étage. 1 salle de réunion. Pension complète : 150 F ; demi-pension : 105 F ; héb. : 65 F.
S'inscrire un mois à l'avance auprès de la Sœur Directrice.

Gare : Auxerre à 1 km ; taxi.
Axes routiers : N6 ; A6.

BRIENON SUR ARMANCON - 89210
"Résidence Saint Loup"

7, place Emile Blondeau
Tél. : 86 56 13 72
Fax : 86 43 03 56

Située en centre ville, dans un grand parc, cette résidence accueille toute l'année en séjour permanent ou temporaire des personnes agées valides (service médical à proximité immédiate).

48 chambres individuelles exposées au Sud avec WC particuliers (téléphone et TV possibles). Pension par personne et par jour : de191 F à 206 F. Notre restaurant "La Châtellerie" est ouvert à tous publics pour déjeuner, tous les jours sauf lundi et mardi. Menus à 63, 88 118 et 138 F. Contacter Mr ou Mme Bombard.

Gare : Laroche Migennes (Lyon-Marseille) à 8 km.
Axe routier : 20 km d'Auxerre et 150 km de Paris.
Autoroute A6. Sortie Auxerre Nord.

SAINT-MARTIN-SUR-OUANNES - 89120
« Les Amis du Moulin Rouge »

Tél. : 86 91 60 25 ou 86 47 73 65

Le centre d'accueil et de loisirs reçoit des familles, des particuliers et des groupes cherchant un lieu de regroupement dans une atmosphère familiale et amicale. Leur séjour est limité à 8 jours. Les classes vertes sont les bienvenues. Les colonies sont hébergées en juillet-août. Fermeture du 15 janvier au 15 mars. Situé dans un lieu isolé, le centre est doté d'un vaste parc et d'un plan d'eau pour la baignade et la pêche. Véhicule personnel nécessaire.

35 ch. de 1 à 3 lits ; douches à l'étage. Salles de conf. (3) et salles polyvalentes (2).
Contacter L'Abbé Demuynck au 86 47 73 65.

Gare : Joigny à 40 km ; taxi. Axe routier : A6.

SENNEVOY LE BAS - 89160
« Villa Graziella »

Havry
Tél. : 86 75 26 78

L'établissement, entouré d'un parc, propose à toute personne, durant toute l'année, entre 3 et 15 jours, sport et relaxation, (sauna, bain bouillonnant) herboristerie et débat sur l'alimentations saine. On peut enrichir ses soirées de musique (orgue et guitare) ou pour les plus gastronomes déguster les vins de Chablis et Bourgogne. Sans négliger les visites de ces hauts lieux spirituels proches que constituent le prieuré de Sausse, Vézelay et sa colline éternelle et l'abbaye de Fontenay classée par l'UNESCO.

3 chambres individuelles, 2 chambres doubles, 1 chambre familiale et 1 dortoir de 20 à 30 personnes. Sanitaires dans les chambres. Sanitaires à l'étage. Animaux acceptés 1 salle de conférence, 1 salle de réunion, 1 salle de travail. Fermeture : se renseigner. Agrément : Gîtes d'étape - chambre d'hôtes - organisation du tourisme dans l'Yonne. Pension complète : 250 F par jour, demi-pension : 200 F, hébergement seul : 150 F , chèques acceptés.
S'inscrire auprès de M. et Mme Sibé 6 semaines à l'avance.

Gare : Nuit sur Armançon à 8 km ; taxi.
Aéroport : Dijon à 65 km. Troyes à 80 km.
Axe routier : entre Tonnerre et Chatillon.

325

S E N S - 8 9 1 0 0
« Monastère de la Nativité »

105, rue Victor Guichard
Tél. : 86 65 13 41

Les Sœurs Dominicaines de l'Eucharistie accueillent des particuliers et des groupes pour des retraites spirituelles et des récollections ou sessions organisées par les groupes hébergés. Le monastère est entouré d'un parc. Vous profiterez de votre séjour pour découvrir les multiples attraits d'une région chargée d'histoire et d'art.

80 lits ; douches à l'étage. Prix selon la formule d'héb.
Contacter la Sœur Hôtelière.

Gare : Sens à 2 km ; taxi.

V I L L E N E U V E - S U R - Y O N N E - 8 9 5 0 0
« Franciscaines Missionnaires de Marie »

17, boulevard Victor Hugo
Tél. : 86 87 17 09

Les sœurs accueillent prêtres, laïcs, seuls, en famille ou en petits groupes pour des séjours paisibles d'une durée maximale de 3 semaines. Située en ville, près du centre, la maison est dotée d'un parc et d'un jardin. Vous serez également à proximité des monuments historiques de Villeneuve.

8 ch. individuelles, 2 doubles et 1 familiale, avec lavabo ; sanitaires à l'étage. Salle de réunion ou de travail (1). Pension complète : 125 à 130 F. Contacter la Sœur Hôtelière à l'avance.

Gare : Villeneuve-sur-Yonne à 1 km ; taxi.
Axes routiers : A6 ; N6.

Vacances

---

91 - ESSONNE

DRAVEIL - 91210
« Maison Les Tilleuls »

85, avenue Henri Barbusse
Tél. : 69 42 33 50

Gérée par le diocèse, la maison accueille en pension complète des groupes pour des stages BAFA pendant les vacances scolaires. Située en ville, la maison est dotée d'un oratoire et entourée d'un parc. Aux alentours, la forêt de Sénart offre de nombreux itinéraires de promenades. A 2 km, la base de loisirs et le plan d'eau du Port-aux-Cerises constituent une activité récréative. Fermeture du 15 juillet au 15 août.

35 lits répartis en 5 ch. à 3 ou 4 lits, 6 ch. individuelles et 6 doubles, avec lavabo ; douches à l'étage. Salles de réunion (3). Prix variables selon l'importance du groupe et la durée du séjour.
Contacter la maison plusieurs mois à l'avance.

Gare : Juvisy à 4 km ; bus ou taxi. Aéroport : Orly à 10 km ; taxi.
Axes routiers : N6 ; N7 ; N448.

SAINT-CHÉRON - 91530
"Centre Morogues-Saulty"

4, rue Paul Payenneville
Tél. : 64 56 63 12

Le centre accueille toute l'année, des adultes et des enfants accompagnés pour week-ends et séjours à thème, des stages sportifs et des classes de découverte dans un cadre chaleureux et convivial. La maison est située au cœur d'un village et dispose d'un jardin. On peut y pratiquer l'équitation, le VTT, le ping-pong, le tir à l'arc et la randonnée sur le GR 1. Sans oublier la visite des sites touristiques de la région.

60 lits répartis en 3 ch. individuelles, 2 ch. doubles et 11 ch. familiales. Sanitaires complets à chaque étage. 1 salle de réunion ; 3 de travail. Langues étrangères : anglais, allemand. Agréments : JS 75 777 - Éducation nationale - CAF - DDASS. Pension complète : 130 F par jour, demi-pension : 90 F, héb. seul : 65 F. Forfait week-end : 170 F. Contacter Philippe Cholewka.

Gare : Saint-Chéron (RER C) à 0,5 km ; taxi. Aéroport : Orly-Sud à 20 km ; taxi. Axes routiers : A6 - A10 - N 20.

SAINT-SULPICE-DE-FAVIÈRE - 91910
"Maison Saint Dominique"

Tél. : 64 58 54 15

La Maison Saint Dominique, gérée par les Dominicaines de Béthanie, se dresse dans un village, située à 40 km de Paris, au milieu d'un grand jardin. Lieu de paix, de prière et de réflexion spirituelle, elle propose la visite de la vallée de la Renarde ou d'une proche église du 13ᵉ siècle. La durée des séjours est limitée pour permettre l'accueil d'un plus grand nombre de personnes (30 maximum) (prêtres, religieuses, dames et jeunes filles, seuls ou en groupes, pour 24 heures au minimum et trois semaines au plus). Fermeture du 5 janvier au 5 février.

30 lits répartis en 20 ch. individuelles et 5 ch. doubles, sanitaires communs (douches, baignoires et WC). 1 salle de conférence ; 2 salles de réunion. Pension complète : 160 F par jour.
Contacter la sœur hôtelière par lettre (joindre timbre pour la réponse).

Gare : Breuillet Village à 4 km ; taxi ; ligne C du RER au départ de Paris Austerlitz, (monter dans les 4 voitures de tête). **Axe routier :** Autoroute du Sud A6, direction Longjumeau - Orléans - Chartres puis Orléans par RN 20. A 9 km, après Arpajon, et à une quinzaine de kilomètres avant Etampes, sortir direction Mauchamps - Saint-Sulpice-de-Favières.

92- HAUTS-DE-SEINE

BAGNEUX - 92220
« Maison Les Marronniers »

6, rue Pablo Neruda
Tél. : 46 55 90 03 - Fax : 46 55 71 29

La maison vous accueille en groupes organisés pour des séjours de vacances, des rencontres, retraites, récollections sessions ou séminaires, d'une durée maximale de 10 jours. Vous serez reçus dans une splendide demeure. Entourée d'un parc de 2 ha, c'est un lieu calme pour réfléchir et travailler à quelques minutes de la capitale.

23 ch. doubles et 8 ch. familiales, avec lavabo et 1 ch. individuelle; douches à l'étage. Salles de conf. (1), de travail (4) et de réunion (2). Langues étrangères : anglais, italien.
Contacter M. Philippe Régnier ou Mme Elisabeth Régnier.

Gare : RER Bourg-La-Reine à 800 m ; bus. **Aéroport :** Orly à 10 km ; car ou taxi. **Axe routier :** N20. Porte d'Orléans bus 128.

FONTENAY-AUX-ROSES - 92260
« Résidence Universitaire Lanteri »

7, rue Gentil Bernard
Tél. : 41 13 36 00

Cette résidence, animée par les Pères Oblats de la Vierge Marie, est ouverte du 1ᵉʳ juillet au 15 septembre à toute personne, venant isolément ou en groupe, pour une durée libre. Les retraites collectives doivent être organisées par les groupes eux-mêmes. La maison dispose d'une salle de jeux et d'un parc.

160 lits répartis en ch. de 2, 3 ou 4 lits, et 88 ch. doubles. Pension complète : 260 F, demi-pension : 215 F ; réductions pour les groupes. Salles de conf. (2), de réunion (2). Langues étrangères : italien, anglais. Prévoir un délai d'inscription d'un mois.

Gare : RER Fontenay-aux-Roses ; bus ; gare du Nord à 20 km. Aéroport : Roissy à 40 km.
Axes routiers : de la A86 prendre la D67 jusqu'à Fontenay-aux-Roses (ne pas se rendre au Centre, demander la gare RER).

STAGES SPORTIFS ITINÉRAIRES CULTURELS ET RELIGIEUX

12 - AVEYRON

RODEZ - 12000
Association « Education et Culture »

Stages et Voyages
B.P. 304
Tél. : 65 68 21 02 - Fax : 65 68 75 73

Parce que le voyage peut être un instrument de culture et un enrichissement personnel, l'association, forte de trente ans d'expérience, vous propose des voyages et des croisières, en liaison avec des agences spécialisées :

- Itinéraires culturels et spirituels, à Rome, en Terre Sainte, Grèce, Egypte, Hollande, Turquie, Prague et la Bohème, Autriche, les Routes de l'Exode : Egypte, Jordanie et Israël, etc. Parce que le voyage peut être un instrument de culture et un enrichissement personnel, l'Association, basée sur ses trente années d'expérience, propose à tous voyages et croisières. En liaison avec des agences qualifiées, programmes très étudiés, prix adaptés accompagnement de qualité.

- Découvertes jeunes, étudiants, latinistes… : Saint-Jacques-de-Compostelle, Rome, Florence, Assise, voyages culturels organisés sur demande.

- Voyages avec séjour pour les personnes âgées, à Venise, Rome, Toscane, Ombrie, Munich et la Bavière, Saint-Petersbourg.

RODEZ - 12000
« Route d'Assise »

4, rue Peyrot
Tél. : 65 68 09 39

A partir d'un établissement situé en ville, et encadrés par le frère Benoît Dubigeon du 16 au 31 juillet et par le frère Eric Moisdon du 30 juillet au 14 août, les jeunes de 20 à 30 ans se voient proposer dans l'esprit Franciscain, des marches de quinze jours, entre la France et Assise (Italie), avec couchage à la belle étoile. C'est une opportunité parfaite pour vivre l'Evangile en fraternité.

Soins médicaux. Langue étrangère parlée : italien. Prix non précisés.

MONTPELLIER - 34000
« Sœurs de Saint-François-d'Assise »

38, rue Lakanal
Tél. : 67 63 36 86 - Fax : 67 04 57 47

Retraite pascale 1994 : « cheminer vers Pâques », à la suite de Saint-François-d'Assise, pour des jeunes de 18 à 30 ans.

Du 5 au 6 mars 1994.
Accueil à « L'Olivette - 30340 Saint Privat des Vieux» par les Sœurs de Saint-François-d'Assise.
Renseignements et inscriptions auprès de Sœur Monique, 38 rue Lakanal, 34 000 Montpellier.

SOISY-SOUS-MONTMORENCY - 95230
Association Notre-Dame-de-la-Source

5, avenue André
Tél. : 39 89 39 18

Sauvegarder le patrimoine religieux, restaurer et fleurir les croix, calvaires, oratoires et chapelles, c'est prier de ses mains, mais aussi avec son cœur. Chacun peut le faire, car chacun agit selon ses moyens et ses aptitudes. De la simple démarche auprès de la mairie jusqu'aux chantiers de reconstruction par des groupes de jeunes, travaux de débroussaillement, peinture, menuiserie, maçonnerie, ferronnerie, sculpture... une gamme infinie d'interventions vous est suggérée.

Renseignements par écrit de préférence.

Association Notre-Dame-de-la-Source
5, avenue André
95230 SOISY-SOUS-MONTMORENCY
Tél. : 39 89 39 18

On 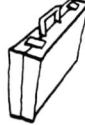 a tous

des raisons  différentes

 d'avoir la même banque.

ECOM

BNP

**BNP.
TOUT CE QU'UNE BANQUE
DOIT VOUS APPORTER.**

MAISONS DE REPOS

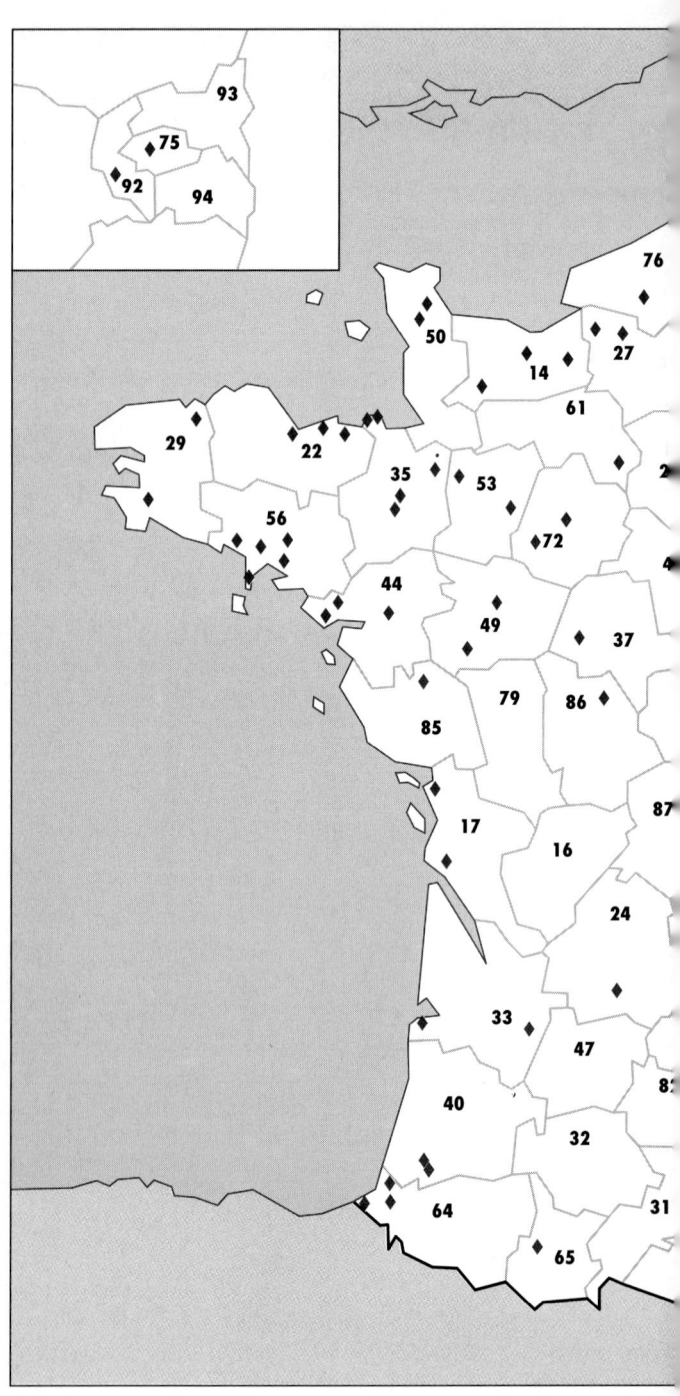

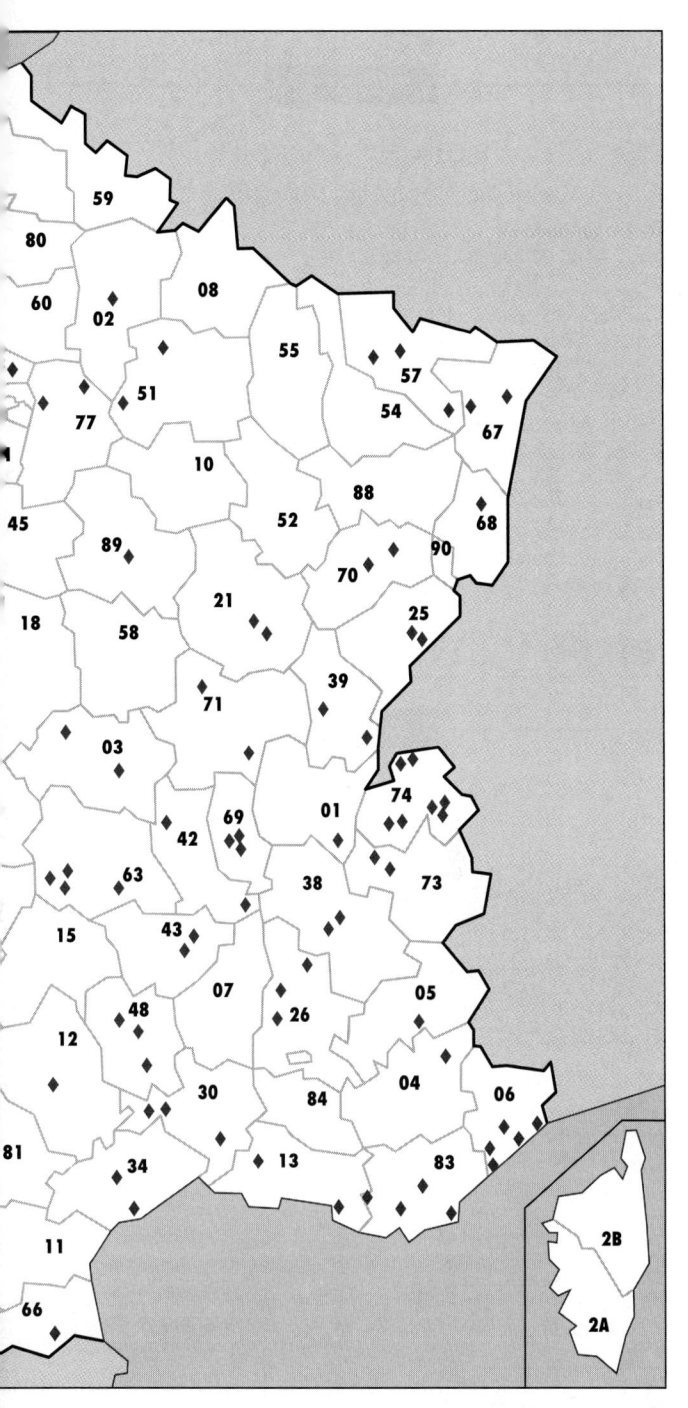

---
01 - AIN

BELLEY - 01300
« Maison d'accueil du séminaire »

37, rue Sainte-Marie
Tél. : 79 81 02 29 - Fax : 79 81 02 78

L'Association Diocésaine « Les Amis du Séminaire » accueille un maximum de 180 personnes (à l'exception des enfants) tout au long de l'année. Située en ville, à 300 m du centre commercial et d'un centre culturel, elle est dotée d'un jardin de 1,5 hectare et d'un beau parc, la maison est le point de départ de randonnées et promenades variées.

180 lits répartis en 70 ch. individuelles, 45 ch. doubles, 10 ch. familiales. 2 salles de conférence, 6 de réunion. Langue étrangère : anglais. Agrément : en cours. Délais d'inscription pour l'été : 2 mois. Pension complète : 180 F. Demi-pension : 124 F. S'inscrire auprès de M. Guilbert.

Gares : Aix-les-Bains à 35 km ; Virieu-le-Grand à 12 km ; car et taxi.
Aéroport : Chambéry à 35 km ; taxi et navette du séminaire.
Axes routiers : A43 (axe Lyon-Chambéry) puis D992. A40. N504.

---
02 - AISNE

BRUMETZ - 02810
« Maison de la Trinité »

Cerfroid
Tél. : 23 71 41 85
Fax : 23 71 23 04

Les Sœurs et Pères Trinitaires reçoivent toute l'année, dans un lieu isolé doté d'un parc, un maximum de 30 personnes. C'est un lieu de rencontre familial entre religieux, religieuses et laïcs. On peut plonger dans le passé en parcourant les ruines de l'ancienne maison, site de recherches archéologiques. La région offre la visite de nombreuses villes intéressantes : Meaux, Château-Thierry, Soissons...

30 ch. individuelles et 1 ch. double. Quelques ch équipées de sanitaires. Sanitaires à l'étage. 2 salles de réunion ; 2 salles de travail. Langues étrangères : italien et espagnol.

Gare : Crouy-sur-Ourcq à 5 km (voiture de l'établissement).
Aéroport : Roissy-Charles-de-Gaulle à 50 km.
Axes routiers : autoroute A4 : sortie Montreuil-aux-Lions - D9 de l'Aisne.

03 - ALLIER

BOURBON-L'ARCHAMBAULT - 03160
« Maison de Retraite Saint-Joseph »

8, rue de la Paroisse
Tél. : 70 67 03 02

Les Filles de la Charité de Saint-Vincent-de-Paul accueillent prêtres et religieuses pour repos ou cure thermale (arthroses, arthrites, rhumatismes). La maison est agrémentée d'un jardin et est située dans une petite ville à 250 m d'altitude. Une section cure médicale de 35 lits permet de garder les personnes devenues dépendantes aux bons soins des infirmières et aides-soignantes ; un kinésithérapeute 3 fois par semaine, un pédicure tous les mois. Vous bénéficierez, à l'intérieur, d'animations variées : lectures collectives, jeux divers, cours de gymnastique... à l'extérieur, de sorties, spectacles, excursions, visites de châteaux...

48 ch. individuelles et 10 ch. doubles ; douches et SdB à l'étage.
2 salles de conf. et de réunion. Pension complète : entre 180 et 200 F ;
130 F pour les curistes. Agréée au titre de l'Aide Sociale.
Contacter M. Le Flem plusieurs mois à l'avance.

Gare : Moulins à 23 km ; car et taxi. Axe routier : N7.

VICHY - 03200
« La Maison du Missionnaire »

11, rue Mounin
Tél. : 70 98 34 29

L'association de La Maison du Missionnaire est reconnue d'utilité publique. Elle accueille uniquement les prêtres et religieux(ses) dans un établissement confortable situé en ville et proche de l'établissement thermal. Située à 264 m d'altitude, Vichy, ville pleine de charme, célèbre pour la qualité de ses eaux, s'est spécialisée dans le traitement des affections digestives et rhumatismales ainsi que de la migraine. Les régimes sont assurés. Lors de votre séjour, vous pourrez visiter le musée missionnaire installé dans la maison même. Projections cinématographiques, conférences...

60 ch. tout confort, dont 33 avec douche et WC. Salle de conf. (1) ; de
lecture (1). Participation aux services collectifs appréciée. Prix suivant
les possibilités. Agréments Sécurité Sociale, M.S.M., CAMAC.
Contacter le Père Directeur au moins un mois à l'avance.

Gare : Vichy à 800 m ; taxi ou bus.
Aéroport : Clermont-Ferrand à 50 km ; taxi.

Repos

04 - ALPES (HTE-PROVENCE)

REVEL-MEOLANS - 04340
« Relais Cap France Lou Riouclar »

Tél. : 92 81 14 28
Fax : 92 81 90 70

Située dans un parc, la maison propose une ambiance calme et familiale dans un centre tout confort aux familles, groupes et individuels toute l'année. Vous profiterez d'un mur d'escalade, d'un tennis, d'une piscine, d'une aire de tir à l'arc et du planétarium. A 1250 m d'altitude, vous bénéficierez du climat sec et tempéré de la vallée de l'Ubaye.

220 lits en ch. avec sanitaires complets. Salles d'accueil (1), de conf. (2), de réunion (6) ; équipement audiovisuel. Pension complète : 235 F. Agrément Jeunesse et Sports, ministère de la Santé.
S'inscrire auprès de M. Auger.

Gare : Gap à 45 km ; car et taxi. Aéroports : Grenoble à 170 km ; Marseille à 200 km ; car. Axes routiers : N95 ; D900.

05 - ALPES (HAUTES)

TALLARD - 05130
"Hôtellerie Notre Dame du Laus"

Tél. : 92 50 30 73 - Fax : 92 50 90 77

L'association diocésaine de Gap accueille toute l'année, dans ce sanctuaire marial, isolé, des Hautes Alpes, personnes seules, familles, groupes, pour une halte ou un séjour prolongé dans un esprit de simplicité et de liberté, au seuil de la Provence, à 20 km de Gap et à 930 m d'altitude. Le cadre est familial, le confort simple, les jeunes peuvent camper. Les enfants disposent d'une aire de jeux.

400 lits répartis en 104 ch. individuelles et 110 ch. doubles, 7 ch. familiales et 60 dortoirs-abris. Sanitaires communs. Soins paramédicaux. Animaux acceptés. Salles de conf. (3), de réunion (8). Accueil spirituel. Agrément : CAMAC. Pension complète : 155 à 200 F ; demi-pension : 117 à 156 F, hébergement seul : 45 à 85 F.
S'inscrire au service d'accueil 4 à 5 mois à l'avance en été.

Gare : Gap (20 km) ; taxi, voiture de l'établissement. Aéroport : Marseille (200 km). Grenoble (100 km). Axes routiers : Lyon Grenoble Gap Marseille ; Valence Gap Italie par Briançon ; Nice Gap.

06 - ALPES MARITIMES

CANNES - 06400
« Lochabair-Assomption - C.I.M.E.M. »

37, avenue du Commandant Bret
Tél. : 93 68 06 93 - Fax : 93 39 76 79

Une Communauté de Religieuses de l'Assomption et une équipe de laïcs accueillent des prêtres, religieux et laïcs pour des séjours de repos d'une semaine à trois mois. L'établissement est situé en ville, dans un quartier résidentiel et calme, sur les premières hauteurs ; vous serez en liaison directe par bus vers la gare , la Croisette et le bord de mer.

40 lits en ch individuelles, doubles, avec tout le confort ; 36 lits en ch. familiales avec lavabo ; douches à l'étage. Salles de réunion (2). Pension complète : 200 à 294 F. Agréments M.S.M. et CAMAC. Langues étrangères : anglais, espagnol, italien, russe.
Contacter le secrétariat au 92 98 93 92 de 8 à 30 jours à l'avance.

Gare : Cannes (TGV) à 2 km ; car ou taxi. Aéroport : Nice à 27 km ; car ou taxi. Axe routier : Nationale Nice-Cannes ou A8.

MENTON - 06500
« La Consolation »

2, montée du Lutétia - Tél. : 93 35 94 42

Les Sœurs de Notre-Dame (chanoinesses de St Augustin) accueillent toute l'année en séjours de quelques jours à trois mois toutes catégories de personnes en vacances ou repos (pas de surveillance médicale). De type « pension de famille », cette maison située en ville dans un cadre agréable dispose d'un jardin en terrasse. La plage est située à 15 minutes et vous pourrez effectuer des excursions dans l'arrière-pays sous un climat méditerranéen.

Ch. avec lavabos et WC : 34 lits (dont 22 ch. individuelles) ; 18 douches ou baignoires (dont 14 personnelles). Pension complète : 230 à 280 F suivant confort. Agrément M.S.M. et participation CAMAC possible. Langues étrangères : allemand et vietnamien.
S'inscrire auprès de la Sœur Directrice, Sœur Marie-Suzanne.

Gares : SNCF à 500 m, routière à 100 m.
Aéroport de Nice à 30 km ; taxis ou microbus.

MENTON - 06500
« Maison d'Accueil Le Home »

6, rue du Louvre
Tel. : 93 35 75 51

Des religieuses de la Congrégation de l'Immaculée-Conception
accueillent des personnes valides
uniquement, pour plusieurs mois,
selon les conditions fixées à
l'entrée. Vous pourrez personnaliser votre chambre. La maison
n'est pas médicalisée mais deux sœurs sont infirmières. Vous serez
près de la mer, non loin de Monaco et Monte-Carlo. Vous pourrez
vous rendre en Italie, ou profiter de l'arrière-pays merveilleux.

44 ch. individuelles et 6 ch. familiales, avec lavabo, douche et WC ;
douches, baignoire et WC à l'étage. Pension complète : 180 à 250 F ;
les régimes prescrits sont assurés. 1 salle de conf.
Contacter la directrice 2 mois à l'avance.

Gare : Menton à 5 mn ; car, taxi. Aéroport : Nice à 1 heure ; car, taxi.

MOUGINS - 06250
"Maison Jean Dehon"

Domaine de la Peyrière - 745, avenue du Golf
Tél. : 92 92 49 49 - Fax : 93 75 81 57

La congrégation des prêtres du Sacré Cœur de St Quentin accueille,
avec animation spirituelle, et tout au long de l'année, prêtres, religieux
et religieuses, pour favoriser leur détente et leur tranquillité. La maison,
agrandie et rénovée, est confortable et fraternelle. Un grand parc
l'entoure. Elle dispose d'une salle de lecture. Le téléphone est direct
dans chaque chambre. La cuisine est soignée, avec régime possible.
Un service médical est assuré. On peut meubler ses loisirs en visitant
l'arrière pays (Grasse, St Pierre de Vence) ou bénéficier de la mer
toute proche (Cannes et Antibes à 5 km) et visiter Nice (à 25 km).

50 lits répartis en 49 ch. individuelles et 1 ch. double. Douches et WC
dans les chambres. Douches, baignoires et WC dans les sanitaires com-
muns. Soins médicaux et paramédicaux. Langues étrangères : italien et
allemand. Agrément : MSM - CAMAC. Pension complète : 150 F.
S'inscrire à l'accueil 15 jours minimum à l'avance.

Gare : Cannes à 5 km ; car et taxi. Aéroport : Nice à 25 km ; car et taxi.
Axes routiers : autoroute A8. Sortie Cannes Mougins. Voie express
Cannes-Grasse.

NICE - 06100
« Résidence Les Cèdres »

**Association Maison d'Accueil
Jacques Alberisme
30, rue des Lilas
Tél. : 93 84 18 27**

La résidence accueille des prêtres pour des séjours de repos ou de convalescence dans un immeuble confortable doté d'équipements modernes. La maison est tenue par des Sœurs Disciples du Divin Maître. Un jardin entoure la maison. Terrasse, parking en sous-sol. Vos déplacements en ville se feront facilement grâce aux transports urbains tout proches.

11 ch. individuelles tout confort avec téléphone. Salle de conf.(1). Pension complète : 250 F. Agrément CAMAC. Langues étrangères : italien, espagnol.

Gare : Nice ; car ou taxi. Aéroport : Nice ; car ou taxi.

ROQUEBILLERE - 06450
"Centre de vacances de la Semeuse"

**Berthemont les Bains
Tél. : 93 03 41 72**

Doté d'un parc, d'un jardin et d'équipements sportifs (terrain de volley, tir à l'arc), ce centre vous propose à 850m d'altitude repos mais aussi cures pour personnes souffrant de troubles ORL et de rhumatismes. Ce qui n'exclut pas les randonnées multiples avec accompagnateur dans une région pittoresque riche en sites et villages : St Martin Vésubie (à 6 km), la Madone d'Utelle (30 km), la Madone de Fenestre (20 km), Valdeblore, la Colmiane, le Boréon et la Giordolasque.

120 lits répartis en 6 ch. individuelles, 20 ch. doubles, 10 dortoirs et 4 chambres familiales, quelques chambres avec douches ; sanitaires à l'étage. 1 salle de conférence. 1 salle de travail. Langue étrangère : anglais. Agréments : MFV et Jeunesse et sports. Pension complète : de 180 à 220 F selon confort. Chèques et chèques vacances acceptés. Délai d'inscription de 3 semaines.
S'inscrire au siège de la Semeuse - 21 rue Saint Joseph - 06300 Nice - Tél. : 93 62 31 00. Contacter M. Jean Bernard Toulemonde

Gare : Nice à 62 km. Aéroport à 60 km. Car via St Martin Vésubie puis voiture de l'établissement. Taxi depuis la gare et l'aéroport. Axes routiers : N 202 puis D 2265.

07 - ARDÈCHE

CHALENCON - 07240
« Centre d'Accueil Les Blés d'Or »

Tél. : 75 58 15 92
Fax : 75 58 03 77

Le centre est ouvert toute l'année sauf pendant l'été pour des séjours de repos et de convalescence. Situé dans un village typiquement ardéchois, le centre est une grande maison de pierre avec un jardin. Au village, vous pourrez pratiquer le tennis, le volley, le football, le judo, le VTT, la chasse et la pêche. A proximité, un centre équestre, une piscine et une rivière à canoë-kayak vous attendent. Un médecin est installé au village et un centre médical complet se trouve à 10 km.

60 lits répartis en 4 ch. individuelles, 12 ch. doubles et 6 ch. familiales, avec tout le confort. Salles de conf., réunion et travail (6). Agrément Education Nationale et Jeunesse et Sports.
Contacter la directrice à l'avance.

Gare : Valence à 40 km ; car ou taxi.
Aéroport : Chabeuil à 40 km ; car ou taxi.

11 - AUDE

CASTELNAUDARY - 11400
Monastère des Clarisses

10, rue Pasteur
Tél. : 68 23 12 92

Les sœurs Clarisses reçoivent à l'"Accueil" du Monastère - du 1er avril au 30 octobre - prêtres, religieuses, jeunes filles, dames, couples, familles avec enfants pour un temps de repos. Durée maximale un mois. Possibilité de participer à la Messe et aux offices de la Communauté.

10 chambres individuelles ; 5 chambres doubles avec douches et WC ; grande terrasse de 200m² sur la Montagne Noire.

Gare : Castelnaudary ; voiture de l'établissement.
Axe routier : N 113 à 2 minutes. Autoroute à 1 km.

12 - AVEYRON

SAINT-JEAN-DELNOUS - 12170
« Maison de Repos et de Convalescence La Clauze »

Tél. : 65 46 25 89
Fax : 65 46 11 19

La maison accueille dames, jeunes filles et religieuses, dans un parc superbe, oasis de paix et de verdure, à 530 m d'altitude. Elle offre un repos idéal après surmenage et obligations post-opératoires. Médecins, infirmières, kinésithérapeute et pédicure sont sur place. Une communauté religieuse de Servantes du Sacré-Cœur est présente dans l'enclos de la Clauze. La région est agréable à visiter : Albi, Millau, Roquefort et Rodez sont à proximité. De nombreuses activités vous sont offertes : vélo, boules, ping-pong, ateliers d'ergothérapie et de gymnastique douce, veillées audiovisuelles...

63 ch. individuelles, 3 ch. doubles avec lavabo, WC, parfois douche ; sanitaires à l'étage. Téléphone dans toutes les chambres. Salon de coiffure. Langues étrangères : anglais, espagnol, polonais. Agrément : Sécurité sociale, mutuelles et CAMAC.

Gare : Albi ou Rodez ; car ou taxi. Aéroport : Albi ou Rodez.

13 - BOUCHES-DU-RHONE

ARLES - 13200
« Maison de Retraite »

27, rue Giraud
Tél. : 90 96 12 23

La Maison de Retraite ne reçoit que des dames valides et autonomes. Des sœurs de la Congrégation de Saint-Thomas-de-Villeneuve y assurent l'encadrement, l'animation et les soins. Les médecins et les autres professionnels paramédicaux se déplacent sur demande. Nombreuses excursions possibles dans l'ancienne cité romaine. Arles (50 000 habitants) est un centre culturel et artistique de première grandeur ; c'est le berceau de la photographie.

20 ch. individuelles (les repas y sont servis) équipées de lavabos ; douches, sanitaires à l'étage. Salles de réunion (2). Prix : 4200 F par mois. Contacter la Sœur Supérieure. Les délais d'inscription sont variables.

Gare : Arles ; bus ou taxi.

ARLES - 13200
« Prieuré Notre-Dame-des-Champs »

Bouchaud
Tél. : 90 97 00 55

Ce monastère bénédictin propose calme et détente à vingt personnes maximum , religieux et laïcs, durant toute l'année pour un séjour allant d'une journée à trois semaines. L'établissement est un très ancien mas de Camargue isolé et caché par un cadre de verdure (parc de la Réserve). Non loin de là, Arles offre ses monuments romains et romans, Nîmes (à 30 km), ses arènes et sa Maison carrée, Avignon (50 km), ses remparts et son Palais des Papes, son festival de théâtre en été, et les Alpilles (à 20 km), leur majesté.

18 lits répartis en 8 ch. individuelles, 2 ch. doubles et 1 dortoir de 7 lits ; douches et WC dans les 2 ch. doubles ; sanitaires complets communs. 2 salles de réunion. Existe également un pavillon équipé de 6 lits (en 2 ch. et 1 mezzanine), 2 salles d'eau (lavabo, douche, WC), d'une salle à manger et d'un espace cuisine. Location à la journée : 210 F par jour quel que soit le nombre de personnes y séjournant ; prix dégressif au-delà d'une semaine. Langues étrangères : allemand, anglais. Pension complète : 150 F, en demi-pension 95 F, héb. seul : 55 F. Chèques et espèces acceptés.
S'inscrire 1 mois à l'avance (et davantage en été) auprès du Frère Hôtelier.

Gare : Arles à 10 km ; taxi ou véhicule du Prieuré.
Aéroport : Nîmes-Garons à 25 km ; taxi.
Axe routier : A55.

MARSEILLE - 13008
« Maison de retraite Jeanne d'Arc Espérance et Accueil »

212, avenue du Prado
Tél. : 91 53 42 26

La maison reçoit des personnes valides. Une congrégation religieuse assure l'animation des offices. Distractions : jeux et cinéma.

49 ch. individuelles et 2 doubles avec cabinet de toilette ou SdB et téléphone. Pension complète : 204 F.
Contacter M. Fleurier pour l'inscription.

Gare : Marseille-Saint-Charles.

14 - CALVADOS

CAEN - 14000
« Les Résidences Saint-Benoit »

6, rue de Malon
Tél. : 31 45 88 88
Fax : 31 43 61 65

Située en ville, dans un parc boisé, une communauté de religieux accueille toute l'année des retraités avec tous types de handicaps. Caen, en plein cœur de la Normandie, a su garder le charme des vieilles cités médiévales avec ses rues étroites et ses bâtiments si pittoresques. Proche de la mer (15 km), l'établissement offre des conditions d'accueil exceptionnelles.

96 ch. et 4 ch. doubles tout confort avec douches et toilettes individuelles et collectives. Salle de conf. (1). Le personnel d'infirmiers et d'aides-soignants accepte que vous apportiez vos meubles et bibelots dans la mesure de la place disponible. Langues étrangères : anglais et italien. Prix : 240 F. Agréments Sécurité Sociale, CAMAC et M.S.M. Contacter le secrétariat et réserver au moins 1 mois à l'avance.

Gare : Caen 2 km, car, taxi. Aéroport : Caen 8 km ; car, taxi.
Axe routier : Autoroute A13.

LISIEUX - 14100
« Accueil Providence »

17, chemin de Rocques
Tél. : 31 31 34 13

Des Sœurs de la Providence accueillent des groupes et des particuliers pour des séjours de repos et de convalescence. Située en ville, la maison est entourée d'un parc et agrémentée d'un jardin. Vous pourrez visiter les plages de Normandie, Trouville-Deauville et le charmant port de Honfleur. Les soins sont donnés à la demande par des infirmières. Les régimes sont assurés.

102 lits répartis en 78 ch. avec lavabo ; sanitaires à l'étage. Salle de travail (1) et salles polyvalentes (3). Pension complète : 155 F ; demi-pension : 121 F. Agréments M.S.M. et CAMAC.
Contacter Sœur Monique Durant.

Gare : Lisieux à 3 km ; taxi.

VIRE VAUDRY - 14503
« Communauté de Blon »

1, rue de Blon - B.P. 160
Tel. : 31 68 02 04

La Communauté de Blon vous reçoit pour des séjours de convalescence et de repos ; possibilité d'un suivi médical, surveillance de nuit. Site agréable et reposant. Ambiance familiale, animation. Les environs vous permettront de belles promenades. Il est possible de participer à la prière de la Communauté.

25 chambres (dont 6 avec sanitaires complets) ; 10 avec lavabo et WC ; 3 dortoirs avec boxes (60 lits au total) ; sanitaires à l'étage. Pavillon : 3 ch., cuisine, salle à manger. Salles de conf. (1), de réunion (4) ; bibliothèque et salle de lecture, équipement audiovisuel. Prix : 150 à 200 F par jour selon les conditions du séjour. Agrément MSM et CAMAC. Langues étrangères : anglais, allemand, espagnol. S'inscrire au moins 8 jours à l'avance au secrétariat accueil.

Gare : Vire à 1 km, ligne Paris-Granville. Axe routier : A13.

17 - CHARENTE-MARITIME

CORME-ECLUSE - 17600
« Centre d'Accueil des Dominicaines »

Tél. : 46 02 43 00 - Fax : 46 02 93 09

La maison reçoit des particuliers et des groupes pour des séjours de repos et de convalescence, dans une atmosphère de type familial. Les soins sont donnés sur demande par des infirmières ; un établissement thermal se trouve à proximité. Le centre est entouré d'espaces verts et l'Atlantique est à 12 km.

120 lits en 5 dortoirs, 19 ch. individuelles et 16 doubles, avec lavabo ; sanitaires à l'étage. Salles de conf. (2), de réunion (4) et plusieurs locaux pour des carrefours. Pension complète : 160 F ; prix spéciaux pour les enfants.
Contacter la directrice à l'avance (3 à 4 mois pour les vacances).

Gare : Saujon à 7 km ; taxi ou voiture de la maison.
Aéroport : Royan-Médis à 10 km ; taxi. Axe routier : A10.

SAINT-XANDRE - 17138
« Centre de l'étoile »

17 rue de Marans
Tél. : 46 37 35 31

La maison reçoit des particuliers et des groupes pour des séjours de repos et de convalescence. Les pensionnaires doivent jouir de leur autonomie. Présence d'un kinésithérapeute. Présence d'un aumônier. Eucharistie célébrée chaque jour. Proximité d'un monastère de Sœurs Clarisses.

Ch. individuelles ou doubles confortables avec blocs sanitaires (lavabo, douche, WC). Agrément : MSM. Pension journalière en ch. individuelle : 200 F, en ch. double : 170 F ; prix spécial pour les groupes et cas particuliers. Toutes les solutions sont étudiées.

Gare : La Rochelle à 6 km. Aéroport : La Rochelle.
Axe routier : D9 (route de Luçon).

19 - CORRÈZE

BEAULIEU-SUR-DORDOGNE - 19120
« Maison de Retraite La Miséricorde »

2, rue de la Chapelle
Tél. : 55 91 10 29

La Maison de Retraite « La Miséricorde » accueille des dames retraitées valides ou semi-valides, exemptes de maladies contagieuses, nerveuses ou mentales. Des Sœurs de la Divine Providence de Saint-Jean-de-Bassel assurent avec du personnel laïc, l'animation, le service et les soins infirmiers. Les médecins et professionnels paramédicaux se déplacent.

53 ch. dont 21 équipées de sanitaires et 10 avec douche et sanitaires ; douches, bain et kitchenette à l'étage. On peut personnaliser sa chambre ; 1 salle de réunion. Le prix de journée varie de 120 à 163 F selon le confort de la chambre. Agrément M.S.M. pour séjour convalescence et repos de religieuses et prêtres et CAMAC. Langues étrangères : anglais, espagnol, allemand, italien. Contacter la directrice.

Gare : Bretenoux-Biars à 6 km (ligne Brive/Aurillac) ; car taxi.
Aéroport : Brive à 40 km.

21 - COTE-D'OR

FONTAINE-LES-DIJON - 21121
« Béthanie »

24, rue Saint-Bernard
Tél. : 80 56 56 20

La communauté des Sœurs de la Charité et de l'Instruction Chrétienne de Nevers reçoit toute l'année prêtres et religieuses en repos ou convalescence, ainsi que les laïcs dans la mesure des places disponibles. La maison est située à 335 m d'altitude, à la périphérie de Dijon (3 km, bus fréquents), et dispose d'un parc.

12 lits répartis en 6 ch. individuelles, 2 ch. doubles et 1 ch. familial ; lavabos dans chaque chambre ; sanitaires à l'étage. Salles de conf. (1), de réunion (2). Soins paramédicaux. Langue étrangère : allemand. Agréments : M.S.M, CAMAC. Prix : de 160 à 165 F par jour (si non prise en charge). Chèques et espèces acceptés.
Contacter la Directrice.

Gare : Dijon à 3 km ; car et taxi. Aéroport : Dijon à 6 km ; car et taxi.
Axes routiers : N6, N5, N71, N74, A6, A31, A38.

LA BUSSIERE-SUR-OUCHE 21360
« Abbaye de la Bussière »

Tél. : 80 49 02 29
Fax : 80 49 05 29

L'Abbaye accueille toute personne désireuse de se reposer physiquement ou de se refaire une santé morale au milieu d'un grand parc magnifique et calme.

70 lits : 26 chambres individuelles, 22 chambres doubles avec lavabos ; douches et WC à l'étage ; salles de conférence et de réunion (5). Pension complète pour les religieux et divers : 140 F à 220 F, pour les séminaires : 295 F.
Contacter le secrétariat de l'Abbaye.

Axes routiers : autoroutes Nancy-Beaune, Mulhouse-Beaune, Paris-Lyon (sortir à Parilly, prendre Dijon puis sortie Pont-de-Pany).

22 - COTES-D'ARMOR

PLENEUF-VAL-ANDRE - 22370
« Pension Notre-Dame »

43, rue Charles de Gannes
Tél. : 96 72 20 34 - Fax : 96 63 04 79

La Pension Notre-Dame reçoit des particuliers et des groupes pour des séjours de vacances. Les handicapés sont les bienvenus mais doivent être accompagnés. Situé en ville, dans un cadre agréable, face à la mer, le centre dispose d'un jardin. Vous pourrez y pratiquer la voile et le tennis.

72 lits, 28 ch. individuelles et 22 doubles, avec lavabo ; sanitaires à l'étage. Salle de conf.(1) et de travail (4). Pension complète : 180 à 210 F. Contacter la directrice à l'avance.

Gares : Lamballe ou Saint-Brieuc à 14 et 25 km ; car ou taxi.
Aéroport : Saint-Brieuc à 25 km ; car ou taxi.
Axe routier : Rennes-Lamballe-Pleneuf-Val André.

PLOUFRAGAN - 22440
Maison de Repos et de Convalescence
« Les Châtelets-sous-Bois »

B.P. 50
Tél. : 96 94 21 86
Fax : 96 78 97 80

Les Franciscaines Missionnaires-de-Marie reçoivent les personnes jouissant de leur autonomie et munies d'une prise en charge écrite. Située dans un grand parc avec un étang, la maison assure une surveillance médicale, les régimes. Présence d'un kinésithérapeute.

66 ch., la plupart individuelles avec lavabo et WC ; sanitaires à l'étage. Tarifs sur demande. Agrément par la Sécurité Sociale et tous les organismes payeurs.

Gare : Saint-Brieuc (TGV) à 8 km ; taxi.
Aéroport : Saint-Brieuc-Armor (Trémuson) à 7 km ; taxi.

SAINT-JACUT-DE-LA-MER - 22750
« L'Abbaye »

B.P. 1
Tél. : 96 27 71 19
Fax : 96 27 79 45

Gérée par l'Association « La Providence », la maison accueille des particuliers ou des groupes pour des séjours de vacances et de repos. La maison est agréée pour des séjours de simple conva-lescence. Elle offre également aux adhérents de la MSM la possibilité d'une semaine à demi-tarif du 1ᵉʳ novembre au 30 avril.

45 ch. individuelles, 40 doubles et 7 familiales (dont 80 avec douche et WC). Salles de conf. (2), de réunion (2) et de travail (6). Court de tennis et tables de ping-pong. Pension complète : 170 F ; demi-pension : 130 F. Agréments : MSM, CAMAC, Jeunesse et Sports. Contacter le secrétariat 1 à 3 mois à l'avance.

Gares : St Malo à 20 km, Plancoët à 11 km ; taxi ou voiture de l'Abbaye. Aéroport : Dinard à 12 km. Axe routier : Rennes-Dinard

24 - DORDOGNE

MONPAZIER - 24540
« Maison de Repos et de Convalescence de Sainte-Marthe »

Rue Jean Galmot
Tél. : 53 63 69 00

Les religieuses de la congrégation de Sainte-Marthe reçoivent fem-mes, jeunes filles, hommes et cou-ples pour des séjours de un à trois mois. La sieste est obligatoire de 13h30 à 15h30. Visite des sites touristiques du Périgord.

50 lits répartis en 34 ch. individuelles et 8 ch. doubles (avec lavabo), Ch. au RdC avec baignoire et WC pour personnes âgées, 6 douches. Agréments Sécurité Sociale, CAMAC, M.S.M. Pension complète : 205 F, cure libre. Médecin, infirmières, kiné. Régimes assurés. Contacter Mme Sylvie Pierre.

Gare : Le Got ou Belves à 15 km (Paris-Agen) ; car, taxi ou voiture de l'établissement. Aéroport : Bergerac à 50 km.

25 - DOUBS

CONSOLATION-MAISONNETTES - 25390
« Fondation du Val de Consolation »

Centre spirituel
« **Notre-Dame-de-Consolation** »
Tél. : 81 43 54 71
Fax : 81 43 56 39

La Fondation du Val de Consolation accueille du 15 février au 15 novembre, des groupes d'adultes et de jeunes pour des séjours de vacances, sessions culturelles ou sociales, stages ou retraites spirituelles. Niché au milieu des sapins, dominant la rivière, le centre est à l'altitude de 550 m. Vous aurez la possibilité de camper l'été. Depuis septembre 1993, des travailleuses missionnaires (laïques consacrées) assurent l'accueil et des temps de prière.

100 lits répartis en 15 boxes collectifs et 18 ch. doubles ; sanitaires à l'étage. Salles de conf. (9).
Contacter le Directeur Spirituel : Abbé Jean-Paul Guyot 3 mois à l'avance.

Gares : Avoudrey ou Morteau à 15 km ; taxi ou voiture de l'établissement. Axe routier : D461.

LES FONTENELLES - 25210
"Maison d'Accueil des sœurs de la Retraite Chrétienne"

Tél. : 81 43 71 79

La communauté des Sœurs de la Retraite Chrétienne reçoit toute l'année, individuellement ou en groupe, toutes personnes valides et autonomes désireuses de repos dans un environnement de grands espaces et d'air pur à 900 m d'altitude. Un régime alimentaire est assuré. On peut utiliser l'équipement audiovisuel. La proximité de la communauté d'accueil permet par ailleurs avec les religieuses échange et partage de leur vie de prière.

25 lits . Possibilité pour un groupe de faire sa cuisine. Salle de détente. Agrément : Maison non conventionnée.

Gare : Morteau via Besançon à 20 km ; voiture de l'établissement. Axes routiers : D41 ; D437.

26 - DROME

BOUVANTE-LE-HAUT - 26190
Centre de vacances « La Jacine »

Tél. : 75 48 57 14

Fondée par la délégation départementale du Secours Catholique, « la Jacine » reçoit toute l'année, sauf du 15 novembre au 26 décembre, des personnes seules ou en groupes dans le cadre de détente, classes de neige ou vertes, sessions culturelles ou sociales, stages artisanaux. Le centre est doté d'une piscine chauffée et couverte, d'équipements de sports (ping-pong, volley, tennis) et d'ateliers photo et poterie l'été. De nombreuses excursions et randonnées pédestres sont possibles aux alentours (massif du Vercors).

110 lits répartis en dortoirs modulables et 31 ch., dont 14 avec salle d'eau et WC, 1 dortoir de 20 lits ; sanitaires à l'étage. Salles de conf. (3), de réunions (2). Agrément : Education Nationale, Jeunesse et Sports. Réductions pour les classes de découverte.
Contacter Paul Sauvajon.

Gare : Saint-Hilaire/Saint-Nazaire à 30 km ; taxi.
Axe routier : A49 Valence-Grenoble.

MARSANNE - 26740
« Maison d'Accueil Saint-Joseph »

Fresneau
Tél. : 75 90 32 50

La maison accueille en séjours individuels, en stage ou en sessions des messieurs et des dames ayant besoin de repos, de calme ou de prière. Située à 350 m d'altitude, dans un lieu isolé mais à proximité du village médiéval, vous pourrez participer au pèlerinage marial de Notre-Dame-de-Fresneau le 8 septembre.

20 ch. individuelles et 1 ch. double avec lavabo et 9 avec WC ; douches et SdB à l'étage. Pension complète : de 145 à 170 F ; carte bleue accceptée.
Contacter M. ou Mme Bœtti, directeurs.

Gare : Montélimar à 15 km ; car ou taxi. Aéroport : Valence à 40 km.
Axes routiers : Autoroute A7, sortie Montélimar-Nord 12 km ou N7, sortie La Coucourde 10 km.

PIEGROS LE CLASTRE - 26400
"L'Aube"

Tél. : 75 40 03 24

Gérée par une association type loi de 1901, "Accueil et échanges", la maison reçoit 36 personnes au plus, particuliers ou groupes (à l'exception des enfants) dans une atmosphère de calme et de prière. Isolée à 200 m d'altitude, la maison est entourée d'un vaste bois.

30 lits répartis en 7 chambres individuelles, 5 chambres doubles et 6 dortoirs. Certaines chambres ont douches et WC ; sanitaires à l'étage. 1 salle de conférence , 2 salles de réunion et 1 salle de travail. Langues étrangères : italien et anglais. Agrément : chèques vacances. Pension complète : 200 à 250 F selon confort. Chèques, chèques vacances et espèces acceptés

Gare : Valence (à 35 km) ; taxi et car ; Crest (à 8 km) ; car et taxi.

27 - EURE

ETREPAGNY - 27150
« Accueil Dominique »

1, rue Maison de Vatimesnil
Tél. : 32 55 81 32

Les Sœurs Dominicaines reçoivent des familles, hôtes individuels et des groupes pour des séjours de détente d'un mois maximum. Situé en ville, l'établissement est entouré d'un parc. Aux alentours, vous pourrez visiter Gisors et son château, le Château-Gaillard dominant les méandres de la Seine.

65 lits répartis en ch. à 1 ou 2 lits avec lavabo ; sanitaires à l'étage. 1 salle de conférence avec équipement audiovisuel et 8 salles de réunion ou de travail. Prix variables en fonction des ressources de chacun. Contacter la Sœur Hôtelière à l'avance.

Gare : Gisors à 14 km ; taxi ou voiture de l'établissement.
Aéroport : Beauvais à 40 km ; taxi.
Axe routier : N14.

PONT AUDEMER - 27500
"Lycée agricole privé"

Tourville sur Pont Audemer
Tél. : 32 41 11 15
Fax : 32 41 48 27

Cet établissement peut vous accueillir pendant les vacances scolaires. Il est situé dans un village à 30 km environ de la mer, et riche d'un parc de 12 hectares, en pleine vallée de la Risle. Mais le repos ne vous interdira ni le laboratoire de langue ni l'informatique, pas plus que les promenades sur la prôche Côte Normande et la vallée de la Seine.

180 lits répartis en dortoirs et 5 ch. individuelles avec lavabo, douche et WC ; sanitaires à l'étage. Salle de conf. (1), de réunion (5), de travail (12) ; équipement audiovisuel. Langues étrangères : anglais, allemand, espagnol. Prix variables en fonction du séjour et du type d'accueil.

Gare : Bernay ou Lisieux à 35 km ; car. Aéroports : Deauville-Saint-Gatien, Rouen-Boos et Le Havre, de 25 à 60 km ; car.
Axe routier : A13 (Paris Deauville).

28 - EURE-ET-LOIR

EPERNON - 28231
« Prieuré Saint-Thomas »

29, rue du Prieuré
Tél. : 37 83 60 01

Les Sœurs du Christ reçoivent de la mi-juin à fin août des familles et des couples pour des séjours de détente. Installé dans un parc de deux ha agrémenté d'un jardin, le Prieuré offre les conditions nécessaires à un séjour reposant. Aux alentours, vous pourrez effectuer des randonnées pédestres dans les forêts voisines. Vous serez également à proximité de Chartres, Maintenon et Rambouillet.

35 ch. individuelles, 8 doubles et 2 familiales (9 ch. avec sanitaire) ; sanitaires à l'étage. Salles de réunion (2), de travail (4). Pension complète : de 160 F.
Contacter la Sœur Hôtelière.

Gare : Epernon à 1,5 km ; taxi.
Axe routier : D906.

29 - FINISTÈRE

LOCQUIREC - 29241
« Maison d'accueil de l'Ile Blanche »

1 imp. de l'Ile Blanche - B.P. 13
Tél. : 98 67 43 72

La congrégation des Filles du Saint-Esprit reçoit, pour des séjours allant d'une journée à cinq mois, du 1er novembre à la mi-mars, les personnes âgées valides, seules ou en couples, dans un cadre paisible et une ambiance simple et familiale. Située dans un village, entourée d'un parc et d'un jardin, la maison est proche de la mer.

90 lits répartis en 62 ch. individuelles, 14 ch. familiales ; sanitaires à chaque étage. Soins paramédicaux. Salle de conférence (1), de travail (7). Agréments : M.S.M., CAMAC. Pension complète : 155 F, demi-pension : 54 F, en héb. seul : 52 F. S'inscrire (pour les groupes) plusieurs mois à l'avance. Contacter Sœur Marie-Thérèse Jouffe.

Gare : Morlaix ou Plouaret à 25 km ; car et taxi.
Aéroport : Guipavas à 50 km ; taxi. Axe routier : RN12.

QUIMPER - 29103.
« Centre de Kerivoal »

10, allée de Kerdaniel - B.P. 93
Tél. : 98 95 40 20 - Fax : 98 64 26 86

Les frères des Ecoles Chrétiennes accueillent toute l'année des groupes (d'études, des pèlerins, des classes de découvertes régionales, des chorales...). Le centre est situé dans un parc, à la périphérie de Quimper, à 2 km du centre ville. Vous visiterez les sites touristiques du Finistère : Concarneau, Douarnenez, Pointe de Raz...

40 ch. individuelles et 30 doubles dont 18 avec douches et toilettes. Sanitaires aux étages. 2 salles de conf., 4 de réunion (30 places) et 15 de travail (10 à 20 places) ; matériel audiovisuel. 4 salles à manger. Equipements sportifs : terrain de football. Langue étrangère : anglais. Pension complète : de 120 à 180 F ; hébergement : 55F à 120 F. Contacter le Directeur, si possible 6 mois à l'avance.

Gare : Quimper à 3 km ; car ou taxi. Aéroport : Quimper-Pluguffan à 10 km ; taxi. Axes routiers : Lorient-Quimper-Brest, Nantes-Brest.

30 - GARD

LE VIGAN - 30120
« Orantes de l'Assomption »

13, avenue Emmanuel d'Alzon - B.P. 16
Tél. : 67 81 01 31

Les Sœurs accueillent toute l'année des adultes pour un temps de ressourcement, ou un séjour prolongé (hiver-été). Possibilité de participer à la prière de la communauté. Le centre se trouve à 230 m d'altitude.

Ch. à 1 ou 2 lits. Pension complète. Cuisine à l'étage.
Contacter la Sœur Hôtelière au moins 15 jours à l'avance.

Gares : Nîmes à 80 km, Montpellier à 62 km ; car.
Axe routier : D999.

NIMES - 30000
« Association Oikoumène »

740, montée des Alpins
Tél. 66 26 67 77 - Fax 66 26 01 88

L'association œcuménique accueille toute personne valide, seule ou en groupe, durant toute l'année, dans une ambiance chrétienne et avec participation aux tâches collectives. L'établissement est situé sur l'une des trois collines de Nîmes, au milieu d'un jardin d'oliviers et d'une garrigue favorables au repos. Une grande terrasse surplombant la ville offre une très belle vue. La cuisine familiale est très soignée. On peut pique-niquer sur demande. Des équipements sportifs, à 500 m, sont à votre disposition ainsi qu'une piscine à 5 km.

50 lits répartis en 5 chambres individuelles, 6 chambres doubles et 8 chambres familiales. 1 salle de réunion, 1 salle de travail. Soins médicaux et paramédicaux. Langues étrangères : notion de néerlandais et allemand. Pension complète : 140 F par jour, demi pension : 100 F, hébergement seul : 50 F. Chèques acceptés, versement d'arrhes. Réservation pour séjours au-delà du 14 août 1994.
Contacter Jean-François Schuermans.

Gare : Nîmes à 3 km ; car et taxi. Aéroports : Nîmes-Garons à 10 km ; navette, car et taxi.
Axes routiers : autoroute A9 - E15, sortie Nîmes-Est.

SAINT-HYPOLYTE-DU-FORT - 30170
« Accueil Montfortain Notre-Dame de la Gardiolle »

Notre-Dame de la Gardiolle - Conqueyrac
Tél. : 66 77 20 95

La communauté des Missionnaires Montfortains accueille pendant toute l'année, pour des séjours d'une semaine à un mois, prêtres, religieux, religieuses et laïcs désireux de se reposer et de se ressourcer physiquement et spirituellement. Située à 200 m d'altitude, au sein d'un vaste parc ombragé, elle vit de son travail et exerce une activité apostolique et paroissiale.

30 ch. à un ou deux lits, avec lavabo ; sanitaires complets et téléphone à l'étage. Salles de conf. (2). Pension complète : 160 F par personne. Pendant la période d'été, 9 appartements de 2 à 6 lits peuvent être loués à des familles 700 à 900 F la semaine.

Gares : Nîmes à 50 km ; cars SNCF (direction Le Vigan).
Aéroport : Nîmes-Garons à 60 km.

Si vous souhaitez faire connaître le Guide Saint-Christophe à des personnes de votre entourage, n'hésitez pas à nous contacter.
Sur simple demande de votre part, des dépliants vous seront gracieusement adressés.

ASSOCIATION SAINT CHRISTOPHE
227, rue Saint Jacques
75256 Paris Cedex 05
Tél. : 48 00 76 99

31 - GARONNE (HAUTE-)

LUCHON - 31110
« Maison Gascon »

42, allée d'Étigny
Tél. : 61 79 00 03

La maison vous accueille pour repos ou cure thermale : soins des affections des voies respiratoires (ORL, bronches) et des rhumatismes ; rééducation articulaire. La maison (avec jardin) est située en ville à 630 m d'altitude à proximité de l'établissement thermal mais ne possède pas de service médical intégré. Vous pourrez vous promener aux alentours et visiter la cathédrale St Bertrand de Comminges.

40 lits, 32 ch. individuelles et 8 ch. doubles ; sanitaires à l'étage. Fermeture du 15 octobre au 1er mai. Recrutement de salariés de mai à septembre. Pension complète : 195 F ; réduction enfants. Inscription par écrit dès janvier.

Gare : Bagnères-de-Luchon à 1 km ; car ou taxi.
Aéroport : Toulouse à 120 km.
Axe routier : Montréjeau-Luchon.

TOULOUSE - 31000
"Lou Caminot"

2, rue Romiguières
Tél. : 61 21 73 50

Les Sœurs de Notre-Dame-de-la-Compassion, en association, reçoivent toute l'année, sauf du 1er au 15 août, des personnes ayant des malades hospitalisés, des religieuses et des jeunes filles étudiantes. Située au cœur de la ville rose, la maison est entourée d'un jardin où vous vous promènerez avec tranquillité.

40 ch. pour étudiantes pour toute l'année, 10 ch. individuelles, 5 ch. doubles, avec lavabo (3 avec douche) ; sanitaires à l'étage. Salles de réunion (1) et de travail (1). Pension complète : 160 à 180 F ; demi pension : 125 F. Langue étrangère : espagnol. Inscription sous 8 jours. Contacter la directrice

Gare : Toulouse à 20 mn à pied ; métro, car ou taxi.
Aéroport : Toulouse-Blagnac à 10 km ; car, taxi et navette.

33 - GIRONDE

LE MOULLEAU - 33120
Maison de Repos et de Convalescence
« Saint-Antoine-de-Padoue »

6, avenue Saint-Dominique
Tél. : 56 54 01 12

Les Sœurs de Sainte-Marthe-de-Périgueux accueillent, dans le pays de la forêt landaise, prêtres, religieuses, dames, couples et jeunes filles valides et autonomes avec une prise en charge de la Sécurité Sociale. La maison est située dans un parc ombragé propice au repos. A la sortie du Bassin d'Arcachon, entre océan et pinède, vous profiterez d'un climat vivifiant et tonique. Arcachon à 4 km, Dune du Pyla, promenades dans la forêt. Les soins sont assurés par un médecin, une infirmière D.E. résidente et si nécessaire un kinésithérapeute.

15 ch. individuelles et 5 ch. doubles, avec lavabo et bidet, certaines avec sanitaires complets ; sanitaires à l'étage. Agrément : toutes caisses y compris CAMAC.

Gare : Arcachon à 4 km ; car ou taxi.
Aéroport : Bordeaux à 60 km ; train ou taxi.

SAINT-BRICE - 33540
« Congrégation Sainte-Marthe »

Tél. : 56 71 54 07 - Fax : 56 71 55 18

Les Sœurs de Sainte-Marthe-de-Périgueux reçoivent toute l'année, sauf en juillet et août, toutes personnes (en groupe ou en individuel) sauf les enfants seuls, pour un durée de 15 jours maximum, pour des temps de récollections ou des sessions organisés par les groupes eux-mêmes. Le centre dispose d'un jardin de 12 ha. Les sœurs recherchent des dons pour permettre l'installation d'un ascenseur.

42 lits répartis en 8 ch. simples ou doubles avec lavabo ; douches à l'étage, 14 ch. de plein-pied avec baignoire et WC, 7 ch. pour handicapés en fauteuil roulant. Salles de conf. (4). Pension complète : de 180 à 190 F ; héb. seul possible le week-end. Agrément CAMAC.
Contacter Sœur Marie-Vincent au moins 15 jours avant.

Gares : La Réole à 15 km, Libourne à 30 km ; car, taxi ou voiture de l'établissement. Aéroport : Bordeaux-Mérignac à 50 km.

34 - HÉRAULT

AGDE - 34300
« Relais Cap France Batipaume »

Route de Rochelongue
Tél. : 67 94 11 47
Fax : 67 94 86 36

L'association catholique ALOJ reçoit toute l'année sauf d'octobre à avril toutes personnes, seules ou en groupes de 150 pers. maximum, pour des sessions et des retraites spirituelles de 5 à 21 jours. Le centre est équipé d'un parc, de terrains de pétanque et de sports ainsi que d'une piscine. Vous pourrez visiter la région méditerranéenne et ses nombreux sites remarquables.

200 lits répartis en 20 ch. individuelles, 40 ch. doubles et 40 ch. familiales, avec lavabo, sanitaires en ch. ou à l'étage. Prix : 160 à 200 F. Pension complète, selon le nombre de personnes et le type d'héb. Salles de conf. (1), de réunion (8), de travail (8). Agrément du ministère de la Santé n° 1184, Jeunesse et Sports, Education Nationale.
Contacter M. Jean Prieur, si possible 1 mois à l'avance.

Gare : Agde à 2 km ; car, taxi. Aéroport : Vias-Béziers à 15 km ; taxi.
Axe routier : carte Michelin n° 83 pli 5.

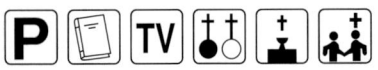

LAMALOU-LES-BAINS - 34240
« Maison de Repos Fontenay »

7, av. Trousseau - Tél. : 67 95 81 39

La maison accueille des prêtres et des religieuses pour des séjours de vacances. Entre mer et Cévennes, Lamalou-Les-Bains est une jolie ville de cure, avec ses cours bordés de platanes. Le climat est à la limite des climats méditerranéens et océaniques. Aux alentours, vous découvrirez de grandes richesses architecturales et de beaux paysages naturels. La mer n'est qu'à 50 km.

18 lits, 18 ch. individuelles avec sanitaires ; SdB à l'étage. Pension complète : 175 F. Agréments M.S.M., CAMAC (secteur repos-convalescence).

Gare : Bédarieux à 8 km ; car ou taxi.
Aéroport : Montpellier à 80 km ; car ou taxi. Axes routiers : A75 ; A9.

35 - ILE-ET-VILAINE

DINARD - 35802 cedex
« Maison Saint-François »

La Vicomté - B.P. 100 - 1, avenue des Acacias
Tél. : 99 88 25 25 - Fax : 99 88 24 15

Le Foyer de Charité de Tressaint accueille tout au long de l'année (sauf du 4 au 18 octobre), prêtres et religieuses pour repos et convalescences favorisées par la présence d'un médecin et d'une infirmière. Mais aussi par le jardin paysager, paisible et bien abrité, de cet établissement situé face à la ville de Saint-Malo, sur la Côte d'Émeraude.

6 chambres médicalisées (possibilité d'accueil de grands malades), 7 chambres convalescence avec sanitaires à l'étage. 1 salle de conférence, 3 de réunion. Langue étrangère : anglais. Agréments : MSM - participation CAMAC. Pension complète hiver : 165 F ; été : 185 F. S'inscrire auprès de Madame la Directrice.

Gare : Saint-Malo à 3 km ; car et taxi. Aéroport : Dinard Pleurtuit à 7 km ; taxi. Axes routiers : Paris - Rennes - St Malo (autoroute + voie express).

PARIGNE-FOUGERES - 35133
« Communauté des Augustines de Notre-Dame-d'Espérance »

12, rue de la Forêt
Tél. : 99 97 32 69

Les religieuses Augustines de la Miséricorde de Jésus reçoivent des particuliers et des groupes (sauf enfants seuls) pour des étapes, des sessions de détente. Les jeunes filles en recherche spirituelle sont les bienvenues. Située dans un village et entourée d'un joli parc, la maison est agrémentée d'un jardin propice au ressourcement. Ambiance pension de famille. Aux alentours, vous profiterez des promenades en forêt domaniale de Fougères, de la proximité des plages de la Manche et du Mont Saint-Michel.

18 ch. indivi. (4 avec douches et lavabo) ; sanitaires à l'étage. Tél. et TV dans les chambres. Salles de réunion (3). Pension complète : 140 F. Contacter la Sœur Hôtelière 4 mois à l'avance.

Gare : Fougères à 9 km ; taxi.

PLECHATEL - 35470
« Le Prieuré »

Tél : 99 57 41 66
Fax : 99 52 19 14

Les Sœurs de la Charité de Saint-Louis reçoivent, pour des séjours de convalescence ou de repos, des personnes de plus de 18 ans et des personnes handicapées. Située dans un village, la maison possède un beau jardin. Vous profiterez des activités récréatives de la maison et du charme des promenades à pied, dans un site surplombant la Vilaine. Un service médical complet est à votre disposition et les régimes sont assurés.

45 ch. individuelles et 5 doubles avec lavabo et WC ; douches en chambre ou à l'étage. Agrément : toutes caisses.
Contacter le service des admissions.

Gare : Saint-Senoux-Pléchatel à 1,5 km ; voiture de la maison.
Aéroport : Rennes-Saint-Jacques à 25 km ; taxi.

RENNES - 35000
« Maison de Convalescence de Saint-Thomas-de-Villeneuve »

10, rue de Dinan
Tél. : 99 31 62 62

Cette maison vous reçoit toute l'année en convalescence ou repos post-opératoire.

Séjours de 15 jours à 2 mois. Visite régulière d'un prêtre ou d'un médecin. Etablissement conventionné Sécurité Sociale et agréé M.S.M., participation CAMAC possible.

Gare : Rennes. Transports en commun ; taxi.

SAINT-MALO - 35400
« Foyer Marie La Chambre »

**3, avenue de la Fontaine
au Bonhomme
Tél. : 99 56 29 64.
Fax : 99 56 37 08**

L'Association « Tyal Levenez » fondée par le Père Varangot, qui gère ce foyer, se veut ouverte à tous, dans un esprit d'accueil et de fraternité. Les séjours d'une semaine à deux mois se déroulent dans une maison dans un lieu calme et tranquille en centre ville, proche de la mer, entourée d'un jardin. Vous pourrez découvrir les nombreuses richesses de Saint-Malo, la ville des corsaires et le Mont St-Michel.

18 ch. individuelles et 4 doubles avec lavabo et bidet ; douches à l'étage. 1 salle de réunion et 1 salle de jeux. Prix : de 160 à 180 F selon la période. Langue étrangère : anglais.
Contacter la directrice Mlle Basle 4 mois à l'avance pour l'été.

Gare : Saint-Malo à 400 m. Aéroport : Pleurtuit à 25 km ; car ou taxi. Axe routier : N137.

37 - INDRE ET LOIRE

CHINON - 37500
« Association du Prieuré de Saint-Louans »

**1, rue du Prieuré
Tél. : 47 93 09 94**

Les Sœurs accueillent individuellement ou en couple, les personnes âgées désirant résider à l'année dans leurs locaux ou souhaitant faire un séjour de convalescence. Contacts avec Vie Montante et l'Equipe du Rosaire. Châteaux de la Loire. Piscine et tennis à 1,5 km.

63 lits répartis en 52 ch. avec cabinet de toilette et WC ; 7 douches, 4 baignoires. Salles de conf. (2). Prix : de 180 à 210 F selon possibilité. Agrément M.S.M., CAMAC.
Contacter la Mère Supérieure 2 mois à l'avance.

Gare : Chinon à 2,5 km ou Port-Boulet (Paris-Angers) à 12 km ; cars Sitravel ligne B.

38 - ISÈRE

SAINT-MARTIN-D'URIAGE - 38410
« Villa des Tilleuls »

Allée des Tilleuls
Tél. : 76 89 70 04

La Communauté de Religieuses de Notre-Dame-de-la-Croix accueille des particuliers pour des séjours d'un week-end à un mois (fermeture du 30 octobre au 15 décembre). Située à 600 m d'altitude dans un village, la villa est entourée d'un parc et d'un jardin. L'hiver, vous pratiquerez le ski de fond dans les alentours immédiats ; le ski de piste vous conduira à Chamrousse (17 km). L'été, vous profiterez de la piscine et des tennis communaux.

25 lits, 13 ch. individuelles et 6 doubles, avec lavabo ; sanitaires à l'étage. Pension complète : de 140 à 160 F par adulte et de 70 à 96 F pour enfant jusqu'à 12 ans. Contacter Sœur Marie Raphaël.

Gare : Grenoble à 15 km ; car ou taxi.
Aéroport : St-Etienne-de-St-Geoirs à 50 km.
Axes routiers : Autoroutes : Valence, Lyon, Chambéry vers Grenoble.

VIF - 38450
« Monastère de la Visitation »

Montée de l'Uriol
Tél. : 76 72 51 18

Les religieuses de l'ordre de la Visitation Sainte-Marie accueillent toute personne, civiles ou religieuses, et jeunes gens en groupes, sauf messieurs seuls, pour un séjour calme. Édifié dans un bourg, l'établissement dispose d'un parc et d'un jardin tranquilles et sa situation à 350 m d'altitude offre une vue imprenable sur la chaîne de Belledonne. Les résidants les plus dynamiques ne manqueront pas de se recueillir à Notre-Dame-de-la-Salette et Notre-Dame de l'Osier ou la Grande Chartreuse, et de parcourir les grottes du Vercors et Sassenage.

24 chambres avec lavabo. Douches à l'étage. 1 grande et 1 petite salle de conférence. Prix : 165 F par jour ; réduction selon groupe et durée.

Gare : Grenoble à 17 km ; cars Glinder - direction Vif-les-Saillants.

39 - JURA

CHAUX-DU-DOMBIEF - 39150
« Maison Familiale de Vacances et Centre d'Accueil »

23, Grande Rue
Tél. : 84 60 13 70

Les Sœurs de l'Enfant-Jésus de Nicolas Barré accueillent pour des séjours de trois à trente jours des particuliers, familles ou groupes pour des vacances calmes et reposantes. Le centre reçoit des classes vertes, classes de neige et de découverte encadrées. Située dans un village, entourée d'un parc, à l'altitude de 900 m, la maison est construite dans un cadre magnifique ; la forêt, la montagne et les lacs sont à proximité. Vous pratiquerez avec bonheur le ski de fond ou de piste, la marche, la pêche et les sports nautiques selon la saison.

76 lits avec lavabo ; sanitaires à l'étage. Prix : de 65 à 175 F selon la formule choisie. Agréments : Maisons Familiales de Vacances, Jeunesse et Sports, Inspection Académique.
Contacter Sœur Maurice Vidal 2 mois à l'avance.

Gare : Saint-Laurent-en-Grandvaux à 6 km ; taxi ou voiture du Centre.
Aéroport : Genève-Tavaux à 60 km ; taxi.
Axes routiers : N5 ; N78.

GIZIA - 39190
Châtel-Accueil « Maison Sainte-Marie »

Tél. : 84 48 92 22

Cette maison accueille des particuliers valides et lucides et des familles pour des séjours de vacances (fermeture du 15 octobre au 15 novembre). Situé dans un lieu isolé à 450 m d'altitude, vous aurez l'impression d'être au bout du monde. Vous pourrez partir en randonnées et profiter du calme de ce lieu pittoresque.

33 ch. individuelles et 8 doubles, avec lavabo ; sanitaires à l'étage. Prix modulables selon la formule choisie. Agrément CAMAC et M.S.M en séjours "convalescence".
Contacter le responsable de la Maison.

Gare : Lons-Le-Saunier à 22 km ; car ou taxi.
Axe routier : N83.

40 - LANDES

BUGLOSE - 40990
« Maison de Retraite Saint-Jean »

Tél. : 58 89 95 55

L'Association Diocésaine animée par un prêtre, reçoit les prêtres et messieurs âgés valides pour un temps de repos. Un médecin visite au moins une fois par semaine, une aide-soignante travaille à mi-temps dans la maison et les professionnels paramédicaux se déplacent selon les prescriptions. Le village où naquit Saint-Vincent-de-Paul est à la fois proche de la forêt landaise et de la station thermale de Dax (rachitisme, rhumatismes).

29 ch. individuelles avec lavabo, bidet, WC et téléphone ; sanitaires complets à l'étage. Forfaits héb. ou soins. Agrément DDASS, CAMAC. 1 salle de conf.
Inscription si possible 3 mois à l'avance auprès du Père Ducamp.

DAX - 40100
« Monastère des Dominicaines »

62, rue Gambetta
Tél. : 58 74 27 73

Les Moniales Dominicaines accueillent les religieuses et personnes consacrées pendant trois semaines maximum pour des cures. On soigne les rhumatismes et les séquelles de traumatismes (blessures et fractures). La maison est située en ville, patrie de Saint-Vincent-de-Paul.

10 lits, 10 ch. individuelles avec lavabo ; sanitaires à l'étage. Salle de réunion. Pension complète : 130 F ; héb. : 70 F. Possibilité de préparer soi-même ses repas. Agrément CAMAC.
S'inscrire auprès de la Mère Prieure au minimum trois mois à l'avance.

Gare : Dax à 10 km ; taxi.

Repos

41 - LOIR-ET-CHER

BLOIS - 41008 Cedex
« Foyer Notre-Dame-de-la-Trinité »

15, rue Vauquois - B.P. 827
Tél. : 54 74 03 05
Fax : 54 54 07 00

Animé par des Pères Capucins et des Sœurs Bénédictines du Sacré Cœur de Montmartre, le Foyer accueille des personnes seules ou en groupes pour un séjour maximum de trois jours. (Fermeture annuelle du 1er au 15 octobre et du 15 décembre au 10 janvier). Situé en ville, le foyer est entouré d'un parc attenant à la Basilique Notre-Dame-de-la-Trinité. La ville de Blois est située au cœur de l'ensemble des châteaux de la Loire, qui attirent chaque année de très nombreux touristes du monde entier.

43 lits en dortoirs, 38 ch. doubles avec lavabo ; sanitaires à l'étage. 1 salle de conf. (100 pers.), 3 salles de réunion (10 à 20 pers.) accessibles aux handicapés. Pension complète : 171 F, demi-pension : 121 F ; 1 repas pour un passage : 50.

Gare : Blois à 2 km ; taxi. Axe routier : A10 ou RN152.

42 - LOIRE

NOIRETABLE - 42440
« Notre-Dame-de-l'Hermitage »

Tél. : 77 96 20 30 - Fax : 77 96 20 34

Les Missionnaires de Notre-Dame-de-la-Salette reçoivent toute l'année des particuliers et des groupes pour des séjours de vacances. Isolé, à une altitude de 1 110 m, construit au XVIIIème siècle et brûlé en 1951, le monastère a été reconstruit sur ses murs d'époque et agrandi pour recevoir des hôtes. Vous dominerez un panorama sauvage et boisé, les collines et vallées de la Durolle et du Forez et, au loin, les Alpes.

1 dortoir de 11 lits, 27 ch. individuelles et 17 doubles avec lavabo et 6 ch. familiales ; douches à l'étage. Salle de conf. (1) et de réunion (3). Pension complète : de 155 à 205 F ; tarif pour groupes. Langue étrangère : anglais. Réserver 3 mois à l'avance pour juin à septembre.

Gare : Noirétable à 7 km ; taxi. Axes routiers : N89 ; A72, Clermont-St-Etienne-Lyon (sortie « Les Salles Noirétable » ou « Thiers-Est »).

PELUSSIN - 42410
« Les Bleuets du Pilat »

Le Pompailler B.P. 13
Tél. : 74 87 60 78

La Communauté des Sœurs-de-Marie-Thérèse reçoit pour des séjours de repos de calme et de détente, de dix jours minimum, des particuliers, prêtres, religieuses, messieurs, dames et jeunes filles en pension complète uniquement. Bâtie dans un quartier résidentiel à un km du centre, à une altitude de 425 m, le jardin offre un cadre choisi et varié avec ses pelouses, ses ombrages et ses fleurs.

40 lits, 34 ch. individuelles et 3 ch. doubles, avec sanitaires complets à l'étage. 1 salle de jeux. Prix : 155 F. Agréments : M.S.M. et CAMAC. Contacter Sœur Marie-Jeanne Desvignes.

Gare : Vienne-Saint-Clair-les-Roches à 20 km ; voiture de l'établissement. Aéroport : Lyon-Satolas à 60 km ; taxi.
Axes routiers : A6 ; A7 ; N86.

---

43 - LOIRE (HAUTE)

LE-PUY-EN-VELAY - 43000
« Domaine de Chardenac »

Ceyssac-La-Roche
Tél. : 71 09 27 62 - Fax : 71 02 55 90

La maison accueille des groupes de jeunes ou de personnes âgées et des camps de vacances spirituels. A 820 m d'altitude, le domaine est isolé dans un parc. Sur le plan sportif, vous bénéficierez de terrains de sports, de courts de tennis et d'une piscine extérieure chauffée. Les sanctuaires du Puy-en-Velay vous fourniront de très beaux buts d'excursions.

2 ch. individuelles, 29 ch. doubles, 45 dortoirs et 6 ch. familiales avec lavabo ; sanitaires. Salles de conf. (2) et de réunion (4). Pension complète : de 130 à 210 F ; demi-pension : de 100 à 160 F. Héb. : de 60 à 115 F. Agrément Jeunesse et Sport et Education Nationale. Contacter Viviane de Pontbriand 3 mois à l'avance.

Gare : Le-Puy-en-Velay à 10 km.
Aéroport : Le-Puy-Loudes à 8 km ; taxi.

ROSIÈRES - 43800
« Maison de convalescence Saint-Joseph »

Tél. : 71 57 40 42

La congrégation Saint-Joseph Le Puy reçoit toute l'année toutes personnes, laïques ou religieuses, sortant d'hôpital ou de clinique et nécessitant une convalescence avant de retourner chez elles, mais aussi les personnes âgées ou les jeunes de plus de 18 ans fatigués mais ne nécessitant pas d'hospitalisation. La surveillance médicale est assurée par le généraliste de l'établissement, un masseur-kinésithérapeute, quatre infirmières D.E. jour et nuit. L'établissement est situé dans un village, à 640 m d'altitude, et dispose d'un parc, d'un jardin et de jeux de boules et bénéficie de la proximité du Puy et des Gorges de la Loire.

36 lits répartis en 30 ch. individuelles et 4 ch. doubles ; baignoires et WC dans les ch. ; sanitaires communs. Soins médicaux et paramédicaux. Salles de réunion (9). Agréments : Sécurité sociale ; convention avec les différentes caisses d'assurance maladie.

Gare : Vorey à 15 km ; Le Puy à 20 km ; car et taxi.
Axes routiers : Le Puy-Yssengeaux ; Saint-Etienne-Loyan.

44 - LOIRE-ATLANTIQUE

NANTES - 44000
« Maison Notre-Dame-de-Lorette »

8, rue Georges Clémenceau
Tél. : 40 74 55 06

La maison de repos, gérée par l'Association Diocésaine, accueille les prêtres de passage. Vous pourrez visiter le musée des Beaux-Arts, le château de la Duchesse Anne, la Cathédrale, ainsi que le Jardin des Plantes. L'entrée de l'établissement est au 2, rue Elie Delaunay.

5 ch. individuelles avec lavabo, baignoire, WC et télévision. Pension complète : 180 F ; héb. avec ou sans repas. Agréments : M.S.M., CAMAC. Langues étrangères : anglais, italien.
Contacter le Directeur. Prévoir un délai d'inscription.

Gare : Nantes à 300 m (TGV Atlantique).
Aéroport : Atlantic International (8 km) ; car et taxi.
Axe routier : Paris-Nantes-La Baule.

PORNICHET - 44380
« Maison Sainte-Famille »

5, avenue Bonne Source
Tél. : 40 61 07 92

Les Sœurs de la Sainte-Famille de Bordeaux vous reçoivent toute l'année. La maison, située en bord de mer, est pourvue d'un parc. Accès direct à la plage. Pornichet bénéficie de toutes les qualités d'un climat marin et d'un ensoleillement régulier. Toutes les activités propres au bord de mer sont facilement accessibles. Agréée par la Mutuelle Saint Martin pour ses adhérents, elle ne l'est pas par la S.S. Messe le dimanche et plusieurs jours dans la semaine.

46 lits, 25 chambres individuelles et 10 chambres doubles avec cabinet de toilette et douche.
Contacter la directrice plusieurs mois à l'avance.

Gare : Pornichet à 1,5 km ; car ou taxi.
Aéroport : Nantes à 70 km ; SNCF ou taxi.

SAINT-GILDAS-DES-BOIS - 44530
« Groupe Scolaire Privé Sainte-Bernadette »

Route de Redon
Tel. : 40 01 40 20

Le collège, situé en ville, reçoit pendant les vacances, des personnes pour des séjours de dix jours à deux mois. Vous pourrez utiliser le terrain de sports (volley, basket, foot, tennis), visiter le zoo de Branféré, vous baigner à la piscine de Pontchâteau ou à la plage de Pénestin et vous promener dans le parc de la Brière ou la forêt de Gavre.

160 lits répartis en ch. de 2 à 5 lits ; sanitaires à l'étage. Prix de l'hébergement : sur devis.
Contacter M. Michel.

Gare : Pontchâteau à 12 km ; car, taxi. Aéroport : Nantes à 65 km ; taxi.
Axe routier : N165 Nantes-Quimper.

46 - LOT

BRETENOUX - 46130
« Maison de Repos et de Convalescence Notre-Dame »

Tél : 65 38 40 21 ou 65 39 72 97

L'établissement reçoit les personnes autonomes en convalescence pour des séjours de un à deux mois. Située dans la haute vallée de la Dordogne et de la Cère, la maison est dotée d'équipements complets, d'un vaste parc et d'un jardin d'agrément. La région regorge de curiosités naturelles ou historiques (château de Castelnau, Montal...).

30 ch. individuelles avec lavabo et WC ; sanitaires à l'étage. Agrément : toutes caisses. Contacter le directeur 15 jours à l'avance.

Gare : Biars-Bretenoux à 2 km ; car ou taxi.

48 - LOZÈRE

LE POMPIDOU - 48110
« Le Relais du Cheval Blanc »

Tél. : 66 60 31 88

Gérée sous la responsabilité de Mme Jeanine Bousquet, la maison familiale est ouverte à tous, particuliers ou groupes pour des séjours d'une semaine à un mois. D'inspiration chrétienne, elle est équipée pour recevoir des familles, des retraités, des groupes et des classes de découverte. Elle est située dans un village à 800 m d'altitude, sur la corniche des Cévennes. Vous visiterez Florac à 22 km, le parc national des Cévennes, Anduze et sa célèbre bambouseraie ainsi que son vieux train à vapeur. Tennis et salle de jeux sur place.

40 lits, 12 ch. familiales (dont 6 avec sanitaires complets) ; sanitaires à l'étage. 1 salle de réunion et 1 salle de conf. Pension complète : 160 à 180 F ; demi-pension : 90 à 110 F ; pour les enfants : 50 à 150 F. Agréments M.F.V., Jeunesse et Sports, Classes de découverte. Contacter Mme Jeanine Bousquet 1 à 4 mois à l'avance, selon la période.

Gare : Alès à 60 km ; car ou taxi. Axes routiers : Mende, Nîmes.

371

MARVEJORS - 48100
« Les Tilleuls »

8, boulevard d'Aurelles de Paladine
Tel. : 66 32 00 28

La communauté des Filles-de-la-Charité accueille pour des séjours de convalescence des personnes agées valides. Ancienne place forte du Gévaudan dans la vallée de la Colagne, la ville conserve trois portes du XIVème siècle, une église du XVIIème siècle et des maisons anciennes. La ville est située à 658 m d'altitude. Passage régulier d'un médecin et soins paramédicaux sur demande. Régimes assurés.

28 chambres individuelles et 6 doubles, toutes équipées de lavabo et de WC ; 8 baignoires et douches. Agrément toutes caisses. CAMAC.

Gare : Marvejors (ligne Paris-Bézier) ; taxi ou voiture de l'établissement.

MENDE - 48000
« Centre d'Accueil de l'Ermitage de Saint-Privas »

Route de l'Aérodrome
Tél. : 66 65 02 27

L'Association Lozérienne des œuvres de Jeunesse reçoit des particuliers et des groupes organisés pour des séjours de vacances. La durée minimum de séjour est de cinq jours. Accroché à flanc de montagne à 750 m d'altitude dans un lieu isolé, le centre est agrémenté d'un jardin mais la forêt est omniprésente. De nombreux chemins de randonnées passent à proximité. Vous visiterez les Gorges du Tarn, le Mont-Lozère, le Parc National des Cévennes, l'Aubrac et le parc du Gévaudan.

60 lits, 6 ch. individuelles et 27 doubles, avec lavabo ; douches à l'étage. Salles de conf. (1), de réunion (1), de travail (2). Pension complète : 170 F, demi-pension : 145 F, héb. seul : 70 F. Agrément Sécurité Sociale. Contacter M. ou Mme Rubio à l'avance.

Gare : Mende à 6 km ; taxi.
Axes routiers : N9 et N88 ou N106.

49 - MAINE-ET-LOIRE

ANGERS - 49100
« Centre Diocésain »

36, rue Barra
Tél. : 41 48 24 31 - Fax : 41 48 97 83

Le centre accueille les personnes, seules ou en groupes, venant suivre des cours à Angers ou visiter la ville et sa région. La maison est située en ville et bénéficie d'un parc.

12 ch. individuelles ou 50 ch. doubles ; sanitaires à l'étage. Salles de conf. (2), de réunion (3) et de travail (10). Pension complète : 200 F. Diverses formules d'héb. S'inscrire 8 jours à l'avance.

Gare : Angers.

CHOLET - 49300
« Village Vacances Lac de Ribou »

Avenue Léon Mandin
Tél. : 41 58 74 74
Fax : 41 58 21 22

A cinq km du centre ville, le village-vacance vous accueille, hors saison estivale dans un parc paysagé de huit hectares ; il associe le confort et la détente à un environnement calme et reposant. Un panel de visites vous est proposé en fonction de vos souhaits. A 100 km alentours, vous trouverez le Puy du Fou, les châteaux de la Loire, la Venise Verte et la côte vendéenne.

30 bungalow tout confort de 1 ou 2 ch. ; terrain de camping de 200 emplacements. Salles de conf. (1), de réunion (2) et de travail (2) ; équipement audiovisuel ; Pension complète : 228 F ; demi-pension : 198 F ; héb. : 182 F ; Carte bleue acceptée. Agrément Ministère du Tourisme. Langues étrangères : anglais, allemand, espagnol. Contacter Philippe Barbier.

Gare : Cholet à 5 km ; navette du village.
Aéroport : Nantes à 60 km ; navette.

50 - MANCHE

MONTEBOURG - 50310
« Association d'Education Populaire »

L'Abbaye
Tél. : 33 41 10 05
Fax : 33 21 25 26

L'abbaye accueille des particuliers pour repos (sauf entre Noël et le Jour de l'an). Située en ville, l'abbaye est entourée d'un parc. Six km la séparent de la mer où vous pourrez visiter les plages du débarquement et bien d'autres curiosités. Vous pourrez également pratiquer l'équitation et le char à voile.

2 dortoirs, 19 ch. individuelles, 75 ch. doubles et 9 ch. familiales ; quelques ch. avec sanitaires ; sanitaires à l'étage. 2 salles de conf., 3 de réunion et 15 salles de classe. Salle de sport, terrain, piste d'athlétisme, salles de jeux. Pension complète : 150 F, demi-pension : 120 F et 70 F avec petit-déjeuner. Langue étrangère : anglais. Paiement : tous, y compris chèques vacances.
Contacter M. Houivet de 1 à 12 mois à l'avance (selon la période désirée).

Gare : Valognes à 8 km ; car ou taxi.
Axe routier : N13.

SAINT-SAUVEUR-LE-VICOMTE - 50390
Maison de Repos « Saint-Joseph-l'Abbaye »

Tél. : 33 41 60 37

Installée dans une ancienne abbaye bénédictine restaurée au siècle dernier par Sainte-Marie-Madeleine-Postel, située dans un cadre verdoyant et reposant, la maison accueille des prêtres, des religieux et des laïcs.

50 lits en 1 dortoir et 2 grandes chambres. 2 chambres individuelles plus sanitaires.

Gare : Valogne à 15 km ; car ou taxi.
Axes routiers : Cherbourg, Mont St-Michel.

51 - MARNE

MONTMIRAIL - 51210
"Maison d'Accueil Nazareth"

17, rue de Montléan
Tel. : 26 81 21 31

A 182 m d'altitude, l'établissement reçoit toute l'année tout adulte valide et autonome pour un temps de repos d'un mois maximum dans une atmosphère calme et familiale.

Vous pourrez visiter les sites historiques de la région, ses nombreux châteaux, ses églises, profiter pleinement des forêts magnifiques, et vous rendre à Epernay, ville du Champagne, et à Château-Thierry, patrie de La Fontaine.

22 lits en 18 ch. individuelles ou 2 ch. doubles avec lavabo, WC et, pour certaines, douche ; sanitaires complets à l'étage. Pension complète : 197,60 F. Agrément M.S.M. et CAMAC. Langues étrangères : italien, anglais, espagnol.
Contacter la directrice.

Gare : Château-Thierry ; car, taxi.

REIMS - 51097 Cedex
« Maison de Famille de l'Enfant-Jésus »

48, rue du Barbâtre
Tél. : 26 85 25 40

La maison, située en ville avec un jardin accueille des prêtres, religieuses, dames et jeunes filles pour des séjours d'une semaine à trois mois. Vous profiterez de votre séjour pour visiter la ville des rois de France, chargée de plus de 2 000 ans d'histoire.

20 ch. individuelles ou doubles avec lavabo, sanitaires à l'étage ; Salles de conf. (2). Pension complète : 160 F ; demi-pension : 120 F ; héb. avec petit-déjeuner : 90 F.
Contacter Sœur Cécile Lefèvre 8 à 10 jours à l'avance.

Gare : Reims à 15 mn à pied ; car ou taxi.
Axes routiers : N51 - A26.

53 - MAYENNE

PONTMAIN - 53220
« Auberge de l'Espérance »

9, rue de la Grange
Tél. : 43 05 08 10

L'hôtel deux étoiles, géré par L.A.D.A.P.T. (Ligue pour l'Adaptation du Diminué Physique au Travail), accueille, surtout l'hiver, toute personne, dans un cadre agréable, simple et reposant, au centre du bourg qui est un lieu de pèlerinage marial. Dans ce coin du Bocage mayennais, vous serez à proximité de la ville de Fougères (16 km) et de son magnifique château féodal et non loin du Mont Saint-Michel (48 km).

11 ch. individuelles ou doubles avec douche, WC et téléphone. Prix : de 120 à 195 F en héb. seul ; restaurant sur place. Tarifs spéciaux pour pension à partir de cinq jours. Réserver à l'avance de préférence.

Gare : Fougères. Axe routier : N12.

PONTMAIN - 53220
« Maison d'Accueil des Pèlerins, Sœurs d'Evron »

3, rue Notre-Dame
Tél. : 43 05 07 60
Fax : 43 05 08 32

Les Sœurs accueillent des particuliers ou des groupes pour des séjours de repos. De la mi-novembre à la mi-mars, la Maison accueille des retraités valides et autonomes qui désirent passer l'hiver dans une ambiance familiale, joyeuse et calme (tarif spécial). Depuis l'apparition de la Très Sainte Vierge Marie le 17 janvier 1871, Pontmain est un lieu de pèlerinage très fréquenté. La maison est située à côté de la basilique.

140 lits répartis en ch. individuelles, doubles et familiales avec lavabo ; douches à l'étage. Salles de réunion (4). Agrément : MSM.
Prix et réservation sur appel et confirmation à la Directrice.

Gare : Fougères à 16 km ; car ou taxi. Axe routier : RN 12.

SAINTE-SUZANNE - 53270
Maison de Retraite « Notre-Dame-Saint-Jean »

Lieu-dit La Fousillère
Tél. : 43 01 40 39

Les Sœurs Hospitalières de Saint-Thomas-de-Villeneuve reçoivent dans leur propriété entourée d'un parc de cinq hectares, toutes personnes retraitées. C'est dans un cadre rustique que s'organise la retraite des personnes accueillies ; salle à manger, chambres, tout est construit dans le style typique de la région. Les médecins et professionnels médicaux se déplacent sur demande. Sainte-Suzanne est un ancien village fortifié situé sur un promontoire rocheux (altitude 220 m) qui domine la vallée de l'Erve.

40 ch. et une pour couple, équipées de lavabo et WC ; sanitaires à l'étage. Prix fixé entre 180 et 195 F y compris nourriture, blanchisserie. Contacter la Mère Supérieure.

Gare : Evron 7 km ; taxi. Aéroport : Laval 37 km ; taxi.
Axe routier : Autoroute de l'Ouest ; péage : Vaiges, Joué-en-Charnie.

56 - MORBIHAN

LANESTER - 56600
« Maison de Convalescence de Keraliguen »

44, rue Emile Combes
Tél. : 97 76 03 06 - Fax : 97 81 23 62

Les Sœurs du Carmel-Saint-Joseph accueillent des messieurs et des dames autonomes sur dossier médical. L'établissement jouit d'un climat marin atténué dont profitent le parc et le jardin. Lorient n'est qu'à trois km avec son pittoresque et ses traditions de pêche.

27 ch. dont 17 individuelles et 9 à 2 lits et une de 3 lits avec lavabo et WC ; sanitaires à l'étage. Pension complète. Participation au service public hospitalier.

Gare : Lorient à 3 km ; taxi. Aéroport : Lorient-Lann Bihoué ; taxi.

LOCMINE - 56500
« Lycée privé Anne de Bretagne »

5, place Anne de Bretagne
Tél. : 97 60 01 54 - Fax : 97 44 24 46

L'établissement accueille pendant les congés scolaires des groupes de prêtres et de religieuses ainsi que toute autre personne en groupe constitué seulement. Le parc de ce lycée, situé en ville, à trente km du Golfe du Morbihan, de Carnac, de Quiberon, permet un séjour dans le calme et l'indépendance. Vous pourrez profiter des installations sportives : gymnase, terrains de sport, piscine, mini-golf et tennis municipaux.

90 ch. individuelles, lavabos ; sanitaires à l'étage. Salles de conf. (2), de réunion (20), de travail (20) ; différentes salles spécialisées.
Contacter M. Jeanjean.

Gare : Vannes à 70 km ; car et taxi.
Aéroport : Lorient à 60 km ; car et taxi.

SAINTE-ANNE-D'AURAY - 56400
« Monastère des Augustines »

62 rue de Vannes
Tél. : 97 57 51 91

Les Augustines Hospitalières reçoivent religieux et laïcs adultes individuellement pour un séjour au calme dans une ambiance fraternelle. Vous apprécierez le charme de la ville ancienne: église Saint Gildas, La Chartreuse...

16 ch. individuelles équipées de sanitaires. 1 salle de réunion (30 personnes). Agrément : M.S.M. et CAMAC.
Réservation auprès de la Mère Prieure, prévoir 1 mois.

SAINT-GILDAS-DU-RHUYS - 56730
« Centre d'Accueil de l'Abbaye »

Place Monseigneur Ropert
Tél. : 97 45 23 10

La Communauté des Sœurs de la Charité de Saint-Louis accueille des prêtres et des religieuses ainsi que les familles de ces derniers. (Fermeture en octobre). Le centre, situé en ville, à 200 m de la mer est entouré d'un parc et d'un jardin. Participation partielle aux tâches quotidiennes appréciée.

49 ch. individuelles avec lavabo ; sanitaires à l'étage. 2 salles de réunion et 4 de travail. Pension complète : de 60 à 160 F.
Contacter le responsable du centre à l'avance.

Gare : Vannes à 32 km ; car ou taxi.
Axe routier : Nantes-Quimper.

SAINT-PIERRE-QUIBERON - 56510
« Accueil Saint-Joseph »

9, rue Pasteur
Tél. : 97 30 94 89
Fax : 97 30 82 12

Les Sœurs Dominicaines de la présentation accueillent des religieuses, prêtres, dames et groupes organisés pour des séjours de vacances, sessions, séminaires, retraites collectives, en week-ends préparés par les organisateurs. Climat de convivialité et de partage. Situé dans un village, en bordure de plage, la maison dispose d'un oratoire. A partir de Quiberon, vous visiterez les îles de Houat et Belle-Ile, le golfe du Morbihan et les côtes bretonnes.

41 lits : 20 chambres individuelles et 8 doubles, avec lavabos ; douches à l'étage. Salle de conf. (4), de réunion (1) et de travail (4). Pension complète : 180 à 185 F ; prix spéciaux pour les groupes. Contacter Sœur Marie-Hubert, 1 mois à l'avance.

Gare : Saint-Pierre en été à 3 km, Auray en hiver à 23 km ; car ou taxi.
Axe routier : Auray-Quiberon.

SAINT PIERRE QUIBERON - 56510
"Association Saint Joseph de l'océan"

7, avenue de Groix - B.P. 18 - Kerhostin
Tél. : 97 30 91 29 - Fax : 97 30 80 18

Construit sur une dune donnant directement sur l'océan, l'établissement offre repos et calme, d'avril à septembre, à toutes personnes. Un parc, l'environnement paisible et l'air du large, contribuent à la détente dans cette région qui est aussi un paradis pour les amateurs de voile. Une priorité est donnée pendant les vacances d'été aux familles avec enfants.

120 lits répartis en 25 chambres individuelles, 25 chambres doubles, 12 chambres familiales. Douches et WC dans les chambres et sanitaires à chaque étage. 1 salle de conférence ; 3 salles de travail. Interdiction de fumer dans les locaux communs. Prix : 175 F à 185 F selon confort et pour moins de trois nuits. Diverses conditions selon âge et durée. En vacances scolaires, la durée du séjour ne peut être que d'une ou plusieurs semaines complètes.

Gare : Auray à 25 km. Aéroport : Lorient à 50 km ; train, car et taxi.
Axes routiers : Paris-Rennes-Vannes-St Pierre Quiberon,
Lyon-Clermont-Poitiers-Nantes-Vannes-St Pierre Quiberon,
Bordeaux-La Rochelle-Nantes-Vannes.

---

57 - MOSELLE

MOULINS-LES-METZ - 57160
« Home de Préville »

1, rue d'Ars
Tél. : 87 34 70 00 - Fax : 87 34 70 50

Les filles de la Charité de Saint-Vincent-de-Paul reçoivent dans leur maison située dans un parc de trois hectares, des personnes valides ou non. L'animation est assurée par des bénévoles, ainsi que par le personnel religieux ou laïc. L'équipe médicale est très complète et qualifiée à tous les niveaux. L'établissement possède 4 chambres d'hébergement temporaire pour personnes de passage. Les possibilités de promenades sont nombreuses. La maison est située dans un bourg qui longe les bords de la Moselle.

126 ch. individuelles et 7 pour couple avec lavabo et WC ; douches à l'étage. Salle de conf. (1). Prix : 209,55 F. Agrément Sécurité Sociale et DDASS. Langue étrangère : allemand. Contacter le directeur.

Gare : Metz à 8 km ; car, taxi. Aéroport : Metz à 12 km ; taxi.
Axes routiers : A31 Sortie Conflans Jarny ; nationale Verdun-Metz.

SAINT-AVOLD - 57500
« Foyer Notre-Dame »

5, rue Lemire
Tél. : 87 92 12 92 ou 87 92 55 52

Ce foyer dirigé par trois Pères accueille pour une durée maximale d'un mois des groupes et des particuliers pour des séjours de vacances au calme (fermeture du 23 décembre au 6 janvier). Situé en ville mais entouré d'un parc et

agrémenté d'un jardin, le foyer œuvre pour l'éveil des laïcs à des responsabilités ecclésiales dans le cadre d'une spiritualité mariale et eucharistique. Vous serez à proximité des villes historiques de la Lorraine.

15 ch. individuelles, 15 doubles et 2 familiales, avec lavabo ; douches à l'étage. Salles de conf. (2), de réunion (2) et de travail (1). Prix : 50 à 167F selon la formule d'héb. Langues étrangères : allemand, italien. Contacter le Père Barbier 6 mois à l'avance.

Gare : Saint-Avold à 3 km ; car ou taxi.
Axe routier : Paris-Strasbourg.

SAINT-JEAN-DE-BASSEL - 57930
« Amis de la Providence »

Couvent de la Divine Providence
Tél. : 87 03 00 50
Fax : 87 03 00 51

Les Sœurs de la Divine Providence accueillent des particuliers et des groupes pour des séjours de repos, Environnement calme et climat chrétien (fermeture du 1er au 15 janvier et du 1er au 15 septembre), la

maison, située dans un village, est entourée d'un parc et d'un jardin.

45 ch. individuelles, 10 doubles et 8 familiales, dont 5 avec sanitaire ; douches à l'étage. 3 salles de conf. et 8 de réunion. Pension complète : 155 F. Langues étrangères : allemand, anglais.
Contacter la directrice de l'accueil (délai de 4 mois pour les groupes).

Gares : Sarrebourg et Reding à 12 km ; car, taxi ou voiture de la maison.
Aéroport : Strasbourg-Entzheim à 70 km ; taxi.
Axes routiers : A4 ; N4 ; D43 ; D95.

61 - ORNE

LA CHAPELLE-MONTLIGEON - 61400
« Ermitage de la Basilique »

Tél. : 33 83 83 55 - Fax : 33 83 60 49

L'Ermitage, tenu par une équipe de prêtres diocésains et de Bénédictines du Sacré-Cœur de Montmartre accueille familles et individuels en détente. Dans un village en pleine campagne touristique à 180 m d'altitude, dominé par une imposante basilique néogothique aux vitraux remarquables, vous profiterez du parc et du jardin, des tennis et du centre équestre situés à proximité.

120 lits : 29 ch. individuelles, 30 ch. doubles, 11 ch. familiales avec lavabo ; sanitaires à l'étage. Salles de conf. (2), de réunion (4). Pension complète : à partir de 165 F; demi-pension : à partir de 120 F ; héb. seul : 100 F. Langues étrangères : allemand, anglais, espagnol.

Gare : Condé-sur-Huisne à 22 km ; Nogent-le-Rotro.

62 - PAS-DE-CALAIS

STELLA-PLAGE - 62780
« Centre de Vacances Stella-Maris »

376, rue Baillarquet
Tél. : 21 94 73 65

Dirigée par les Oblats de Marie-Immaculée, le centre accueille de mai à octobre des particuliers et des groupes pour des séjours de vacances, sessions, séminaires, retraites collectives. Climat de convivialité et de partage. Située dans un village, Stella-Plage est la station climatique la plus réputée de la Côte d'Opale. Vous pourrez visiter la réserve ornithologique de la baie de la Somme, unique en Europe.

250 lits en ch. individuelles, doubles et familiales, avec lavabo, douches et WC. Salles de conf. et de réunion (2). Prix : 180 F en pension complète. Agrément du Ministère des Affaires Sociales.

Gare : Etaples à 5 km ; car ou taxi. Aéroport : Le Touquet à 4 km ; car ou taxi. Axe routier : N1.

63 - PUY-DE-DOME

LA BOURBOULE - 63150
« Maison d'Accueil Le Sacré-Cœur »

Tél. : 73 65 51 85 - Fax : 73 65 51 88

L'établissement accueille, de septembre à mai, des classes de neige, des classes vertes et des séjours de ski pour les garçons de 7 à 17 ans, pour un séjour de 5 à 21 jours. A 850 m d'altitude, proche des remontées mécaniques (à 5 et 12 km), le centre est équipé de salles de classe, de jeux, de travaux manuels et est à proximité immédiate d'un grand parc de jeux et de loisirs. Vous pourrez partir à la découverte de l'Auvergne, son thermalisme, ses volcans, ses randonnées...

60 lits en ch. à 1 ou plusieurs lits plus le logement de l'encadrement ; douches à l'étage. Réductions pour les groupes et en basse saison. Agrément Jeunesse et Sport, Education Nationale, DDASS, Sécurité Sociale.
Contacter l'accueil longtemps à l'avance.

Gare : La Bourboule à 5 mn à pied.

LE MONT-DORE - 63240
« Communauté Saint-Joseph »

19 avenue des Belges
Tél. : 73 65 05 85
Fax : 73 65 26 22

L'établissement reçoit des religieuses avec deux possibilités d'accueil : soit en pension complète (fermeture aux vacances de Noël et de Pâques) à l'Ecole Saint-Joseph ; soit en location toute l'année, pour les groupes, à la Villa Saint-Joseph. A l'altitude de 1 050 m, le site est favorable aux promenades, randonnées, excursions dans le parc des Volcans. En hiver vous pourrez pratiquer les sports de montagne.

A l'école Saint-Joseph : 25 ch. individuelles avec lavabo ; sanitaires à l'étage (agrément CAMAC et MSM). A la villa Saint-Joseph : 12 ch. individuelles avec lavabo ; sanitaires à l'étage, 3 cuisines équipées. Contacter la communauté pour réserver.

Gare : Le Mont-Dore à 250 m ; taxi ou voiture de la maison.
Aéroport : Clermont-Ferrand à 60 km ; taxi.

PARENTIGNAT - 63500
« Maison Saint-Pierre »

Tél. : 73 89 16 35

La maison accueille des prêtres et des laïcs pour des séjours de vacances et de repos d'une semaine minimum. Située dans un village à 400 m d'altitude, la maison est entourée d'un parc. Vous bénéficierez d'un climat sain et apaisant. De nombreuses excursions sont possibles aux alentours : églises romanes, randonnées dans les montagnes et pique-niques au bord des lacs. Tous services de santé ou autres à Issoire (5 km).

20 ch. individuelles et 4 doubles, avec lavabo ; 2 ch. avec douche et WC ; sanitaires à l'étage. Prix : de 160 à 200 F selon la formule d'héb. Contacter le directeur.

Gare : Issoire à 4 km ; taxi ou voiture de la maison.
Aéroport : Clermont-Ferrand à 40 km ; taxi ou voiture de la maison.
Axe routier : A75, sortie N°13.

TAUVES - 63960
"Maison d'accueil St Joseph"

Place du Foirail
Tél. : 73 21 12 49

Géré par l'OGEC (organisme de gestion des écoles catholiques), l'établissement situé à 240 m d'altitude, dans un village au cœur du parc naturel des volcans d'Auvergne, dispose d'un cadre de verdure favorisant le repos et d'équipements sportifs tels que terrains de basket, baby-foot et ping-pong. Stations de sports d'hiver et stations thermales constituent des buts de randonnées. Musées, chateaux et églises sont également à visiter. On peut pour ce faire utiliser le car de l'établissement.

130 à 150 lits répartis en 8 chambres doubles, 7 chambres familiales et 3 dortoirs (33 lits, 23 lits et 50 lits). Lavabos dans les chambres, douches et WC dans les sanitaires communs. Soins médicaux. Animaux acceptés. 1 salle de conférence, 1 salle de réunion, 4 salles de travail. Langue étrangère : anglais. Agréments : Jeunesse et sports n° 063-426-365. Pension complète 110 F, hébergement seul : 45 F (prix valables jusqu'au 31 août 94).
Délais d'inscription d'1 mois. Contacter Madame Sylvie Védrine.

Gare : Laqueuille (à 10 km) ; taxi.
Aéroport : Clermond Ferrand (à 57 km) ; car et taxi.

64 - PYRÉNÉES-ATLANTIQUES

BAYONNE - 64100
« Maison Diocésaine »

Avenue Darrigrand
Tél. : 59 63 31 96 et 59 63 33 40
Fax : 59 52 33 98

Géré par le Diocèse de Bayonne, cet établissement accueille toute l'année sauf du 28 juillet au 17 août des particuliers et des groupes pour des séjours de villégiature. Situé en ville, le centre est doté d'un parc. Vous serez à six km de la mer et profiterez des équipement touristiques et sportifs de la côte basque.

60 lits, 45 ch. individuelles et 5 ch. doubles, la plupart avec douche et lavabo. 1 salle de conf. et 6 de travail. Pension complète : 180 F. Contacter le Père Econome.

Gare : Bayonne à 3 km ; taxi. Aéroport : Biarritz à 6 km ; taxi.
Axes routiers : A63 ; A64 ; N10.

CAMBO-LES-BAINS - 64250
« Centre Arditeya »

Avenue d'Espagne
Tél. : 59 29 73 23
Fax : 59 29 82 95

Cette maison de repos accueille toute l'année pour des vacances les prêtres et religieuses, et éventuellement des personnes âgées pour des séjours de huit jours à trois mois en pension complète. L'établissement est situé au sein d'un parc de cinq hectares où les promenades sont agréables. Un médecin passe régulièrement ; des soins paramédicaux sont assurés sur demande.

10 ch. individuelles avec lavabo, WC douche ; sanitaires collectifs à l'étage. Pension complète : 190 F. Agrément CAMAC et M.S.M.

Gare : Cambo à 3 km ; taxi. Aéroport : Parme-Biarritz à 25 km.
Axes routiers : Cambo-Bayonne. Accès à l'autoroute (vers Paris ou St Sébastien) à 18 km.

HENDAYE - 64700
« Les Flots »

23, boulevard de la Mer
Tél. : 59 20 02 80 - Fax : 59 48 05 00

Des Sœurs Dominicaines reçoivent des dames, jeunes filles et couples. Les hôtes peuvent se reposer dans la détente, le calme et la joie, et profiter d'une immense plage de sable fin. Il est possible d'assister à des manifestations de folklore régional. Le climat iodé et les températures douces en toutes saisons vous offriront la possibilité d'une remise en forme complète. Soins médicaux et paramédicaux assurés.

70 lits en ch. individuelles et doubles avec lavabo, bidet et WC ; douches à l'étage. Pension complète. Agrément Sécurité Sociale et CAMAC et mutuelles ; les régimes simples sont assurés.
S'inscrire 2 mois à l'avance.

Gare : Hendaye à 2,5 km ; taxi.

65 - PYRÉNÉES (HAUTES)

LOURDES - 65100
"Association Résidence Saint Thomas d'Aquin"

20, avenue du docteur Boissarie
Tél. : 62 42 53 00

En ville, dans un établissement disposant d'un parc et géré par l'association diocésaine, les religieuses sœurs de Saint François d'Assise, accueillent durant toute l'année prêtres, religieuses, groupes hospitaliers et hospitalières de Notre Dame de Lourdes, pour un séjour allant de trois jours à deux mois, à 440 m d'altitude et à proximité des montagnes.

30 lits. Soins paramédicaux. 1 salle de conférence ; 1 salle de réunion. S'inscrire 2 mois à l'avance auprès du directeur. Agrément : CAMAC. Mutuelle St Martin. Pension complète : 185 F. Tous modes de paiement acceptés

Gare : Lourdes à 1 km ; car et taxi. Aéroport à 5 km ; car et taxi.
Axes routiers : Pau-Tarbes-Toulouse.

LOURDES - 65100
« Maison Familiale Le Bosquet »

Les Granges
Tél. : 62 94 29 72
Fax : 62 42 09 80

Cette maison, gérée par l'Association « Amitié-Montagne », accueille des particuliers et des groupes pour des séjours de vacances ou des retraites. Située dans un village à 450 m d'altitude, la maison avec un parc vous offrira de multiples activités sportives. Vous profiterez de la proximité des sanctuaires de Lourdes et des beautés des Pyrénées. Une navette vous y conduira. Vous pourrez également découvrir le Pic du Midi et l'Espagne.

130 lits répartis en 3 dortoirs, 30 ch. individuelles, 30 ch. doubles et 30 ch. familiales, avec ou sans sanitaires ; douches à l'étage. 2 salles de conf., 2 de réunion et 2 de travail. Pension complète : 145 à 165 F , demi-pension : 115 à 135 F.
Contacter le secrétariat.

Gare : Lourdes à 3 km ; taxi ou voiture de la maison.
Aéroports : Lourdes à 7 km ; Pau à 35 km.
Axe routier : N21.

LOURDES - 65100
"Maison de repos et de convalescence Notre-Dame des Apôtres"

13 route de Pontacq
Tél. : 62 94 06 16

Les "Sœurs de Notre-Dame des Apôtres" avec la collaboration de laïcs (dont un médecin vacataire et des infirmières D.E.), peuvent accueillir toutes personnes en repos ou convalescence, toute l'année. La maison agrémentéé d'un parc est située à 450 m d'altitude.

Lits pour 42 personnes. Agrément : toutes caisses d'assurance maladie et complémentaires.
Minitel : faire le 11 - taper "Maison de repos - Lourdes"

Gare : Lourdes à 3 km ; car ou taxi.
Aéroport : Tarbes-Ossun à 7 km ; car ou taxi.

387

LOURDES - 65100
« Petit Couvent »

4bis, route de la Forêt
Tél. : 62 94 20 22

Des Religieuses de l'Immaculée-Conception-de-Notre-Dame-de-Lourdes reçoivent toute l'année toutes personnes ayant besoin de se reposer. Le couvent est situé à 400 m d'altitude, à dix mn à pied de la grotte. Jardin agréable.

Plusieurs maisons aux ch. confortables avec lavabo ; sanitaires à l'étage ; dortoirs pour les jeunes. Pension complète. Salle de conf. (1). Langues étrangères : allemand, anglais, espagnol, italien, portugais. Contacter 6 mois à l'avance pour l'été.

Gare : Lourdes. Aéroport à proximité ; taxi.

LOURDES - 65100
« Résidence de la Pastourelle»

34, rue de Langelle
Tel. : 62 94 26 55
Fax : 62 42 00 95

Dans un cadre de vie accueillant, la résidence avec services vous propose la sécurité avec assistance physique 24h/24h, vidéo surveillance, régimes spécifiques ; le confort avec studios équipés de téléphone direct, télévision, système d'alarme, service de nettoyage des vêtements personnels ; la distraction (animation permanente). En centre ville, proche des sanctuaires, site très calme.

81 studios ; WC handicapés ; salles de restaurant, de télé, de jeu ; terrasse.

Gare : à 5 mm. Aéroport : à 15 km.

66 - PYRÉNÉES ORIENTALES

AMÉLIE-LES-BAINS - 66110
"Maison de repos Villa Saint Valentin"

22, avenue du Vallespir
Tél. : 68 39 01 83

Géré par l'Association des Frères Unis, l'établissement reçoit des curistes (religieux ou laïcs à l'exception des enfants non accompagnés) dans un cadre familial où cordialité et amitié sont souhaitées. Cette maison est située à 230 m d'altitude. Activités sportives (golf, pêche, pétanque), randonnées pédestres, baignades (mer à 30 km).

14 ch. individuelles et 10 ch. doubles, WC dans quelques ch. Sanitaires à l'étage. Animaux acceptés. Agréments : Mutuelle St Martin, CAMAC, Séc. Sociale. Pension complète : 180 F. Arrhes de 500 F.

Gare : Perpignan à 30 km ; car. **Aéroport :** Perpignan à 30 km ; car. **Axes routiers :** A9, sortie Le Boulou puis 15 km sur la D 115 ; RN 9.

VILLENEUVE-DES-ESCALDES - 66760
« Maison de Repos Moutier-Notre-Dame »

Tél. : 68 30 07 22

La communauté des Filles-de-Jésus de Massac (Tarn) reçoit des prêtres, des religieuses et des laïcs en lien avec des religieuses en paroisses pour des séjours de repos et de convalescence de quinze jours minimum. A 1 350 m d'altitude, offrant un panorama unique sur les Pyrénées, la maison est rustique et confortable. La surveillance médicale est assurée par un médecin et une équipe d'infirmières. Vous profiterez de votre séjour pour goûter aux bienfaits des eaux sulfureuses du village et pour randonner dans la région.

15 ch. individuelles avec lavabo et bidet ; sanitaires à l'étage. Prix : 180 F, fixé avec la M.S.M. Agrément M.S.M. et CAMAC. Langue étrangère : espagnol. Contacter Sœur Marie-Jeanne.

Gare : Latour-de-Carol à 7 km ; car ou taxi. **Aéroport :** Perpignan à 100 km. **Axes routiers :** N20 ; N116.

67 - RHIN (BAS-)

HAGUENAU - 67500
« La Maison Saint-Gérard »

11, route de Winterhouse
Tél. : 88 93 83 27
Fax : 88 93 02 22

Les Pères Rédemptoristes accueillent des groupes pour des pèlerinage et des sessions. La durée maximale du séjour est de 15 jours. Haguenau est nichée au cœur d'une des forêts les plus grandes de France. La maison est vaste et chaleureuse et offre tous le confort moderne. Un guide compétent de la communauté peut vous accompagner dans vos excursions en Alsace, Vosges et Forêt Noire. Des stages de peinture paysanne sur bois sont organisés.

36 ch. tout confort et 10 avec douches à l'étage. 5 salles de conf. et de réunion ; 1 salle avec cabine de traduction. Prix : de 210 F à 245 F selon la formule. Langues étrangères : allemand, anglais.

Gare : Haguenau à 1,5 km ; taxi. Aéroport : Strasbourg à 45 km ; taxi. Axe routier : A4.

THAL-MARMOUTIER - 67440
« Home Saint Joseph »

39, rue de Ballerich
Tél. : 88 91 22 40

La maison appartient à la Communauté des Petites-Sœurs-Franciscaines et accueille des religieuses, dames et jeunes filles (minimum 16 ans) valides, pour séjour de convalescence (sauf du 22 décembre au 5 janvier). Régimes assurés et soins paramédicaux à la demande.

40 ch. individuelles avec lavabo. 3 douches et baignoires. La maison est agréée par la Sécurité Sociale et conventionnée par toutes les caisses maladies. Les convalescences à titre privé ne sont pas admises. Pension complète uniquement. Langue étrangère : allemand.

Gare : Saverne à 5 km ; taxi ou voitures de l'établissement.

68 - RHIN (HAUT)

LES TROIS ÉPIS - 68910
« Maison Ave Maria »

Chemin du Calz
Tél. : 89 49 80 32

Les Sœurs de la Divine Providence de Saint-Jean-de-Bassel vous reçoivent toute l'année, excepté du 1er novembre au 15 décembre. A 650 m d'altitude, la maison isolée, entourée d'un jardin, vous permettra de vous recueillir dans un environnement calme et un climat chrétien, proche du lieu de pèlerinage marial. Possibilités touristiques variées.

11 ch. individuelles, 10 ch. doubles, avec tél., lavabos, douches et WC ; sanitaires à l'étage. Pension complète : de 180F à 230 F. Langue étrangère : allemand. Contacter la sœur Directrice 2 à 8 mois à l'avance.

Gare : Colmar à 15 km ; car ou taxi. Aéroports : Mulhouse à 60 km ; taxi ou train jusqu'à Colmar. Axes routiers : N83 ; N 415.

69 - RHONE

COLLONGES-AU-MONT-D'OR - 69660
« Notre-Dame-du-Grand-Port »

11, rue de la Mairie
Tél. : 78 22 10 84
Fax : 78 22 16 45

Dans un château du XIXème siècle dans un parc de cinq hectares, à 250 m d'altitude, l'établissement accueille des femmes de 18 à 65 ans. Sources, pièce d'eau et secteur boisé sauvage rendront vos promenades agréables. Médecin de l'établissement, infirmières D.E. et kinésithérapeute. Ergothérapie.

19 ch. individuelles, 8 doubles et 5 à 3 lits avec lavabo ; sanitaires à l'étage. Salles de conf. (1) et de réunion (4). Agrément : Sécurité Sociale, M.S.A., ect. Contacter Mme Poulard Blanche.

Gare : Lyon-Perrache à 14 km. Aéroport : Satolas à 30 km ; taxi.

FRANCHEVILLE - 69340
« La chardonnière »

65, grande rue
Tél. : 78 59 09 86

Dans une maison à vocation spiri-tuelle gérée par l'Association Pauline Jaricot, les Franciscaines de la Propagation de la Foi en collaboration avec la Famille Franciscaine accueillent toutes personnes pour retraite, session et conférences auxquelles peuvent se joindre également, exception-nellement des personnes désireuses de repos. L'établissement situé dans un village, dispose d'un parc et d'un jardin et bénéficie de la proximité des Monts du Lyonnais.

60 lits répartis en 30 chambres individuelles et 15 chambres doubles avec lavabos. Sanitaires complets à l'étage. Salles de conférence (2), de réunion (4). Matériel vidéo. Langue étrangère : anglais. Pension complète : 170 F par jour, demi-pension : 55 F chacun des 2 repas, hébergement seul : 60 F. Contacter la sœur hotelière.

Gare : Lyon Perrache et Lyon Part-Dieu (à 10 km) ; car et taxi. Aéroport : Satolas à 30 km ; car et taxi. Axe routier : A6.

LYON - 69322 Cedex 5
« Centre de la Roseraie »

45 rue du Docteur Edmond Locard
Tél. : 78 25 21 60
Fax : 78 36 50 03

La Congrégation du Sacré Cœur reçoit adultes religieux ou laïcs, à l'exception des enfants dans un établissement situé en ville et au milieu d'un grand parc. On ne manquera pas de visiter Lyon, ber-ceau des Canuts, deuxième ville de France et haut lieu gastronomique.

20 lits répartis en 10 chambres individuelles et 5 chambres familiales. Sanitaires communs. 2 salles de conférence, 4 salles de réunion et 4 salles de travail. Langues étrangères : italien, anglais, espagnol.

Gare : Lyon Perrache et Lyon Part-Dieu ; car et taxi. Aéroport : Satolas ; car et taxi. Axes routiers : autoroutes A 6 et A 7.

SAINTE-FOY-LES-LYON - 69110
« Santé et Joie »

111, rue du Commandant Charcot
Tél. : 78 59 61 40

Des Sœurs du Carmel Saint-Joseph accueillent des dames lucides et autonomes. La maison aide la pensionnaire à trouver un foyer d'accueil lorsque le handicap devient trop lourd. Les animations sont aussi diverses que télévision, bibliothèque, vidéo, concert, tricot, travaux manuels et sorties. Religieuses infirmières, aides-soignantes, médecin et professionnels para-médicaux disponibles. Pédicure et coiffeuse une fois par mois. Messe sur place quatre fois par semaine.

30 ch. individuelles avec lavabo ; sanitaires au 1er étage, douches seules au 2ème étage. Téléphone possible. Allocation logement possible. Pension complète : environ 170 F. Hôtel à 1 km pour les visiteurs.

Gare : Lyon-Perrache à 2,5 km ; bus n°49 ou taxi.

SAINT-MARTIN-EN-HAUT - 69850
Maison de Convalescence « Sœurs du Monde Rural »

Route de Sainte-Catherine
Tél. : 78 48 57 83

Notre établissement accueille dames et jeunes filles pour un séjour de repos ou convalescence post-chirurgicale ou médicale. La maison est située à la sortie du village à 750 m d'altitude, au cœur des Monts du Lyonnais, où de nombreuses promenades sont possibles. Médecins, infirmières, aides-soignantes, kinésithérapeute assurent les soins.

20 ch. individuelles, 5 ch. doubles avec lavabo ; sanitaires à l'étage. Salle de détente et 1 salle de réunion. Agréments : Sécurité Sociale et caisses assimilées

Gare : Lyon à 30 km ; car ou taxi. Aéroport : Lyon-Satolas à 65 km.

70 - SAONE (HAUTE-)

VESOUL - 70000
« Maison d'Accueil La Jonchère »

Tél. : 84 75 90 08

L'Association des Amis des Œuvres Auby reçoit toute l'année des personnes valides ayant besoin de repos. Les familles des hôtes trouveront à se loger en ville. Les animaux domestiques sont admis. Possibilités d'excursions au lac de Vesoul et dans les massifs des Vosges. Visite de la chapelle Le Corbusier.

15 ch. individuelles, 80 lits en ch. à 10, 8, et 6 lits superposés, avec lavabo ; sanitaires à l'étage. Pension complète : 120 à 150 F ; héb. seul : 50 F ; simple repas, camping et gestion libre possibles. Agrément Jeunesse et Sport. Salles de conf. (6). Langue étrangère : allemand. Contacter la directrice.

Gares : Colombier à 300 m, Vesoul à 8 km ; car, taxi.
Aéroport : Vesoul à 8 km ; taxi.
Axe routier : Lauxeuil-Besançon.

VILLERSEXEL - 70110
« Maison de Retraite Griboulard »

Tél. : 84 20 53 82 - Fax : 84 20 59 65

La maison de retraite héberge des personnes âgées de plus de 65 ans. Une section cure médicale permet de garder les pensionnaires quel que soit leur état de santé. Médecin, infirmières, aides-soignantes. Régimes alimentaires respectés. Animation proposée, office hebdomadaire. Parc.

46 ch. individuelles, 7 chambres doubles, toutes avec WC et cabinet de toilette. Téléphone et prise TV dans chaque chambres. Sanitaire à l'étage. Agrément de la Direction Départementale de la Protection Sociale. Pension complète : 198 F à 277 F (selon confort). Prévoir un délai d'inscription.

Gare : Vesoul à 25 km, Lure à 20 km.

Repos

71 - SAONE-ET-LOIRE

AUTUN - 71400
« La Providence »

4, rue au Raz
Tél. : 85 52 14 86

Les Religieuses du Saint-Sacrement assurent la direction et la gestion de cette maison de retraite réservée partiellement au sœurs de la congrégation et aux personnes de leur famille de passage. Les personnes valides et lucides sont accueillies au deuxième étage en pensionnat permanent. Le centre ville est à proximité et est le point de départ d'excursions. Jardin d'agrément dans la demeure. Régimes alimentaires respectés. Soins médicaux et paramédicaux sont dispensés sur place.

34 ch. individuelles avec sanitaires, prise téléphone. Sanitaires à l'étage. Agrément : toutes caisses. Pension complète :165 F. Contacter : Sœur Marie-Bernard Jaillet.

Gare : Autun (TGV Dijon/Le Creusot) ; navette vers Autun ou taxi.

AUTUN - 71404 Cedex
"Maison St Antoine"

17 rue Saint Antoine - B.P. 139
Tél. : 85 52 31 45

L'établissement, édifié en ville, à 360 m d'altitude et doté d'un parc, reçoit toute l'année toutes catégories de personnes, laïcs et religieux et groupes uniquement culturels, en liaison avec la paroisse et l'Action Catholique, pour repos et retraite.

60 à 75 lits répartis en 18 chambres à 2 lits avec lavabos et 32 chambres à 1 lit avec lavabos. Sanitaires communs. 5 salles de conférence, 5 salles de travail, 5 salles de réunion. Langues étrangères : Italien, japonais. Pension complète : 132 à 195 F, demi pension : 90 à 137 F. S'inscrire par lettre auprès du Père Directeur.

Gare : Autun TGV à 38 km ; car et taxi.
Axes routiers : Paris-Saulieu-Autun. Genève-Chalon sur Saône-Autun. Lyon-Chalon.

BRANDON - 71520
« Maison Saint-Joseph »

Le Bourg - Tél. : 85 50 43 05

Gérée par des particuliers, cette pension de famille, qui se veut une « maison de vie » offre calme et tranquillité pendant de courts ou longs séjours à toute personne, à l'exception des enfants, individuellement ou en groupes. Situé dans un village à 300 m d'altitude, l'établissement doté d'un parc et d'un jardin, est propice aux stages, journée de réflexion ou méditation. Mais le tourisme n'est pas à exclure grâce à ces hauts lieux spirituels que constituent Paray-le-Monial, Cluny, Taizé, Ars.

5 chambres individuelles, 4 chambres doubles et 3 chambres familiales. 1 chambre à 2 lits pour personnes en fauteuil roulant. Douches et WC dans certaines chambres. Sanitaires complets à chaque étage. 1 salle de conférence, 2 salles de réunion, 2 salles de travail. Pension complète : 180 à 260 F ; hébergement seul : 120 à 189 F avec petit déjeuner. Chèques bancaires non acceptés.
S'inscrire 2 semaines à l'avance auprès de Jean ou Marinette Deborde.

Gare : Mâcon à 22 km ; taxi et navette de la maison.
Axes routiers : A6 et A40 jusqu'à Mâcon. Axe Macon/Paray-le-Monial - sortie Clermain-Brandon.

72 - SARTHE

LA-CHAPELLE-DU-CHENE - 72300
« Centre d'Accueil spirituel »

Tél. : 43 95 48 01

A côté de la basilique, le centre spirituel propose des retraites et des sessions. Les personnes seules et les groupes sont les bienvenus. Il accueille aussi quiconque cherche des locaux et un cadre favorable à la prière et à la réflexion. C'est un lieu de pèlerinage régional, situé en pleine campagne, à cinq km des abbayes de Solesmes et de Sablé-sur-Sarthe.

Ch. à 1 ou plusieurs lits avec lavabo ; sanitaires à l'étage. Pension complète : 175 F pour les convalescents , 165 F pour les retraitants ; possibilité arrangements. Paiement : espèces, chèques.
Contacter Le Père Recteur au moins 48 h à l'avance pour les séjours individuels, et longtemps à l'avance pour les groupes.

Gare : Sablé-sur-Sarthe à 5 km, TGV Le Mans-Sablé.

LE MANS - 72000
« Maison de Retraite Villa Sainte-Marie »

234, avenue Rubillard
Tél. : 43 28 22 37

Des Sœurs de l'enfant-Jésus assurent la direction et l'animation de la villa ou sont accueillies des dames autonomes, lucides et sociables. Les animations sont diverses telles que TV, goûters de fête, sorties, réunions de Vie Montante et équipe du Rosaire. Parc et bois aux alentours. Soins médicaux et paramédicaux sur demande. Régimes simples assurés.

18 ch. individuelles avec sanitaires et prise téléphone ; sanitaires à l'étage. Pension complète : 5000 F par mois. Hôtel simple à 100 m pour les visiteurs.
Délais d'inscription de 1 à 6 mois.

Gare : Le Mans (TGV) à 2 km, bus s'arrêtant à 200 m de l'établissement ; taxi.

---

73 - SAVOIE

AIX-LES-BAINS - 73105
Pension Notre-Dame-des-Eaux

6,bd des côtes - B.P. 521
Tél. : 79 61 13 87

L'établissement accueille toute l'année (sauf du 1er décembre au 1er février), prêtres, religieuses et laïcs adultes pour des séjours de convalescence ou de cure thermale. La maison est entourée d'un agréable jardin. Cette station thermale à 260 m d'altitude est ouverte toute l'année et, grâce à son climat tempéré et à ses eaux sulfureuses, est recommandée pour les traitements des affections ORL et rhumatismales.

La maison dispose de 70 chambres individuelles ou doubles avec sanitaires, téléphone et télévision. Le séjour est proposé en pension complète : 250 à 300 F ou demi-pension : 220 à 270 F. Cuisine familiale assurée par le patron.
Réservation auprès de Madame Albert.

Gare : Aix-les-Bains à 1 km (ligne Paris-Genève).

SAINT-PIERRE-D'ENTREMONTS - 73670
« Gîtes-Vacances Les Clarets »

Tél. : 79 65 85 20

Les Clercs de Saint-Viateur mettent à la disposition des particuliers et des groupes des gîtes en gestion libre pour des séjours de deux jours à quatre semaines au plus. La maison est fermée du 10 janvier au 10 février. Situés à 1050 m d'altitude, dans un village de montagne, les gîtes sont des appartements dans un grand chalet savoyard. Vous profiterez du grand air et des nombreuses possibilités qu'offrent les sports d'hiver.

6 appartements de 4 lits chacun ; douches à l'étage. 1 salle de conf. et 2 de travail. Pension complète : 140 F ; hébergement : 60 F. Contacter M. Henri Vidal.

Gare : Chambéry à 22 km ; car ou taxi.
Axe routier : autoroute Lyon-Chambéry.

74 - SAVOIE (HAUTE-)

PUBLIER - 74500
« Centre Saint-François-de-Sales »

Les Chapelles
Tél. : 50 71 24 78
Fax : 50 26 57 56

Les Oblats de Saint-François-de-Sales et l'Association Rochemarin vous accueillent, seuls ou en groupes, pour des séjours au calme, haltes de voyage, stages. Installé dans un bel établissement du XIXème siècle, isolé dans la nature à 400 m d'altitude, le centre vous offre un lieu favorable aux recherches, expressions et échanges : c'est un espace de liberté. Vous pourrez pratiquez tous les sports de neige à moins de 20 km. L'été, les excursions et randonnées sont nombreuses.

100 lits en 3 dortoirs, 20 ch. à deux lits, 2 ch. familiales, lavabo ; douches à l'étage. Salles de conf. (2) (100 pers.), de réunion (3) et de travail (2). Piscine d'été et 2 terrains de camping. Pension complète : 145 à 205 F ; autres formules d'héb. possibles. Agréments : Jeunesse et Sports, Inspection académique (classes d'environnement). Langues étrangères : italien, anglais. Contacter le secrétariat le plus tôt possible.

Gare : Thonon-Les-Bains à 5 km ; car ou taxi.
Aéroport : Genève-Cointrin à 40 km ; car ou taxi.
Axe routier : N5.

SAINT-GERVAIS-LES-BAINS - 74170
« Fleur des Neiges »

B.P. 28
Tél. : 50 93 41 96

A 930 m d'altitude, maison de repos, de convalescence ou de ressourcement spirituel. Une communauté de Jésuites y reçoit toute l'année, en priorité prêtres et religieuses, mais aussi des laïcs, dans la mesure des places disponibles

25 ch. individuelles et 3 ch. pour couples ; lavabos individuels ; baignoire et douche à chaque étage. Pension complète : 190 F par jour. S'adresser au Père Directeur.

Gare : Saint-Gervais-Le-Fayet à 9 km ; tramway, car.

SAINT-GERVAIS-LES-BAINS - 74170
Foyer « Les Aravis »

250, chemin du TMB
Tél. : 50 78 28 53

La Communauté des Sœurs de Saint-Clotilde accueille des adultes pour un séjour familial de détente d'une semaine à un mois. Les familles sont accueillies dans un chalet situé à côté sans service de restauration. Fermeture en octobre. Situé à l'entrée de la ville à 800 m d'altitude et entouré d'une propriété, le Foyer offre toutes les possibilités des sports d'hiver et d'été. Saint-Gervais est un important centre thermal qui soigne les maladies ORL, les affections dermatologiques et les brûlés.

10 lits en ch. simples ou doubles pour les individuels ; lavabo, WC à l'étage ; bain ou douche. 15 lits dans le chalet familial ; sanitaires à l'étage. Prix : de 150 à 170 F.
Contacter la Sœur Directrice.

Gare : Saint-Gervais-Le-Fayet à 3,5 km ; car ou taxi. Aéroport : Genève (65 km) ; car ou taxi.
Axe routier : autoroute blanche A40, sortie Le Fayet.

ST-GERVAIS-LES-BAINS - 74170
Maison de convalescence et de repos « Les Myriams »

Montée de La Forclaz - B.P. 44
Tél. : 50 78 00 54
Fax : 50 78 37 98

Deux Sœurs Servantes du Sacré Cœur de Jésus accueillent dames, jeunes filles à partir de 17 ans et religieuses sans limite d'âge. A 850 m d'altitude, au pied du Mont-Blanc. Jeux de plein air, gymnastique douce, relaxation, randonnées pédestres et excursions. Médecins, infirmières D.E. et kinésithérapeute. Tous les régimes possibles. Nous assurons le suivi médical et l'accompagnement quotidien des curistes des Thermes du Fayet : ORL, dermatologie, grandes brûlures.

55 ch. individuelles avec sanitaires. Pension complète : 444,20 F + forfait hospitalier de 55 F + un supplément de ch. de 41 F. Agrément : conventionnée avec la Sécurité Sociale et les mutuelles, la maison participe au service public hospitalier. Pour tous renseignements et formalités d'admission, contacter la secrétaire médicale au 50 78 40 04.

Gare : Saint-Gervais-Le Fayet à 1,5 km ; car ou taxi. Aéroport : Genève à 70 km ; car ou taxi. Axes routiers : de Paris, Genève et Lyon : autoroute vers Chamonix Mont-Blanc, sortie Le Fayet.

ST-NICOLAS-DE VEROCE - 74190
« Le Caillou Blanc »

1612, route de Saint-Nicolas
Tél. : 50 93 20 08

Les Sœurs-de-La-Retraite accueillent des adultes majeurs dans un beau chalet savoyard construit à flanc de pente, à 1150 m d'altitude, et ouvert toute l'année. Une aide-soignante résidente, un infirmier et un médecin sur demande assurent le suivi médical. Vous pourrez profiter de l'établissement thermal de Saint-Gervais (ORL et dermatologie). Les retraités sont priés d'éviter les mois de février-juillet-août.

15 ch. individuelles et 2 doubles, avec lavabo et douche. Prix : 190 F ; Agrément CAMAC et M.S.M.

Gare : Saint-Gervais-Le-Fayet à 10 km ; taxi.
Aéroport : Genève à 70 km ; car ou taxi.

SEVRIER - 74320
« Le Clos Savoyard »

179, rte du Col de Leschaux - B.P. 8
Tél. : 50 52 62 69

L'association de Villepinte et les sœurs de Sainte-Marie-Auxilliatrice reçoivent familles, groupes et personnes seules pour séjours reposants, mais aussi des séminaires à caractère social et médical. Situé au bord du lac d'Annecy, dans un parc de deux hectares, le Clos assure un accueil chaleureux dans un ensemble rustique du 18e siècle. Cuisine régionale de qualité. Les enfants disposent d'une aire de jeux.

61 lits répartis en 24 ch. individuelles, 15 ch. doubles et 2 ch. familiales dont plusieurs avec sanitaires ; sanitaires complets à l'étage. Soins médicaux à 200 m. Soins paramédicaux sur demande. 2 salles de conférence, 1 de réunion. Langue étrangère : anglais. Durée maximum du séjour en été : 3 semaines. Agrément Jeunesse et Sports. Pension complète : 155 à 235 F, héb. seul : 100 à 170 F.

Gare : Annecy à 5 km ; car et taxi.
Aéroport : Metheyt à 8 km ; taxi. Axe routier : A41.

VAILLY - 74470
« Les Hermones »

Tél. : 50 73 80 13 - Fax : 50 73 88 25

L'Association Culturelle (ex-association paroissiale) reçoit pendant les vacances scolaires d'été tous les adultes religieux et laïcs (à l'exception des jeunes gens, jeunes filles et enfants) désireux de calme que favorise cet établissement situé à 800 m d'altitude, dans un village où il dispose d'une cour, ainsi que d'une chapelle et d'une église toutes proches. On doit (sauf arrangement contraire) y faire sa cuisine. On peut meubler ses loisirs par des promenades dans les montagnes proches, les abords du lac Léman ainsi que la Suisse et l'Italie.

1 ch. individuelle et 1 ch. double, 3 ch. familiales de 3 lits et 1 de 4 lits. 1 dortoir (seulement pendant les vacances scolaires). Sanitaires à l'étage. 2 salles de conférence.

Gare : Thonon-les-Bains à 15 km ; car le soir, mercredi midi, jeudi midi, samedi midi et taxi. Aéroport : Genève à 55 km ; taxi.
Axe routier : Thonon/Genève.

VEYRIER-DU-LAC - 74290
« Maison Saint-Alexis »

40, rue de la Voute
Tél. : 50 60 26 84

Les Sœurs de St Joseph accueillent en convalescence des adhérents de la MSM et de la CAMAC et aussi d'autres personnes dans la mesure des places disponibles. Cette maison est ouverte toute l'année mais pour les mois d'été il est nécessaire de réserver plusieurs mois à l'avance. L'établissement, à 504 m d'altitude, est exposé au midi et offre une belle vue sur le lac d'Annecy.

11 ch. individuelles avec sanitaire complet et 4 ch. avec lavabo seulement et salle de bains à l'étage. Agréments M.S.M., CAMAC.

Gare : Annecy à 7 km.

---

75 - PARIS (VILLE DE)

PARIS - 75116
« Foyer Notre-Dame-du-Saint-Sacrement »

56, av. Raymond-Poincaré
Tél. : 47 27 15 91

Dans le 16ème arrondissement de la capitale, les sœurs du Saint-Sacrement-de-Valence accueillent dans leur maison de retraite des dames valides et lucides à partir de 66 ans. La maison avec son jardin est située dans un quartier parisien fort agréable, près des jardins du Trocadéro et de la place de l'Etoile. Chacun apporte son mobilier en s'installant dans la maison. Les pensionnaires sont gardées à demeure tant qu'elles conservent leur autonomie. Le personnel médical et paramédical est laissé au choix des résidentes.

50 ch. tout confort ; sanitaires dans chaque chambre. Prix suivant la surface de la chambre.
Contacter la directrice plusieurs mois à l'avance.

Gares : toutes gares parisiennes ; taxi, bus ; métro : Victor Hugo.
Aéroport : Paris Orly Roissy ; taxi, RER.

---

76 - SEINE MARITIME

SAINT JACQUES SUR DARNETAL - 76160
Centre spirituel "Mambre"

2, rue du Parc
Tél. : 35 23 42 24

Dans un village normand, et entouré d'un parc, l'établissement géré par les Soeurs de la Compassion reçoit tous ceux qui souhaitent une plage de repos (hommes, femmes et jeunes gens comme religieux et religieuses). Calme, détente et solitude sont favorisés. Ce qui n'exclut pas le contact avec des personnalités religieuses ou la pratique d'une activité artistique telle qu'un stage en iconographie, poursuivi jusqu'à la réalisation pratique d'une icône, par exemple.

30 lits dans 25 ch. individuelles, 3 ch. doubles et 3 chambres familiales. Sanitaires à l'étage. 1 salle de conférence. 2 salles de réunions. 1 salle de travail. Prix : 160 F par jour ; participation aux frais. Contacter la soeur hôtelière

Gare : Rouen Rive droite à 10 km; car et taxi.
Axe routier : Paris-Le Havre-Caen.

---

77 - SEINE-ET-MARNE

COUPVRAY - 77700
"Saint Louis des Tamaris"

22, rue Saint Denis
Tél. : 60 04 24 25 - Fax : 60 04 82 72

Maison de retraite pour les prêtres du diocèse, cet établissement accueille aussi dans la mesure du possible, pour un séjour limité, des laïcs, dames et messieurs. Situé dans un village à 2 Km d'Esbly en Seine et Marne, et doté d'un parc silencieux, il permet repos et méditation, ce qui n'interdit pas la visite à Disneyland à 2 km.

14 lits répartis en 12 chambres individuelles et 1 ch. double. Sanitaires dans les chambres. Soins médicaux et paramédicaux. Langues étrangères : anglais et allemand. Agrément : DASSMA.

Gare : Esbly à 1,5 km ; car et taxi.
Axe routier : Autoroute de l'Est.

JOUARRE - 77640
« Abbaye Notre-Dame »

Tél. : 60 22 06 11

Les Moniales Bénédictines reçoivent toute l'année toutes personnes sauf les messieurs seuls (les groupes de jeunes devant être bien encadrés) pour des temps de retraites, des séjours d'étude dans le silence. Partage de la vie liturgique du monastère. La durée maximale du séjour est de quinze jours.

40 ch. à 1 ou 2 lits. Agrément M.S.M. Salles de conférence. Contacter la Sœur responsable de l'accueil.

Gare : La Ferté-sous-Jouarre à 4 km ; taxi, navette à certains horaires.

---

78 - YVELINES

BONNELLES - 78830
« Hôtellerie des Orantes de l'Assomption »

Chemin de Noncienne
Tél. : 30 41 32 76

Les Sœurs d'une communauté contemplative vous accueillent, dans un monastère d'architecture contemporaine proche d'un vaste bois et d'un village, dans la vallée de Chevreuse, dans une ambiance familiale et amicale, toutes personnes valides soucieuses de se reposer ou de se ressourcer pour séjours allant de quelques jours à quelques mois. L'établissement favorise calme et paix. La forêt de Rambouillet à 20 km permet les randonnées touristiques, qu'on peut pratiquer aussi en vallée de Chevreuse, comme on peut aussi visiter Dourdan (à 10 km) et Chartres et sa cathédrale (à 40 km).

15 chambres à 1 ou 2 lits (pour couples). Sanitaires à l'étage. Salon.

Gare : RER St-Rémy-les-Chevreuses à 15 km ; car ou taxi.
Aéroport : Orly à 25 km ; car ou taxi.
Axe routier : N306.

80 - SOMME

ABBEVILLE - 80102
« Maison de Retraite Notre-Dame-de-France »

25, rue Millevoye
Tél. : 22 24 27 21

A 15 km de l'estuaire de la Somme des Sœurs Augustines-de-Notre-Dame-de-Paris accueillent dans leur résidence pour personnes âgées toutes les personnes valides ou semi-valides, hommes et femmes en âge de la retraite. Les pensionnaires sont gardés à demeure et admis en cure médicale si nécessaire. Située au milieu d'un jardin, la maison offre plusieurs centres d'activité comme la gymnastique, jeux, salle de spectacle, vidéo (3 salons TV). Des excursions dans la région peuvent être organisées. Infirmières et aides-soignantes interviennent sur demande.

51 ch. individuelles et 7 ch. doubles sont équipées de lavabo et WC ; sanitaires à l'étage. Prix : 202,30 F. Agrément Sécurité Sociale, CAMAC, préfecture et S.N.C.F. Contacter Mme B. Lesaffre.

Gare : Abbeville à 1 km ; car, taxi.

81 - TARN

ALBI - 81000
Foyer des jeunes travailleurs St Joseph

50, rue Croix Verte
Tél. et fax : 63 54 16 47

En plein cœur d'Albi, près de la cathédrale Sainte Cécile, dans un jardin calme, l'établissement accueille les familles ou personnes seules, désireuses de repos, principalement en juillet et en août, le reste de l'année étant plus particulièrement réservé aux jeunes travailleurs.

Groupe de 15 pers. maxi. pendant 2 mois au plus. 72 lits répartis en 60 ch. individuelles, 6 ch. familiales et 1 dortoir de 6 lits. 1 salle de réunion, 1 de conférence, 2 de travail. Langue étrangère : anglais. Pension complète : 2 600 F/mois, 130 F/jour, demi-pension : 2 200 F/mois, 100 F/jour, héb. : 60 F. Agrément : CAF. DDASS. S'inscrire auprès de M. Carayol ou Mme Holderle.

Gare : Albi à 1 km. Aéroport : Albi à 2 km ; taxi.

83 - VAR

COTIGNAC - 83570
« Foyer de la Sainte-Famille »

Quartier Notre-Dame
Tél. : 94 04 65 28

Sur le lieu où apparurent successivement la Sainte-Vierge (en 1519) et Saint-Joseph (en 1660), le foyer, en liaison avec les Frères de la Congrégation de Saint-Jean, vous accueille pour un temps de ressourcement. Les activités sont organisées par la communauté ou par les groupes. Aux environs vous pourrez découvrir la cascade de Sillans, les gorges du Verdon, la Sainte-Baume.

38 lits : 1 dortoir de 10 places et 14 bungalows avec douche et WC. Pension complète : 150 F. Contacter Mme Marot.

Gares : Toulon ou Marseille à 80 km ; car. Aéroport : Toulon à 70 km.

LA CROIX VALMER- 83420
"Maison de repos Saint-Esprit"

B.P. 81
Tél. : 94 79 60 07

Animée par les Pères missionnaires de la Congrégation du Saint Esprit, la maison accueille toute l'année (sauf trois semaines en octobre) en priorité religieux et religieuses, et laïcs dans la mesure des places disponibles, pour convalescence et repos. Séjours de 8 à 35 jours. On peut y partager prière et vie fraternelle. Situé à 1,5 km du centre ville en position dominante, dans un lieu isolé, l'établissement est entouré d'un parc verdoyant, à proximité des sites de la Côte d'Azur.

90 lits répartis en ch. individuelles, ch. doubles, ch. familiales (douches et WC dans certaines) ; sanitaires à l'étage. Langue étrangères : anglais et allemand. Agrément : MSM. Pension complète : 180 à 210 F par jour. Délais d'inscription : contacter le Directeur environ 3 mois à l'avance.

Gares : Toulon à 65 km ; car et taxi, St Raphael à 40 km ; car et taxi. Aéroport : Toulon (60 km) ; car et taxi. Axes routiers : N98 et D559.

LE PLAN D'AUPS - 83640
« Hôtellerie de la Sainte-Baume »

**8, La Sainte-Baume
Tél. : 42 04 54 84
Fax : 42 62 55 56**

A proximité de la grotte de Sainte Maire-Madeleine, haut lieu spirituel de Provence, la Communauté des Frères Dominicains vous invite, à 700 m d'altitude, à profiter du calme et de la détente que vous procurera son parc isolé et du charme d'une région que vous découvrirez lors de randonnées nombreuses et variées.

Quelques ch. individuelles, 55 ch. doubles, 3 ch. familiales et 64 pl. en dortoir ; sanitaires à l'étage. Salles de méditation (1), de conf. (2), de réunion (4) et de travail (4) ; équipement audiovisuel. Pension complète : 220 à 225 F ; demi-pension : 160 à 165 F. Langue étrangère : anglais. Inscription de 15 jours à 1 mois à l'avance.

Gare : Marseille à 48 km. Aéroport : Marseille-Provence ; car ou taxi.

84 - VAUCLUSE

GOULT - 84220
« Les amis de Notre-Dame de Lumières »

**Hameau de Lumières
Tél. : 90 72 22 18 - Fax : 90 72 38 55**

L'établissement, géré par les pères Oblats, est ouvert à toutes personnes valides ou non, dans une atmosphère chrétienne et propice au repos et à la méditation que favorise son sanctuaire. Il est situé dans un village provençal joli à visiter et disposant d'un jardin et d'un parc. La découverte de la Provence, ses sites et ses monuments, notamment le Palais des Papes d'Avignon s'imposent.

121 lits répartis en chambres avec ou sans sanitaires. Douches à l'étage. 2 salles de réunion et 7 salles de travail. Équipement audiovisuel. S'inscrire jusqu'à 6 mois à l'avance de juin à octobre auprès de M. Botella.

**Gare : Avignon à 45 km ; car et taxi.
Aéroport : Marseille-Marignane (à 80 km).**

---

85 - VENDÉE

ST GEORGES DE MONTAIGU - 85600
Village de vacances Cap France "Les Pinserons"

B.P. 2
Tél. : 51 42 00 62 - Fax : 51 46 45 59

Géré par le district de Montaigu, ce lieu de repos, à l'allure futuriste, s'inscrit au milieu de la végétation typique du bocage vendéen. Seuls, en famille ou en groupe de jeunes, les visiteurs peuvent agrémenter leur farniente de tennis, ping-pong, volley-ball, vol à voile ou planche à voile. La surveillance des enfants et adolescents est assurée pendant l'été.

180 lits répartis dans 40 ch. familiales. Sanitaires dans les chambres. 1 salle de conférence, 4 de réunion. Langue étrangère : anglais. Durée mini. du séjour : 3 jours. Durée maxi. : 3 semaines. Pension complète : 170 F, demi pension : 125 F, héb. seul : 110 F. Mandats et chèques bancaires acceptés. Agréments : CNAF et Jeunesse et Sports. S'inscrire auprès de Joël Chauvin.

Gare : Montaigu à 4 km. Aéroport : Nantes Atlantique à 35 km ; car. Axe routier : Nantes-La Rochelle ou Nantes-La Roche sur Yon.

---

86 - VIENNE

BONNEUIL-MATOURS - 86210
« Monastère des Augustines »

Le Val de la Source
Tél. : 49 85 22 93 - Fax : 49 85 29 70

La Communauté des Augustines Hospitalières reçoit en accueil monastique des particuliers et des groupes pour des séjours de vacances et de retraites de 15 jours maximum. La Maison d'Accueil est située au milieu des bois devant une petite prairie. Vous serez à proximité du Futuroscope, de la vallée de la Vienne et des nombreuse églises romanes de la région. Soins médicaux à votre disposition.

135 lits, 25 ch. individuelles, 10 doubles et 1 petit appartement avec lavabo ; sanitaires à l'étage. 3 salles de conf., 5 de réunion et 1 de spectacle. Pension complète : autour de160 F.
Contacter le service d'accueil 8 à 30 jours à l'avance.

Gares : Châtellerault à 15 km et Poitiers à 20 km ; taxi. Aéroport : Poitiers-Biard à 25 km ; taxi. Axes routiers : N10 ; A10 Paris-Bordeaux.

BRIENON SUR ARMANCON - 89210
"Résidence Saint Loup"

7, place Emile Blondeau
Tél. : 86 56 13 72
Fax : 86 43 03 56

Située en centre ville, dans un grand parc, cette résidence accueille toute l'année en séjour permanent ou temporaire, des personnes agées "valides" (service médical à proximité immédiate). Son restaurant "La Châtellerie" est ouvert à tous publics pour déjeuner, tous les jours sauf les lundi et mardi (*menus à 63, 88 118 et 138 F*).

48 chambres individuelles exposées au sud avec WC particuliers (téléphone et TV possibles). Pension : 191 F à 209 F.

Axe routier : Autoroute A6 ; sortie Auxerre Nord.

CHAVILLE - 92370
« Ermitage Sainte-Thérèse »
Convalescence pré- et post-chirurgicale

7, rue de la Martinière
Tél. : 47 50 17 04
Fax : 47 50 78 16

Les Religieuses du Carmel Saint-Joseph vous accueillent dans un établissement sanitaire proche de Paris, à 180 m d'altitude, en dehors de l'agglomération, au milieu d'un parc boisé et face à la forêt. L'établissement participe au service public hospitalier. La présence permanente d'une infirmière D.E. et les visites régulières d'un médecin sont assurées.

23 ch. individuelles et 2 doubles, quelques unes avec sanitaire ; sanitaires à l'étage. Salon de coiffure. Tarif journalier fixé par arrêté préfectoral : 732,50 F au 1.10.93. Agrément Sécurité Sociale et tous organismes d'assurance maladie participant au budget global.

Gare : Chaville Rive Droite à 400 m. Aéroport : Orly ou Roissy ; car ou taxi. Axe routier : N10.

95- VAL-D'OISE

ENGHIEN-LES-BAINS - 95880
« Villa Sainte-Marie »

8, boulevard Hippolyte Pinaud
Tél. : 39 64 39 26

Des religieuses de l'Immaculée-Conception accueillent pour séjour temporaire des dames valides. A 15 km de Paris, en ville mais entourée d'un parc, la maison s'assure les services de tous les personnels de santé sur demande et se trouve à proximité d'un établissement thermal.

20 ch. individuelles avec lavabo et téléphone ; sanitaires à l'étage.
Contacter la directrice 3 mois à l'avance.

Gare : Enghien-les-Bains à 800 m ; taxi.
Aéroport : Roissy à 25 km ; taxi.

Agglomération d'ÉVRY, « capitale » de l'Essonne

LA DÉCOUVERTE INTERCONFESSIONNELL

Tour en car guidé des principaux édifices :

- Évry Petit Bourg, la chapelle du roi soleil
- Grand Bourg, le berceau de l'ordre de Sion
- Des croyants parmi les pionniers de la ville nouvelle
- L'appel de la mosquée *(visite sous condition)*
- Le pluralisme protestant
- Le site de la future pagode bouddhiste
- La cathédrale du 21e siècle *(visite facilitée après Pâques 95)*

Office du Tourisme
23, cours Blaise Pascal - 91000 ÉVRY
Tél. : (1) 64 97 35 13

RÉSIDENCES
POUR PERSONNES AGÉES

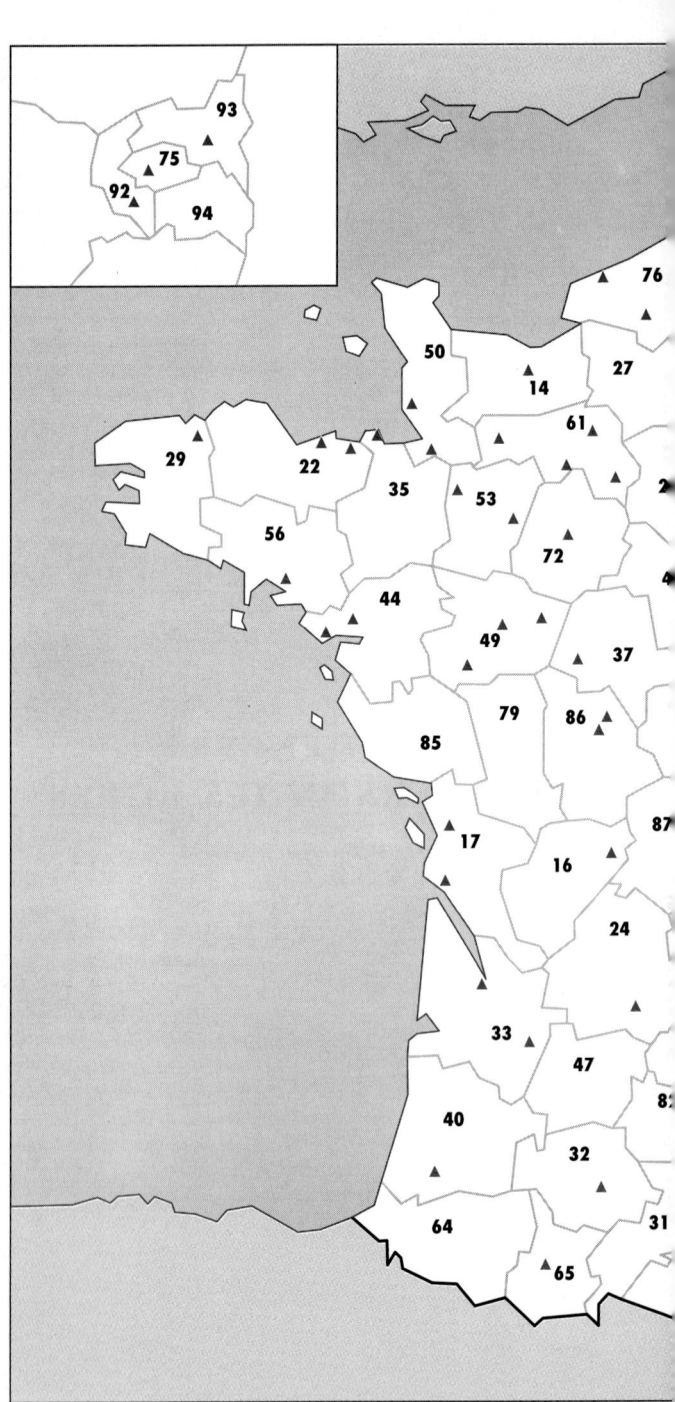

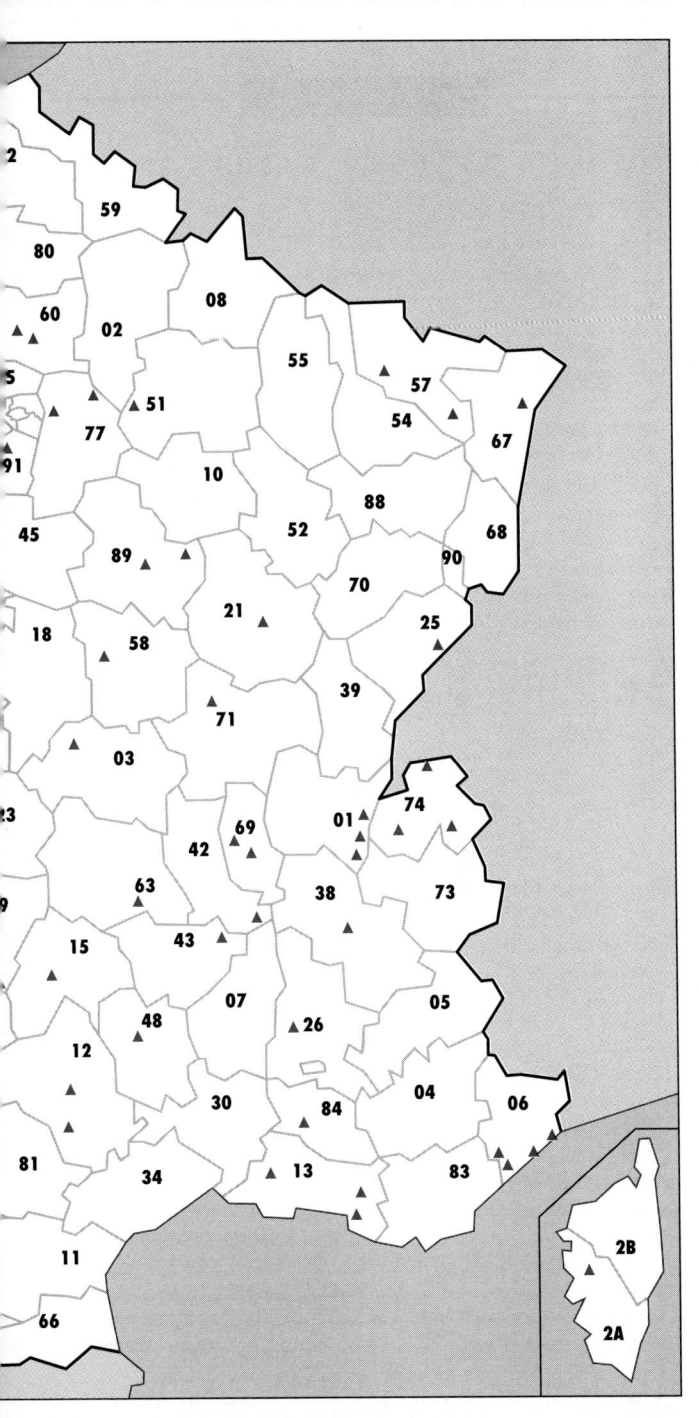

01 - AIN

BELLEY - 01300
« Bon Repos »

40, rue du Bon Repos - Tél. : 79 81 05 71

Les Sœurs Maristes reçoivent et gardent à demeure des dames valides et autonomes, indemnes de toute affection contagieuse ou clinique grave. Possibilité de séjour temporaire. La maison garde le charme d'une vieille maison (bâtie autour de 1789) et transformée en 1935 en maison d'accueil pour personnes âgées. Un parc entoure le bâtiment, une terrasse fait face au Mont Blanc. La cour intérieure s'enrichit d'un petit cloître couvert. On peut y participer à la vie de la maison ou aux activités en ville (club des personnes âgées Vie montante).

35 ch. doubles avec lavabo ; sanitaires complets à chaque étage. Salle de réunion (1). Possibilité de visite des médecins traitants de chaque personne. Pension complète : à partir de 140 F par jour.
Contacter Mme Christiane Magnetto, directrice, 1 à 2 mois à l'avance.

Gare : Virieu-le-Grand à 14 km ; car et taxi. Culoz à 18 km ; car et taxi.
Aéroport : Satolas à 70 km ; taxi. Axe routier : autoroute Lyon-Chambéry.

BELLEY - 01300
« Maison d'accueil du séminaire »

37 rue Sainte-Marie
Tél. : 79 81 02 29 - Fax : 79 81 02 78

L'Association Diocésaine « Les Amis du Séminaire » accueille les personnes âgées, tout au long de l'année, pour une période de repos et de tranquillité durant l'hiver, dans le calme et le confort. La cuisine y est soignée. La maison dispose d'un parc et d'un jardin et sa situation en ville y permet une vie commode à proximité : commerces , lieux d'expositions et de concerts. Les plus dynamiques ne manqueront pas de visiter dans la région les lacs du Bourget, d'Aix-les-Bains, d'Annecy et de Genève, sans oublier Chambéry, la Grande Chartreuse et l'Abbaye d'Hautecombe, lieu de sépulture des Ducs de Savoie.

70 ch. individuelles, 45 ch. doubles, 10 ch. familiales. 2 salles de conférence, 6 salles de réunion. Langue étrangère : anglais. Agrément : en cours. Pension complète : 180 F par jour. Demi-pension : 124 F. Délais d'inscription pour l'été : 2 mois. Contact : Michel Guilbert.

Gares : Aix-les-Bains à 35 km ; Virieu-le-Grand à 12 km ; car et taxi.
Aéroport : Chambéry à 35 km ; taxi et navette du séminaire.
Axes routiers : A43 puis D992 ; A40 ; N504 (par Bourg-en-Bresse).

CHÂTILLON EN MICHAILLE - 01200
« Résidence Saint Joseph »

Tél. : 50 59 73 56 - Fax : 50 59 75 23

La résidence accueille des personnes valides, hommes et femmes, dans un cadre de paix et de vie agréable, pour un hébergement permanent ou un séjour temporaire, voire pour une semaine seulement. La diversité des situations personnelles en détermine la durée (convalescence, besoin de repos, absence de proches, isolement dû à la mauvaise saison). L'établissement est situé dans un village, au cœur d'un parc ombragé, en plein Jura du Sud, à 600 m d'altitude. Un système centralisé d'appel sécurise les résidents. Enfin notre équipe est là pour animer vos journées. La région est touristiquement riche avec en particulier les trois lacs proches : Annecy et Genève à 50 km et Aix les Bains à 80 km.

26 lits répartis en 22 chambres individuelles et 2 chambres doubles. Sanitaire dans les chambres. Soins paramédicaux.

Gare : Bellegarde à 5 km ; car et taxi. Aéroport : Genève à 50 km. Axes routiers : RN 84 ; A 40.

CORBONOD - 01420
« Clos de Grex »

Tél. : 50 56 15 43 - Fax : 50 56 16 78

L'Association Santé et Bien-être reçoit, toute l'année, des personnes âgées et des handicapés dans une maison de village à 325 m d'altitude. Un parc et un jardin s'ajoutent au climat calme et serein du foyer. Vous pourrez visiter la Haute-Savoie à proximité.

85 lits en ch. individuelles et doubles (certaines tout confort) ; SdB et douches à l'étage. Pour le foyer d'handicapés, 65 lits en ch. individuelles et doubles ; SdB et douches à l'étage. Prix sur demande. Agréments CAMAC, M.S.M. et Sécurité Sociale. Contacter le Secrétariat.

Gare : Seyssel-Corbonod à 3 km ; car ou taxi. Aéroport : Genève à 50 km ; car ou taxi.

03 - ALLIER

BOURBON-L'ARCHAMBAULT - 03160
« Maison de Retraite Saint-Joseph »

8, rue de la Paroisse - Tél. : 70 67 03 02

Les Filles-de-la-Charité-de-Saint-Vincent-de-Paul accueillent les personnes âgées valides de plus de 60 ans. La maison est agrémentée d'un jardin et est située dans une petite ville coquette à 250 m d'altitude. Une section de cure médicale de 35 lits permet de garder les personnes devenues dépendantes. L'accompagnement médical est assuré par des infirmières, des aides-soignantes et un kinésithérapeute, trois fois par semaine ; pédicure tous les mois. Vous bénéficierez d'animations variées : lectures collectives, jeux divers, vidéo, cours de gymnastique... mais aussi sorties, spectacles, excursions, visites de châteaux, etc.

48 ch. individuelles et 10 ch. doubles ; douches et SdB à l'étage. 2 salles de conf. et de réunion. Pension complète : 180 à 200 F, pour les curistes : 130 F. Agrément au titre de l'Aide Sociale. Contacter M. Le Flem plusieurs mois à l'avance.

Gare : Moulins à 23 km ; car ou taxi. Axe routier : N7.

06 - ALPES MARITIMES

GRASSE - 06130
« Foyer Féminin Saint-Antoine »

6, boulevard Gambetta
Tél. : 93 36 21 72

Les Sœurs Oblates de Saint-François-de-Sales reçoivent en pension complète les dames valides, pour dix jours minimum. Dans une atmosphère familiale, vous mènerez une vie chrétienne communautaire et participerez à des activités variées. Soins médicaux et paramédicaux sur demande. Située dans une ville intéressante (musée de la parfumerie, cathédrale...) notre maison est le point de départ de nombreuses excursions.

22 ch. individuelles avec lavabo ; sanitaires à l'étage. Pension complète : 180 F ; héb. seul possible. Contacter les Sœurs 15 jours à l'avance.

Gare : Cannes à 18 km. Aéroport : Nice à 38 km ; car ou taxi.

MENTON - 06500
« Maison d'Accueil Le Home »

6, rue du Louvre
Tél. : 93 35 75 51

Des religieuses de la Congrégation de l'Immaculée-Conception accueillent et gardent à demeure, si elles le désirent, toutes personnes valides et saines d'esprit, après un séjour à l'essai d'au moins un mois. Vous pourrez personnaliser votre chambre. La maison n'est pas médicalisée mais deux sœurs sont infirmières. Vous serez en bord de mer, non loin de villes célèbres (Monaco, Monte-Carlo) et vous pourrez vous rendre en Italie.

44 ch. individuelles et 6 ch. familiales, avec lavabo, douche et WC ; douches, baignoire et WC à l'étage. Pension complète : de 180 à 250 F ; les régimes prescrits sont assurés. 1 salle de conférence. Contacter la directrice 2 mois à l'avance.

Gare : Menton à 5 mn ; car, taxi. Aéroport : Nice à 1 heure ; car, taxi.

MOUGINS - 06250
« Maison Jean Dehon »

Domaine de la Peyrière
745, avenue du Golf
Tél. : 92 92 49 49 - Fax : 93 75 81 57

La maison Jean Dehon accueille des prêtres, des religieux et des religieuses pour des séjours de retraite définitive ou temporaire. Une communauté de la congrégation du Sacré Cœur en assure l'animation spirituelle. Située dans un grand parc, au cœur d'un quartier résidentiel, la maison vient d'être rénovée et agrandie. Les régimes sont assurés. Un médecin est présent dans l'établissement. On peut visiter l'arrière-pays (St Paul de Vence) et si l'on préfère la mer, Cannes

50 lits répartis en 49 chambres individuelles et 1 chambre double. Douches et WC dans les chambres Sanitaires à l'étage. Soins médicaux et paramédicaux. Langues étrangères : italien et allemand. Agrément : M.S.M. ; CAMAC. Pension complète : 150 F. S'inscrire à l'accueil 15 jours minimum à l'avance.

Gare : Cannes à 5 km ; car et taxi. Aéroport : Nice à 25 km ; car et taxi. Axes routiers : autoroute A8 ; sortie Cannes Mougins ; voie express Cannes-Grasse.

NICE - 06100
« Fondation Louise de Bettignies »

41, avenue Saint-Barthélémy
Tél. : 93 84 64 33

Dirigée par des Dominicaines, cette maison de retraite reçoit des personnes, qui à la date de leur entrée, sont valides et autonomes et en mesure d'assurer les actes de la vie courante sans l'aide d'une tierce personne, pour des séjours de longue durée. On y accueille des personnes seules ainsi que des couples. Salle à manger spacieuse et claire et salons pour jeux et détente, salle de kinésithérapie et de rééducation, tisanerie à chaque étage.

40 lits en ch. simples ou doubles ; sanitaires complets dans chaque ch.

Gare : Nice à 10 mn par le bus.
Aéroport : Nice-Côte-d'Azur à 12 km ; taxi.

NICE - 06100
« Résidence Les Cèdres »

Association « Maison d'Accueil Jacques Alberisme »
30, rue des Lilas
Tél. : 93 84 18 27

La résidence accueille des personnes valides et autonomes à leur entrée, en mesure d'assurer les actes de la vie courante sans l'aide d'une tierce personne, pour des séjours de longue durée dans une maison confortable, dotée d'équipements modernes (buanderie, tisanerie). Un jardin entoure la maison. Lieu convivial où chacun peut se considérer « chez soi ».

11 ch. individuelles tout confort avec le téléphone. Salle de conf. (1). Pension complète : 250 F. Agrément CAMAC. Langues étrangères : italien, espagnol.

Gare : Nice ; car ou taxi.
Aéroport : Nice ; car ou taxi.

NICE - 06000
« Association Foyer Saint-Charles »

4, chemin Saint-Charles
quartier Carabacel
Tél. : 93 85 22 59
Fax : 93 85 17 79

Les Sœurs du Saint Sacrement de Valence accueillent, en pension complète, les dames âgées valides en longs ou moyens séjours. Les soins sont assurés par des intervenants extérieurs librement choisis et secondés si nécessaire par une religieuse. Des animations telles qu'excursions, projections, spectacles, sont régulièrement organisées. La maison est spacieuse, calme, et agrémentée d'un jardin intérieur.

60 chambres individuelles avec douches et WC ou cabinet de toilette. Possibilité de télévision et téléphone dans les chambres. Agrément : toutes caisses d'assurance maladie et mutuelle. Pension complète : de 220 à 250 F. Etablissement privé.
Contacter la Mère Supérieure ou M. Larroque, directeur.

12 - AVEYRON

SAINT-CHELY-D'AUBRAC - 12470
« Maison de Retraite »

Tél. : 65 44 27 03

Cette maison, où des Sœurs Ursulines participent à l'animation, reçoit toutes personnes sans conditions particulières. Médecin, infirmière et kinésithérapeute y assurent des vacations. Vous serez à 900 m d'altitude. Au village : station de ski.

37 ch. individuelles, 7 ch. doubles avec lavabo et WC ; sanitaires à l'étage. Pension complète : 128,70 F. Agrément : Aide Sociale, Sécurité Sociale. Contacter M. Fontanier, le directeur.

Gare : Rodez à 50 km ; car, taxi. Aéroport : Rodez à 50 km ; car, taxi.

SAINT-SERNIN-SUR-RANCE - 12380
Maison de Retraite « Le Clos Saint-François »

Le Bourg
Tél. : 65 99 62 26
Fax : 65 99 68 17

La maison vous accueille pour des séjours de durées variables. Vous bénéficierez de soins quotidiens et vous aurez l'occasion de participer à des activités nombreuses et variées. La maison, avec jardin, est située dans un village (350 m d'altitude) avec piscine et tennis.

44 ch. individuelles et 7 ch. doubles avec lavabo ; douches et SdB à l'étage. Pension complète : 167,50 F ch. simple, 163,50 F ch. double. Agrément Sécurité sociale. Contacter Mme Grefeuille.

Gare : Albi. Aéroports : Albi (50 km), Montpellier et Toulouse (160 km) ; car.

13 - BOUCHES-DU-RHONE

AIX-EN-PROVENCE - 13100
« Maison Saint-Thomas de Villeneuve »

40, cours des Arts et Métiers
Tél. : 42 23 37 21 - Fax : 42 21 95 04

La congrégation des Sœurs hospitalières de Saint-Thomas de Villneuve reçoit, des prêtres, des religieuses et des laïcs, en séjour temporaire ou définitif, dans un environnement spirituel dispensé par un aumônier. Le bâtiment se dresse au cœur de la ville, dans un parc, où chacun pourra trouver douceur, paix de vivre et retraite heureuse. Le parc est aménagé pour faciliter la circulation des personnes à mobilité réduite. Environnement médical ultra-sophistiqué. On peut y pratiquer : travaux manuels, gymnastique douce, journées de repos à thèmes.

34 ch. individuelles et 13 ch. doubles. Douches et WC dans les chambres. Sanitaires à chaque étage. Salles de réunion (3). Soins médicaux et paramédicaux. Régime pris en compte dans les menus. Agréments : aide sociale, MSM, CAMAC (convalescence, FSI), section de cure médicale. Hébergement seul : 252,25 F par jour.
Contacter la supérieure-directrice ou son adjointe de direction.

Gare : Aix-en-Provence à 2 km ; car et taxi. Aéroport : Marseille-Provence à 30 km ; car et taxi. Autoroute : A 51 et A 52 ; A 7 ; A 8 ; N 7.

ARLES - 13200
« Maison de Retraite »

27, rue Giraud
Tél. : 90 96 12 23

Située en ville, la maison de retraite, agrémentée de son jardin, reçoit exclusivement des dames valides et autonomes. Importante cité romaine, Arles, berceau de la photographie, est un centre culturel et artistique permanent. Des sœurs de la congrégation de Saint-Thomas-de-Villeneuve y assurent l'encadrement, l'animation et les soins. Les médecins et autres professionnels paramédicaux se déplacent sur demande.

Les 20 chambres individuelles où sont servis les repas, sont équipées de lavabo ; douches, SdB et WC à l'étage. Salles de réunion (2). Les tarifs sont de 4200 F par mois.
Contacter la Sœur Supérieure, les délais d'inscription étant variables.

Gare : Arles ; bus ou taxi.

MARSEILLE - 13008
« Maison de Retraite Jeanne d'Arc »

Espérance et Accueil
212, avenue du Prado
Tél. : 91 53 42 26

La maison reçoit des personnes valides. Une congrégation religieuse assure l'animation des offices. Distractions : jeux et cinéma.

49 chambres individuelles et 2 chambres doubles avec cabinet de toilette ou SdB et téléphone. Pension complète : 204 F.
Contacter M. Fleurier pour l'inscription.

Gare : Marseille Saint-Charles.

14 - CALVADOS

CAEN - 14000
« Les Résidences Saint-Benoit »

6, rue de Malon
Tél. : 31 45 88 88
Fax : 31 43 61 65

Située en ville, dans un parc boisé, une communauté de religieux accueille toute l'année des retraités avec tous types de handicaps. Caen, en plein cœur de la Normandie, a su garder le charme des vieilles cités médiévales, avec ses rues étroites et ses bâtiments pittoresques. Proche de la mer (15 km), l'établissement offre des conditions d'accueil exceptionnelles.

96 ch. et 4 ch. doubles tout confort avec douches et toilettes individuelles et collectives. Salle de conf. (1). Le personnel d'infirmiers et d'aides-soignants accepte que vous apportiez vos meubles et bibelots dans la mesure de la place disponible. Langues étrangères : anglais et italien. Prix : 240 F. Agréments Sécurité Sociale, CAMAC et M.S.M. Contacter le secrétariat et réserver au moins 1 mois à l'avance.

Gare : Caen à 2 km ; car, taxi. Aéroport : Caen à 8 km ; car, taxi. Axe routier : Autoroute A13.

15 - CANTAL

AURILLAC - 15000
« Maison Saint-Raphaël »

40, avenue de la République
Tél. : 71 48 69 10

La maison Saint-Raphaël accueille, toute l'année, des prêtres et des religieuses. Soins médicaux et paramédicaux sur demande. En ville, à 630 m d'altitude, vous profiterez du bon air et du calme du jardin, tout en ayant la possibilité de visiter les curiosités de la ville et de faire de belles excursions proches.

Des chambres individuelles et des salles de jeux. Agrément M.S.M. Pour l'été, prévenir le directeur plusieurs mois à l'avance.

Gare : Aurillac. Aéroport : Aurillac à 2 km.

16 - CHARENTE

ETAGNAC - 16150
« Maison Sainte-Marie »

Le Bourg
Tél. : 45 89 21 17

Depuis 1989, les Sœurs de Jeanne Delanoue accueillent, toute l'année, des personnes du 3e âge autonomes. Située dans une région paisible et verdoyante, la maison est agrémentée d'un jardin et d'un parc. Les environs offrent de nombreuses possibilités de visites et d'excursions.

60 ch. individuelles avec lavabo ; 6 studios et 14 ch. avec WC, SdB. Salle de réunion (1). Club vidéo. Pension complète : de 132 à 150 F. Contacter la directrice 3 mois à l'avance.

Gare : Chabanais à 5 km ; taxi. Axes routiers : N141 et D948.

17 - CHARENTE-MARITIME

CORME-ECLUSE - 17600
« Centre d'Accueil des Dominicaines »

Tél. : 46 02 43 00
Fax : 46 02 93 09

La maison reçoit des personnes âgées pour des séjours temporaires de quelques jours à plusieurs mois, dans une atmosphère familiale. Les soins et le suivi médical sont assurés par une équipe extérieure. Le centre est entouré d'un vaste parc. Plages de l'Atlantique à 12 km. Belles abbayes et églises romanes dans les environs.

19 ch. individuelles avec lavabo ; SdB et douches à l'étage. Salles de conf. (2), de réunion (4) et possibilité d'utiliser plusieurs locaux pour des carrefours. Pension complète : 160 F. Agrément P.A.
Contacter la directrice à l'avance (3 à 4 mois pour les vacances).

Gare : Saujon à 7 km ; taxi ou voiture de la maison.
Aéroport : Royan-Médis à 10 km ; taxi. Axe routier : A10.

LE CHATEAU D'OLERON - 17480
« Maison de Retraite Notre-Dame »

48, rue Pierre-Wiehn
Tél. : 46 47 60 66

Dans la cité portuaire d'Oléron, à proximité de la plage, des Sœurs des Filles de la Sagesse accueillent dans leur maison toutes personnes âgées, quel que soit leur état de santé. Vous apprécierez le calme marin et le plaisir de séjourner sur une île pittoresque où les traditions ostréicoles sont encore très présentes.

40 ch. individuelles, dont 8 pour couples, équipées de lavabo et WC ; douches et SdB à l'étage. Salles de réunion (2). Infirmières et aides-soignantes sur place. Pension complète : 237,35 F. Agréments Sécurité Sociale et département. Contacter Mme Loez.

Gare : Rochefort à 30 km ; car, taxi. Axe routier : Pont d'Oléron.

19 - CORRÈZE

BEAULIEU-SUR-DORDOGNE - 19120
« Maison de Retraite La Misericorde »

2, rue de la Chapelle
Tél. : 55 91 10 29

L'établissement (altitude 140 m) accueille, dans un village limousin, des femmes retraitées valides ou semi-valides, exemptes de maladies contagieuses et autonomes intellectuellement. Des sœurs de la Divine Providence de Saint-Jean-de-Bassel assurent, avec du personnel laïc, le service et les soins infirmiers. Les médecins et les autres professionnels paramédicaux se déplacent sur demande. Des activités diverses sont possibles.

53 ch. dont 21 équipées de sanitaires et 10 avec douches et sanitaires ; douches, SdB. et kitchenette à l'étage. Salle de conf. (1). Chacune peut personnaliser sa chambre. Le prix de journée varie de 120 à 163 F selon le confort de la chambre. Langues étrangères : anglais, espagnol, allemand, italien. Agrément M.S.M. et CAMAC.

Gare : Bretenoux-Biars à 6 km (ligne Brive/Aurillac) ; car, taxi. Aéroport : Brive à 40 km.

Résidences pour personnes âgées

20 - CORSE

VICO - 20160
« Maison Jeanne d'Arc »

Tél. : 95 26 60 91

Les religieuses Marianistes (filles de Marie Immaculée) se consacrent à la retraite de dames et messieurs âgés, dans un village au bel environnement montagnard, à 450 m d'altitude. Dotée d'un jardin, la maison complète son accueil par des soins médicaux et paramédicaux dispensés par trois médecins. Les résidents peuvent apporter petits meubles et bibelots, s'absenter ou recevoir des invités à leur table en prévenant bien sûr la Direction.

18 lits en chambres individuelles. Douches, baignoires et WC dans les sanitaires communs. Pension complète : 128 F par jour. S'inscrire auprès de Madame la Supérieure.

Gare : Ajaccio à 50 km ; car et taxi.
Aéroport : Campo de l'Oro-Ajaccio à 50 km ; car et taxi.

21 - COTE D'OR

DIJON - 21000
« Foyer-Résidence Saint-François »

26, rue Saumaise - Tél. : 80 66 21 52

Les Sœurs Franciscaines Adoratrices du Sacré-Cœur accueillent des personnes valides dès 60 ans, en ch. F1 et F1bis (20 à 28 m²). Soins médicaux et paramédicaux à la demande. Le foyer est situé en ville et possède un parc. L'animation est assurée.

58 ch. avec baignoire. Salle de réunion. Pension complète : 175 F. Agrément DDASS. Contacter Sœur Marie-Suzanne, plusieurs mois à l'avance.

Gare : Dijon. Aéroport : Dijon à 5 km ; car et taxi. Axe routier : A6.

427

22 - COTES-D'ARMOR

PLENEUF-VAL-ANDRE - 22370
« Pension Notre-Dame »

43, rue Charles de Gannes
Tél. : 96 72 20 34
Fax : 96 63 04 79

La pension reçoit des particuliers et des groupes pour des séjours de vacances. Les handicapés sont les bienvenus mais doivent être accompagnés. Situé en ville, dans un cadre agréable, face à la mer, le centre dispose d'un jardin. On y pratique la voile et le tennis.

28 ch. individuelles et 22 doubles, avec lavabo ; SdB et douches à l'étage.
Salles de conf. (1) et de travail (4). Pension complète : 180 à 210 F.

Gares : Lamballe ou Saint-Brieuc à 14 et 25 km ; car ou taxi.
Aéroport : Saint-Brieuc à 25 km ; car ou taxi.
Axes routiers : Rennes-Lamballe, Pleneuf-Val André.

SAINT-JACUT-DE-LA-MER - 22750
« L'Abbaye »

B.P. 1
Tél. : 96 27 71 19
Fax : 96 27 79 45

Gérée par l'Association « La Providence », la maison accueille des particuliers ou des groupes pour des séjours de vacances et de repos tout au long de l'année. Pendant l'hiver, possibilité d'accueil de personnes âgées en séjour de un à cinq mois. Propriété bien située au bord de la mer. Cadre agréable et reposant.

45 ch. individuelles, 40 ch. doubles et 7 ch. familiales (dont 80 avec douche et WC). Pension complète : 170 F.
Contacter le secrétariat 1 à 3 mois à l'avance.

Gares : Saint-Malo à 20 km, Plancoët à 11 km ; taxi ou voiture de l'Abbaye. Aéroport : Pleurtuit-Dinard à 12 km.
Axe routier : Rennes-Dinard.

24 - DORDOGNE

SAINT-ALVERE - 24510
« Maison de Retraite Sainte-Marthe »

38, rue de la République
Tél. : 53 22 70 41

Des Sœurs de Sainte-Marthe-de-Périgueux assurent l'accueil des personnes, valides ou semi-invalides, pouvant se suffire dans les actes de la vie quotidienne. Distractions : réunion de Vie Montante, participation à la vie municipale, excursions et repas de fête.

28 ch. individuelles et une pour couple avec lavabo ; WC et douches à chaque étage. Groupe médical à 100 m sur demande. Allocation logement, CAF, mutuelle agricole, MSM-SNCF. Pension complète : 4800 F par mois. Contacter Sœur Françoise.

Gares : Le Bugue ou Le Buisson (ligne Paris-Agen-Toulouse) à 15 km ; taxi ou voiture de l'établissement.

25 - DOUBS

CONSOLATION-MAISONNETTES - 25390
« Fondation du Val de Consolation »

Centre Spirituel
Notre-Dame de Consolation
Tél. : 81 43 54 71
Fax : 81 43 56 39

La Fondation du Val de Consolation accueille, du 15 février au 15 novembre, des groupes d'adultes pour des séjours de vacances, sessions culturelles ou sociales, stages ou retraites spirituelles. Niché au milieu des sapins, dominant la rivière, le centre est à 550 m d'altitude. Vous aurez la possibilité de camper l'été. Depuis septembre 93, des travailleurs missionnaires (laïcs consacrés) assurent l'accueil et les temps de prières.

100 lits répartis en 15 boxes collectifs et 18 ch. doubles ; douches à l'étage. Salles de conf. (9). Inscription : 3 mois à l'avance.
Contacter le Directeur spirituel : Abbé Jean-Paul Guyot.

Gares : Avoudrey ou Morteau à 15 km ; taxi ou voiture de l'établissement.
Axe routier : D461.

26 - DROME

MARSANNE - 26740
« Maison d'Accueil Saint-Joseph »

Fresneau - Tél. : 75 90 32 50

La maison accueille en séjours individuels, en stage ou en sessions, des messieurs et des dames ayant besoin de repos, de calme ou de prière. Située à 350 m d'altitude, dans un lieu isolé mais à proximité du village médiéval, vous pourrez participer au pèlerinage marial de Notre-Dame-de-Fresneau le 8 septembre.

20 ch. individuelles et 1 ch. double avec lavabo et 9 avec WC ; douches et SdB à l'étage. Pension complète : 145 à 170 F. Paiement : carte bleue acceptée. Contacter M. ou Mme Boetti, directeurs.

Gare : Montélimar à 15 km ; car ou taxi. Aéroport : Valence (Chabeuil) à 40 km. Axes routiers : autoroute A7 sortie Montélimard Nord à 12 km ou N7 sortie La Coucourde à 10 km.

28 - EURE-ET-LOIR

EPERNON - 28230
« Prieuré Saint-Thomas »

29, rue du Prieuré - Tél. : 37 83 60 01

Les Sœurs du Christ reçoivent, de la mi-juin à fin août, des familles et des couples pour des séjours de calme. Installé dans un parc de deux hectares agrémenté d'un jardin, le Prieuré offre les conditions nécessaires à un séjour paisible. Aux alentours, vous pourrez effectuer des randonnées pédestres dans les forêts voisines. Vous serez également à proximité de Chartres, Maintenon et Rambouillet.

34 ch. individuelles, 11 ch. à 2 et 3 lits (avec sanitaire) ; sanitaires à l'étage. Salles de réunion (2), de travail (4). Pension complète : 160 F. Contacter la Sœur Hôtelière.

Gare : Epernon à 1,5 km ; taxi. Axe routier : D906.

29 - FINISTÈRE

LOCQUIREC 29241
« Maison d'Accueil de l'Ile Blanche »

1, impasse de l'Ile Blanche - BP 13
Tél. : 98 67 43 72

La Communauté des Filles du Saint-Esprit reçoit des personnes âgées valides en hébergement temporaire, du 1er novembre au 15 mars. Située dans un village, la maison est proche de la mer, au milieu d'un parc et agrémentée d'un jardin.

62 ch. individuelles et 14 ch. doubles avec lavabo ; douches à l'étage. Salles de conf. (1), équipée pour la traduction simultanée en 3 langues, et de réunion (7). Pension complète : 155 F ; demi-pension : 54 F ; héb. seul : 52 F. Contacter Sœur Marie-Thérèse Jouffe.

Gares : Morlaix ou Plouaret à 25 km ; car ou taxi.
Aéroport : Guipavas à 50 km ; taxi. Axe routier ; N12.

32 - GERS

AUCH - 32000
« Maison Saint-Dominique »

10, rue de la Somme
Tél. : 62 63 44 21
Fax : 62 63 67 25

La Maison Saint-Dominique est située en plein centre ville. Le panorama, le calme du jardin, l'agrément du parc en font une maison de qualité gérée par les Sœurs Dominicaines qui, par leur vocation axée sur les soins aux malades, le soutien aux personnes seules, principalement les personnes âgées, assurent une retraite dans une totale quiétude et un soutien spirituel. Les jeunes peuvent également s'y épanouir au travers d'activités médico-sociales, culturelles et religieuses. Quelques bénévoles sont accueillis pendant les vacances scolaires.

60 ch. avec lavabo, douche et WC. 2 salles de réunion et de travail. Pension complète : 216,50 F.

Gare : Auch à 100 m. Aéroport : Toulouse à 75 km ; taxi.

33 - GIRONDE

BORDEAUX - 33082 Cedex
Maison de retraite privée « Dames de la Foi »

52, rue des Treuils
Tél. : 56 96 13 59
Fax : 56 24 51 81

La maison de retraite appartenant à la Congrégation des Sœurs de l'Enfant Jésus, dites de Saint-Maur, accueille des personnes âgées pour des séjours permanents ou temporaires. Située au cœur de Bordeaux, son parc de trois hectares et sa chapelle vous permettent promenade et méditation.

Tarifs : sur demande. Accueil de personnes extérieures à la maison de retraite : sur demande.

Gare : proche ; bus n° 9, taxi.

SAINT-BRICE - 33540
« Congrégation Sainte-Marthe »

Tél. : 56 71 54 07 - Fax : 56 71 55 18.

Les Sœurs de Sainte-Marthe-de-Périgueux reçoivent, toute l'année, tout adulte sans limitation de durée. Beau jardin de douze hectares. Un médecin passe régulièrement ; les soins paramédicaux sont assurés à la demande. Les bénévoles sont appréciés l'été.

42 lits répartis en 8 ch. simples ou doubles avec lavabo ; douches à l'étage ; 14 ch. de plein-pied avec baignoire et WC ; 7 ch. pour handicapés en fauteuil roulant. Salles de conf. (4). Pension complète : 180 à 190 F ; héb. seul possible le week-end. Agrément : CAMAC.
Contacter Sœur Marie-Vincent au moins 15 jours avant.

Gares : La Réole à 15 km, Libourne à 30 km ; car, taxi ou voiture de l'établissement.
Aéroport : Bordeaux-Mérignac à 50 km.

35 - ILE-ET-VILAINE

SAINT-MALO - 35400
« Foyer Marie La Chambre »

**3, avenue de la Fontaine
au Bonhomme
Tél. : 99 56 29 64
Fax : 99 56 37 08**

L'Association « Tyal Levenez », fondée par le Père Varangot, est ouverte aux personnes âgées, prêtres, religieuses, laïcs seuls ou en groupes, dans un esprit d'accueil et de fraternité. Séjours d'une semaine à deux mois dans une maison en centre ville, proche de la mer, entourée d'un jardin.

18 ch. individuelles et 4 doubles avec lavabo et bidet ; douches à l'étage. Salle de réunion (1) et salle de jeux (1). Prix : de 160 à 180 F selon la période. Langue étrangère : anglais.
Contacter la directrice Mlle Basle 4 mois à l'avance pour l'été.

**Gare : St-Malo (400 m). Aéroport : Pleurtuit (20 km) ; car ou taxi.
Axe routier : N137.**

37 - INDRE-ET-LOIRE

CHINON - 37500
« Association du Prieuré de Saint-Louans »

**1 rue du Prieuré
Tél. : 47 93 09 94**

Les sœurs accueillent, individuellement ou en couple, les personnes âgées désirant résider à l'année dans leurs locaux ou souhaitant faire un séjour de convalescence. Contacts avec Vie Montante et l'Equipe du Rosaire.

63 lits répartis en 52 ch. avec cabinet de toilette et WC. Salles de conf. (2). Prix : de 180 à 210 F. Agrément M.S.M., CAMAC.
Contacter la Mère Supérieure 2 mois à l'avance.

Gare : Chinon à 2,5 km ou Port-Boulet (Paris-Angers) à 12 km ; cars Sitravel ligne B.

38 - ISÈRE

SAINT-MARTIN-D'URIAGE - 38410
« Villa des Tilleuls »

Allée des Tilleuls
Tél. : 76 89 70 04

La Communauté de Religieuses de Notre-Dame-de-la-Croix accueille des personnes âgées valides, pour des séjours d'un week-end à un mois, hors saison de cure et hors vacances scolaires (fermeture du 30 oct. au 15 déc.). Située à 600 m d'altitude, dans un village, la villa est entourée d'un parc et d'un jardin. L'hiver, vous pourrez pratiquer le ski, l'été, profiter de la piscine et des tennis communaux, des promenades et excusions.

25 lits répartis en ch. individuelles et 6 ch. doubles, avec lavabo ; SdB et douches à l'étage. Pension complète : 140 à 160 F ; pour les enfants jusqu'à 12 ans : 70 à 96 F. Contact : Sœur Marie-Raphaël.

Gare : Grenoble à 15 km ; car ou taxi. Aéroport : St-Etienne à 50 km. Axes routiers : autoroutes Valence, Lyon, Chambery vers Grenoble.

40 - LANDES

BUGLOSE - 40990
« Maison de Retraite Saint-Jean »

Tél. : 58 89 95 55

L'Association Diocésaine, animée par un prêtre, reçoit les prêtres et messieurs âgés valides et les soigne jusqu'à la fin de leurs jours. Un médecin visite au moins une fois par semaine, une aide-soignante travaille à mi-temps dans la maison et les professionnels paramédicaux se déplacent selon les prescriptions. Le village où naquit Saint-Vincent-de-Paul est à la fois proche de la forêt landaise et de la station thermale de Dax (rachitisme, rhumatismes).

29 ch. individuelles avec lavabo, bidet, WC et téléphone ; sanitaires à l'étage. Salle de conf (1). Forfaits héb. ou soins. Agrément DDASS, CAMAC. Inscription 3 mois à l'avance auprès du Père Ducamp.

Gare : Dax à 10 km.

42 - LOIRE

PELUSSIN - 42410
« Les Bleuets du Pilat »

Le Pompailler
B.P.13
Tél. : 74 87 60 78

La Communauté des Sœurs de Marie-Thérèse reçoit d'octobre à mai, des personnes âgées valides et autonomes pour des séjours de un à six mois. Un service médical est assuré. Possibilité de faire appel à un kinésithérapeute. Une maison accueillante, jouissant à 450 m d'altitude de l'air pur du Pilat et de la douceur de la vallée du Rhône.

40 lits répartis en 34 ch. individuelles et 3 doubles, avec lavabo, douche et WC ; SdB à l'étage. Salle de jeux (1). Prix : 155 F. Agréments M.S.M. et CAMAC. Contacter Sœur Marie-Jeanne Desvignes.

Gare : Vienne-Saint-Clair-les-Roches à 20 km ; voiture de l'établissement. Aéroport : Lyon-Satolas à 60 km ; taxi.
Axes routiers : A6 ; A7 ; N86.

43 - LOIRE (HAUTE)

SAINT DIDIER EN VELAY - 43140
« Maison Claire Joie »

Boulevard des Passementiers
Tél. : 71 61 04 58

Situé à 835 m d'altitude, cet institut des Ursulines de l'Union Romaine est une maison de retraite abritant 35 religieuses issues de quatre congrégations. Elle peut accueillir des religieuses en séjours de repos/convalescence de huit jours à deux mois. Multiples promenades possibles dans le parc de la maison et aux abords du village. Une infirmière et deux aides-soignantes.

Pension complète : 159,25 F. Contacter la directrice.

Gare : Saint Etienne à 25 km ou Firminy à 15 km ; car, taxi.
Axe routier : Saint Etienne le Puy.

44 - LOIRE-ATLANTIQUE

PONTCHATEAU - 44160
« Maison de Retraite Le Prieuré »

Tél. : 40 01 62 61

La maison, située en ville et entourée d'un grand parc, reçoit les personnes de plus de 65 ans. Une section cure médicale permet de garder les pensionnaires souffrants. La région est propice au repos ; les côtes atlantiques ne sont qu'à 25 km.

80 ch. individuelles avec lavabo et WC ; douches et SdB à l'étage. Pension complète : 198 F. Participation CAMAC.

Gare : Pontchâteau à 500 m ; taxi.

PORNICHET - 44380
« Maison Sainte-Famille »

5, avenue Bonne Source
Tél. : 40 61 07 92

Les Sœurs de la Sainte-Famille de Bordeaux accueillent des personnes âgées valides pour des séjours d'octobre à mai. La maison offre un climat familial et reposant, avec accès direct à la mer.

46 lits répartis en 25 ch. individuelles et 10 ch. doubles, avec douche et lavabo ; WC et SdB à l'étage. Prix variables selon la saison. Agréments : M.S.M. et CAMAC. Contacter la directrice à l'avance.

Gare : Pornichet à 1,5 km ; car ou taxi.
Aéroport : Nantes à 70 km ; SNCF ou taxi.

48 - LOZÈRE

MARVEJORS-48100
« Les Tilleuls »

8, boulevard d'Aurelles de Paladine
Tél. : 66 32 00 28

La Communauté des Filles de la Charité accueille pour des séjours de convalescence des personnes âgées valides. Ancienne place forte du Gévaudan dans la vallée de la Colagne, la ville conserve trois portes du XIVème siècle, une église du XVIIème siècle et des maisons anciennes. Elle est située à 658 m d'altitude. Passage régulier d'un médecin et soins paramédicaux sur demande. Régimes assurés.

28 ch. individuelles et 6 doubles, toutes équipées de lavabo et de WC ; 8 baignoires et 3 douches. Agrément toutes caisses. CAMAC.

Gare : Marvejols (ligne Paris-Béziers) ; taxi ou voiture d'établissement.

49 - MAINE-ET-LOIRE

ANGERS - 49044
Maison d'Accueil pour Personnes Agées

La Retraite
22, rue Saumuroise
Tél. : 41 68 76 76 - Fax : 41 68 76 89

La maison vous accueille pour des séjours de courte, moyenne ou longue durée. Située à dix mn du centre ville et de l'Université Catholique de l'Ouest, la maison possède un parc clos ainsi qu'une salle de détente et de repos.

83 résidents répartis en ch. individuelles et 7 ch. doubles. Sanitaires complets. Pension complète. Agréments : M.S.M., CAMAC.

Gare : Angers ; bus et taxi.
Axe routier : Paris-Nantes.

BAUGE - 49150
Maison de Retraite « Anne de Melun »

11, rue du Docteur Zamenhof
Tél. : 41 89 18 04

La maison accueille des personnes seules ou en couples, valides ou semi-valides, autonomes. Une infirmière et deux aides soignantes assurent chaque jour les soins. Située en ville, la maison offre un cadre agréable et vous y dégusterez une cuisine très soignée (avec possibilité de régimes) dans un restaurant avec vue panoramique sur le parc et les jardins. La région offre, tant sur le plan de la nature que sur le plan culturel, de nombreuses possibilités. L'établissement peut également accueillir pour 15 jours minimum, des personnes âgées en hébergement temporaire.

59 lits ; douches et SdB à l'étage. 2 salles de réunion et de travail.

Gares : Saumur à 34 km, Angers à 39 km ; car ou taxi.

CHOLET - 49300
Village Vacances « Lac de Ribou »

Avenue Léon Mandin
Tél. : 41 58 74 74
Fax : 41 58 21 22

A cinq km du centre ville, le village-vacance accueille les groupes de retraités dans un cadre verdoyant qui associe confort et détente, dans un environnement calme et reposant. Des séjours "tout compris" de 8 jours/7 nuits vous sont proposés, en pension complète, animations, excursions, soirées, etc...

Accueil en bungalows tout confort (2 personnes par logement); ouvert toute l'année. N'hésitez pas à nous contacter pour nos tarifs (séjours modulables). Langues étrangères : anglais, espagnol, allemand.

Gare : Cholet à 2,5 km. Aéroport : Nantes à 60 km.

50 - MANCHE

GRANVILLE - 50400
Château de « la Crête »

Rue de la Crête
Tél. : 33 50 00 88

Le château (M.F.V.) vous accueille de Pâques à septembre. Il reçoit individuellement familles ou groupes scolaires et groupes de retraités. Situé dans un parc de trois hectares, il domine la mer avec accès direct à la plage. Aire de jeux (balançoires, volley-ball, ping-pong, pétanque, etc...). Animations, monitrice pour les enfants. Nombreuses excursions possibles : les îles anglo-normandes (Chausey, Jersey ...), Avranches, Coutances, Mont St Michel. Liturgie et prière communes.

10 chambres individuelles, 40 ch. familiales, 40 lits en dortoirs ; douches, SdB, WC. 2 salles de conf. et 2 salles de travail. Pension complète : 163 F ; réduction enfants et groupes. Bons vacances acceptés. Agréments : Sécurité Sociale. M.S.M., CAMAC.
S'inscrire longtemps à l'avance à Paris : Père Deglaire (tél. : (1) 45 54 30 54)

Gare : Granville (1,5 km) et aéroport ; car ou taxi.
Axes routiers : Autoroute de Normandie jusqu'à Caen puis D9 - D13.

SAINT-JAMES - 50240
« Maison d'Accueil »

Saint-Senier-de-Beuvron
Tél. : 33 48 43 68

La maison de retraite accueille, toute l'année, les personnes âgées des deux sexes dans un cadre reposant auprès du Mont Saint-Michel.

26 chambres individuelles, 4 chambres doubles, avec lavabo et WC ; lavabo, baignoire et WC à l'étage. Pension complète : 190 F.

Gare : Villedieu à 30 Km ; taxi.

51 - MARNE

MONTMIRAIL - 51210
« Maison d'Accueil Nazareth »

17, rue de Montléan
Tél. : 26 81 21 31

A 182 m d'altitude, l'établissement reçoit, toute l'année, les personnes âgées pour les périodes d'hiver ou d'été, durant l'absence de leur famille dans une atmosphère calme et familiale. Une infirmière peut venir sur demande.

Vous pourrez visiter les sites historiques de la région : nombreux châteaux, églises, profiter pleinement des forêts magnifiques, ainsi que vous rendre à Epernay, ville du Champagne ou Château-Thierry.

22 lits répartis en 18 ch. individuelles et 2 ch. doubles avec lavabo, WC et, pour certaines, douche ; sanitaires complets à l'étage. Pension complète. Agréments : M.S.M. et CAMAC. Langues étrangères : italien, anglais, espagnol. Contacter la directrice.

Gare : Château-Thierry ; car, taxi.

53 - MAYENNE

PONTMAIN - 53220
« Maison d'Accueil des Pèlerins » Sœur d'Evron

3, rue Notre-Dame
Tél. : 43 05 07 60
Fax : 43 05 08 32

Les Sœurs accueillent des particuliers ou des groupes pour des séjours de repos. De la mi-novembre à la mi-mars, des retraités valides et autonomes, désirant passer l'hiver dans une ambiance familiale, joyeuse et calme, peuvent en faire la demande (tarif spécial). Depuis l'apparition de la Vierge-Marie, Pontmain est un lieu de pèlerinage fréquenté. La maison est située à côté de la basilique.

140 lits répartis en ch. individuelles, doubles ou familiales ; douches à l'étage. Salles de réunion (4). Contacter la direction.

Gare : Fougères à 16 km ; car ou taxi. Axes routiers : RN12.

SAINTE-SUZANNE - 53270
« Maison de Retraite Notre-Dame-Saint-Jean »

Lieu-dit « La Fousillère »
Tél. : 43 01 40 39

Des sœurs hospitalières de Saint-Thomas-de-Villeneuve reçoivent dans leur propriété, (altitude de 220 m) entourée d'un parc de cinq hectares, toutes personnes retraitées. C'est dans un cadre rustique que s'organise la retraite des personnes accueillies ; salle à manger, chambre, tout est construit dans le style typique de la région. Sainte-Suzanne est un ancien village fortifié situé sur un promontoire rocheux qui domine la vallée de l'Erve. Les médecins et professionnels médicaux se déplacent sur demande.

40 ch. et 1 pour couple, équipées de lavabo et WC ; douches, SdB et WC à l'étage. Le prix est fixé entre 180 et 195 F par jour, y compris la nourriture et la blanchisserie. Contacter la Mère Supérieure.

Gare : Evron à 7 km ; taxi. Aéroport : Laval 37 km ; taxi.
Axe routier : autoroute de l'Ouest (péage Vaiges ; Joué en Charnie).

---

56 - MORBIHAN

SAINT-GILDAS-DU-RHUYS - 56730
« Centre d'Accueil de l'Abbaye »

Place Monseigneur Ropert
Tél. : 97 45 23 10

La Communauté des Sœurs de la Charité de Saint-Louis accueille des personnes âgées valides de la mi-novembre à la mi-mars (fermeture en octobre). Le centre, situé en ville à 200 m de la mer, est entouré d'un parc et d'un jardin. Participation partielle aux tâches quotidiennes appréciée.

10 ch. individuelles avec lavabo ; douches et SdB à l'étage. Salles de réunion et de travail (4). Pension complète : 60 à 160 F.
Contacter le responsable du centre à l'avance.

Gare : Vannes à 32 km ; car ou taxi. Axe routier : Nantes-Quimper.

57 - MOSELLE

MOULINS-LES-METZ - 57160
« Home de Préville »

1, rue d'Ars - Tél. : 87 34 70 00

Les filles de la Charité de Saint-Vincent-de-Paul et du personnel qualifié reçoivent, dans leur maison située dans un parc de trois hectares (altitude 170 m), toutes catégories de personnes, valides ou non, dans un bourg qui longe les bords de la Moselle. Les possibilités de promenades sont nombreuses. Toute la propriété est accessible aux fauteuils roulants. L'animation est assurée par des bénévoles, ainsi que par le personnel religieux ou laïc. L'équipe médicale est très complète : un médecin gériatre, infirmières et dix aides-soignantes, ainsi qu'un kinésithérapeute qui intervient à la demande. L'établissement possède quatre chambres d'hébergement temporaire pour des personnes de passage.

126 ch. indiv. et 7 pour couples, avec lavabo et WC ; sanitaires à l'étage. Salle de conf. (1). Prix : 209,55 F. Agréments Séc. Sociale et DDASS. Langue étrangère : allemand. Contacter le directeur.

Gare : Metz à 8 km ; car, taxi. Aéroport : Metz-Frescaty à 12 km ; taxi. Axe routier : A31, sortie Conflans-Jarny ; RN Verdun-Metz.

SAINT-JEAN-DE-BASSEL - 57930
« Amis de la Providence »

Couvent de la Divine Providence
Tél. : 87 03 00 50 - Fax : 87 03 00 51

Les Sœurs de la Divine Providence accueillent les particuliers et les groupes hébergés pour des séjours de repos. Environnement calme et climat chrétien (fermeture du 1er au 15 janvier et du 1er au 15 septembre). La maison est située dans un village et est entourée d'un parc et d'un jardin.

45 ch. individuelles, 10 doubles et 8 familiales, dont 5 avec sanitaires ; douches à l'étage. Salles de conf. (3) et de réunion (8). Pension complète : 155 F. Langues étrangères : allemand, anglais. Contacter la directrice de l'accueil (prévoir un délai de 4 mois pour les groupes).

Gares : Sarrebourg et Reding (12 km) ; car, taxi ou voiture de la maison. Aéroport : Strasbourg-Entzheim à 70 km ; taxi. Axes routiers : A4 ; N4 ; D43 ; D95.

Résidences pour personnes âgées

---

58 - NIÈVRE

VARENNES-VAUZELLES - 58640
Maison de Retraite « Notre-Dame-de-la-Providence »

Tél. : 86 38 08 71

Des Sœurs de la Congrégation de la Charité de Nevers accueillent des religieuses ou des dames valides pour passer une retraite paisible au sein de cet établissement. Située à 180 m d'altitude, à 10 km de Nevers, la résidence est située dans un petit bourg. Les bâtiments ouvrent de plein-pied sur des cours intérieures et un vaste parc, un jardin fleuri, des pelouses ou un petit bois. Une section de cure médicale permet de garder sans limitation les pensionnaires. Infirmières et aides-soignantes sont sur place ; médecins et kinésithérapeutes se déplacent sur demande. Les régimes alimentaires sont assurés et des animations ont lieu l'après-midi.

92 ch. individuelles, avec cabinet de toilette et WC ; douches et SdB à l'étage. 2 ch. à la disposition des visiteurs.
S'inscrire longtemps à l'avance auprès de M. Coindre.

Gare : Nevers à 10 km ; voiture de l'établissement.

---

60 - OISE

CHANTILLY - 60500
« Maison de Retraite L'Arc-en-Ciel »

5, boulevard de la Libération
Tél. : 44 57 00 33

L'Armée du Salut accueille les personnes de plus de 60 ans dans une maison située en ville. Vous pourrez suivre des services catholique ou protestant. Convention Aide Sociale, médecins, infirmières, kiné-sithérapeutes du secteur libéral, aide-soignante pour les soins courants. Vous profiterez du jardin à moins que vous ne préfériez les promenades dans les forêts environnantes.

22 ch. individuelles et 3 ch. doubles avec lavabo ; SdB à l'étage.
Pension complète : 216 F.
Contacter M. Olekhnovitch.

Gare : Chantilly ; car ou taxi.

443

CHAUMONT-EN-VEXIN - 60240
« Maison de Retraite La Compassion »

13, rue de l'Aillerie
Tél. : 44 49 00 89 - Fax : 44 49 00 00

Des sœurs de la Congrégation de la Compassion accueillent toutes catégories de personnes valides pour : des séjours temporaires d'une journée à trois mois ; des séjours à vie sans condition particulière, section cures médicales. Les animations et les liens avec la paroisse sont assurées par les sœurs. Parc de cinq hectares, piscine. Soins médicaux et paramédicaux sur demande.

148 lits dans 4 pavillons indépendants. 57 ch. pour couple, possibles. Presque toutes les chambres sont équipées de douche, lavabo ou SdB, WC, téléphone, kitchenette et dans chaque pavillon : salon, cheminée, salle de réunion. Pension complète : 217 F. Agrément de la Caisse Maladie et de la DDASS. Foyer logement avec possibilité de cuisiner.

Gare : Chaumont-en-Vexin (Paris-Dieppe) à 500 m.
Aéroport de Beauvais à 25 km.

NOGENT-SUR-OISE - 60180
« Maison de Retraite Saint-Vincent-de-Paul

2, rue de la Vallée
Tél. : 44 55 05 02 - Fax : 44 55 30 99

Des sœurs de la compagnie des Filles-de-la-Charité accueillent toutes catégories de personnes valides et les gardent en leur demeure, sauf trouble perturbant la collectivité. Un parc est à la disposition des pensionnaires. Médecin et personnel para-médical. Régimes alimentaires assurés.

93 ch. individuelles avec sanitaires complets, téléphone et prise TV. SdB à chaque étage. Agrément de l'Aide Sociale et de la Direction des Interventions Sanitaires et Sociales de Beauvais.
Pour l'inscription, se présenter sur place plusieurs mois à l'avance.

Gare : Creil (Paris-Amiens) à 2 km ; bus ou taxi.

SONGEONS - 60380
Maison de Retraite « L'Assomption »

1, rue du Château
Tél. : 44 82 30 51 - Fax : 44 82 44 21

La maison reçoit des personnes âgées et des groupes scouts dans un espace de campement. Située dans un village, entourée d'un parc et d'un jardin, l'établissement est un lieu calme et tranquille propre à toutes les activités.

60 ch. individuelles avec lavabo, 4 ch. doubles ; SdB, douches et WC à l'étage. Prix sur demande.
Réservez 2 mois à l'avance auprès de Mr. Jacques Wattiaux.

Gare : Marseille-en-Beauvaisis à 10 km ; taxi ou voiture de la maison.
Aéroport : Beauvais-Tillé à 30 km ; taxi.
Axes routiers : Paris-Le Tréport, Dieppe-Saint-Quentin.

61 - ORNE

DAMIGNY - 61250
« Maison de Retraite La Rimblière »

Tél. : 33 29 09 06

Les sœurs de la Charité Notre-Dame d'Evron et une équipe de laïcs, accueillent des personnes valides et les gardent à demeure sauf hospitalisation nécessaire. Les structures permettent d'accueillir les pensionnaires partiellement invalides. Parc de 8000 m² et animations diverses : chorale, gymnastique, sorties. Passage régulier d'un médecin. Régimes alimentaires possibles.

60 ch. individuelles et 8 pour couples, avec sanitaires, prises TV et téléphone. Agrément de l'Aide Sociale. Allocation logement possible. Inscription auprès du Directeur. Prévoir un délai.

Gare : Alençon à 4 km ; taxi.

GACE - 61230
« Maison de Retraite Sainte-Marie »

41, route de Rouen
Tél. : 33 35 63 55 - Fax : 33 39 90 43

L'association et les religieuses de la Congrégation du Sacré-Cœur accueillent toutes personnes valides ou handicapées. L'établissement est situé en ville, au milieu d'un parc, à 200 m d'altitude. La maison dispose d'une section de cure médicale qui permet de garder les personnes dépendantes. Un médecin est à disposition ainsi que tout le personnel paramédical ; des sœurs âgées animent les offices. Vous pourrez faire de grandes promenades dans le jardin. Des animations diverses sont proposées. Des excursions pourront avoir lieu à Lisieux, au Haras du Pin, à Camembert, à Sées.

53 ch. indiv., 13 ch. doubles avec lavabo et WC, tél. et prise TV ; sanitaires à l'étage. Restauration possible pour les visiteurs. Agréments : CRAMN, DDASS, DISS. Contact : M. Bedel, 3 à 6 mois à l'avance.

Gares : L'Aigle ou Sees à 25 km ; car ou taxi.

LA CHAPELLE - MONTLIGEON - 61400
« Ermitage de la Basilique »

Tél. : 33 83 83 55
Fax : 33 83 60 49

Une équipe de prêtres diocésains et de Bénédictines du Sacré-Cœur de Montmartre offre quinze à vingt places aux personnes âgées valides qui cherchent une résidence pour leurs vieux jours ou simplement un séjour d'hiver.

L'Ermitage est une hôtellerie de sanctuaire, situé tout près de l'imposante basilique Notre-Dame de Montligeon. Dans un village à 180 m d'altitude, vous pourrez profiter du parc et du jardin et découvrir, dans un rayon de 50 km, les forêts et manoirs du Perche, Mortagne et ses vieilles demeures, Nogent-le-Rotrou et le Château Saint-Jean ainsi qu'Alençon et sa dentelle, berceau de Sainte-Thérèse de Lisieux.

120 lits : 29 ch. individuelles, 30 ch. doubles, 11 ch. familiales avec lavabos ; sanitaires complets à l'étage. Salles de conférence (2) ; salles de réunion (4). Langues étrangères : allemand, anglais, espagnol. Pension complète : à partir de 150 F.

Gare : Condé-sur-Huisne à 22 km ; Nogent-le-Rotrou à 30 km ; car ou taxi. Axes routiers : RN12 ; RN23.

LA FERRIÈRE AUX ÉTANGS - 61450
« Maison de Retraite Sainte-Anne »

Rue de Flers
Tél. : 33 66 90 29

L'établissement, géré par le comité de gestion de la Maison de retraite de Sainte-Anne, accueille toute personne retraitée, civile ou religieuse, valide ou dépendante, seule ou en couple, en proposant une aide médicale et paramédicale appropriée. La maison est située dans un parc d'un hectare et dotée d'une vue panoramique sur la vallée normande. Des animations ont lieu tous les après-midis de la semaine. L'admission est fonction des places disponibles.

90 lits répartis en 71 chambres individuelles, 7 chambres doubles ou à 3 lits. Lavabos et WC dans les chambres. 1 salle de réunion. Agrément : aide sociale. Pension complète : personnes valides, 185,45 F par jour ; personnes dépendantes, 289 F par jour.
S'inscrire auprès de M. Vincent Beaumont, directeur.

Gare : Flers à 10 km ; taxi.

63 - PUY DE DOME

PARENTIGNAT - 63500
« Maison Saint-Pierre »

Tél. : 73 89 16 35

La maison accueille des personnes valides et autonomes, pour des longs séjours, dans une ambiance familiale. Située dans un village à 400 m d'altitude, la maison est entourée d'un parc. Le climat est sain et reposant. Tous les services de santé sont à Issoire à cinq km (déplacement sur demande).

20 ch. individuelles et 4 doubles, avec lavabo ; douches et SdB à l'étage. Pension complète : 160 à 200 F.
Contacter le directeur pour réserver.

Gare : Issoire à 4 km ; taxi.
Aéroport : Clermont-Ferrand à 40 km ; taxi ou voiture de la maison.
Axe routier : A75, sortie n°13.

65 - PYRÉNÉES (HAUTES-)

LOURDES - 65100
« Association Résidence Saint Thomas d'Aquin »

20, avenue du docteur Boissarie
Tél. : 62 42 53 00

Dans un établissement géré par l'association diocésaine, les religieuses, sœurs de St François d'Assise, reçoivent prêtres et religieuses, pour une durée de trois jours à deux mois, ainsi que les groupes d'hospitaliers et d'hospitalières de Notre-Dame de Lourdes. Disposant d'un parc, la résidence est située en ville, à 440 m d'altitude et à proximité des montagnes.

30 lits. Soins paramédicaux. 1 salle de conférence ; 1 salle de réunion. Agrément : CAMAC, Mutuelle St Martin. Pension complète : 185 F. Tous modes de paiement acceptés.
S'inscrire 2 mois à l'avance auprès du Directeur.

Gare : Lourdes à 1 km ; car et taxi. Aéroport à 5 km ; car et taxi.
Axes routiers : Pau-Tarbes-Toulouse.

LOURDES - 65100
« Maison Familiale Le Bosquet »

Les Granges
Tél . : 62 94 29 72 - Fax : 62 42 09 80

Cette maison, gérée par l'Association « Amitié-Montagne », accueille des particuliers et des groupes pour des séjours de vacances ou des retraites. Située dans un village à 450 m d'altitude, le parc vous offrira de multiples activités sportives et vous profiterez de la proximité des sanctuaires de Lourdes et de la beauté des Pyrénées. Une navette vous y conduira. Vous pourrez également découvrir le Pic du Midi et l'Espagne. Des soins médicaux sont mis à votre disposition.

150 lits répartis en 2 dortoirs, 30 ch. individuelles, 30 ch. doubles et 30 ch. familiales ou à plusieurs lits, avec ou sans sanitaires ; douches à l'étage. Salles de conf. (2), de réunion (2) et de travail (2). Pension complète : 145 à 165 F, demi-pension : 115 à 135 F.
Contacter le secrétariat.

Gare : Lourdes à 3 km ; taxi ou voiture de la maison.
Aéroport : Pau à 35 km ou Lourdes à 7 km ; taxi ou voiture de la maison.
Axe routier : N21.

LOURDES - 65100
« Résidence de la Pastourelle »

34, rue de Langelle
Tél. : 62 94 26 55.
Fax : 62 42 00 95

Dans un cadre de vie accueillant, la résidence avec services vous propose : sécurité, avec assistance physique 24h/24h, vidéo surveillance, régimes spécifiques ; confort, avec studio équipé de téléphone direct, télévision, système d'alarme, service de nettoyage des vêtements personnels ; distraction, animation permanente. En centre ville, proche des sanctuaires, site très calme.

81 studios ; WC handicapés ; salle de restaurant, de télé, de jeu ; terrasse.

Gare : à 5mn. Aéroport : à 15 mn.

67 - RHIN (BAS)

HAGUENAU - 67500
« La Maison Saint-Gérard »

11, route de Winterhouse
Tél . : 88 93 83 27
Fax : 88 93 02 22

Les Pères Rédemptoristes accueillent des groupes en pèlerinage et en sessions. La durée maximale du séjour est de quinze jours. Haguenau est nichée au cœur d'une des forêts les plus grandes de France. La maison est vaste et chaleureuse et offre tout le confort moderne. Un guide compétent de la communauté peut vous accompagner dans vos excursions en Alsace, Vosges et Forêt Noire. Des stages de peinture paysanne sur bois sont organisés.

36 ch. tout confort et 10 avec douches à l'étage. Salles de conf. (5) et de réunion ; salle avec cabine de traduction (1). Prix : 210 à 245 F selon la formule. Langues étrangères : allemand et anglais.
Contacter le responsable de l'accueil le plus tôt possible.

Gare : Haguenau à 1,5 km ; taxi. Aéroport : Strasbourg à 45 km ; taxi.
Axe routier : A4.

69 - RHONE

SAINT-CLEMENT-SOUS-VALSONNE - 69170
« Maison de Retraite Saint-François-d'Assise »

Tél. : 74 05 12 02 - Fax : 74 05 12 64

Aux portes du Beaujolais, à 20 km du « Lac des Sapins », se trouve la maison de retraite (altitude 400 m), reconnue en cure médicale et gérée en association. Vous apprécierez les longues promenades dans cette superbe région. Si vous le désirez, vous profiterez des moments de détente dans les salons de la maison. L'établissement accueille toutes les catégories de personnes retraitées, valides ou non. Médecins, infirmières et kinésithérapeutes effectuent des vacations sur place. Les régimes alimentaires sont assurés.

32 ch. individuelles, plus 6 pour couples, avec lavabo et WC ; douches, SdB et WC à l'étage. Prix : 255,85 F. Agréments Sécurité Sociale, Aide Sociale.
Contacter Mme Cornet.

Gare : Tarare à 4 km ; taxi et navette de l'établissement.

SAINTE-FOY-LES-LYON - 69110
« Santé et Joie »

111, rue du Commandant Charcot
Tél. : 78 59 61 40

Des Sœurs du Carmel Saint-Joseph accueillent des dames lucides et autonomes. La maison aide la pensionnaire à trouver un foyer d'accueil lorsque le handicap devient trop lourd. Les animations sont aussi diverses que télévision, bibliothèque, vidéo, concert, tricot, travaux manuels et sorties. Religieuses infirmières, aides soignantes, médecin et professionnels paramédicaux disponibles. Pédicure et coiffeuse une fois par mois. Messe sur place quatre fois par semaine.

30 ch. individuelles avec lavabo ; douches et SdB au premier étage, douches seules au deuxième étage. Téléphone possible. Allocation logement possible. Pension complète : environ 175 F. Hôtel à 1 km pour les visiteurs.

Gare : Lyon-Perrache à 2,5 km ; bus n°49 ou taxi.

71 - SAONE-ET-LOIRE

AUTUN - 71400
« La Providence »

4, rue au Raz
Tél. : 85 52 14 86

Des Religieuses du Saint-Sacrement assurent la direction et la gestion de cette maison de retraite réservée partiellement au sœurs de la congrégation et à leur famille de passage. Les personnes valides et lucides sont accueillies au deuxième étage en pensionnat permanent. Le centre ville est à proximité et est le point de départ d'excursions. Jardin d'agrément. Les régimes alimentaires sont respectés, des soins médicaux et paramédicaux sont assurés sur place.

35 ch. individuelles avec sanitaires, prise téléphone ; douches ou SdB à l'étage. Agrément : toutes caisses. Pension complète : 165 F.
Contacter : Sœur Marie-Bernard Jaillet.

Gare : Autun (TGV Dijon/Le Creusot) ; navette vers Autun ou taxi.

AUTUN - 71400
« Mon Repos »

4, rue Saint-Pancrace
Tél. : 85 22 11 12

Des Sœurs de Nevers accueillent, dans leur maison de retraite, des femmes âgées valides. Les régimes alimentaires sont respectés ; un médecin passe régulièrement et des soins paramédicaux sont assurés sur demande. Autun, ville gallo-romaine de 22 000 habitants, à 350 m d'altitude, évêché doté d'une cathédrale romane du XIIème siècle, est l'une des plus intéressantes vieilles cités de la Bourgogne.

14 ch. individuelles avec lavabo ; sanitaires à l'étage. 1 salle de conf. Prix: 155 F. Paiement : chèque, espèces.
Contacter Sœur Marie-Elisabeth-Jean.

Gare : Autun à 15 mn à pied ; taxi.

72 - SARTHE

LE MANS - 72000
Maison de Retraite « Villa Sainte Marie »

234, avenue Rubillard - Tél. : 43 28 22 37

Des Sœurs de l'enfant-Jésus assurent la direction et l'animation de la villa où sont accueillies des dames autonomes, lucides et sociables. Les animations sont diverses telles que TV, goûters de fête, sorties, réunions de Vie Montante et équipe du Rosaire. Parc et bois aux alentours. Soins médicaux et paramédicaux sur demande. Régimes simples assurés.

18 ch. individuelles avec sanitaires et prise téléphone. Douches ou SdB à l'étage. Hôtel simple à 100 m pour les visiteurs. Délais d'inscription de 1 à 6 mois.

Gare : Le Mans (TGV) à 2 km ; bus, taxi.

74 - SAVOIE (HAUTE)

PUBLIER - 74500
« Centre Saint-François-de-Sales »

**Les Chapelles
Tél. : 50 71 24 78
Fax : 50 26 57 56**

Les Oblats de Saint-François-de-Sales et l'Association Rochemarin vous accueillent, dans un bel établissement du XIXème siècle, isolé dans la nature à 400 m d'altitude, lieu favorable aux recherches, expressions et échanges ; c'est un espace de liberté. Vous pourrez pratiquer tous les sports de neige à moins de 20 km et, l'été, excursions et randonnées.

100 lits répartis en 3 dortoirs, 20 ch. à deux lits, 2 ch. familiales, lavabo; douches à l'étage. Salle de conf. (2 de 100 pers.), de réunion (3) et de travail (2). Piscine d'été et 2 terrains de camping. Pension complète : 145 à 205 F ; autres formules d'héb. possibles. Langues étrangères : italien et anglais. Agréments : Jeunesse et Sport, Inspection Académique classe d'environnement. Contacter le secrétariat.

Gare : Thonon-Les-Bains à 5 km ; car ou taxi. Aéroport : Genève-Cointrin à 40 km ; car ou taxi. Axe routier : N5, Thonon-Evian.

SAINT-GERVAIS-LES-BAINS - 74170
Foyer « Les Aravis »

250, chemin du TMB
Tél. : 50 78 28 53

La Communauté de Sœurs de Saint-Clotilde accueille des adultes pour un séjour familial de détente d'une semaine à un mois. Les familles sont accueillies dans un châlet situé à côté, sans service de restauration. Fermeture en octobre. Situé à l'entrée de la ville, à 800 m d'altitude, et entouré d'un parc, le Foyer offre toutes les possibilités des sports d'hiver et d'été. Saint-Gervais est un important centre thermal qui soigne les maladies ORL, les affections dermatologiques et les brûlés.

10 lits en ch. simples ou doubles pour les individuels ; lavabo et WC à l'étage, Bain ou douche. 15 lits dans le châlet familial ; lavabo, douche et WC à l'étage. Prix : de 150 F à 170 F. Contacter la Sœur Directrice.

Gare : Saint-Gervais-Le-Fayet à 3,5 km ; car ou taxi. **Aéroport :** Genève à 65 km ; car ou taxi. **Axe routier :** autoroute blanche A40, sortie Le Fayet.

SEVRIER - 74320
« Le Clos Savoyard »

179, route du Col de Leschaux
B.P. 8 - Tél. : 50 52 62 69

Les sœurs de Sainte-Marie-Auxilliatrice de l'association de Villepinte accueillent toute personne du troisième âge pour séjours calmes dans une maison située au bord du lac d'Annecy. L'établissement dispose d'un parc de deux hectares permettant une détente chaleureuse. La maison, datant du 18ème siècle, a été confortablement réaménagée. La cuisine y est de qualité. On peut faire, en autocars, des excursions autour du lac d'Annecy, dans les montagnes proches et même en Suisse et en Italie.

61 lits répartis en 24 ch. individuelles, 15 ch. doubles et 2 ch. familiales. 15 douches et WC en chambres, 27 douches, sanitaires à l'étage. Soins médicaux à 200 m ; soins paramédicaux sur demande. Langue étrangère : anglais. Durée maxi. du séjour en été : 3 semaines. Agrément Jeunesse et Sports. Pension complète : 155 à 235 F ; héb. seul : 100 à 170 F.

Gare : Annecy à 5 km ; car et taxi. **Aéroport :** Metheyt à 8 km ; taxi. **Axe routier :** A41.

Résidences pour personnes âgées

75 - PARIS (VILLE DE)

PARIS - 75116
« Foyer Notre-Dame du Saint-Sacrement »

56, av. Raymond Poincaré
Tél. : 47 27 15 91

Des Sœurs du Saint-Sacrement de Valence accueillent, dans leur maison de retraite, des dames valides et lucides à partir de 66 ans. La maison avec son jardin est située dans un quartier parisien fort agréable, près des jardins du Trocadéro et non loin de la place de l'Etoile. Chacun apporte son mobilier en s'installant. Les pensionnaires sont gardées à demeure tant qu'elles conservent leur autonomie. Le personnel médical et paramédical est laissé au choix des résidantes.

50 ch. tout confort ; sanitaires dans chaque chambre. Prix suivant la surface de la chambre. Contacter la directrice plusieurs mois à l'avance.

Gares : toutes gares parisiennes ; taxi, bus, métro : Victor Hugo. Aéroports : Paris, Orly, Roissy ; taxi, RER.

76 - SEINE MARITIME

ETRETAT - 76790
« Stella Maris »

Allée des Tamaris
Tél. : 35 29 62 18

Gérée par l'Association Culture populaire du Perrey, la villa, consacrée à Marie « l'Etoile de la Mer », accueille toute l'année un maximum de vingt-cinq prêtres, religieuses, hommes et femmes à partir de 60 ans, pour un séjour de quinze jours à trois mois, dans un esprit de détente et une ambiance familiale, à 200 m de la mer, visible de la terrasse. L'établissement est agrémenté d'un jardin.

14 ch. individuelles et 5 ch. pour couples ; sanitaires complets dans 16 ch. Soins médicaux et paramédicaux. Régime alimentaire possible. 1 salon de détente (projection de diapositives). Agréments : Aide sociale départementale, DDASS. Pension complète uniquement : 234 F et 450 F. Inscription : auprès de la Directrice.

Gare : Etretat du 25 juin au 5 septembre, sinon Breauté Beuzeville (à 27 km) ; car. Axe routier : carte Michelin 52 pli 11.

HOUPPEVILLE - 76770
« Maison Sainte-Hélène »

90, rue Pergaud
Tél. : 35 59 12 45

La Communauté de la Providence accueille toute l'année des personnes valides. Située dans un village à 150 m d'altitude, la maison est agrémentée d'un jardin. Aux environs, vous pourrez visiter : Rouen, Saint-Wandrille, les bords de Seine et la campagne normande.

10 ch. individuelles et 2 ch. doubles, avec lavabo ; douches, SdB et WC à l'étage. Pension complète : de 150 à 180 F ; demi-pension : 110 F ; 180 F pour une personne demandant un accompagnement. Infirmière sur demande. Plusieurs activités culturelles et artistiques. Contacter la Sœur de la Providence une semaine à l'avance.

Gare : Rouen à 10 km ; car ou taxi.
Aéroport : Boos à 15 km ; taxi.

ROUEN - 76044
« Résidence Sainte-Anne »

3, rue Joyeuse - Tél. : 37 71 66 18

Les soeurs Franciscainnes accueillent, toute l'année, toutes catégories de personnes adultes valides dans leur maison, pour de longs séjours calmes et reposants. L'établissement est situé dans la ville qui présente de nombreux attraits touristiques (vieille ville, nombreux musées, église gothique) et une animation permanente. Un jardin entoure la maison.

67 studios avec sanitaires complets et W.C. Les repas sont servis en salle à manger. Salles de réunion (3). Pension complète : 220 F.

Gare : Rouen ; bus.

77 - SEINE-ET-MARNE

C O U P V R A Y - 7 7 7 0 0
« Saint Louis des Tamaris »

22, rue Saint Denis
Tél. : 60 04 24 25 - Fax : 60 04 82 72

Géré par la "Maison de retraite du clergé", cet établissement, demeure des prêtres retraités du diocèse, accueille des personnes âgées, dans la mesure des places disponibles, pour une durée limitée. Situé dans un village, et doté d'un parc silencieux, la maison Saint Louis facilite ainsi calme et repos. Rien n'interdit par ailleurs la visite du parc d'Eurodisney, à 2 km.

14 lits répartis en 12 chambres individuelles et 1 chambre double. Douches et WC dans les chambres. Soins médicaux et paramédicaux. Langues étrangères : anglais et allemand. Agrément : DASSMA. Prix non précisé.

Gare : Esbly à 1,5 km ; car et taxi.
Axe routier : Autoroute de l'Est.

M E R Y - S U R - M A R N E - 7 7 7 3 0
« Association Saint-Laurent »

48, Grande Rue
Tél. : 60 23 62 62

Dans une propriété avec parc, à 75 km de Paris, les Sœurs de Notre-Dame-de-Sion accueillent familialement trente dames âgées valides en séjours temporaires. En pleine campagne, la maison surplombe la Marne de 35 mètres sur la route de Champagne. Elle dispose d'un parc et jouit d'un superbe panorama. On peut visiter, à 9 km, l'abbaye de Jouarre (Bénédictins) et parcourir la route du champagne avec ses vignobles à flancs de coteaux.

15 chambres individuelles avec lavabo et 30 en juillet et août. Douches, baignoire et WC à l'étage. Soins médicaux et paramédicaux (médecin, infirmière et kinésithérapeute) ; téléphone. Langues étrangères : anglais, italien. Pension complète : 170 ou 200 F.

Gare : Nanteuil-Saacy à 3 km ; taxi.
Axes routiers : autoroute de l'Est ; N3 ; D402.

78 - YVELINES

MEULAN - 78250
« Maison de Retraite Berson »

20, rue de Beauvais
Tél. : 34 74 00 59

La Congrégation Saint Paul de Chartres reçoit toute l'année des dames âgées valides pour une durée minimum d'un mois. La maison est située en ville à 25 m d'altitude au milieu d'un parc dans lequel vous pourrez vous promener et vous reposer.

30 lits répartis en ch. individuelles ou doubles avec lavabos, douches, S.d.B. et WC à l'étage. 1 salle de conférence, 1 salle de réunion.
Pension complète: 166,30 F.
Contacter Mme la directrice.

Gare : Meulan-Hadricourt à 12mn à pied ; taxi.

VERSAILLES - 78000
« Maison de Retraite Paul Babé »

35, rue d'Angiviller
Tél. : 39 50 54 93

Situé à proximité du centre ville et proche du château de Versailles, l'établissement avec jardin accueille des religieuses et dames retraitées. Habité par des sœurs aînées, il reçoit des dames âgées pour des séjours de quelques jours ou plusieurs mois en toute saison. Vous pourrez vous promener dans le parc du château de Versailles qui se trouve à un km.

38 ch. tout confort ; sanitaires à l'étage. Pension complète : 280 F.
Contacter la Sœur Directrice pour des renseignements complémentaires.

Gare : Versailles Rive-Droite à 100 m.

80 - SOMME

ARGOULES - 80120
« Foyer d'hébergement temporaire de l'association de Valloires »

Abbaye de Valloires
Tél. : 22 29 62 62 - Fax : 22 23 91 54

Dans un village, à proximité d'une abbaye cistercienne du 12e siècle et au cœur d'un parc de sept hectares, le foyer d'hébergement "temporaire" de l'association accueille pour un séjour d'une journée à trois mois (une fois renouvelable), les personnes âgées, valides ou semi-valides, de plus de soixante ans. Le lieu constituera le cadre idéal d'une convalescence après un séjour en hôpital mais peut être aussi un logement plus confortable que chez soi en période hivernale, une rupture de l'isolement, voire une aide aux familles dans l'incapacité provisoire de s'occuper de leurs parents âgés. Des soins paramédicaux peuvent être donnés.

18 lits répartis en 10 chambres individuelles et 4 chambres doubles. Cabinet de toilette dans les chambres. Sanitaires communs.

Gare : Rue à 16 km ; taxi. Axe routier : N1.

82 - TARN-ET-GARONNE

MONTBETON - 82290
« Maison de retraite »

La Ville Dieu du Temple - Tél. : 63 67 43 17

Géré par une association, l'établissement reçoit toute personne âgée de 60 ans au moins, valide physiquement et ne présentant pas de perturbations au plan mental. Construite sur un promontoire dominant la vallée du Tarn, à six km de Montauban, la maison est dotée d'un parc et se trouve à 200 m de la place du village où sont situés la plupart des commerces. Elle comporte un pavillon central pour messieurs et couples et un second pavillon pour les dames et les couples. Régimes alimentaires possibles. Les repas peuvent être partagés avec les visiteurs ou les familles.

40 ch. avec lavabo pour messieurs et couples dans le pavillon central ; 40 ch. avec lavabo pour dames et couples dans le second pavillon. Certaines possèdent douches et WC. Prise TV. Téléphone sur demande. 1 salle de réunion. Prix fixés par le Conseil Général ; participation à 80 % pendant 18 mois par la Caisse de Prévoyance SNCF.

Gare : Montauban à 6 km.

84 - VAUCLUSE

GOULT - 84220
« Le amis de Notre-Dame de Lumières »

Hameau de Lumières
Tél. : 90 72 22 18 - Fax : 90 72 38 55

Les pères Oblats favorisent l'accueil et la tranquillité des personnes âgées, valides ou non, dans un établissement entouré d'un jardin et d'un parc, au cœur d'un joli village provençal. Son sanctuaire est propice à des pèlerinages et la Provence toute proche est source de visites et de découvertes, avec, en particulier, Avignon et son Palais des Papes.

121 lits répartis en chambres avec ou sans sanitaires. Douches à l'étage. 2 salles de réunion et 7 salles de travail. Équipement audiovisuel. S'inscrire jusqu'à 6 mois à l'avance auprès de M. Botella.

Gare : Avignon à 45 km ; car et taxi.
Aéroport : Marseille-Marignane à 80 km.

86 - VIENNE

BETHINES - 86310
« Maison de Retraite Sainte-Elisabeth »

Tél. : 49 48 03 14

Dans un village pittoresque de la Vienne, entre Poitiers et Chatellerault (altitude 140 m), des religieuses Filles-de-la-Croix accueillent dans leur maison toutes personnes retraitées valides et lucides. Les soins médicaux sont assurés par le cabinet de soins de St-Savin-sur-Gartempe, sur prescription des médecins. Une coiffeuse intervient si vous le desirez. Les régimes sont assurés. La bibliothèque, la salle de T.V. et les nombreuses animations assurent aux pensionnaires une retraite active. Sans compter les nombreuses possibilités qu'offre la région en matière d'excursions.

23 ch. indiv. et 2 ch. pour couples avec tout le confort ; sanitaires à l'étage. Agréments Sécurité Sociale, M.S.M., CAMAC. Contacter l'établissement pour prix et délais d'inscription.

Gares : Châtellerault ou Poitiers ; taxi.

BONNEUIL-MATOURS - 86210
« Monastère des Augustines »

Le Val de la Source
Tél. : 49 85 22 93
Fax : 49 85 29 70

La Communauté des Augustines-Hospitalières reçoit, en accueil monastique, des personnes âgées pour des séjours sans limitation de durée. La maison d'accueil est située au milieu des bois devant une petite prairie. Vous serez à proximité du Futuroscope, de la vallée de la Vienne et des nombreuses églises romanes qui parsèment la région. Des soins médicaux sont mis à votre disposition.

135 lits répartis en 25 ch. individuelles, 10 doubles et 1 petit appartement, avec lavabo ; SdB et douches à l'étage. Salles de conf. (3), de réunion (5) et de spectacle (1). Pension complète : autour de 160 F.
Agréments M.S.M., CAMAC.
Contacter le service d'accueil 8 à 30 jours à l'avance.

Gares : Châtellerault à 15 km et Poitiers à 20 km ; taxi.
Aéroport : Poitiers-Biard à 25 km ; taxi.
Axes routiers : N10 ; A10 ; Paris-Bordeaux.

89 - YONNE

BRIENON SUR ARMANCON - 89210
« Résidence Saint Loup »

7 place Emile Blondeau
Tél. : 86 56 13 72
Fax : 86 43 03 56

Située en ville dans un grand parc, cette résidence accueille toute l'année en séjour permanent ou temporaire des personnes âgées "valides" (service médical à proximité immédiate). Son restaurant "la Châtellerie" est ouvert à tous publics pour déjeuner

48 chambres individuelles exposées au sud avec WC particuliers. Tél. et TV possibles. Restaurant : menus à 63, 88 118 et 138 F. Pension : de191 F à 209 F par jour et par personne.

Axe routier : autoroute A6, sortie Auxerre Nord.

SENNEVOY LE BAS - 89160
Villa Graziella

Havry
Tél. : 86 75 26 78

La famille Sibé propose aux personnes agées un accueil calme durant toute l'année, entre trois et quinze jours, dans un établissement situé dans un village et doté d'un parc. Elles pourront s'y adonner à la relaxation procuré par sauna et bains à remous, discuter d'alimentation saine et d'herboristerie et jouir le soir de récitals d'orgue et guitare.

3 ch. individuelles, 2 ch. doubles, 1 ch. familiale et 1 dortoir de 20 à 30 personnes. Sanitaires complets dans les chambres. Douches et WC en sanitaires communs. Animaux acceptés. 1 salle de conférence, 1 de réunion, 1 de travail. Périodes de fermeture sur demande. Durée du séjour : entre 3 et 15 jours. Agrément : Gîtes d'étape, chambre d'hôtes, organisation du tourisme dans l'Yonne. Pension complète : 250 F par jour ; demi-pension : 200 F ; héb. seul : 150 F. Chèques acceptés. S'inscrire auprès de M. et Mme Sibé, 6 semaines à l'avance.

Gare : Nuit-sur-Armançon à 8 km ; taxi. Aéroport : Dijon à 65 km. Troyes à 80 km. Axe routier : entre Tonnerre et Chatillon.

91 - ESSONNE

ETAMPES - 91150
« Maison de Retraite Saint Joseph »

14, rue Gérofosse
Tel. : 64 94 35 30

La maison de retraite, établissement particulier des religieuses Augustines de Notre-Dame-de-Paris, accueille les personnes âgées, hommes, femmes ou couples, valides, lucides et de moins de 85 ans. La propriété s'étend sur 2 ha de parc, prairie et rivière. Des activités et animations variées vous sont proposées : petits travaux, musique, chant, danse, jeux de société...

50 ch. individuelles, 7 ch. doubles avec lavabo, douche et WC ; sanitaires complets à l'étage. Pension complète : 235 à 349 F. Paiement : chèques, espèces.
Contacter Sœur Renée Raigneau.

Gare : à 1,3 km. Axe routier : N20.

VAUHALLAN - 91430
« Abbaye Saint-Louis-du-Temple »

Limon
Tél. : 69 85 21 00

Les Moniales Bénédictines reçoivent des personnes âgées valides, autonomes et non handicapées moteur, et les gardent à demeure dans la mesure du possible. Vous pouvez également faire des séjours temporaires à votre convenance. L'abbaye est située dans un lieu isolé, à 100 m d'altitude, sur un plateau. Elle est agrémentée d'un jardin et d'une prairie-terrain de jeux. Dans cette abbaye vécut Sainte-Geneviève Gallois (peintre et moniale), auteur d'une vie du « petit Saint-Placide ». Une Sœur infirmière assure sur place les soins médicaux et paramédicaux. Les régimes sont assurés. Vous serez à proximité de la vallée de Chevreuse et à 11 km de Versailles.

33 ch. en 3 bâtiments, avec sanitaires complets dans chaque chambre, baignoire ou douche, tél. et prise T.V.
Contacter la Sœur responsable de l'accueil à l'avance.

Gare : SNCF Igny à 2,5 km ; car ou taxi ; RER B ou C Massy-Palaiseau à 5 km ; car ou taxi. Aéroport : Orly à 15 km ; taxi.
Axe routier : autoroute Orléans-Chartres, sortie Vauhallan ou Versailles.

92- HAUTS-DE-SEINE

CLAMART - 92140
« Maison Saint-Joseph »

1, rue Fauveau
Tél. : 16 (1) 46 42 32 80

Des sœurs Dominicaines de la Présentation reçoivent religieuses et dames âgées valides, qui sont gardées à demeure tant que le seuil de semi-invalidité n'est pas dépassé. La maison est située dans un cadre moderne au milieu d'un parc paysagé de deux hectares. Animation journalière.

60 ch. individuelles avec cabinet de toilette, WC, prise téléphone et T.V., à meubler par les résidentes. SdB complète et salon à chaque étage. Petit déjeuner servi en chambre et repas par table de 4 pers. Régimes assurés. Agrément M.S.M. et allocation logement possible. Soins à domicile sur demande. 5 chambres sont laissées à la disposition des visiteurs.

Gare : Clamart (ligne Paris-Versailles) à 1 km ; bus 192 ou 189.

93 - SEINE-SAINT-DENIS

NOISY-LE-SEC - 93130
« Maison de Retraite Saint-Antoine-de-Padoue »

11, rue Tripier
Tél. : 48 45 24 23
Fax : 48 45 30 54.

Des sœurs de Sainte-Marie assurent l'accueil de toutes personnes retraitées lucides, valides ou semi-valides, en région parisienne. Situé au milieu d'un parc, l'établissement est géré par l'ARASSOC I-d-F. Il assure les cures médicales. Les pensionnaires sont gardés à demeure. Les médecins, spécialistes (cardiologues), professionnels paramédicaux et psychologues effectuent des vacations sur place. Les régimes sont assurés.

44 ch. individuelles, 34 ch. pour couples et 14 ch. familiales équipées chacune de lavabo et WC ; douches, SdB et WC à l'étage. Prix : 285 F. Agréments : Sécurité Sociale, M.S.M., CAMAC, Aide Sociale, CRAMIF, SNCF, caisses de retraite.

Gare : de l'Est à 10 mn ; taxi, bus (RATP 105, 301).
Aéroport : Roissy à 30 mn.
Axes routiers : A3 ; N3.

ETRANGER

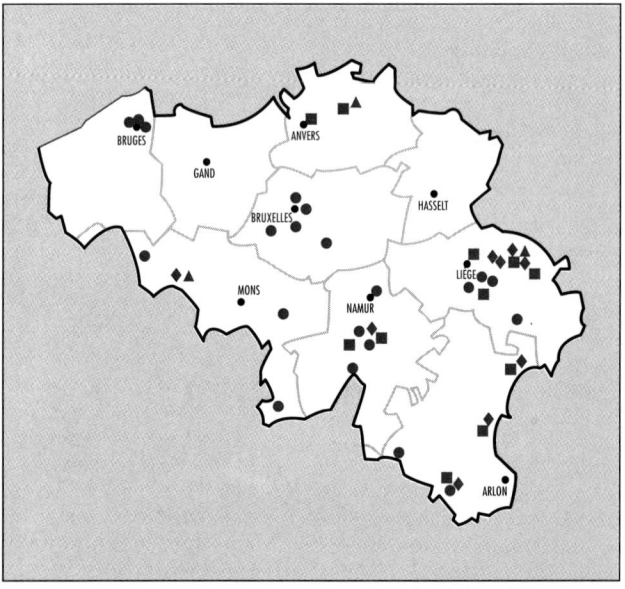

Pour appeler de France en Belgique, composer le 19 puis le 32, puis le numéro indiqué dans le guide. Ce noméro est composé au préfixe de la ville/région et au numéro de l'abonné.
Pour appeler d'une ville belge à une autre ville belge, on ajoute le 0 au préfixe de la ville/région. Pour appeler au sein de la même région, seul le numéro de l'abonné suffit.

ACCUEIL SPIRITUEL

PROVINCE DE BRABANT

GRIMBERGEN - B-1850
« Premonstratenzerabdij »

Tél. : 2/269 16 92 - Fax : 2/270 12 28

Les Chanoines Réguliers de Prémontré ont une double vocation : contemplative et apostolique. Ils reçoivent toute l'année prêtres, religieuses ou groupes, en accueil monastique, pour retraites individuelles. Spiritualité augustinienne. La maison est située dans un village avec parc et jardin.

60 lits ; douches et SdB à l'étage ; 2 ch. individuelles. Salles de conf. (4). Formules d'héb. diverses ; pension complète : 800 FB ; réduction étudiants et hébergement seul : 500 FB. Langue véhiculaire : néerlandais. S'inscrire 2 semaines à l'avance auprès de Monseigneur Suilliams J.P.

**Gares : Vilvoorde à 4 km, Bruxelles-Nord à 12 km.
Aéroport : Zaventem à 10 km ; cars GZ ou taxi.
Axes routiers : N211 ; N202.**

KRAAINEM - B-1950
« Monastère de la Visitation »

**5, avenue d'Hébron
Tél. : 27/20 01 67**

Les Moniales Visitandines accueillent pendant 8 jours maximum, en clôture, des religieuses, des dames et des jeunes filles pour des retraites spirituelles. Les petits groupes sont tolérés (5 personnes au plus). Accueil hors clôture de groupes (40 personnes maximum) pour récollections d'une journée. La maison possède un jardin et est située à la périphérie de Bruxelles.

5 chambres ; douches et SdB à l'étage. Pension complète : 350 FB ; virements acceptés. Langues étrangères : anglais, néerlandais. Contacter la Supérieure.

**Gare : Bruxelles-Midi à 45 mn ; taxi ou métro 1B (station Alma).
Aéroport : Zaventem à 20 mn. Axes routiers : E4, E5, Ring-Bruxelles.**

RIXENSART - B-1330
"Monastère de l'Alliance"

64, rue Albert 1er
Tél. : 2/652 06 01

Une communauté de moniales bénédictines accueille, toute l'année, pour un séjour d'une journée maximum, des hôtes ou des groupes pour une recherche spirituelle, un temps de retraite. Elle reçoit aussi des retraites organisées avec leur prédicateur. Vous y trouverez les offices quotidiens en français, une communauté de prière et un centre de fomation pour adultes et catéchistes.

22 ch. individuelles, 2 ch. à 2 lits. Douches. Pension complète : 750 FB. Prévenir de l'arrivée au moins un mois à l'avance.

Gare : Riensart (lignes Bruxelles-Namur) à 15 mn à pied.

WATERLOO - B-1410
« Maison d'accueil Notre-Dame de Fichermont »

21, rue de la Croix
Tél. : 2/384 22 70

Les Dominicaines missionnaires de Notre-Dame de Fichermont vous reçoivent toute l'année (sauf en septembre) pour une durée de un à huit jours. La maison organise en juillet/août des retraites et sessions. Située dans un lieu isolé, au milieu d'un parc et d'un jardin, la maison se trouve à 1 km du Lion de Waterloo et à 25 km de Bruxelles.

80 lits environ ; 35 ch. individuelles, 20 ch. doubles avec lavabos ; WC à l'étage. Salles de conf. (2), de réunion (4), en sous-sol pour jeunes (2). Pension complète : 800 FB, demi-pension : 400 FB ; hébergement seul : 250 FB en liquide ou CCP. Langue étrangères : anglais. Contacter Sœur Georgette Boland un mois à l'avance.

Gare : Braine l'Alleud à 5 km ; car ou taxi.
Aéroport : Zaventhem à environ 30 km ; train, car ou taxi.

BRUGGE - B-8000
« Monastère du Précieux Sang
et de Notre-Dame-du-Mont-Carmel »

Schuttersstraat, 5
Tél. : 50/34 31 42

Fondé au XVIIème siècle, le monastère fut abandonné quelques temps, puis, en 1816, les carmélites s'y installèrent. Les sœurs offrent leur accueil aux personnes désireuses d'entreprendre une démarche spirituelle individuelle dans le cadre d'une vie exclusivement contemplative. Possiblilité d'échanges personnels avec un prêtre et d'assister aux offices. Messe quotidienne sur place. Fermé entre le 15 novembre et le 15 décembre.

7 lits dans 7 ch. individuelles ; sanitaires uniquement collectifs. Pension complète : 800 FB, demi-pension : 550 FB. Langues étrangères : anglais, japonais, langues du pays.
Prévoir l'inscription 2 semaines à l'avance. Contacter la Mère Prieure.

Gare : Brugge à 10 mn en voiture. Aéroport : Zaventem à 100 km.
Axe routier : Bruxelles-Ostende.

BRUGGE - B-8000
« Nazareth - Couvent Anglais »

Carmersstraat, 5-7
Tél. : 50/33 24 28

Les Chanoinesses de Saint-Augustin vous accueillent, seul ou en groupes, pour des retraites, récollections, sessions spirituelles, rencontres œcuméniques. La maison avec jardin est située en ville. La vie domestique et la prière se mènent en commun selon l'inspiration de Saint-Augustin et Thomas-a-Kempis. Nombreux loisirs : stages de cithare lithurgique, visite des magnifiques sites touristiques environnants, jeux de ping-pong…

17 ch. individuelles et 17 ch. doubles avec lavabo ; douches et SdB à l'étage. Salles de conf. (3) et de réunion (6) ; équipement audiovisuel. Pension complète : 800 FB. Fermeture du 14 au 31 juillet et du 18 août au 10 septembre. Langues étrangères : anglais, néerlandais.
S'inscrire au plus tôt.

Gare : Brugge à 3 km. Bus n°4.C ; car ou taxi.
Axes routiers : E40 ; A17.

BRUGGE - B-8000
« Monasterium De Wijngaard »

Oud-Begijnhof, 30
Tél. : 50/33 00 11
Fax : 50/33 18 81

Les Filles de l'Eglise Bénédictine accueillent prêtres, religieuses, dames ou petits groupes, pour recueillement dans le silence et la prière avec la communauté. Les offices sont célébrés en grégorien. La maison (avec jardin) est située en ville à côté du musée (maison béguinale) et environnée de nombreux sites touristiques.

30 lits, 24 ch. individuelles et 3 ch. doubles avec lavabo ; douches et SdB à l'étage. Salles de conf. (1) et de réunion (1). Pension complète. Fermeture une semaine avant la Pentecôte. Langues étrangères : anglais, allemand, néerlandais et langues du pays.
Contacter la mère Prieure. Ecrire 4 semaines à l'avance.

Gare : Brugge à 10 mn ; taxi.

PROVINCE DE HAINAUT

CHIMAY - B-6460
Abbaye Notre-Dame-de-la-Paix

1, chaussée de Trélon
Tél. : 60/21 11 64

Cette abbaye de Sœurs Trappistines accueille toute l'année , en accueil monastique, toutes catégories de personnes sauf les messieurs seuls pour un séjour variant d'une journée à une semaine. Messe quotidienne sur place. Retraites individuelles ou organisées par les groupes hébergés. Possibilité d'assister aux offices. Echanges personnels avec une religieuse. Langues étrangères : français, néerlandais.

15 lits, 2 ch. individuelles, 4 ch. doubles, 1 ch. familiale. Lavabo dans les chambres. Douches, baignoires et WC à l'étage. 1 salle de conférence. Prix à demander par téléphone.

Gares : Charleroi à 50 km et Hirson à 25 km ; taxi ou car.
Axes routiers : Trelon - Chimay-sur-Hirson - Chimay-en-Rocroy - Cauvin-Chimay.

VELAINES - B-7760
« Maison d'Accueil »

Tél. : 69/85 94 11

La maison reçoit des personnes seules ou en groupes pour des retraites et des séminaires. Notre établissement est situé dans un village et possède un parc et un jardin.

90 lits ; douches à l'étage. 6 salles de conférence. Pension complète : 700 FB.

Gare : Tournai à 2 km ; car.

HERCHIES - B-7050
« Prieuré Marie Médiatrice »

Avenue du château d'Egmont, 3
Tél. : 65/22 52 62

Les moines bénédictins dépendant de la congrégation française Notre-Dame d'Espérance à Croixrault reçoivent prêtres, religieuses et laïcs pour retraite et ressourcement spirituel. Situé dans dans un village, à 15 km de Mons, l'établissement dispose d'un parc et d'un jardin.

10 lits répartis en 5 chambres individuelles, 2 chambres doubles et 1 chambre familiale. Douches et baignoires dans les sanitaires communs. 3 salles de conférence.

Gare : Turbise à 4 km. Aéroport : Bruxelles à 80 km ; car ou taxi.

BANNEUX-LOUVEIGNE - B-4141
« Stella Matutina »

5, rue des Fusillés
Tél. : 41/60 83 29 ou 60 81 56

Les Filles du Cœur-de-Marie vous reçoivent seul ou en groupes, pour des récollections, des sessions, des retraites ignatiennes dans le silence et des retraites à thème. La maison, entourée d'un parc, est située à la campagne à proximité des sanctuaires de la Vierge des Pauvres et de Tancrémont.

30 ch. individuelles et 10 ch. doubles avec lavabo ; douches et SdB à l'étage. Salles de conf. (1) et de réunion (2) ; vidéo. Pension complète groupe : 800 FB ; héb. (nuit, draps, petit-déjeuner) : 600 FB. Fermeture du 1er au 15 septembre. Paiements : espèces FF. Contacter Mmes Denonne ou Stulemeyer.

Gares : Verviers-Central à 15 km, Liège-Guillemins à 25 km ; car. Axe routier : autoroute des Ardennes à Liège sortie « Sprimont ».

BANNEUX-NOTRE-DAME - B-4141
« Maison de Repos et d'Accueil Spirituel Notre-Dame-de-la-Fagne »

26, rue de la Sapinière
Tél. : 41/60 81 78 ou 41/60 84 08

La maison vous accueille pour un repos physique, moral et spirituel. Ce lieu, situé dans un site verdoyant de la province de Liège, est dirigé par les Religieuses de la Sainte-Enfance-de-Marie. La résidence est entourée d'un agréable parc boisé. La présence ou la visite d'un prêtre, d'un médecin et du personnel paramédical est assurée. Banneux-Notre-Dame est également un important centre de pèlerinage.

40 ch. individuelles, 2 ch. doubles, avec lavabo ; douches, SdB et WC à l'étage. Pension complète : 970 FB. Intervention possible des mutuelles.

Gare : Liège-Verviers à 20 km ou Aywaille à 25 km ; car ou taxi.

STAVELOT - B-4970
« Monastère Saint-Remacle »

Wavreumont
Tél. : 80/86 23 18

A 430 m d'altitude, une communauté bénédictine propose un accueil monastique toute l'année, sauf en juin, à tout adulte seul ou en groupe pour une durée maximale de sept jours. Les retraites préparées par les moines doivent respecter le climat de silence et de recueillement du monastère.

40 lits répartis en chambres à un ou plusieurs lits avec lavabo. Prix libres en pension complète. 1 salle de conf.

Gare : Trois-Ponts à 10 km ; car n°45 puis 10 mn à pied.

PROVINCE DE LUXEMBOURG

AWENNE - B-6870
« Foyer Emmanuel d'Alzon »

Rue Fourneau
Saint-Michel, 60
Tél. : 84/36 63 07

Les Pères de l'Assomption vous accueillent, seul ou en groupes pour une durée de trente jours maximum, en vue de réunion, recollections ou retraites. La maison se trouve dans un village (400 m d'altitude) mais dans un jardin et à proximité d'une belle forêt qui vous offriront un cadre de séjour très agréable.

10 ch. individuelles et 2 ch. doubles avec lavabo ; douches et SdB à l'étage. Fermeture en mai. Salles de catéchèses (2), de conf. (1), de réunion (2) et de travail (1) ; équipement audiovisuel. Pension complète. Langue étrangère : néerlandais.
Contacter le Père Denis.

Gare : Grupont à 4 km. Axe routier : E411.

BOUILLON - B-6830
Abbaye « Notre-Dame de Clairefontaine »

Cordemois
Tél. : 61/46 61 59 ou 61/46 74 24

Les sœurs de l'abbaye cistercienne vous accueillent dix jours maximum pour une retraite silencieuse ou une période de ressourcement. Dans une maison isolée, avec parc et jardin, à 230 m d'altitude, vous trouverez le calme dans la spiritualité cistercienne : « l'humilité, la vérité, la simplicité ». Vous profiterez de votre séjour pour visiter les nombreux sites historiques des environs.

18 ch. individuelles et 4 ch. doubles avec lavabo ; douches et SdB à l'étage. 3 salles de conf. et de réunion. Pension complète. Fermeture en janvier. S'inscrire quelques jours avant.

Gares : Sedan à 18 km, Libramont à 30 km ; car.
Axes routiers : E411 ; N77.

GERPINNES-LOVERVAL - B-6280
"Magnificat"

Place Maurice-Brasseur, 10
Tél. : 71/47 42 82

Les Sœurs de la Charité de Jésus et de Marie vous accueillent toute l'année (sauf du 1er juillet au 31 juillet), individuellement ou en groupe pour recollection ou retraite spirituelle. La maison est située dans un village au milieu d'un grand parc.

25 ch. individuelles, 19 ch. doubles avec lavabos ; sanitaires complets à l'étage. Salles de conférence (2), de réunion (3). Langues étrangères : anglais, néerlandais.
Contacter : Sœur Karen.

Gare : SNCB Charleroi à 6 km ; car ou taxi.
Axes routiers : Bruxelles - Mons - Paris, Cologne - Liège - Paris.

VILLERS-DEVANT-ORVAL - B-6823
« Abbaye Notre-Dame d'Orval »

Tél. : 61/31 10 60
Fax : 61/31 55 95

Les moines reçoivent dans leur hôtellerie, pour des retraites de trois à sept jours, les personnes seules ou en groupes organisés, à partir de 17 ans. Dans le respect du silence, vous pouvez participer à la liturgie monastique et recevoir l'aide d'un moine si vous le désirez. L'abbaye bénéficie du calme d'une situation isolée et d'un parc.

40 ch. individuelles et 20 ch. doubles avec lavabo ; douches et WC à l'étage. Salles de conf. et parloirs. Pension complète : 850 FB ; réductions étudiants.

Gares : Florenville à 11 km, Montmédy et Carignan à 20 km ; car, taxi. Axe routier : E411.

PROVINCE DE NAMUR

BEAURAING - B-5570
« Castel Sainte-Marie »

Rue de l'étang, 43
Tél. : 82/71 20 00

L'ASBL Pro-Maria accueille du 1er mars au 30 novembre prêtres, religieuses et groupes dans ses locaux dépendant du sanctuaire marial. Situé dans un lieu isolé à 180 m d'altitude, vous pourrez, dans un rayon de 100 km, visiter le centre de télécommunication RTT à Lessive, les grottes de Han-sur-Lesse, Bastogne et Notre-Dame de Banneux.

*3 bâtiments d'accueil : **Le Castel** : 27 lits ; 13 ch. individuelles, 7 ch. doubles avec lavabos ; 1 SdB à l'étage. Salles de réunion (2). Pension complète : 800 FB. **L'Épi** : auberge de la prière pour les jeunes : 29 lits ; ch. familiales de 9, 8 et 6 lits, 3 ch. individuelles ; cuisine équipée ; salle à manger, salles de réunion (2). Le groupe prend en charge son intendance. Prix de l'hébergement : 250 FB. **Jéricho** : oasis pour groupes de 12 jeunes : 5 ch. avec lavabos et douches ; cuisine équipée ; salle à manger ; salle de réunion. Le groupe prend en charge son intendance. Prix de l'hébergement : 250 FB.*
Contacter l'Abbé Gilon au plus tôt.

Gares : Beauraing à 800 m, Givet à 10 km ; voiture de l'établissement.

DENEE - B-5537
« Abbaye de Maredsous »

Rue de Maredsous
Tél. : 82/69 91 55

Les Pères de la Congrégation Bénédictine de l'Annonciation vous reçoivent toute l'année, sauf en septembre, seul ou en groupes sauf enfants de moins de 17 ans, pour une période de deux à sept jours. Possibilités d'assister aux offices. Messe quotidienne.

22 ch. individuelles, 8 ch. doubles, avec lavabo ; douches et SdB à l'étage. 3 salles de conf. Pension complète : 800 FB ; réductions pour les groupes de jeunes.
Ecrire au Père Hôtelier un mois à l'avance.

Gare : Namur à 30 km ; car n° 21.

ERMETON-SUR-BIERT - B-5644
« Monastère Notre-Dame »

Rue du Monastère, 1
Tél. : 71/72 72 04

Les Moniales Bénédictines vous accueillent, seul ou en groupes, pour récollections, retraites, initiation à la Bible. Partage de la vie monastique, de la prière et du travail. Notre maison, avec parc et jardin, est située dans un village (300 m d'altitude) à 5 km de l'abbaye de Maredsous.

31 ch. individuelles, 7 ch. à 2 lits et pavillon familial (cuisine possible) ; douches et SdB à l'étage. Salles de conf. (1), de réunion (3) et de travail (2) ; équipement audiovisuel. Pension complète : 750 FB ; virements postaux acceptés, réductions jeunes et étudiants.

Gares : Dinant et Tamine à 20 km, Namur à 25 km, Charleroi à 30 km.
Aéroport : Bruxelles-National à 80 km ; car ou taxi.
Axe routier : E41.

MALONNE NAMUR - B-5020
« Monastère des Clarisses Clarté-Notre-Dame »

Rue des Monastères, 41
Tél. : 81/44 47 40

Les sœurs Clarisses offrent un espace de prière à toutes personnes ou groupes désireux de vivre un temps de ressourcement spirituel ou d'organiser récollections ou sessions, sur une durée maximale de quinze jours. Le monastère est situé dans une belle région de collines, invitant à la louange de Dieu et au recueillement. La campagne environnante vous offre d'agréables promenades. Le sanctuaire de St Mutien-Marie est à proximité du monastère.

9 ch. individuelles, 4 ch. familiales. Prix selon les moyens de chacun, en pension complète ou demi-pension. Salles de conf. Travail au jardin à la demande. Contacter la sœur de l'accueil.

Gare : Namur à 8 km ; car n° 6.

NATOYE - B-5360
« Relais Patro »

1, rue Raoul Delgrange
Tél. : 83/21 27 29

La Fédération Nationale des Patros met à la disposition de toutes personnes venant en groupe, un foyer, une auberge et un mas et accueille toute l'année les familles, adolescents et enfants pour des séjours de réflexion spirituelle ou non, au sein d'un parc de 10 hectares, à 150 m d'altitude.

200 lits répartis en 40 ch. au foyer, 2 dortoirs et ch. collectives à l'auberge, 2 dortoirs au mas en gestion libre. 1 salle de conférence. Pension complète : 610 FB ; réductions selon les cas.

Gare : Natoye à 1 km.

Belgique

VACANCES

PROVINCE D'ANVERS

ANVERS - B-2000
« Home Maria Médiatrix »

Pieter van Hobokenstraat, 9
Tél. : 3/226 09 15

Le foyer d'étudiantes « Marie Médiatrice » vous accueille en dortoir toute l'année, en chambre pour juillet et août, dans une atmosphère chrétienne ct paisible. Vous pourrez voir à Anvers les remarquables collections de peintures flamandes, chefs-d'œuvre de l'art chrétien. Messe en français le dimanche.

Dortoir de 34 lits, 85 ch. et 42 « chambrettes », avec lavabos ; supplément pour bain. Pension complète : 650 à 900 FB ; héb. avec petit-déjeuner : 325 à 650 FB ; réductions à la semaine et groupes. Contacter Mme Laenen.

Gare : Anvers à 15 mn ; taxi.

WESTERLO - B-2260
« Sporta Centrum Tongerlo »

Geneinde, 2
Tél. : 14/54 10 48
Fax : 14/54 12 48

Notre centre ASBL vous accueille, seul ou en groupes, pour des séminaires, des congrès, des retraites ou des stages. Aux abords d'un village, notre établissement à l'infrastructure unique est un véritable centre sportif olympique complet offrant toutes les possibilités pour les clubs de sports ou les écoles de plein air... Vous pourrez visiter l'Abbaye de Tongerlo et goûter ses produits.

300 lits répartis en 39 ch. doubles avec sanitaires et 24 studios. Salles de conf. (5), de réunion (5) et de travail (5) ; équipement audiovisuel. Diverses formules d'héb. Pension complète : 1100 FB. Centre Flamand. Langues étrangères : français, anglais, allemand, italien.

Gare : Herentals à 10 km. Aéroport : Bruxelles à 50 km.

PROVINCE DE LIEGE

BANNEUX-LOUVEIGNE - B-4141
« Stella Matutina »

5, rue des Fusillés
Tél. : 41/60 83 29 ou 41/60 81 56

Les Filles du Cœur-de-Marie vous reçoivent, seul ou en groupes, pour des séjours de détente et de repos temporaires de 15 jours maximum. Les étudiants sont les bienvenus pour venir préparer au calme leurs examens. Notre maison est située à la campagne à 320 m d'altitude, au milieu d'un parc. Excursions aux alentours : Vallée de l'Amblève (20 km), Station thermale de Spa (20 km).

30 ch. individuelles et 10 ch. doubles avec lavabo ; douches et SdB à l'étage. Salles de conf. (1) et de réunion (2) ; vidéo. Sanctuaires. Formules d'héb. diverses ; pension complète : 900 FB. Paiement : espèces FF. Fermeture du 1er au 15 septembre.
Contacter Mmes Denonne ou Stulemeyer.

Gares : Verviers-Central à 15 km, Liège-Guillemins à 25 km ; car.
Axe routier : autoroute des Ardennes à Liège sortie "Sprimont".

LIEGE - B-4000
« New-Val Youth Hostel »

Rue des Augustins, 21
Tél. : 41/23 46 53

Situé en ville, l'établissement entouré d'un jardin accueille, pour une étape ou un stage, des jeunes de seize à vingt-cinq ans venant isolément ou en groupe (50 personnes maximum). Il est géré par une association à but non lucratif d'inspiration chrétienne. Proximité des monastères de Chevremont (3 km) et de Banneux (Louveigné à 15 km).

Ch. simples ou doubles avec sanitaires et petits dortoirs. Prix héb. : 600 FB avec ou sans repas ; réduction pour les longues durées. Langues étrangères : allemand, anglais, italien, néerlandais.

Gare : Liège-Guillemins à 1 km puis transport en commun.
Aéroport : Bierset-Liège à 5 km.

LOUVEIGNÉ - B-4141
« Le Carrefour »

Avenue J. Nusbaum, 21
Tél. : 41/60 81 84

Situé dans un village à 300 m d'altitude, cet établissement doté d'un parc est propice au repos. Les Pères Montfortains y reçoivent les groupes de 50 personnes maximum (prêtres, religieuses et laïcs). A l'environnement des Ardennes s'ajoute la proximité (900 m) du lieu de pèlerinage de Banneux Notre-Dame.

61 lits répartis en 25 ch. individuelles et 18 ch. doubles ; douches et WC dans les chambres ; sanitaires complets communs. Salles de conf. (2), de réunion (1). Langue étrangère : néerlandais.

Gare : Verviers à 13 km ; car et taxi.
Axe routier : autoroute des Ardennes (A45) Verviers-Peninster-Banneux.

PROVINCE DE LUXEMBOURG

AWENNE - B-6870
«Foyer Emmanuel d'Alzon »

Rue du Fourneau
Saint-Michel, 60
Tél. : 84/36 63 07

Les Pères de l'Assomption vous accueillent, seul ou en groupes pour un mois maximum, pour des réunions, des retraites ou des récollections. Les repas se prennent avec la communauté. La maison se trouve dans un village à 400 m d'altitude, dans un jardin et près d'une belle forêt qui vous offriront un cadre de séjour très agréable.

10 ch. individuelles et 2 ch. doubles, avec lavabo ; douches et SdB à l'étage. Fermeture en mai. Salles de catéchèse (2), de conf. (1), de réunion (1) ; équipement audiovisuel. Pension complète. Langue étrangère : néerlandais.
Contacter le Père Denis.

Gare Grupont à 4 km ; car. Axe routier : E411.

BASTOGNE - B-6660
« Centre Saint-Joseph »

Place Saint-Pierre, 24
Tél. : 80/51 05 10 - Fax : 80/51 051 43
Géré par l'Association « Les Etapes de la Route » , le centre accueille pendant les deux mois d'été des groupes encadrés pour des colonies, classes vertes ou séjours de vacances. La durée varie de dix à soixante nuits. Le centre est situé à 450 m d'altitude, en ville mais entouré d'un parc et d'un jardin. Les enfants y trouveront un mur d'escalade et un gymnase vitré avec installation de volley et de basket. Aux environs, ils pourront visiter la ville de Bastogne, Clervaux à 38 km et Houffalize à 17 km.

90 ch. individuelles avec lavabo ; douches et WC à l'étage. Salles polyvalentes (6). Prix : 585 FB en pension complète. Langue étrangère : néerlandais. Contacter l'association pour réserver.

Gare : Gouvy à 5 km. Aéroport : Zaventem à 160 km ; car ou taxi.
Axes routiers : Namur-Bastogne, Liège-Arlon.

BEHO - B-6672
« Les Bouleaux »

Rue du Centre, 36
Tél. : 80/51 05 11 - Fax : 80/51 05 15
Géré par l'Association « Les Etapes de la Route » , l'établissement accueille des groupes encadrés de jeunes en classes vertes, colonies pour des séjours de quatre nuits minimum (fermeture en septembre). Situé dans un village à 450 m d'altitude, la maison est entourée d'un parc et d'un jardin. Des activités d'extérieur (terrain de football, jeux) et d'intérieurs (ateliers) sont prévues pour les groupes. La région offre la possibilité de nombreuses excursions et promenades : le château de Commonster à 7 km et le lac de Chérapont à 10 km.

60 lits en 7 dortoirs, 1 ch. double et 3 familiales, avec lavabo ; douches et WC à l'étage. 2 classes et 1 salon pour accompagnateurs. Prix : de 650 à 765 FB en pension complète. Langues étrangères : néerlandais, allemand, anglais. Contacter le centre.

Gare : Gouvy à 5 km. Aéroport : Zaventem à 180 km ; car ou taxi.
Axe routier : Vielsalm-Grand Duché de Luxembourg.

MANHAY - B-6960
« Le Vieil Hermitage »

Rue Saint-Antoine, 27
Tél. : 86/43 34 79
Fax. : 86/43 38 32

Géré par l'Association « Les Etapes de la Route », l'établissement accueille des groupes de jeunes et d'enfants pour des classes vertes, des colonies (fermeture en septembre). Situé à 420 m d'altitude, l'établissement est situé dans un lieu isolé, entouré d'un parc boisé et d'un jardin. Mini-golf, terrain de foot, terrain de volley-ball.

110 lits en 9 dortoirs, 2 ch. doubles et 8 familiales, avec lavabo ; douches et WC à l'étage. Ateliers (4), salles polyvalentes (2) et classes (3). Prix : de 650 à 765 FB en pension complète. Langue étrangère : néerlandais. Contacter le centre.

Gare : SNCB Bomal-sous-Ourthe à 12 km.
Aéroport : Zaventem à 140 km ; car ou taxi.

SAINTE-CECILE - B-6820
« La Grémille »

Rue de Chassepierre, 3
Tél. : 61/31 41 58
Fax : 61/31 52 80

Gérée par l'Association « Les Etapes de la Route », « La Grémille » reçoit des groupes encadrés, et plus particulièrement des jeunes : colonies, classes vertes, stages, sessions, séjours de vacances d'une durée minimale de quatre nuits. Fermeture en septembre. Situé dans un village à 300 m d'altitude, l'établissement a été restauré en 1988 et est entouré d'un vaste parc clos et doté d'un terrain de volley-ball. Vous profiterez de votre séjour pour découvrir les Ardennes Belges où l'on peut skier et faire de nombreuses randonnées pédestres.

90 lits en ch. communes, avec lavabo ; douches et WC l'étage. Salles de classe (3) et polyvalente (1). Pension complète : de 650 à 765 FB. Langue étrangère : néerlandais.
Contacter« La Grémille ».

Gare : Florenville à 8 km. Aéroport : Zaventem à 180 km ; car ou taxi.
Axe routier : Bouillon-Florenville.

PROVINCE DE NAMUR

ARBRE - B-5170
« Château Marteau-Longe »

Route de Floreffe, 51
Tél. : 81/41 10 95 - Fax : 81/41 11 91

Géré par l'Association « Les Etapes de la route », l'établissement reçoit des groupes encadrés, des colonies et des classes vertes pour des séjours de vacances de quatre nuits minimum. Fermeture en septembre. Situé entre Namur et Dinant, à une altitude de 150 m, le château est entouré d'un parc de sept hectares, de prairies avec rivières et étangs. Sur place, un terrain de foot, de basket, de volley-ball et une plaine de jeux sont à votre disposition.

180 lits répartis en 17 dortoirs, 1 chambre individuelle, 9 doubles et 2 familiales, avec lavabo ; douches et WC à l'étage. Classes (6), ateliers (3) et salles polyvalentes (2). Prix : de 650 à 765 FB. Langue étrangère : néerlandais.
Contacter l'établissement.

Gare : SNCB Lustin à 4 km. Aéroport : Zaventem à 80 km ; car ou taxi. Axe routier : Namur-Dinant.

NATOYE - B-5360
« Relais Patro »

Rue Raoul Delgrange, 1
Tél. : 83/21 27 29

Le « Relais Patro » est un centre de rencontres et d'hébergement ouvert à tous les groupes pour toutes activités. Grand terrain de jeux. Accueil des handicapés en fauteuil roulant. L'établissement, situé dans un village,est agrémenté d'un jardin. Vous pourrez visiter Namur et Dinant (à 20 km) ainsi que Bruxelles, distante de 65 km.

10 ch. individuelles, 25 ch. doubles et 25 ch. familiales. Lavabo dans chaque ch. Sanitaires collectifs. Pension complète : 720 FB.
Contacter le secrétariat.

Gare : Natoye à 10 mn à pied. Aéroport : Zaventem à 65 km. Toutes autoroutes à 5 km.

REPOS

PROVINCE D'ANVERS

WESTERLO - B-2260
« Sporta Centrum Tongerlo »

Geneinde, 2
Tél. : 14/54 10 48
Fax : 14/54 12 48

Notre centre ASBL vous accueille, seul ou en groupes, pour détente. Situé aux abords d'un village, sur un terrain de dix hectares, notre établissement est un véritable centre sportif complet offrant toutes les possibilités pour les clubs de sports ou les écoles de plein air.

300 lits répartis en 30 ch. doubles avec sanitaires et 24 studios. Salles de conf. (5), de réunion (5) et de travail (5) ; équipement audiovisuel. Diverses formules d'héb. Pension complète : 1100 FB. Centre Flamand. Langues étrangères : français, anglais, allemand, italien.

Gare : Herentals à 10 km. Aéroport : Bruxelles à 50 km

PROVINCE DE HAINAUT

WILLAUPUIS - B-7904
« Institut Saint-Joseph »

1, rue Roi Chevalier
Tél. : 69/66 20 77 ou 69/66 37 11
Fax : 69/77 01 37

Les Sœurs Franciscaines Missionnaires de Notre-Dame accueillent les personnes agées pour repos et soins. La maison, avec jardin, se trouve dans un village. Personnel médical.

144 lits ; ch. avec lavabo et WC ; SdB à l'étage. Kinésithérapie et Ergothérapie. Pension complète : de 880 à 1100 FB. Agrément Sécurité Sociale belge (formulaire E111, pour les personnes venant de France). Inscription au moins 7 jours à l'avance.

Gare : Leuze à 10 km ; taxi.

PROVINCE DE LIEGE

BANNEUX-LOUVEIGNE - B-4141
« Stella Matutina »

5, rue des Fusillés
Tél. : 41/60 83 29 ou 41/60 81 56

Les Filles du Cœur-de-Marie vous reçoivent, seul ou en groupes, pour des séjours de détente et de repos temporaires. Les étudiants sont les bienvenus pour venir préparer au calme leurs examens. Notre maison est située en ville à 320 m d'altitude au milieu d'un parc.

30 ch. individuelles et 10 ch. doubles avec lavabo ; douches et SdB à l'étage. Salles de conf. (1) et de réunion (2) ; vidéo. Sanctuaires. Formules d'héb. diverses ; pension complète : 750 FB. Fermeture en septembre. Contacter Mme Denonne.

Gares : Verviers-Central à 15 km, Liège-Guillemins à 25 km ; car.

BANNEUX-NOTRE-DAME - B-4141
« Maison de Repos et d'Accueil Spirituel
Notre-Dame-de-la-Fagne »

26, rue de la Sapinière
Tél. : 41/60 81 78 ou 41/60 84 08

La maison vous accueille pour un repos physique, moral et spirituel. Ce lieu, situé dans un site verdoyant de la province de Liège, est dirigé par les Religieuses de la Sainte-Enfance-de-Marie. La résidence est entourée d'un agréable parc boisé. La présence ou la visite d'un prêtre, d'un médecin et du personnel paramédical est assurée. Banneux-Notre-Dame est également un important centre de pèlerinage.

40 ch. individuelles, 2 ch. doubles, avec lavabo ; douches, SdB et WC à l'étage. Pension complète : 970 FB. Intervention possible des mutuelles.

Gares : Liège-Verviers à 20 km ou Aywaille à 25 km ; car ou taxi.

CHARNEUX-HERVE - B-4654
« Maison Notre-Dame-des-Fawes »

383, rue des Fawes
Tél. : 87/67 42 65

L'établissement est ouvert à des groupes de toutes catégories pour étapes, sessions, classes vertes ; pension de famille. Il est situé dans un parc de trois hectares, traversé d'une rivière ; terrains de football, basket.

210 lits répartis en dortoirs et 27 ch. avec lavabo et douche. Salles de réunion. Pension complète : 530 FB ; demi-pension ; gestion libre possible. Renseignements et réservation indispensable auprès de Joseph Perec : 35, rue Battice, B-4580 Aubel. Tél. : 087/68 70 87.

Gares : Liège à 25 km, Verviers à 15 km ; car jusqu'à Battice-Hervé puis 4 km à pied.

LOUVEIGNÉ - B-4141
« Le Carrefour »

21 avenue J. Nusbaum
Tél. : 41/60 81 84

Situé dans un village à 300 m d'altitude, cet établissement doté d'un parc est propice au repos. Les Pères Montfortains y reçoivent les groupes de 50 personnes maximum (prêtres, religieuses et laïcs). A l'environnement des Ardennes s'ajoute la proximité (900 m) du lieu de pèlerinage de Banneux Notre-Dame.

61 lits répartis en 25 ch. individuelles et 18 ch. doubles ; douches et WC dans les chambres ; sanitaires complets communs. Salles de conf. (2), de réunion (1). Langue étrangère : néerlandais. Prix non indiqués.

Gare : Verviers à 13 km ; car et taxi.
Axe routier : autoroute des Ardennes (A45) Verviers-Peninster-Banneux.

PROVINCE DE LUXEMBOURG

AWENNE - B-6870
« Foyer Emmanuel d'Alzon »

Rue du Fourneau Saint-Michel, 60
Tél. : 84/36 63 07

Les Pères de l'Assomption vous accueillent, seul ou en groupes pour un mois maximum, pour des réunions, des retraites ou des récollections. Les repas se prennent avec la communauté. La maison se trouve dans un village à 400 m d'altitude, dans un jardin et à proximité d'une belle forêt qui vous offriront un cadre de séjour très agréable.

10 ch. individuelles et 2 ch. doubles, avec lavabo ; douches et SdB à l'étage. Fermeture en mai. Salles de catéchèses (2), de conf. (1), de réunion (1) et de travail (1) ; équipement audiovisuel. Pension complète. Langue étrangère : néerlandais.
Contacter le Père Denis.

Gare : Grupont à 4 km ; car. Axe routier : E411.

BASTOGNE - B-6660
« Centre Saint-Joseph »

Place Saint-Pierre, 24
Tél. : 86/43 36 66 - Fax : 86/43 38 32

Géré par l'Association « Les Etapes de la Route », le centre accueille pendant les 2 mois d'été des groupes encadrés pour des colonies, classes vertes ou séjours de vacances. La durée varie de dix nuits à soixante nuits. Le centre est situé à 450 m d'altitude, en ville mais entouré d'un parc et d'un jardin. Les enfants y trouveront un mur d'escalade, un gymnase vitré avec installation de volley et de basket. Aux environs, ils pourront visiter la ville de Bastogne, Clervaux à 38 km et Houffalize à 17 km.

90 ch. individuelles avec lavabo ; douches et WC à l'étage. 6 salles polyvalentes. Pension complète : 585 FB. Langue étrangère : néerlandais.
Contacter l'Association pour réserver.

Gare : SNCB Marche-En-Famenne à 40 km. Aéroport : Zaventem à 160 km ; car ou taxi. Axes routiers : Namur-Bastogne, Liège-Arlon.

BEHO - B-6672
« Les Bouleaux »

Rue du Centre, 36
Tél. : 80/510 511 - Fax : 80/510 515

Géré par l'Association « Les Etapes de la Route », l'établissement accueille des groupes encadrés de jeunes et d'enfants en classes vertes, colonies pour des séjours de 4 nuits minimum (fermeture en septembre). Situé dans un village à 450 m d'altitude, la maison est entourée d'un parc et d'un jardin. Des activités d'extérieur (terrain de football, jeux) et d'intérieur (ateliers) sont prévues pour les groupes. La région offre la possibilité de nombreuses excursions et promenades : le château de Commonster à 7 km et le lac de Cherapont à 10 km.

60 lits en 7 dortoirs, 1 ch. double et 3 familiales, avec lavabo ; douches et WC à l'étage. 2 classes et 1 salon pour accompagnants. Pension complète : de 650 à 765 FB. Langues étrangères: néerlandais, allemand, anglais. Contacter le centre.

Gare : Gouvy à 5 km. Aéroport : Zaventem à 180 km ; car ou taxi.
Axe routier : Vielsalm-Grand Duché de Luxembourg.

MANHAY - B-6960
« Le Vieil Hermitage »

Rue Saint-Antoine, 27
Tél. : 86/43 34 79
Fax : 86/43 38 32

Géré par l'Association « Les Etapes de la Route », l'établissement accueille des groupes de jeunes et d'enfants pour des classes vertes et des colonies (fermeture en septembre). Situé à 420 m d'altitude, l'établissement est situé dans un lieu isolé, entouré d'un parc boisé et d'un jardin. Les enfants y trouveront tout pour les distraire et les occuper : mini-golf, terrain de foot, terrain de volley-ball.

110 lits en 9 dortoirs, 2 ch. doubles et 8 familiales, avec lavabo ; douches et WC à l'étage. 4 ateliers, 2 salles polyvalentes et 3 classes. Pension complète : de 650 à 765 FB. Langue étrangère : néerlandais. Contacter le centre.

Gare : SNCB Bomal-sur-Ourthe à 12 km. Aéroport : Zaventem à 140 km ; car ou taxi.
Axe routier : autoroute des Ardennes : Liège-Luxembourg.

SAINTE-CECILE - B-6820
« La Grémille »

Rue de Chassepierre, 3
Tél. : 61/31 41 58 - Fax : 61/31 52 80

Gérée par l'Association « Les Etapes de la Route », « La Grémille » reçoit des groupes encadrés, et plus particulièrement des jeunes : colonies, classes vertes, stages, sessions, séjours de vacances d'une durée minimale de 4 nuits. Fermeture en septembre. Situé dans un village, à 300 m d'altitude, l'établissement a été restauré en 1988 et est entouré d'un vaste parc clos. Terrain de volley-ball. Vous profiterez de votre séjour pour découvrir les Ardennes Belges où l'on peut skier et effectuer de nombreuses randonnées pédestres.

90 lits en ch. doubles et familiales, avec lavabo ; douches et WC à l'étage. 3 classes et 1 salle polyvalente. Pension complète : de 650 à 765 FB. Langue étrangère : néerlandais.
Contacter « La Grémille ».

Gare : Florenville à 8 km. Aéroport : Zaventem à 180 km ; car ou taxi. Axe routier : Bouillon-Florenville.

PROVINCE DE NAMUR

ARBRE - B-5170
« Château Martin-Longe »

Route de Floreffe, 51
Tél. : 81/41 10 95 - Fax : 81/41 11 91

Géré par l'Association « Les Etapes de la Route », l'établissement reçoit des groupes encadrés, des colonies et des classes vertes pour des séjours de vacances de 4 nuits minimum. Fermeture en septembre. Situé entre Namur et Dinant, à une altitude de 150 m, le château est entouré d'un parc de 7 ha, de prairies avec rivières et étangs. Sur place, un terrain de foot, de basket, de volley-ball et une plaine de jeux sont à votre disposition.

180 lits répartis en 17 dortoirs, 1 ch. individuelle, 9 doubles et 2 familiales, avec lavabo ; douches et WC à l'étage. 6 classes, 3 ateliers et 2 salles polyvalentes. Prix : de 650 à 765 FB. Langue étrangère : néerlandais.
Contacter l'établissement.

Gare : SNCB Lustin à 4 km. Aéroport : Zaventem à 80 km ; car ou taxi. Axe routier : Namur-Dinant.

PERSONNES AGÉES

PROVINCE DE HAINAUT

PERUWELZ - B-7600
« Jardins de Picardie »

109, rue Victor Cretteur
Tél. : 69/66 20 77 ou 69/66 37 11
Fax : 69/77 01 37

Les Sœurs Franciscaines Missionnaires de Notre-Dame accueillent des personnes valides uniquement.

38 lits : ch. individuelles et appartements pour couple. Pension complète : de 1100 à 1500 FB. Agrément Sécurité Sociale Belge (formule E111, pour personnes venant de France).

Gare : Leuze.

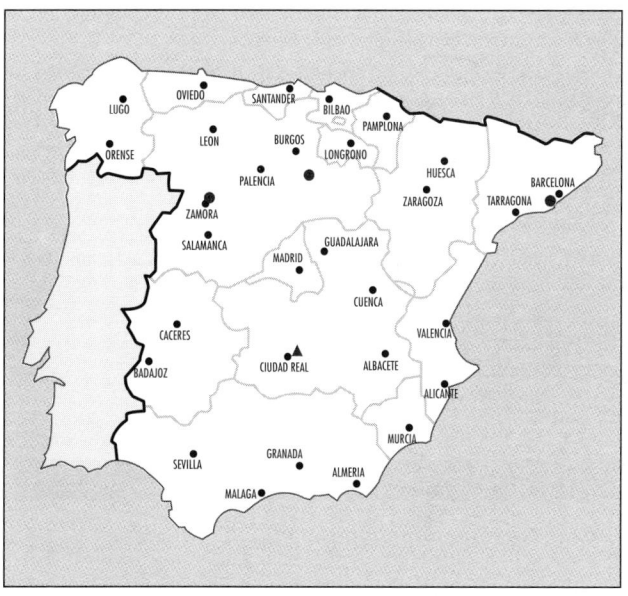

Pour appeler de France en Espagne, composer le 19 puis le 34, puis le numéro indiqué dans le guide. Ce noméro est composé au préfixe de la ville/région et au numéro de l'abonné.
Pour appeler d'une ville espagnole à une autre ville espagnole, on ajoute le 9 au préfixe de la ville/région. Pour appeler au sein de la même région, seul le numéro de l'abonné suffit.

ACCUEIL SPIRITUEL

PROVINCE DE CATALOGNE

BEGUES - BARCELONA - E - 08859
« Centre Spirituel Joseph-Manyanet »

Morella s.n. - Tél. : 36/39 00 65 et 36/39 08 33

Ce centre, situé dans un village de Catalogne à dix km de la mer, accueille des groupe d'enfants (à partir de 5 ans) et d'adultes toute l'année en pension complète ou demi-pension.

Capacité d'accueil : 11 ch. individuelles, 38 ch. pour couple et famille et des dortoirs à 6 lits, équipés de sanitaires complets. 2 salles de conf. (200 pl.) et 9 salles de travail (150 pl.) équipées. Salle de sport. Piscine. Parc. Salle de jeux et terrain de sport. Durée minimum de séjour : 3 jours ; fermeture du 31 août au 15 septembre. Pension complète : 3 200 Pesetas.
Contacter le Père José Yuba Arlaban.

Gare : Gava à 8 km ; taxi et car. Aéroport : Barcelone à 15 km ; taxi. Axe routier : Autoroute à 10 km.

PROVINCE DE CASTILLE-LÉON

SANTO - DOMINGO DE SILOS - E - 09610
Maison d'accueil spirituel « Hospédéria »

Asadia de Sto Domingo de Silos - Tél. : 47/38 07 68

Cet établissement, situé en sortie de village à 100 m d'altitude, géré par la Congrégation de l'ordre de Saint-Benoît, reçoit pour des séjours de trois à dix jours, toute catégorie de personnes seules ou en groupe (20 pers. maximum), pour des retraites spirituelles, récollections, ressourcements. Jardin.

Capacité d'accueil : 20 ch. individuelles avec SdB. Pension complète : 1 900 Pesetas. Réservation trois mois à l'avance. Langue étrangère : allemand.
Contacter M. Phospedero.

Gare : Burgos à 57 km ; car et taxi. Aéroport de Vitoria à 150 km ; car. Axe routier : Autoroute à 30 km.

PROVINCE DE CASTILLE-LA-MANCHE

ZAMORA - E-49001
« Casa de Espiritualidad »

Misioneras Cruzadas de la Iglesia
Plaza Arias Gonzalo, 4
Tél. : 80/53 16 70

Les Sœurs reçoivent dans leur maison de spiritualité les membres du clergé ou religieux pour un temps de retraite ou de recherche spirituelle. Il sont également accueillis pour des séjours de repos ou de vacances de 30 jours maximum.

Accueil en pension complète. Pension complète pour les retraitants : 2 200 Pesetas ; pour les vacanciers : 2 500 Pesetas.

A proximité : aéroport de Valladolid puis car.

PERSONNES AGÉES

PROVINCE DE CASTILLE-LA-MANCHE

CIUDAD RÉAL - E-13001
Maison de retraite « Casa Sacerdotal »

Avda de los Martires, 20
Tél. : 26/21 25 64

Située à 200 km au sud de Madrid dans la région de Castilla la Mancha, cette maison reçoit prêtres et religieuses âgés valides en retraite. Alt. 650 m.

Chambres équipées de sanitaires complets.
Pension complète : 2 000 Pesetas.

Gare : Ciudad Réal à 500 m. Aéroport de Madrid à 200 km.

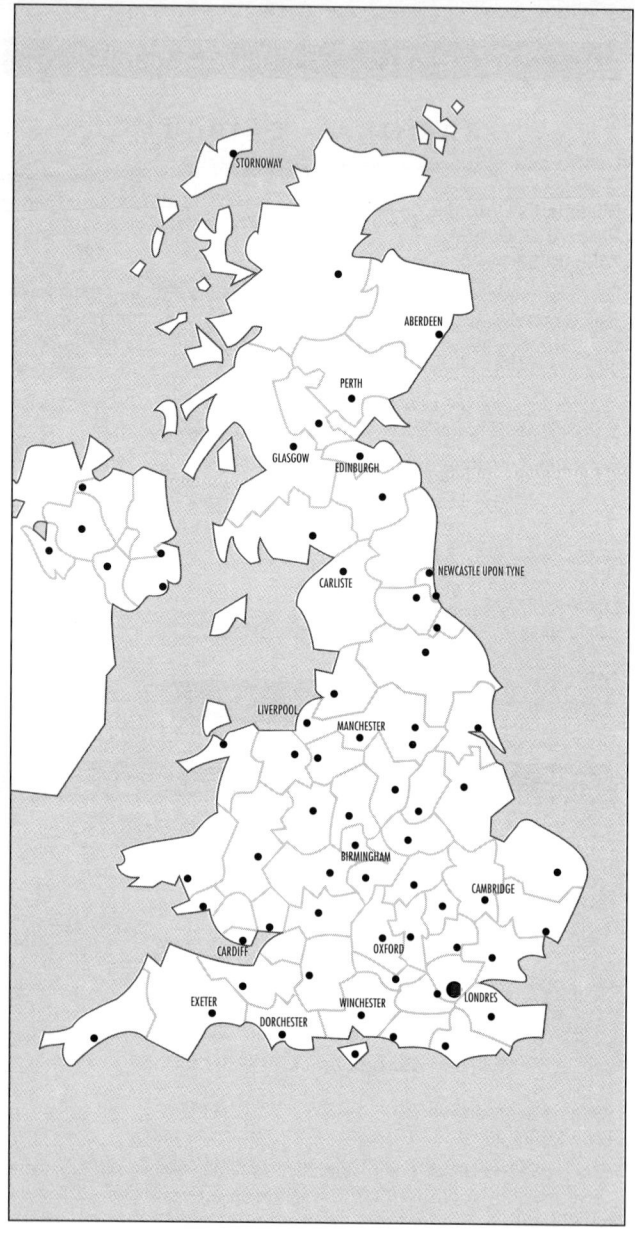

STORNOWAY

ABERDEEN

PERTH

GLASGOW

EDINBURGH

CARLISTE

NEWCASTLE UPON TYNE

LIVERPOOL

MANCHESTER

BIRMINGHAM

CAMBRIDGE

CARDIFF

OXFORD

EXETER

WINCHESTER

LONDRES

DORCHESTER

Pour appeler de France en Grande-Bretagne, composer le 19 puis le 44, puis le numéro indiqué dans le guide. Ce noméro est composé au préfixe de la ville/région et au numéro de l'abonné.

Pour appeler d'une ville britanique à une autre ville britanique, on ajoute le 0 au préfixe de la ville/région. Pour appeler au sein de la même région, seul le numéro de l'abonné suffit.

LONDON W2 4TR
Centre français

61/69 Chepstow Place
Tél. : 71 221 8134 - Fax : 71 221 0642

Ce Centre-résidence offre, à tous, une école de langues « stages et cours d'anglais, de français », programmes et séminaires spécialisés pour individuels et groupes. Un département Groupes et Comités d'entreprises propose toute l'année des programmes de découverte de Londres et de la Grande-Bretagne. Sa situation privilégiée en plein cœur de Londres (Kensington Palace à 10 mn à pied) permet de nombreuses visites (palais de Buckingham, National Gallery, British Museum).

170 lits répartis en dortoirs, chambres individuelles, doubles et familiales ; sanitaires à l'étage. 2 salles de conférence, 4 salles de réunion. Hébergement à partir de 104 FF la nuit ; repas à partir de 50 FF. Langues étrangères : allemand, espagnol, français.
Contacter le service des réservations.

Métro à 20 mn à pied. Aéroports : Gatwick à 45 mn ; train + métro ; Heathrow à 45 mn ; métro.

Italie

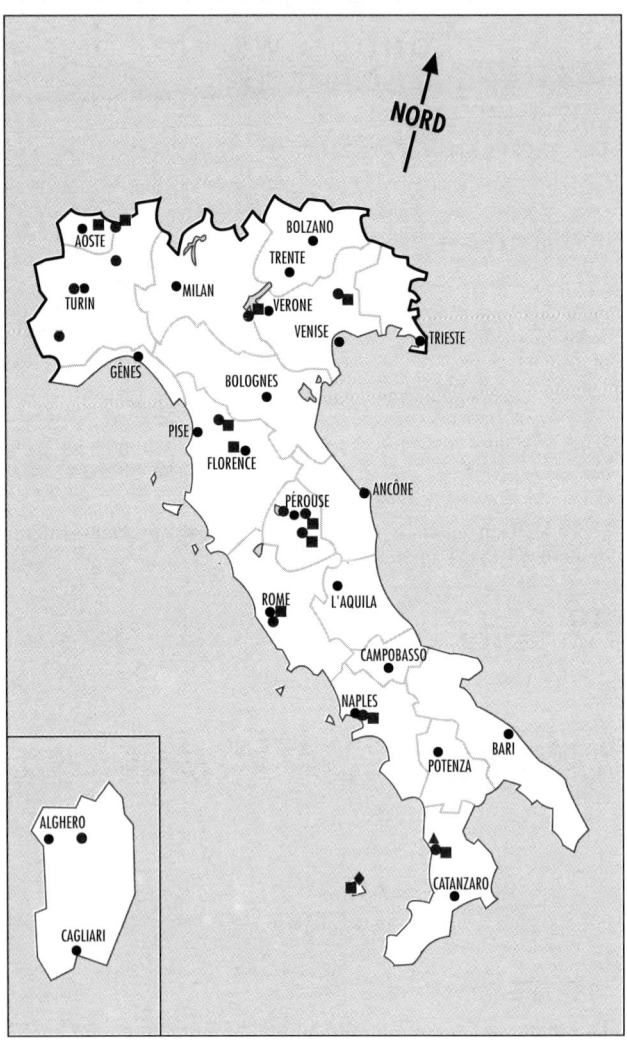

Pour appeler de France en Italie, composer le 19 puis le 39, puis le numéro indiqué dans le guide. Ce noméro est composé au préfixe de la ville/région et au numéro de l'abonné.

Pour appeler d'une ville italienne à une autre ville italienne, on ajoute le 0 au préfixe de la ville/région. Pour appeler au sein de la même région, seul le numéro de l'abonné suffit.

Italie

PROVINCE DE COSENZA

TORREMEZZO DI FALCONARA ALBANESE - I -87030
" Villa Italia "

Via Nazionale
Tél. : 982/82 059

L'établissement est situé au bord de la mer Tyrrhénienne, dans un petit village. Il n'accueille que des prêtres. La maison fonctionne en pension de famille et accueille les groupes pour des séjours d'au moins quinze jours, sans limitation de durée. Nombreuses activités culturelles et possibilités d'excursions.

30 ch. individuelles, 20 ch. doubles et 20 ch. familiales avec lavabo et douche. Sanitaires à l'étage. Jardin, parc. 2 salles de conf., 2 de réunions, 1 de travail ; équipement audiovisuel. Pension complète : 50 000 Lires. Possibilité d'héb. seul et de demi-pension.
Contacter P. Miale, Istituto Educativo "S. Tarcisio" 87040 Tessano.

Gare : Paola à 5 km. Aéroport : Lamezia à 20 km.

PROVINCE DE CUENO

FOSSANO - I-12045
« Casa di Ospitalità »

Fr. Cussanio, 48
Tél. : 172/69 10 30

Une petite communauté de religieux reçoit d'avril à novembre inclus, toute personne seule ou en groupe, pour un temps spirituel de retraites individuelles ou collectives préparées et animées par les hôtes hébergés, dans le respect du silence favorisé par l'isolement du site. Le centre, au milieu d'un parc, dispose d'un terrain de sport.

22 ch. individuelles, 10 ch. doubles ; sanitaires collectifs ; lingerie. 6 salles de conf. Pension complète : 40 000 Lires ou 35 000 Lires pour les groupes ; chacun entretient sa chambre.

Gare : Fossano à 3 km. Aéroport : Caselle-Torino à 70 km ; taxi.

PROVINCE DE NAPLES

NAPOLI - I-80123
Casa di Esercizi « Nostra SIgnora del Cenacolo »

Via Manzoni, 131bis - Tél. : 81/76 92 093 ou 81/76 92 723

Des Sœurs de Notre-Dame-du-Cénacle reçoivent des particuliers, des familles ou des groupes d'un maximum de 32 personnes pour une étape, des sessions culturelles ou sociales ; ou en pension de famille pour un maximum de quinze à vingt jours. On disposera d'un jardin, d'une grande terrasse sur la mer. A environ 35 km : établissements thermaux de Castellamare, Pompéi et le Vésuve.

15 ch. individuelles, 7 ch. pour couples ou familles avec cabinet de toilette (chacun entretient sa chambre). Pension complète : 53 000 Lires ; séjour avec ou sans repas ; simple restauration possible (50 couverts). Langues étrangères : français, anglais.

Gare : Mergellina (2 km). Aéroport : Capodichino (20 km) ; car ou taxi.

PROVINCE DE NOVARA

MACUGNAGA (MONTE ROSA) - I-28030
« Casa Alpina De Filippi »

Piazza Pecetto, 8
Tél. : 324/65 145
Fax : 322/24 22 54

Sous la responsabilité d'un prêtre milanais, le chalet accueille toute l'année, les familles et groupes de 110 jeunes maximum, encadrés, pour un temps de retraite spirituelle, dans un cadre de détente, pour un séjour d'une semaine à deux mois. Situé à 1 400 m d'altitude, vous pourrez vous adonner aux sports de haute montagne.

30 ch. familiales avec sanitaires ; lingerie. Pension complète : 50 000 Lires ; réductions enfants, groupes et séjours de longue durée. Salles de détente et de jeux. Pendant la fermeture de l'établissement, en automne et en mai, contacter Sac. Ambrosiani, Panzeri don Gianluigi, Collegio De Filippi, Piazzale San Carlo, 1, 28041 Arona.

Gare : Domodossola à 40 km.
Aéroport : Milan-Malpensa à 100 km ; bus, taxi.

ASSISI - I-06081
Monastero Santa Coletta

Via Borgo S. Pietro
Tél. : 75/81 23 45

Les clarisses françaises accueillent du lundi de Pâques au 15 octobre, religieux, laïcs, toute personne seule, en famille ou en groupe (50 personnes maximum). Elles proposent des séjours de retraites, sessions, partage de vie fraternelle. La maison est entourée d'un magnifique jardin. Les jeunes filles bénévoles sont les bienvenues durant la saison d'hospitalité.

Accueil en ch. pour couples et familiales ; sanitaires à l'étage. Durée de séjour : 2 nuits minimum pour personnes seules et 3 nuits pour groupes.
Réservation auprès de la sœur hôtelière.

Gare : Assisi-Santa-Maria-de-Angeli.
Aéroport : Perugia-San Egidio ; bus et taxi.

PALAZZO DI ASSISI - I-06080
« Villa Santa Tecla »

Via Santa Tecla, 18
Tél. : 75 803 82 82

Gérée par le diocèse et animée par un mouvement charismatique, la maison reçoit toute l'année toute personne et groupe de 15 à 80 personnes pour des séjours de retraite spirituelle, sur une durée de trois à vingt jours. Situé à 415 m d'altitude, à la sortie du village, le centre est dans un parc de verdure, à huit mn du centre d'Assise.

10 chambres individuelles, 30 ch. doubles, 5 ch. familiales, avec lavabo, douche et WC. 3 salles de conf. (30, 60 et 150 pers.) Pension complète : 55 000 Lires, demi-pension : 50 000 Lires. Langues étrangères : anglais, français.

Gare : Assisi-Santa-Maria-de-Angeli à 4 km.
Aéroport : Perugia-San-Egidio à 5 km ; bus, taxi.

FOLIGNO - I-06034
« Oasi San Francesco - Casa Aperta »

Colle Cappucini
Tél. : 742/350 262
Fax : 742/340 854

En plein cœur de l'Ombrie, à 18 km d'Assise, les Frères Capucins recoivent de mars à octobre, des personnes de toutes conditions, seules ou en groupes, pour des étapes à caractère religieux et spirituels. Vous visiterez, non loin : Assise, Pérouge, Cascia, Gubbio, Orvieto, Todi, Spoleto, Loreto. Rome est distante de 150 km et Florence de 195 km. Langues étrangères : français, polonais, italien, russe, (ukrainien).

140 lits en chambres simples et doubles ; sanitaires complets dans chaque chambres. Jardin ; parc ; équipement audiovisuel.

Gare : Foligno, à 3 km. Aéroport : San Egidio Perugia, à 30 km.

FOLIGNO - I-06034
« Convento San Bartolomeo »

Via Sassovivo
Tél. : 742/57771 ou 742/50600

Cet établissement accueille les jeunes filles et jeunes gens venant en groupes de vingt à quatre-vingt personnes gérant librement leur séjour.

WC dans toutes les chambres ; apporter son linge. Pension complète : 12 000 Lires.

Gare : Assise à 20 km.

Italie

ROMA - I-00165
« Centro Diffusione Spiritualità »

Via dei Riari, 44
Tél. : 6/654 01 22 ou 6/686 12 96

Géré et animé par Movimento pro Sanctitate et Oblate Apostolique, le Centre reçoit toutes personnes pour un temps spirituel, et plus particulièrement les pèlerins, pour un séjour de dix jours maximum. Vous serez au cœur de la ville et pourrez vous déplacer quotidiennement pour apprécier le charme de « la ville éternelle ».

15 ch. individuelles, 20 ch. doubles, 2 ch. triples ; 6 douches et 6 WC. Pension complète, demi-pension, ou nuit et petit-déjeuner. 1 salle de détente. Langue étrangère : français.
Contacter Maria Mazzei.

Gare : Termini. Aéroport : Fiumicino ; car, taxi.

CASALGUIDI - I-51034
Centro Comunitario « Maria Madre della Chiesa »

Via Montalbano, 758
Tél. : 573/52 72 59 - Fax : 573/36 67 85

L'association catholique « Centro Comunitario Servizio Cristiano », reçoit (sauf en août) soixante personnes maximums pour toute retraite spirituelle et pastorale, allant de deux nuits à une semaine, dans un établissement situé à 250 m d'altitude et comprenant parc et jardin.
On peut par ailleurs visiter Pistoia (à 5 km), Vinci (à 10 km), les thermes de Montecani (à 12 km) et l'incomparable Florence (à 23 km).

60 lits répartis en 3 ch. individuelles, 15 ch. doubles et 10 ch. familiales de 3 à 4 lits. Douches, baignoires et WC dans les chambres. 2 salles de conférence ; 1 de réunion ; 2 de travail. Langues étrangères : français, anglais, espagnol. Pension complète : 200 F par jour. Demi-pension : 160 F. Hébergement seul : 120 F. Paiement en espèces.
S'inscrire 1 mois avant l'arrivée du groupe et 15 jours si individuel auprès de M. Piero Perelli.

Gare : Pistoia à 5 km ; car et taxi. Aéroport : Léonard de Vinci à Pise à 75 km ; cars Pise/Pistoia. Axes routiers : autoroutes Gênes/Viareggio/Florence, sortie Pistoia et Milan/Bologne/Florence/Pise, sortie Pistoia.

PROVINCE DE SASSARI

BORUTTA - I-07040
« Abbazia San-Pietro-di-Sorres »

San Pietre di Sorres, 1
Tél. : 79/82 40 01 ou 82 40 57 - Fax : 79/82 40 19

Les Pères Bénédictins vous reçoivent seul ou en groupes dans un lieu isolé à 550 m d'altitude. Retraites collectives à thème déterminé par la communauté ou par les hôtes.

60 lits : 7 ch. individuelles, 18 ch. doubles, 5 ch. familiales avec sanitaire complet. Salles de conf (4), de réunion (4) et de travail (4). Prix à convenir. Langue étrangère : anglais.
Contacter le Père Bruno Masala.

Aéroport : Alghero-Olbia à 80 km ; taxi.

PROVINCE DE VERCELLI

MAGNANO - I-13050
« Comunità di Bose »

Fraz. Bose
Tél. : 15/67 91 85
Fax : 15/67 92 90

A 530 m d'altitude, la communauté accueille, sauf en janvier, toute personne, seule ou en groupe (30 personnes maximum) de tout âge (après accord préalable). Elle propose à ses hôtes de partager sa prière et sa vie fraternelle et des discussions sur les problèmes du monde et de l'église. Elle organise des journées d'étude biblique à date fixe ; à la demande, elle accompagne les retraites individuelles et de révision de vie.

12 ch. individuelles, 8 ch. pour couples ou familles avec lavabo, 20 lits 20 lits en 2 dortoirs ; douche et WC à l'étage. Pension complète : 50 000 Lires ; chacun entretient sa ch. ; possibilité de camping avec sanitaires indépendants et restauration. 1 salle de conf. Langues étrangères : français, allemand, espagnol, grec, anglais.
Contactez le Frère Hôtelier.

Gare : Ivrea ou Biella à 15 km. Aéroport : Turin à 70 km, Milan à 115 km.

PROVINCE DE TORINO

SAN MAURO TORINESE - I-10099
« Villa Speranza »

Via Consolata, 24
Tél. : 11/822 11 58

La Communauté des Padri So-
maschi reçoit, sauf en août, toute
personne, seule ou en groupe, et
les enfants à partir de huit ans,
dans une ambiance de recueillement et de prière pour se retrouver ou faire une expérience de
prière ou de désert. Des retraites sont organisées sur demande ainsi
que des exercices spirituels destinés aux religieux. Un accueil tout particulièrement attentif est réservé aux enfants. L'établissement est situé
au sein d'un parc, à la sortie de la ville, à 200 m d'altitude.

*43 ch. individuelles, 4 ch. pour couples et familles avec cabinet de toilet-
te ; WC collectifs. Pension complète : 45 000 Lires ; séjour avec ou sans
repas ; chacun entretient sa chambre. Langue étrangère : français.
Contacter Corrando Buzzi.*

Gare : Turin ; car. Aéroport : Turin. Axe routier : Milan-Turin à 5 km.

PROVINCE DE VERONE

PESCHIERA DEL GARDA - I-37019
« Casa di accoglienza Betania Francescana »

Piassa Frassino, 3
Tél. : 45/75 52 244
Fax : 45/75 50 391

Les Pères Franciscains vous
accueillent, seuls ou en famille.
Notre maison est isolée, offrant
les agréments d'un parc, d'un jardin, d'un terrain de sport, non loin
d'un lac. Nous vous conseillons
de venir en voiture de façon à profiter des nombreux sites touristiques.

*50 lits : 10 ch. individuelles, 10 ch. doubles, 10 ch. familiales ; douches
et SdB à l'étage. Salles de détentes, de conf. et de réunion. Formules
d'héb. diverses ; pension complète : 64 000 Lires ; réductions enfants,
groupes et longs séjours.*

Gare : Peschiera-Garda à 2 km. Aéroport : Vérone à 30 km ; taxi.

BELLUNO - I-32100
« Casa per Ferie Al Centro »

Piazza Piloni, 11
Tél. : 437/94 44 60
Fax : 437/94 06 61

Cette maison de vacances accueille, toute l'année, toutes personnes pour des séjours individuels ou en groupes de 64 personnes maximum, pour une durée maximale de soixante jours pour un temps de recueillement spirituel. Logé à 390 m d'altitude, en ville, au cœur des Dolomites, vous pourrez aisément visiter la région et ne manquerez pas de vous rendre à Venise et Padoue, distantes l'une et l'autre de 100 km.

53 ch. indiv., 6 ch. doubles avec sanitaire. Pension complète : 60 000 Lires, demi-pension : 48 000 Lires, héb. seul : 35 000 Lires. Agrément CITS. 5 salles de conf. Langues étrangères : anglais, français.

Gare : Belluno à 5 mn à pied ; taxi. Aéroport : Venise à 100 km ; car, taxi. Axe routier : autoroute Vittorio-Veneto à 40 km.

Italie

VACANCES

PROVINCE D'AOSTE

CHAMOIS - I-11020
« Eremo de l'Avorè »

Frazione l'Avorè, 5
Tél. : 166/47 140 ou 2/93 56 07 65

Ce refuge de montagne (1 900 m d'altitude) accueille pour des vacances de trois à quinze jours des particuliers ou des groupes (maximum de 38 personnes). Il est entouré d'un jardin. A quinze mn des châteaux d'Issogne, Verrès, Feuis ; de Breuil-Cervinia et à 30 km de la ville d'Aoste.

1 ch. individuelle, 2 ch. doubles, 5 ch. familiales, lavabo. 2 dortoirs ; lavabos, douches, WC collectifs. Salle de réunion (1) en hiver, (2) en été. Pension complète : 40 000 Lires, demi-pension : 35 000 Lires ; héb. seul : 25 000 Lires. Langues étrangères : français, espagnol, italien. Contacter Alessandro Moro, 1 mois à l'avance.

Gare : Châtillon-Saint-Vincent à 13 km ; car.
Aéroport : Turin-Caselle à 80 km.

PROVINCE COSENZA

TORREMEZZO DI FALCONARA ALBANESE - I-87030
" Villa Italia "

Via Nazionale
Tél. : 982/82 059

L'établissement est situé au bord de la mer Tyrrhénienne, dans un petit village. Il n'accueille que des prêtres. La maison fonctionne en pension de famille et accueille les groupes pour des séjours d'au moins quinze jours, sans limitation de durée. Nombreuses activités culturelles et possibilités d'excursions.

30 ch. individuelles, 20 ch. doubles et 20 ch. familiales ; lavabo et douche dans chaque ch. ; baignoires et WC collectifs. Jardin, parc. 2 salles de conf., 2 salles de réunions, 1 salle de travail. Pension complète : 50 000 Lires. Possibilité d'héb. seul et de demi-pension. Contacter P. Miale, Instituto Educativo « S. Tarcisio » - 87040 Tessano.

Gare : Paola à 5 km. Aéroport : Lamezia à 20 km.

PROVINCE FIRENZE

FIRENZE - I-50121
« Suore Oblate dell'Assunzione »

Borgo Pinti, 15
Tel. : 55/2480 582

Le pensionnat universitaire reçoit toutes personnes, seules ou en groupes, pour des vacances, du 15 juin au 15 octobre, sauf en août pendant au moins deux semaines. Vous serez en plein centre de la ville à 5 mn à pied, de la place du Duomo.

22 ch. individuelles, 16 ch. doubles et 2 ch. familiales à 3 lits, avec lavabo ; sanitaires à l'étage. 1 salle de conf. Pension complète : 50 000 Lires, demi-pension : 42 000 Lires, héb. seul : 25 000 lires. Paiement : espèces. Langues étrangères : français, anglais. Contacter la directrice.

Gare : Santa Maria Novella à 10 mn à pied ; car, taxi.
Aéroports : Peretolo ou Pise ; car.
Axe routier : autoroute du Soleil.

PROVINCE MESSINA

STROMBOLI - I-98050
« Hôtel Villagio Stromboli »

Tél. : 90/98 60 18
Fax : 90/98 62 58

L'établissement reçoit des personnes seules ou en groupe de dix maximum pour des séjours d'une semaine à un mois (fermeture du 1er novembre au 30 mars). Situé dans les îles Eoliennes, l'hôtel dispose d'un centre nautique avec école de voile et de surf. Vous pourrez faire l'ascension du cratère avec un guide et partir à la découverte des autres îles de l'archipel.

5 ch. individuelles, 30 doubles et 5 familiales, avec lavabo, douche et WC. Salle de conf. et de réunion (1) et 1 salon de télévision. Prix : de 80 000 à 120 000 Lires selon la formule choisie. Langues étrangères : anglais, français. Contacter le Révérend Padre Antonio di Mattina.

Port : Naples ; aéroglisseur ou bateau.
Aéroports : Catane, Reggio-de-Calabre ou Palerme.

Italie

NAPOLI - I-80123
Casa di Esercizi « Nostra Signora del Cenacolo »

Via Manzoni, 131 bis - Tél. : 81/7692 093 ou 81/7692 723

Des Sœurs de Notre-Dame-du-Cénacle reçoivent des particuliers, des familles ou des groupes d'un maximum de trente deux personnes pour une étape, des sessions, pour un maximum de quinze à vingt jours. On disposera d'un jardin, d'une grande terrasse sur la mer. A 35 km : établissements thermaux de Castellamare, Pompéi et le Vésuve.

15 ch. individuelles, 7 ch. pour couples ou familles avec cabinet de toilette (chacun entretient sa chambre). 2 salles de réunion (30 - 70 pers.). Pension complète : 53 000 Lires ; demi-pension : 45 000 Lires ; héb. 35 000 Lires. Séjour avec ou sans repas ; simple restauration possible (50 couverts). Langues étrangères : français, anglais.

Gare : Mergellina à 2 km. Aéroport : Capodichino à 20 km ; car ou taxi.

MACUGNAGA (MONTE ROSA) - I-28030
« Casa Alpina De Filippi »

Piazza Pecetto, 8
Tél. : 324/65145
Fax : 322/24 24 88

Sous la responsabilité d'un prêtre milanais, le chalet accueille, familles et groupes de 110 jeunes maximum, encadrés, pour un temps de retraite spirituelle dans un cadre de détente, pour un séjour d'une semaine à deux mois. Situé à 1 400 m d'altitude, vous pourrez vous adonner aux sports de haute montagne.

30 ch. familiales avec cabinet de toilette, douche, WC (ch. avec salle de bain) ; lingerie. Prix : 50 000 Lires en pension complète ; réductions pour les enfants, groupes et séjour de longue durée. Salles de détente et de jeux. Pendant la fermeture de l'établissement, en automne et en mai, contacter Sac. Ambrosiani, Panzeri don Gianluigi, Collegio De Filippi, Piazzale San Carlo, 1, 28041 Arona.

Gare : Domodossola à 40 km.
Aéroport : Milan-Malpensa à 100 km ; bus, taxi.

PROVINCE PERUGIA

FOLIGNO - I-06034
Colle Cappucini « Oasi San Francesco - Casa Aperta »

Colle Cappucini
Tél. : 742/350 262
Fax : 742/340 854

En plein cœur de l'Ombrie, à 18 km d'Assise, les Frères Capucins reçoivent de mars à octobre, des personnes, seules ou en groupe, pour des sessions culturelles. Vous visiterez, non loin : Assise, Pérouge, Cascia, Gubbio, Orvieto, Todi, Spoleto, Loreto. Rome est distante de 150 km et Florence de 195 km. Langues étrangères : français, polonais, italien, russe, (ukrainien).

140 lits en ch. simples et doubles ; sanitaires dans chaque chambre. Jardin ; parc. Équipement audiovisuel.

Gare : Foligno, à 3 km. Aéroport : San-Egidio - Perugia, à 30 km.

PALAZZO DI ASSISI - I-06080
« Villa Santa-Tecla »

Via Santa-Tecla, 18
Tél. : 75 803 82 82

Gérée par le diocèse et animée par un mouvement charismatique, la maison reçoit toute l'année des personnes et groupes de 15 à 80 personnes pour des séjours de retraite spirituelle sur une durée de trois à vingt jours. Situé à 415 m d'altitude, à la sortie du village, le centre est dans un parc de verdure, à huit minutes du centre d'Assise.

10 ch. individuelles, 30 ch. doubles, 5 ch. familiales, avec lavabo, douche et WC. Salles de conf. (3). Pension complète : 55 000 Lires, demi-pension : 50 000 Lires. Langues étrangères : anglais, français.

Gare : Assisi-Santa-Maria-de-Angeli à 4 km.
Aéroport : Perugia-San-Egidio à 5 km ; bus, taxi.

Italie

ROMA - I-00184
« Casa dell' Emmanuel »

Via Mecenate, 37 - Tél. : 6/46 68 80 - Fax : 6/48 72 744

L'établissement situé à proximité de Sainte-Marie-Majeure et de Saint-Jean-de-Latran ainsi que du Colisée, accueille des jeunes, des groupes et des familles pour des séjours touristiques (de deux à quinze jours) ou un pèlerinage (les groupes ne doivent pas dépasser 62 personnes). Grande terrasse couverte.

9 ch. doubles, 6 ch. familiales, 2 dortoirs de 13 lits, lavabos, douches et WC collectifs. Salle de réunion (1). Héb. de 25 000 à 35 000 Lires ; demi-pension de 35 000 à 45 000 Lires ; paiement en Lires (espèces ou traveller cheques). Le délai d'inscription dépend de la période. Langues étrangères : italien, anglais, néerlandais.

Gare : Termini à 1,5 km ; 10 mn à pied ou taxi.
Aéroport : Léonardo da Vinci-Fiumicino à 30 km ; train ou taxi.

CASALGUIDI - I-51034
Centro Comunitario « Maria Madre della Chiesa »

758 via Montalbano - Tél. : 573/52 72 59 - Fax : 573/36 67 85

L'association catholique « Centro Comunitario Servizio Cristiano », reçoit (sauf en août) 60 personnes maximums pour toute retraite spirituelle et pastorale, allant de deux nuits à une semaine, dans un établissement situé à 250 m d'altitude et comprenant parc et jardin.
On pourra visiter Pistoia (à 5 km), Vinci (à 10 km), les thermes de Montecani (à 12 km) et l'incomparable Florence (à 23 km).

60 lits répartis en 3 chambres individuelles, 15 chambres doubles et 10 chambres familiales de 3 à 4 lits. Douches, baignoires et WC dans les chambres. 2 salles de conférence ; 1 salle de réunion ; 2 salles de travail. Langues étrangères parlées : français, anglais, espagnol. Pension complète : 200 F par jour. Demi-pension : 160 F. Hébergement seul : 120 F. Paiement en espèces. S'inscrire 1 mois avant l'arrivée du groupe et 15 jours si individuel auprès de M. Piero Perelli.

Gare : Pistoia à 5 km ; car et taxi.
Aéroport : Léonard de Vinci à Pise à 75 km (autobus Pise/Pistoia).
Axes routiers : autoroutes Gênes/Viareggio/Florence, sortie Pistoia et Milan/Bologne/Florence/Pise, sortie Pistoia.

Italie

PROVINCE DE BELLUNO

BELLUNO - I-32100
« Casa per Ferie Al Centro »

Piazza Piloni, 11
Tél. : 437/94 44 60
Fax : 437/94 06 61

Cette maison de vacances accueille toute l'année, des personnes pour des séjours individuels ou en groupes de 64 pers. maximum, sur une période n'excédant pas 60 jours. Logé à 390 m d'altitude, en ville, au cœur des Dolomites, vous pourrez aisément visiter la région et ne manquerez pas de vous rendre à Venise et Padoue.

53 ch. individuelles, 6 ch. doubles, avec lavabo, douche, baignoire, WC. Pension complète : 60 000 Lires, demi-pension : 48 000 Lires, héb. seul : 35 000 Lires. Agrément CITS. Salles de conf. (5). Langues étrangères : italien, anglais, français.

Gare : Belluno à 5 mn à pied ; taxi. Aéroport : Venise à 100 km ; car, taxi. Axe routier : autoroute Vittorio-Veneto à 40 km.

PROVINCE DE VERONE

PESCHIERA DEL GARDA - I-37019
« Casa di accoglienza Betania Franciscana »

Piassa Frassino, 3
Tél. : 45/75 52 244
Fax : 45/75 50 391

Les Pères Franciscains vous accueillent, seul ou en famille. Notre maison est isolée, offrant les agréments d'un parc, d'un jardin, d'un terrain de sport, non loin d'un lac. Nous vous conseillons de venir en voiture de façon à profiter des nombreux sites touristiques.

50 lits : 10 ch. individuelles, 10 ch. doubles, 10 ch. familiales ; douches et SdB à l'étage. Salles de détentes, de conf. et de réunion. Formules d'héb. diverses ; pension complète : 64 000 Lires.

Gare : Peschiera-Garda à 2 km. Aéroport : Vérone à 30 km ; taxi.

REPOS

PROVINCE COSENZA

TORREMEZZO DI FALCONARA ALBANESE - I-87030

Via Nazionale - Tél. : 982/82 059

L'établissement est situé au bord de la mer Tyrrhénienne, dans un petit village. Il n'accueille que des prêtres. La maison fonctionne en pension de famille et accueille les groupes pour des séjours d'au moins 15 jours, sans limitation de durée. Nombreuses activités culturelles et possibilités d'excursions.

30 ch. individuelles, 20 ch. doubles et 20 ch. familiales. Lavabo et douche dans chaque ch. Baignoires et WC collectifs. Jardin, parc. 2 salles de conf., 2 de réunions, 1 travail ; équipement audiovisuel. Pension complète : 50 000 Lires. Possibilité d'héb. seul et de demi-pension. Contacter P. Miale, Instituto Educativo « S. Tarcisio » - 87040 Tessano.

Gare : Paola à 5 km. Aéroport : Lamezia à 20 km.

PROVINCE MESSINA

STROMBOLI - I-98050
« Hôtel Villagio Stromboli »

Tél. : 90/98 60 18 - Fax : 90/98 62 58

L'établissement reçoit des personnes seules ou en groupe pour des séjours d'une semaine à un mois (fermeture du 1er nov. au 30 mars). Situé dans les Iles Eoliennes, l'hôtel dispose d'un centre nautique avec école de voile et de surf. Vous pourrez faire l'ascension du cratère et partir à la découverte des autres îles de l'archipel.

5 ch. individuelles, 30 doubles et 5 familiales, avec lavabo, douche et WC. 1 salle de conf., 1 de réunion et 1 salon de télévision. Prix : de 80 000 à 120 000 Lires. Langues étrangères : anglais, français. Contacter le Révérend Padre Antonio di Mattina.

Port : Naples ; aéroglisseur ou bateau.
Aéroport : Catane, Reggio de Calabre ou Palerme.

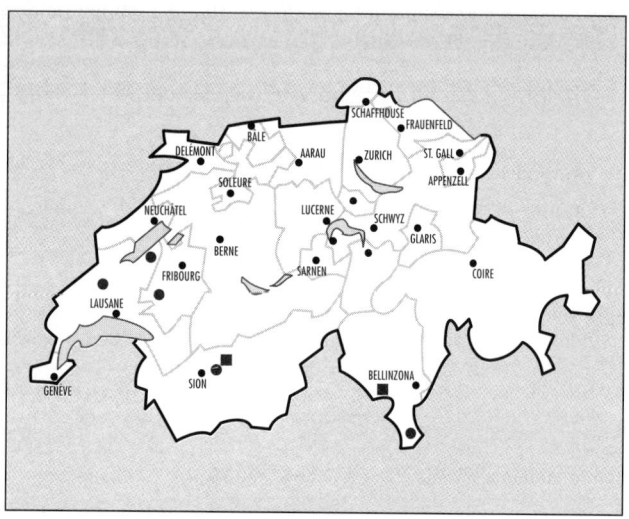

Pour appeler de France en Suisse, composer le 19 puis le 41, puis le numéro indiqué dans le guide. Ce noméro est composé au préfixe de la ville/région et au numéro de l'abonné.

Pour appeler d'une ville suisse à une autre ville suisse, on ajoute le 0 au préfixe de la ville/région. Pour appeler au sein de la même région, seul le numéro de l'abonné suffit.

ACCUEIL SPIRITUEL

CANTON DE FRIBOURG

LE PAQUIER - CH-1661

« Maison d'Accueil Spirituel Sainte-Thérèse »

Tél : 29/27274

Ce carmel reçoit des personnes en retraite individuelle, pour 15 jours maximum. Située à la sortie du village, à 800 m d'altitude, la maison vous accueille dans un climat de silence et de recueillement. Possibilité de participer à l'Eucharistie, aux offices en français et d'échanger avec une carmélite. La gestion du temps est libre et les hôtes préparent eux-mêmes leurs repas avec les provisions fournies par la communauté.

5 chambres individuelles avec cabinet de toilette. Pension complète : 25 à 35 FS selon les possibilités.

Gare : Bulle à 5 km ; taxi.

Suisse

CANTON DE NEUCHÂTEL

ESTAVAYER-LE-LAC - CH-1470
« Notre-Dame-de-l'Assomption »

Grand Rue, 3
Tél. : 37/63 42 22

Une communauté de dominicaines reçoit les prêtres, religieuses et jeunes filles, seuls ou en groupes, pour dix jours maximum, dans une petite ville, sur les bords du lac de Neuchâtel.

7 ch. individuelles, 1 ch. double et 1 dortoir, avec lavabos et douches.
Fermeture 15 jours dans l'année.
Contacter la Prieure.

Gare : Estavayer-le-Lac. Accessible par bateau depuis Saint-Aubin.

CANTON DU TESSIN

LUGANO - CH-6901
Maison d'accueil « Sainte-Brigitte », via S. Calloni 14

Tél. : 91/54 12 12

Située à proximité de l'Italie, cette maison est dirigée par les Religieuses de Sainte-Brigitte (Ordre Suédois) et vous accueille pour des séjours de repos et détente dans la tranquilité. Ambiance simple et familiale. Grande terrasse ensoleillée avec vue sur la montagne et le lac. Nombreuses possiblités d'excursions à pied et sur le lac.

Capacité d'accueil : 33 chambres (simples ou doubles) équipées de douche et WC. Cette maison dispose, en outre, d'une belle chapelle (offices religieux). Ouvert toute l'année.

Gare : Lugano. Aéroport. Axes routiers : Autoroute à proximité.

CANTON DU VALAIS

CRANS-MONTANA - CH-3962
« Villa Notre-Dame »

Tél. : 27/41 34 17

Des Pères du Saint-Esprit vous accueillent en individuel ou en groupes pour des séjours de trois jours à deux mois. Située en bordure de la station de sports d'hiver Crans-Montana, à 1450 m d'altitude, la villa Notre Dame, ouverte toute l'année, occupe une merveilleuse situation face à un magnifique panorama alpin.

88 lits répartis en 36 ch. individuelles, 16 doubles et 8 familiales (30 avec sanitaires complets) ; SdB et douches à l'étage. Salles de conf. (1), de réunion (1) et de travail (1). Salle de jeux. Prix : de 30 à 60 FS selon la formule d'héb. Langue étrangère : allemand.
Contacter le directeur (Père Crettol) ou le secrétariat dès que possible.

Gare : Crans à 800 m ; car, taxi ou navette gratuite. Aéroport : Sion à 20 km ; car ou taxi. Axe routier : Sion-Crans-Montana.

CANTON DE VAUD

L'ABBAYE - CH-1344
« Maison d'Accueil »

Tél : 21/841 17 84

La maison vous accueille pour trois mois maximum, seul ou en groupes organisés (12 pers. au plus), pour des retraites, ressourcements et méditation sur la Bible. Vous serez en contact avec un pasteur de la paroisse réformée. Le village de la vallée de Joux, à 1000 m d'altitude, est le point de départ de très belles promenades et de nombreuses activités sportives et touristiques.

8 ch. individuelles, 6 ch. doubles et 1 dortoir, avec lavabo ; douches et SdB à l'étage. Salles de détente (1), de réunion (1) et de travail (2) ; équipement audiovisuel. Pension complète : 40 à 55 FS ; héb. : 17 à 28 FS. Contacter M. ou Mme Depraz.

Gares : Le Pont à 2 km, Vallorbe à 10 km. Aéroport : Genève à 60 km.

VACANCES

CANTON DU TESSIN

LOCARNO - CH-6600
« Casa Sant' Anna »

Via Varenna, 18
Tél. : 93/31 17 96

La maison vous accueille toute l'année. Avec son jardin, notre établissement est située en ville, au sein d'une magnifique région de Suisse, proche de l'Italie et riche en possibilités de promenades.

32 ch. avec sanitaire. Salles de conf. (2) et de réunion (2). Diverses formules d'héb. ; Pension complète : 80 à 90 FS. Langues étrangères : allemand, français. Contacter Eloisa Vaccaro, 1 mois à l'avance.

Gare : Locarno ; car et taxi.

CANTON DU VALAIS

CRANS-MONTANA - CH-3962
« Villa Notre-Dame »

Tél. : 27/41 34 17

Des Pères du Saint-Esprit vous accueillent, toute l'année, en individuel ou en groupes pour des séjours de 3 jours à 2 mois. Située en bordure de la station de Crans-Montana, à 1 450 m d'altitude, la villa Notre-Dame s'ouvre sur un magnifique panorama alpin.

88 lits répartis en 36 ch. individuelles, 16 doubles et 8 familiales (30 avec sanitaires complets) ; SdB et douches à l'étage. Salles de conf. (1), de réunion (1) et de travail. (1), salle de jeux, salon de télé. Prix : 30 à 60 FS selon la formule d'héb. Langue étrangère : allemand. Contacter le Père Cretol ou le secrétariat dès que possible.

Gare : Crans à 800 m ; car, taxi ou navette gratuite. Aéroport : Sion à 20 km ; car ou taxi. Axe routier : Sion-Crans-Montana.

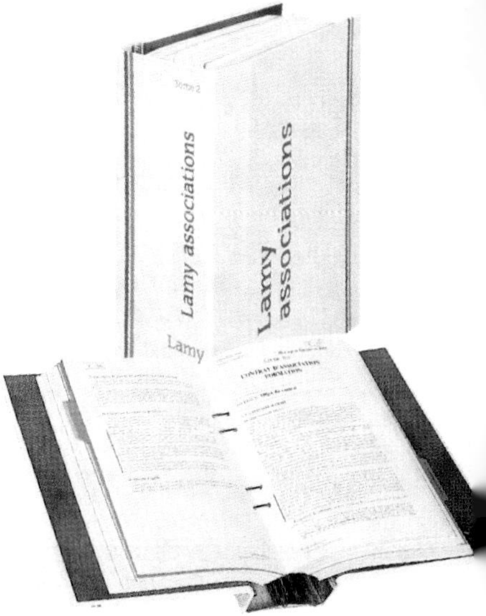

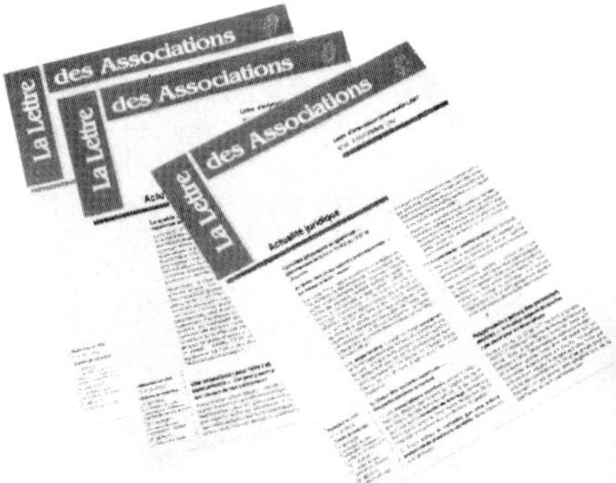

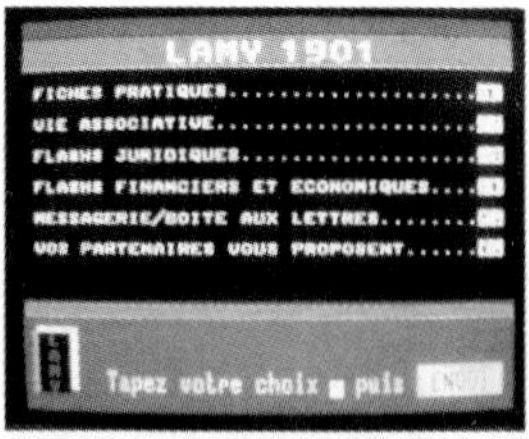

INDEX
ALPHABÉTIQUE

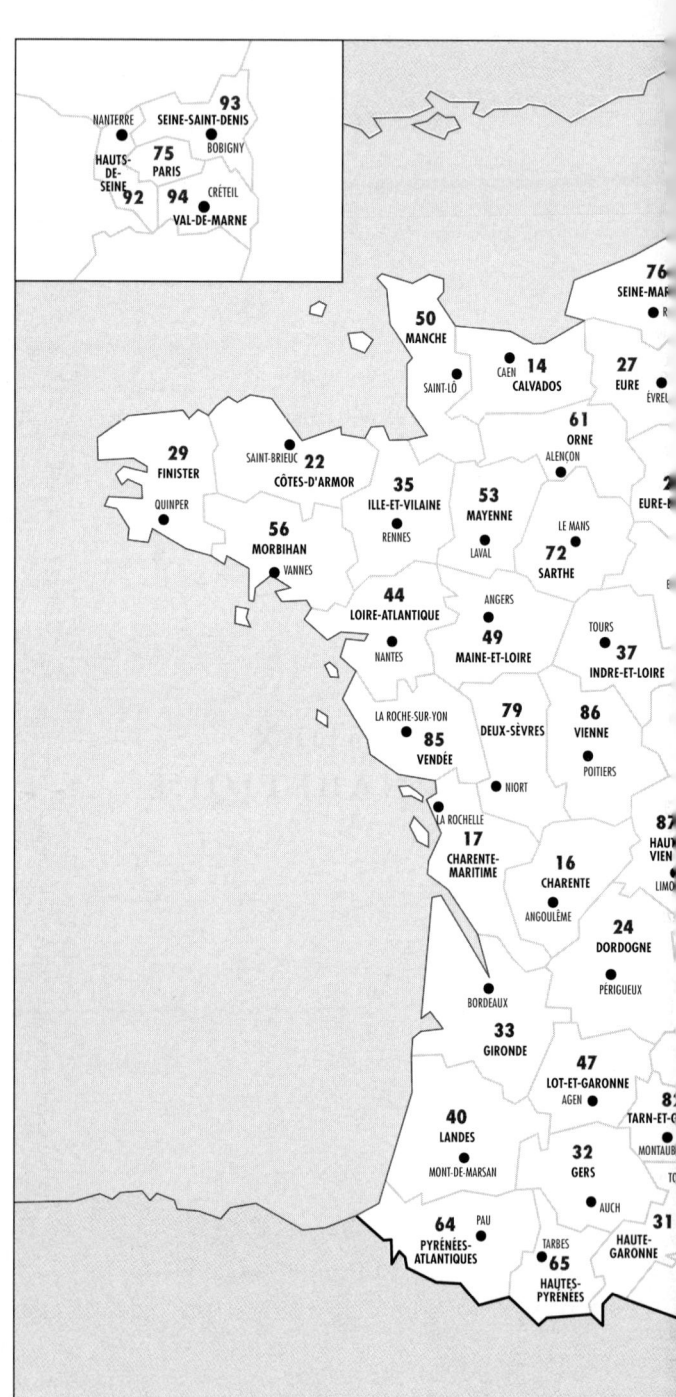

Encart (en haut à gauche) :

93 SEINE-SAINT-DENIS
NANTERRE
● BOBIGNY
HAUTS-DE-SEINE
75 PARIS
92 94 ● CRÉTEIL
VAL-DE-MARNE

Carte principale :

76 SEINE-MAR
● R

50 MANCHE
● SAINT-LÔ

14 CALVADOS
● CAEN

27 EURE
● ÉVREL

61 ORNE
● ALENÇON

29 FINISTER
● QUIMPER

22 CÔTES-D'ARMOR
● SAINT-BRIEUC

35 ILLE-ET-VILAINE
● RENNES

53 MAYENNE
● LAVAL

72 SARTHE
● LE MANS

2
EURE-E

56 MORBIHAN
● VANNES

44 LOIRE-ATLANTIQUE
● NANTES

49 MAINE-ET-LOIRE
● ANGERS

37 INDRE-ET-LOIRE
● TOURS

85 VENDÉE
● LA ROCHE-SUR-YON

79 DEUX-SÈVRES
● NIORT

86 VIENNE
● POITIERS

17 CHARENTE-MARITIME
● LA ROCHELLE

16 CHARENTE
● ANGOULÊME

87 HAUT-VIEN
● LIMO

24 DORDOGNE
● PÉRIGUEUX

33 GIRONDE
● BORDEAUX

47 LOT-ET-GARONNE
● AGEN

8
TARN-ET-C
● MONTAUB

40 LANDES
● MONT-DE-MARSAN

32 GERS
● AUCH

T

64 PYRÉNÉES-ATLANTIQUES
● PAU

65 HAUTES-PYRÉNÉES
● TARBES

31 HAUTE-GARONNE

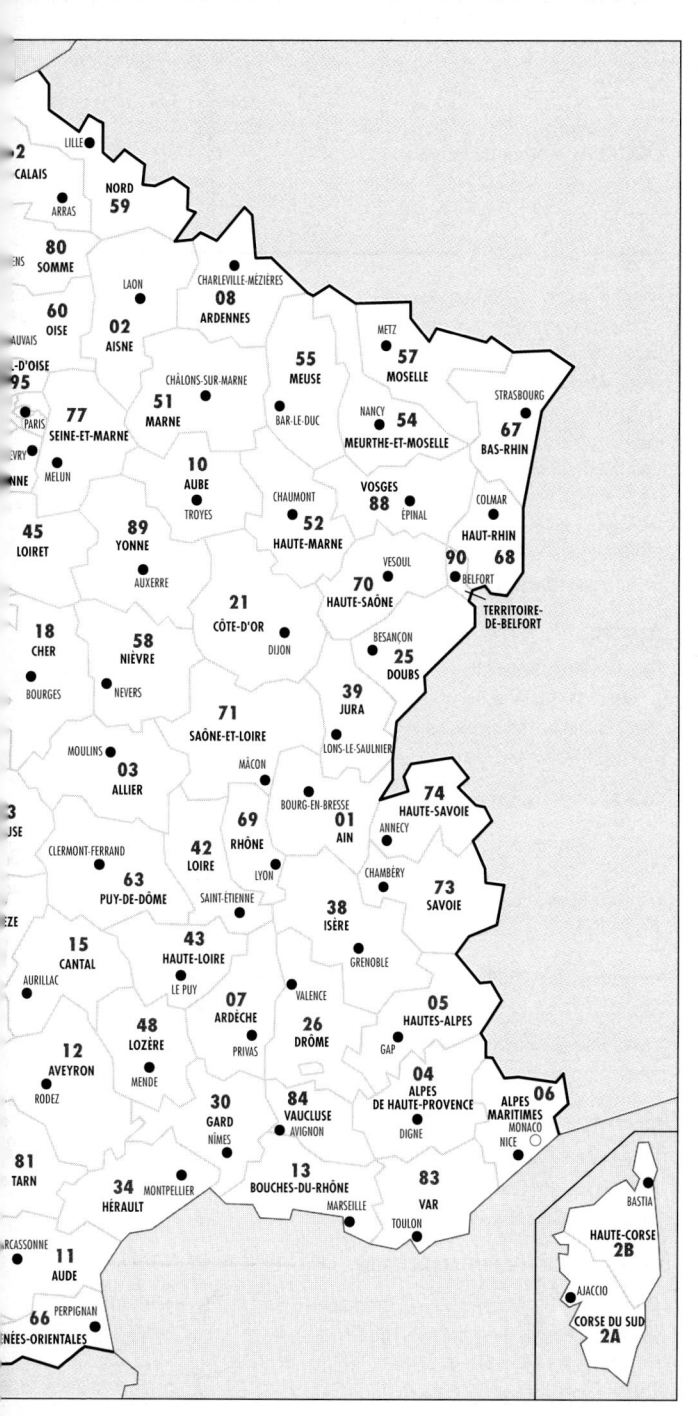

LILLE
•2
CALAIS
ARRAS
NORD
59
80
ENS
SOMME
LAON
CHARLEVILLE-MÉZIÈRES
60
08
OISE
02
ARDENNES
AUVAIS
AISNE
METZ
57
-D'OISE
CHÂLONS-SUR-MARNE
55
MOSELLE
95
51
MEUSE
77
MARNE
NANCY
STRASBOURG
Paris
BAR-LE-DUC
54
67
SEINE-ET-MARNE
MEURTHE-ET-MOSELLE
BAS-RHIN
VRY
MELUN
10
NNE
AUBE
CHAUMONT
VOSGES
COLMAR
45
TROYES
52
88
ÉPINAL
LOIRET
89
HAUTE-MARNE
HAUT-RHIN
YONNE
VESOUL
90
68
AUXERRE
70
BELFORT
18
HAUTE-SAÔNE
21
TERRITOIRE-
CHER
58
CÔTE-D'OR
DE-BELFORT
NIÈVRE
DIJON
BESANÇON
BOURGES
NEVERS
25
DOUBS
71
39
SAÔNE-ET-LOIRE
JURA
MOULINS
LONS-LE-SAULNIER
03
MÂCON
ALLIER
BOURG-EN-BRESSE
74
69
HAUTE-SAVOIE
CLERMONT-FERRAND
42
RHÔNE
01
ANNECY
63
LOIRE
LYON
AIN
PUY-DE-DÔME
CHAMBÉRY
73
SAINT-ÉTIENNE
38
SAVOIE
EZE
15
43
ISÈRE
CANTAL
HAUTE-LOIRE
AURILLAC
LE PUY
GRENOBLE
07
VALENCE
48
ARDÈCHE
05
12
LOZÈRE
26
HAUTES-ALPES
AVEYRON
PRIVAS
DRÔME
GAP
RODEZ
MENDE
04
30
84
ALPES
81
GARD
VAUCLUSE
DE HAUTE-PROVENCE
06
TARN
NÎMES
AVIGNON
DIGNE
ALPES
MARITIMES
34
MONTPELLIER
13
MONACO
HÉRAULT
BOUCHES-DU-RHÔNE
NICE ○
RCASSONNE
MARSEILLE
83
11
VAR
AUDE
TOULON
BASTIA
66
PERPIGNAN
HAUTE-CORSE
NÉES-ORIENTALES
2B
AJACCIO
CORSE DU SUD
2A

Index

Index

Index

Index

Index

Index

Notes

Pour une insertion dans le Guide

RETOURNER CE COUPON-RÉPONSE À :

L'ASSOCIATION SAINT-CHRISTOPHE
277, rue Saint-Jacques
75256 PARIS CEDEX 05

Notre établissement n'étant pas inscrit dans l'édition 1994, nous souhaiterions le faire figurer dans le prochain "Guide Saint-Christophe"

Nom du responsable _____

Nom de la maison _____

Adresse complète _____

_____

_____

Prière de nous envoyer un questionnaire
lorsque vous procéderez à la mise à jour.

Il s'agit d'une maison qui correspond à la rubrique :

❏ Accueil spirituel

❏ Vacances

❏ Repos

❏ Maison de retraite pour personnes âgées

Cette maison dépend :

❏ du diocèse

❏ d'une congrégation

❏ d'un établissement d'enseignement catholique

❏ d'un autre organisme _____

Préciser son objet : _____

_____

_____

_____

Photos de couverture de gauche à droite et de haut en bas :
Le Prieuré du Sacré-Cœur, 59236 Frelinghien
Le Prieuré Saint-Thomas, 28230 Épernon
Le Foyer du Sacré-Cœur, 71600 Paray le Monial
L'Abbaye Sainte-Madeleine, 84330 Le Barroux

Éditeur : Association Saint-Christophe
Conception et Réalisation : Le Roseau
Impression : Imprimerie de Montligeon
Dépôt légal Février 1994 - N° 16671